Werner Schneiders

Wieviel Philosophie braucht der Mensch?

Werner Schneiders

Wieviel Philosophie braucht der Mensch?

Eine Minimalphilosophie

Anaconda

Dieses Buch ist ein textlich unveränderter Nachdruck der Originalausgabe.
Lizenzausgabe mit freundlicher Genehmigung

(Beck'sche Reihe 1368)

Die Deutsche Nationalbibliothek verzeichnet diese Publikation in der Deutschen Nationalbibliographie; detaillierte bibliographische Daten sind im Internet unter http://dnb.d-nb.de abrufbar.

Umschlagmotiv: »Stolen Moon«, © Images.com / Corbis
Umschlaggestaltung: Druckfrei. Dagmar Herrmann, Köln
Satz und Layout: Roland Poferl Print-Design, Köln
Printed in Czech Republic 2007
ISBN 978-3-86647-149-8
info@anaconda-verlag.de

Inhalt

Vorwort 9

I. Selbstbesinnung und Selbstbefreiung. Über Philosophie

1. *Zeit zum Denken* 11
Das wahre Glück 11 · Ordnung der Dinge und Ordnung der Zeit 16
Besinnung und Bedenkzeit 19

2. *Was Philosophieren ist* 23
Worüber wir philosophieren 23 · Wie wir philosophieren 28
Warum wir philosophieren 33 · Wer philosophiert 38

3. *Es darf gedacht werden* 41
Prinzipiell denken 41 · Systematisch denken 46 · Frei denken 51
Selbst denken 56

4. *Zeit zum Leben* 61
Wozu Philosophie gut sein könnte 61 · Was mir mein Denken
bedeutet 64 · Philosophie und Leben 66

II. Der Kampf gegen das Chaos. Über Politik

1. *Personalstrukturen* 69
Politik und Liebe 69 · Zwischen Vertrauen und Mißtrauen 74
Clans und Cliquen 78

2. *Ziele der Politik* 83
Ideen und Interessen 83 Gerechtigkeit – aber wie? 87
Freiheit – aber wieviel? 91 · Friede – aber welcher? 96

3. *Politik und Vernunft* 100
Wahn und Wahrheit 100 · Wissenschaft und Politik 104
Philosophie und Politik 108 · Die wahre Politik 113

4. *Politik und Moral* 116
Ob Politiker besonders schlechte Menschen sind 116 · Probleme der Politikbeurteilung 120 · Politische Moral und moralische Politik 124

III. Moral und Wirklichkeit. Über Ethik

1. *Moral und Moralphilosophie* 130
Sittlichkeit und Sitte 130 · Gesetz und Geschichte 136
Recht und Moral 140

2. *Mitmenschlichkeit* 145
Rechte und Pflichten 145 · Erkennen und Anerkennen 148
Der Andere als meinesgleichen 154 · Liebe und Gerechtigkeit 158

3. *Der Grund des Guten* 163
Moralität und Amoralität 163 · Was soll ich tun? 168
Warum soll ich gut sein? 172 · Gut sein wollen und können 178

4. *Gutsein und Wahrsein* 182
Warum Wahrheit? 182 · Gewollte und gesollte Wahrheit 187
Wahrheit und Wahrhaftigkeit 190

IV. Ich als Mensch. Über Anthropologie

1. *Die Herkunft des Menschen* 196
Die Frage nach dem Menschen 196 · Die Entstehung des Menschen 200
Die Sonderstellung des Menschen 204

2. *Der Mensch als Ich* 209
Ichsein und Bewußtsein 209 · Denken und Wollen 213
Freiheit und Vernunft 221 · Die Einheit des Ich 227

3. *Ich als ich selbst* 231
Ichsein und Selbstsein 231 · Selbstsein und Kontinuität 234
Selbstsein und Identität 238 · Selbstsein und Authentizität 243

4. *Die Zukunft des Menschen* 248
Das Ende der Menschheit 248 · Das Schicksal des Ich 252
Meine Zukunft 255

V. Halbwahrheiten. Über Erkenntnistheorie

1. *Die Tatsache der Erkenntnis* 261
Erkenntnis und Erkenntnistheorie 261 · Die Unleugbarkeit der Erkenntnis 265 · Die Möglichkeit der Erkenntnis 269

2. *Die Grenzen der Erkenntnis* 273
Relative und absolute Erkenntnis 273 · Sein und Schein 280
Sein und Erscheinung 285 · Was ist Wahrheit? 291

3. *Wie man sich irren kann* 297
Irrtum und Wahrheit 297 · Arten der Unwahrheit 300
Ursachen des Irrtums 304 · Irrtum und Schuld 308

4. *Die Praxis des Erkennens* 312
Erkenntnistheorie und Erkenntnispraxis 312 · Erkennen und Entscheiden 315 · Erkenntnis und Erleuchtung 320

VI. Sein und Sinn Über Metaphysik

1. *Das Sein im Ganzen* 323
Was ist Metaphysik? 323 · Das Ganze und sein Grund 326
Wozu Totalitätstheorien? 332

2. *Seinsfragen* 335
Die Evidenz des Seins 335 · Die Existenz des Nichts 340
Chaos oder Kosmos 344 · Das Relative und das Absolute 350

3. *Sinnfragen* 354
Sinnleere und Sinnbedürfnis 354 · Der Sinn von Sinn 357
Singebung und Sinnfindung 362 · Sinnfragmente 366

4. *Was darf ich hoffen?* 371
Was heißt Hoffen? 371 · Hoffnung und Vernunft 375
Heilshoffnung 378

Vorwort

Wieviel Philosophie braucht der Mensch? Welches sind die fundamentalen Probleme der menschlichen Existenz, welches die Grundfragen freier Vernunft heute?

Die vorliegende *Minimalphilosophie* versucht, über das Sammelsurium von Meinungen, über das wir alle verfügen, hinauszudenken und zu den Grundfragen lebendigen Denkens, den *minimals* im Sinne von *essentials,* zurückzufinden. In sechs Orientierungsversuchen möchte sie, radikal und trivial zugleich, ein paar Schneisen durch das Gestrüpp der Theorien und Tatsachen schlagen und so einige prinzipielle Probleme sichtbar machen, notfalls auch das Denken auf den Boden der Tatsachen zurückholen. Nicht zuletzt in der Absicht, wenn schon keine evidenten oder beweisbaren Erkenntnisse zu haben sind, wenigstens plausible oder pragmatische Antworten zu finden, zumindest einige Vorfragen zu klären, im übrigen aber die Fragen offenzuhalten.

Eine solche Minimalphilosophie ist nichts für Leute, die in den Schlaraffenlanden des Glaubens oder des Wissens zu Hause sind. Sie ist eine Denk- oder Orientierungshilfe, für Desorientierte und Desillusionierte, für freies Fragen und vernünftiges Vermuten, also eine Art philosophische Notversorgung. Allerdings ist sie auch keine Philosophie-prêt-à-porter oder gar eine Fast-food-Philosophie – die ganze Wahrheit in einem Satz ist ein unerfüllbarer Wunschtraum.

Auch eine Minimalphilosophie verdankt vielen vieles. Zuletzt haben Mirjam Reischert und Kay Zenker die Herstellung des vorliegendenen Textes betreut, ihnen bin ich zu besonderem Dank verpflichtet.

Werner Schneiders

I.
Selbstbesinnung und Selbstbefreiung
Über Philosophie

1. Zeit zum Denken

Das wahre Glück

Wir alle möchten gut und glücklich leben – gut, um glücklich zu leben, oder, wenn schon nicht glücklich, so doch wenigstens gut. *Gut leben* heißt zunächst und zumeist: über ein gewisses Maß an materiellen oder auch ideellen Gütern verfügen; aber es kann natürlich auch bedeuten: dieses Leben nicht ohne Anstand und Würde leben. Meist möchten wir nicht nur materiell, sondern auch moralisch gut leben, oder umgekehrt, nicht nur moralisch, sondern auch materiell gut. *Glücklich leben* heißt zunächst und zumeist: seine Zeit nicht ohne Genuß oder Wohlgefühl verbringen; aber es kann natürlich auch bedeuten: in Übereinstimmung mit sich selbst ein sinnerfülltes Leben führen. Meist wollen wir nicht nur das animalische Wohlbehagen oder die momentane Lust der Bedürfnisbefriedigung, sondern irgendein dauerhaftes oder höheres Glück, eine reine Freude, vielleicht sogar so etwas wie Sinn oder Heil. Was will ich eigentlich, wenn ich glücklich sein will? Das Glücksstreben ist zwar ein banales Faktum, seine Ziele aber sind äußerst strittig. Vor allem, wie das erhoffte Glück zu erreichen, ja was das Glück als solches überhaupt sei, das scheint höchst problematisch zu sein.

Klar ist, daß zwischen *Glück haben* und *glücklich sein* unterschieden werden muß, also zwischen dem Glück, das mir als Glücksfall zufällt *(fortuna),* und dem Glück, das ich im Glücksgefühl als Glückszustand empfinde, die sogenannte Glückseligkeit *(beatitudo, felicitas)*. Während wir den Glückszustand zielbewußt erstreben können, ist der Glücksfall als solcher immer ein Geschenk. Andererseits gibt es zwischen beiden auch einen Zusammenhang – zum Glück gehört auch Gelingen, nur ein gelungenes oder geglücktes Leben scheint ein glückliches Leben sein zu können. Daher ist es nicht zuletzt der Glücksfall, der glücklich macht, während wir mit unserer Jagd nach dem Glückszustand uns nicht selten im Wege stehen und uns sogar unglücklich machen können. Vieles, was wir wegen des Genusses erstreben, den es uns bringen soll, bewirkt am Ende keine Befriedigung; anderes hingegen, das wir ohne Gedanken an Befriedigung, also ohne reflektierten Glückswillen tun (alltägliche Arbeit, Pflichterfüllung, selbst Opfer), kann am Ende durchaus glücklich machen. Allerdings muß man das Glück auch beim Schopfe fassen, sozusagen die Hand Gottes ergreifen – der Glücksfall ist nur die Chance zum Glück *(bonne chance)*. Insofern ist jeder seines Glückes, wie auch seines Unglückes, Schmied.

Gewisse Güter, z. B. Gesundheit, scheinen nahezu notwendig zum Glück zu gehören, dennoch bleibt die Beziehung zwischen Glücksgütern und Glücklichsein prekär. Geld z. B. macht nicht zwangsläufig glücklich, auch wenn es gut sein mag, genug davon zu haben. Jedenfalls ist derjenige, der alles besitzt, was er erstrebte, nicht automatisch glücklich, während derjenige, der nichts besitzt, immer noch glücklich sein kann. Zum Glück scheint nicht selten sogar ein Rest unerfüllter Wünsche und damit ein weitergehendes Glücksstreben zu gehören, so daß man fast meinen möchte, das Glück bestünde hauptsächlich im Streben nach Glück. Kurz, es gibt Glück ohne Glücksgüter, aber kein Glück ohne Glücksgefühl (Glückserlebnis, Glücksbewußtsein). Ein Glück, das nicht erfahren wird, ist eigentlich kein Glück, auch wenn wir rückblickend, voll Erinnerungsglück (z. B. im Rückblick auf die sogenannte glückliche Kindheit), paradox sagen können: Damals war ich glücklich, leider wußte ich es nicht. Insofern ist Glück nur subjektives, nämlich subjektiv erlebtes Glück, kein objektives, d. h. durch bestimmte objektive Gegebenheiten definiertes Glück. Eher ließen sich schon Formen objektiven Unglücks feststellen.

Glück scheint also wesentlich in Empfindungen oder Erlebnissen, ja sogar in Einbildungen zu bestehen. Glück im Sinne subjektiven Wohlbehagens richtet sich weitgehend nach subjektiven Vorstellungen und Vorlieben; es muß nicht nur von einem Subjekt empfunden werden, es ist auch subjektiv im Sinne von individuell, weil das, was glücklich macht, sehr verschieden sein kann. Der eine sucht sein Glück in Ackerbau und Viehzucht, der andere in Kunst und Wissenschaft, die meisten in der Liebe oder der Familie nebst Geld und Karriere. Anscheinend spricht auch nichts dagegen, wenn der eine sein Glück hier, der andere dort findet. Wer kann mir vorschreiben, wie ich glücklich zu sein habe, d. h. was ich zu meinem Glück brauche und was nicht? Glück ist allem Anschein nach nichts Objektives, es gibt daher auch keine allgemeine Pflicht zu einer bestimmten Art von Glück. Die Idee eines eindeutig definierbaren Glücks, eines folglich für alle Menschen inhaltlich verbindlichen Glücksbegriffs, würde fast zwangsläufig zu der Anmaßung führen, andere Menschen im Sinne dieses vermeintlich wahren Glücks glücklich machen zu wollen (evtl. sogar mit Gewalt, gewissermaßen durch Glücksterror). Aber der Versuch, mich zu einem bestimmten Glück zu zwingen, würde mich eher unglücklich als glücklich machen.

Dennoch scheint es Grenzen der Subjektivität des Glücks, also der Beliebigkeit der Glückssuche und damit der individuellen Selbstbestimmung oder subjektiven Selbstverwirklichung zu geben. Oder wollen wir den Rauschzustand der Drogenkonsumenten, auch wenn er von Dauer sein sollte, wirklich Glück nennen? Das nur chemisch erzeugte Glücksgefühl, dem keinerlei Realität entspricht, wird keinem Nüchternen als wahres Glück gelten, zumal es in aller Regel im Unglück endet. Glück kann sich offensichtlich als Scheinglück erweisen. Das Glück der Liebe, die auf einer Lüge basierte, war kein wahres Glück, auch das Glück über das gefundene Gold, das sich als Falschgold herausstellt, war kein wahres Glück. Es gibt also ›Glück‹, das nicht objektiv, d. h. nicht in der Sache fundiert ist. Zum wahren Glück scheinen daher zwei Dinge zu gehören: etwas wirklich Gutes und eine echte Empfindung. Daher dürfte auch ein Minimum an Moralität zu den Bedingungen des wahren Glücks gehören. Oder ist etwa das Lustgefühl, das manche Mörder bei ihren Taten zu empfinden behaupten, als wahres Glück zu bezeichnen? Müssen wir nicht vernünftigerweise darauf bestehen, daß es krankhaft und pervers, also unecht ist?

Ein gewisser Realitäts- und Moralitätsbezug des Glücks scheint unverzichtbar zu sein, die prinzipielle, wenn auch zunächst noch und vielleicht sogar immer inhaltsleere Unterscheidung zwischen wahrem und unwahrem, d. h. wirklichem und scheinbarem (falschem) Glück dürfte kaum zu vermeiden sein. Auch wenn wir keine positiven Kriterien für wahres Glück angeben können – negative Kriterien, wie die Vermeidung von eklatanten Verstößen gegen jedes Wirklichkeits- und Moralverständnis, scheinen möglich zu sein. Wenn also überhaupt zwischen Glück und Unglück sowie zwischen wirklichem Glück und Scheinglück unterschieden werden kann und muß, dann gibt es auch Grenzen der Subjektivität des Glücks, die allerdings selbst vermutlich nur subjektiv auszumachen oder nur begrenzt objektiv anzugeben sind. So mag es zwar wahr sein, daß niemand wahrhaft glücklich sein kann, wenn alle anderen Menschen um ihn herum unglücklich sind, d. h. es ist möglicherweise abstrakt richtig, das Glück des einzelnen mit dem Glück der anderen prinzipiell zu verbinden. Aber macht es auch Sinn, das eigene Glück derart an das Glück aller zu koppeln, daß mein Glück vom Glück aller Menschen, die existieren (oder sogar existiert haben und noch existieren werden), abhängig wäre? Faktisch würde diese Forderung alle Glücksmöglichkeit aufheben. Dann gäbe es nämlich überhaupt kein wirkliches Glück, jedenfalls nicht auf Erden – was natürlich *in abstracto* auch wieder richtig sein mag, aber *in concreto,* d. h. bei der Lösung der Frage nach dem Verhältnis von wahrem und falschem, nämlich objektiv fundiertem und nur subjektiv erlebtem Glück, nicht weiterhilft. Praktisch sind wir ohne die Kunst einer gewissen ›amoralischen‹ Abblendung weder glücks- noch überhaupt lebensfähig.

Offensichtlich führt die banale Frage nach dem Glück zu schwierigen Fragen nach dem wahren Glück, nach den Bedingungen der Möglichkeit wie nach der Erreichbarkeit von Glück überhaupt. Denn wer ist schon wahrhaft glücklich? Alle streben nach Glück, aber wer erreicht es wirklich? Zwar sind die meisten Menschen nicht gerade unglücklich, aber richtig glücklich sind sie anscheinend auch nicht. Vielleicht sollte man daher zwischen einem kleinen und einem großen Glück oder dem relativen und dem absoluten Glück unterscheiden und sich von vornherein bescheiden. Der Wunsch *Alles, sofort und für immer!* ohne Selbstbegrenzung durch Einsicht in das Unmögliche scheint wenig sinnvoll zu sein – Verzicht ist der Anfang der Vernunft. Wer ist schon wann und wie lange wunschlos glücklich, sozusagen schranken- und besinnungslos (um nicht zu sagen: hemmungslos) glücklich? Ist nicht vielmehr im Glücksverlangen schon dessen eigenes Scheitern angelegt? Vielleicht ist sogar alles Glück nur eine Chimäre, vielleicht ist alle Hoffnung auf Glück vergeblich. Aber natürlich läßt sich, wenn das Glücksbedürfnis, soweit absehbar, nicht zu stillen ist, dem dennoch absoluten Glücksbedürfnis Hoffnung auf ein zukünftiges Glück machen, nämlich durch die Unterscheidung eines diesseitigen und eines jenseitigen, eines zeitlichen und eines ewigen Glücks. Jedenfalls ist die Frage nach dem wahren Glück auf die Schnelle, ohne ein wenig Besinnung, nicht zu beantworten.

Ordnung der Dinge und Ordnung der Zeit

Wir alle erstreben irgendwelche Dinge und hoffen, daß ihr Besitz oder Genuß uns wahrhaft glücklich machen werde. Die Wahl zwischen solchen Lebensgütern, soweit überhaupt möglich, fällt im allgemeinen nicht schwer – meist wird sie uns durch die Verhältnisse, in denen wir uns befinden, und durch die eigenen Interessen, die wir von Natur oder sonstwie entwickelt haben, abgenommen. Dem einen schmeckt dieses, dem anderen jenes, nur gelegentlich, etwa bei der Berufs- oder Partnerwahl, gibt es echte Probleme. Dann stellt sich die Frage nach der Ordnung der Dinge, zumindest die nach meiner individuellen Werteordnung, d. h. nach meinen subjektiven Prioritäten. Nach welchen Kriterien sollen wir wählen? Was ist unabdingbar oder unvermeidlich, was ist überflüssig oder gar schädlich? Was ist Zweck, was ist nur Mittel? In welchen realen und relevanten Verhältnissen stehen die Dinge zueinander? Wie oder wofür sollen wir uns entscheiden, wenn wir das eine tun und das andere nicht lassen wollen? Was ist ›objektiv‹, was ist nur ›subjektiv‹?

Das Problem der Wahl des richtigen Lebens besteht oft weniger in den jeweiligen Vorstellungen und Vorlieben als in der Unklarheit darüber, was wir wirklich wollen und welches unsere wirklichen Alternativen sind. Wer will schon welche Dinge wirklich bewußt, wann handeln wir wirklich in aller Klarheit? Unser Wissen ist begrenzt, unsere Wertungen sind nicht selten unbegründet und sprunghaft, jeder lebt in einem bornierten Horizont, in einem individuellen »Verblendungszusammenhang«. Hinzu kommt unsere Unfähigkeit zu anhaltender Aufmerksamkeit – die Welt, in der wir leben, lullt uns gleichsam ein. Dabei gerät uns unser ursprüngliches Ziel nicht selten aus den Augen, die Dinge verselbständigen sich sozusagen; die Mittel tendieren dazu, Selbstzweck zu werden, erst vorläufige Zwecke, dann Endzwecke. Arbeit, Erwerb, Forschung – alles kann Selbstzweck werden. Am Ende haben wir vergessen, was wir eigentlich wollten, wir werden Opfer der selbstverschuldeten Unordnung oder Ziellosigkeit unseres eigenen Lebens. Sogar die Ordnung der Dinge, die wir erkannt zu haben glauben, verfällt der Verkehrung.

Die Ordnung der Dinge mag sein, wie sie will, die Ordnung der Zeit ist eine andere. Nicht alles, was sachlich gleich wichtig sein mag, ist auch gleichzeitig wichtig; sachlich weniger Wichtiges kann sogar im Augenblick nahezu ausschließliches Interesse verlangen. Selbst um zu denken, muß ich erst einmal leben können. Ich stehe immer wieder unter Zeitdruck: Was also ist jetzt zuerst zu tun? Dies ist nicht nur eine Frage der Lebensverhältnisse, sondern auch eine Frage der Lebensführung, d. h. es ist nicht zuletzt eine Frage der individuellen Lebens- und Zeitökonomie. Da ich nicht alles gleichzeitig tun oder haben kann, muß ich mich notwendigerweise vernünftig, klug, ja sogar berechnend verhalten. Faktisch verhält sich daher jeder Mensch mehr oder weniger ökonomisch, solange noch ein Fünkchen Verstand und Lebenswille in ihm ist; irgendwie strukturiert jeder seine Zeit und damit sich und sein Leben, jeder hat seine eigene Zeiteinteilung. In gewisser Weise ist alles, was ich tue, tun kann oder tun will, eine Frage der Zeit, der Zeitberechnung wie der Zeitverschwendung. Einerseits sollte ich wissen, wozu ich Zeit haben muß und wozu ich Zeit haben will, und zwar im Rahmen der gegebenen, geschenkten oder geliehenen Zeit. Menschen ohne Zeitgefühl sind wie wirklichkeitsblind, denn die ›biologische Uhr‹ läuft, und sie läuft ab – irgendwann geht meine Zeit zu Ende. Andererseits würde das rein zweckbezogene Denken, wenn ich mein Leben total zu kalkulieren versuchte, also keine Zeit mehr spontan verschwenden könnte, zur totalen Selbstverplanung und zu einer Art Selbstverdinglichung führen, in der ich mich auf andere Weise ebenfalls verlieren würde. Zum Glück gehört auch, die Zeit einmal vergessen zu können.

Zeit ist knapp und kostbar. Sie ist nicht nur eine der wichtigsten Ressourcen, sie ist sogar die absolut unabdingbare oder unverzichtbare und zugleich unwiederbringliche Voraussetzung von allem, was wir planen. Zeit ist daher mehr als Geld, denn Geld ist nichts ohne die Zeit, um es zu nutzen. Wozu dient das Geld, wenn nicht zum Leben in der Zeit? Zeit ist nicht ein beliebiger Rohstoff wie Öl oder Kohle, den man verbrauchen und eventuell auch ersetzen kann; sie ist nicht ein Gut in der Zeit, sondern die Bedingung der Möglichkeit aller (zeitlichen) Güter und allen (zeitlichen) Glücks. Zeit ist keine erneuerbare Ressource. Vor allem aber, die mir zur ›Verfügung‹ stehende Zeit ist meine Zeit, meine Lebenszeit – ich bin es selbst, der mit seiner Zeit sich selbst ›verbraucht‹. Was immer Zeit als solche sein mag, für mich ist sie vor allem meine Zeit, in gewisser Weise sogar immer nur meine Zeit; alle andere Zeit ist fremde Zeit, ist vorher oder nachher. Die schönste Zeittheorie ändert nichts daran, daß meine Zeit abläuft, ja sogar jederzeit enden kann. Zwar läßt sich Zeit als physikalische Zeit sehr genau berechnen, aber meine eigene flüchtige Zeit als die Bedingung meines Lebens, meine gelebte und erlebte Zeit ist mehr als die Zeit, die in solchen Berechnungen vorkommen kann; berechenbar ist sie nur insofern, als das Ende, je näher es rückt, sozusagen immer gewisser wird.

Dennoch gehen wir alle mit unserer Zeit um, als ob sie ein unerschöpfliches Reservoir wäre. Überall verlieren und vergeuden wir Zeit – oft unvermeidlich, meist aber aus Gedankenlosigkeit. Wieviel kostbare Zeit verlieren wir für nichts und wieder nichts, wer kann schon mit seiner Zeit richtig haushalten? Aber natürlich kann ich auch bezweifeln, daß es überhaupt eine sinnvolle Zeitverwendung und Zeiteinteilung, eine sinnvolle Ordnung der Zeit und der Dinge in ihr gibt. Warum soll ich meine Zeit nicht mit irgend etwas vergeuden, wenn ich ohnehin keine bessere Verwendung für sie habe, wenn ich mit ihr und mir nicht nur nichts Besseres, sondern im Grunde überhaupt nichts anzufangen weiß? Vielleicht ist die verzweifelte Genußsucht aus Langeweile, d. h. leerer Zeit, sogar die Lebensweise, die am weitesten verbreitet ist. Im Grunde ist sie allerdings praktischer Nihilismus, denn in der Konsequenz würde sie bedeuten: Ich habe mich aufgegeben.

Aber sich ein für allemal und ganz aufzugeben ist gar nicht so einfach. Normalerweise mache ich immer noch Unterschiede zwischen besser und schlechter, wichtiger und weniger wichtig. Die meisten Menschen erschrecken jedenfalls noch gelegentlich über ihre verlorene Zeit, manche machen sich sogar auf die Suche nach der verlorenen Zeit und verlieren dabei womöglich neue Zeit oder sogar den Rest ihrer Zeit. Immerhin, noch habe ich Zeit, auch wenn ich nicht weiß, wieviel es sein mag; denn solange ich lebe, habe ich noch Zeit, so wenig es auch immer sein mag. *Il tempo è computato, ma non ancora consumato.*

Besinnung und Bedenkzeit

Die Fragen nach Glück und Zeit können nachdenklich machen. Wie soll ich mit meiner Zeit, der mir selber unbekannten Bedingung meines Daseins, umgehen, um glücklich zu werden? Ich könnte mich zum Beispiel, um die Zeit zu nutzen, ganz auf die Annehmlichkeiten des Lebens konzentrieren, deren Erwerb allerdings meist selbst schon eine gewisse Zeit beansprucht. Wieviel Zeit soll ich in den Erwerb welcher Lebensgüter investieren, die ich dann möglicherweise gar nicht mehr genießen kann? Wieviel Zeit brauche ich, um ein Haus zu bauen oder zu bezahlen, wieviel Zeit werde ich dann noch darin verbringen können? Angesichts meiner immer schon ablaufenden Zeit, mit der ich haushalten muß, stellt sich immer wieder die alte Frage: Was ist wichtig, nämlich was ist in Hinblick auf das Ende wirklich wichtig?

Vielleicht ist angesichts des Todes überhaupt nichts wirklich wichtig. Jedenfalls dürfte sehr vieles seine angebliche Bedeutung im Hinblick auf das nahe Ende, wenn dieses ernsthaft in Betracht gezogen würde, schnell verlieren. Aber wenn wir angesichts des Todes gar nichts mehr wichtig nähmen oder nichts wichtiger als etwas anderes, wären wir sehr schnell wirklich tot, denn dann wären auch Essen und Trinken nicht mehr wichtig. Solange wir jedoch noch leben und leben wollen, sind Entscheidungen und Wertungen unvermeidlich: Essen ist besser als nicht essen, gut essen ist besser als schlecht essen – das aber kann schon wieder Zeit kosten. Die triviale Zeitfrage könnte daher leicht zur verzweifelten Frage nach dem größten Zeitverlust oder der größten Zeitersparnis werden. Allerdings bedeutet gewonnene Zeit nicht automatisch auch schon geglücktes Leben, Zeitgewinn ist als solcher noch kein Glücks-, Genuß- oder Sinngewinn. Es könnte sich, bei radikalem Sinnverlust, das Problem zugespitzt sogar so stellen, daß ich einerseits das drohende Ende meiner Zeit auf mich zurasen sehe, andererseits mit der wenigen Zeit, die ich habe, im Grunde nichts anfangen kann. Dann wird es allerdings höchste Zeit zur Besinnung. Soviel Zeit muß sein!

Normalerweise sind wir nicht zeit- und gedankenlos glücklich; meist sind die Zeiten des Glücks, in denen wir die Zeit vergessen, sogar sehr kurz, und oft haben wir nicht einmal Zeit zum Glück. Die Frage ist insofern nur, wie lange wir eine zeitweilige, glückliche oder auch glücklose Selbstvergessenheit durchhalten können; denn wir alle haben zumindest von Zeit zu Zeit auch besinnliche Momente, Zeiten des Fragens und Nachdenkens, auch wenn wir angeblich keine Zeit zur Besinnung haben. Natürlich ist Besinnung zunächst unökonomisch – sie entzieht sich der jeweiligen zweckorientierten Planung, insofern sie die normale Zeitkalkulation in Frage stellt. Besinnung ist immer auch ein gewisser (zeitweiliger) Ausstieg, eine gewisse Selbstbefreiung von der Versklavung durch den Betrieb. Andererseits braucht jeder Betrieb, um nicht völlig blind zu werden, gelegentlich eine Bestandsaufnahme. Dennoch ist es immer mißlich, Besinnung zu predigen. Wer problemlos glücklich ist, sollte es bleiben, solange er kann; wer nicht fraglos glücklich ist, wird sich von selbst fragen, warum. Es sei denn, er wollte bewußt besinnungslos bleiben, und zwar aus Angst vor der irgendwie geahnten Wahrheit. Aber wer bewußt blind bleiben wül, weiß meistens schon, warum: Nur nicht zur Besinnung kommen, vielleicht entdecken wir sonst noch Sinnlosigkeit! Besinnung ist nämlich Sinnsuche, der Versuch, mit der Welt und sich selbst ins reine zu kommen.

Besinnung mag nötig sein, aber doch nicht jetzt! Allerdings läßt sich Besinnung nicht ewig aufschieben, weil wir nicht ewig leben. Wenn wir als Menschen einerseits nicht wirklich besinnungslos leben können oder wollen und wenn andererseits unsere Lebenszeit jederzeit zu enden droht, dann dürfte auch Besinnung jederzeit an der Zeit sein, und eigentlich müßte auch jederzeit Zeit für sie vorhanden sein. Besinnung wäre also im Prinzip jederzeit möglich und nötig, falls wir überhaupt zur Besinnung kommen wollen. Aber vielleicht ist Besinnung auch nutzlos, oder es ist schon zu spät zur Besinnung! Doch selbst das läßt sich ohne Begründung, also Besinnung, nicht sinnvoll entscheiden. Vielleicht ist es nie zu spät, vielleicht ist immer schon Zeit zur Besinnung und immer noch Zeit für Besinnung. Im nächsten Augenblick mag es in der Tat zu spät sein, jetzt jedenfalls noch nicht. Aber unsere Bedenkzeit ist knapp bemessen.

Nun gibt es natürlich mancherlei Arten und Grade der Besinnung. Die radikalste Form, die zumindest tendenziell generelle oder prinzipielle Besinnung, wird im allgemeinen *Philosophieren* genannt. Philosophieren im weitesten Sinne – als radikale Besinnung auf das Ganze und damit auf meinen Ort im Ganzen – ist die umfassendste und gründlichste Besinnung überhaupt. Philosophieren, als Totalreflexion oder Totalrevision, ist Orientierung im Denken: Fragen nach den letzten Dingen oder Besinnung auf den Sinn von allem und daher auch oder vielmehr primär Selbstbesinnung. Was immer Philosophieren sonst heißen mag, als fundamentale Besinnung in der Zeit bedeutet es auch: sich aus der Zerstreutheit und Unreflektiertheit, aus den Verstrickungen in den Schein und die Trostlosigkeit des allgemeinen Treibens herauszureißen und nach der wahren Ordnung der Dinge und damit auch nach der richtigen Ordnung seiner Zeit zu fragen. Philosophieren ist radikale Selbstreflexion, und zwar in einer Situation, die es zu erkennen gilt, also auch Wirklichkeitsanalyse, Selbstbesinnung als Welterweiterung und Welterkenntnis.

Philosophieren ist Tätigkeit, während die Philosophie, z. B. als ›wissenschaftliche‹ Disziplin, schon eine gewisse Objektivation der philosophischen Fragen und Antworten darstellt – ein an sich wichtiger Unterschied, der im laxen Sprachgebrauch jedoch nicht betont zu werden pflegt. Wichtiger ist zunächst, daß die Charakterisierung der Philosophie bzw. des Philosophierens als Besinnung bzw. Selbstbesinnung nicht ganz unproblematisch sein dürfte – zumindest gibt es viele andere. Was aber tun, wenn es keine allgemein akzeptierte Definition von Philosophie gibt? Vielleicht wäre es gut, die Frage, was eigentlich Philosophie bzw. Philosophieren sei, nicht direkt, mit einem Gewaltstreich, beantworten zu wollen, sondern erst einmal zu differenzieren, also in Einzelfragen aufzuteilen. So kann man z. B. ganz schulmäßig nach dem Objekt und dem Subjekt, nach der Methode und dem Motiv des Philosophierens fragen, also nach dem Wer und Worüber, dem Wie und Warum. Dabei lassen sich die vier Fragen zu zwei mal zwei zusammenfassen: die Fragen nach dem Objekt und der Methode der Philosophie zu der Frage nach dem, was man ihren ›wissenschaftlichen‹ Charakter nennen könnte, die Fragen nach dem Motiv und dem Subjekt der Philosophie zu der Frage nach dem, was man ihren ›existentiellen‹ Charakter nennen könnte.

2. Was Philosophieren ist

Worüber wir philosophieren

Wir können über dieses oder jenes nachdenken, und zwar jeweils mehr oder weniger gründlich. Daraus können sogar Wissenschaften entstehen, nämlich Einzelwissenschaften, die einen jeweiligen Gegenstand, Gegenstandsbereich oder Gegenstandsaspekt erforschen. Diese Einzelwissenschaften sind zwar nicht immer klar begrenzt, aber im allgemeinen irgendwie voneinander unterscheidbar; in jedem Fall ist der Gegenstand, Gegenstandsbereich oder Gegenstandsaspekt speziell oder partikular, d. h. einer unter anderen. Was aber ist der Gegenstand der Philosophie? Ist es die Natur bzw. der Kosmos, das Leben der Menschen oder die Existenz Gottes? Geht es um Raum und Zeit, das Sein oder das Erkennen? Vielleicht geht es gar nicht um Gegenstände im engeren Sinne des Wortes, sondern z. B. nur um Prinzipien, Seins-, Erkenntnis- oder Handlungsprinzipien, um alle möglichen Prinzipien oder sogar um ein höchstes Prinzip. Über all dieses läßt sich gründlich nachdenken, und die Philosophie tut das auch. Was aber ist das zentrale Thema der Philosophie? Offensichtlich lassen sich verschiedene Probleme nennen, die in der Philosophie immer wieder eine große Rolle gespielt haben, aber allgemein anerkannte Grundprobleme, sozusagen ewige Probleme der Philosophie, sind sie nicht; außerdem läßt sich die Philosophie nicht ohne Gewalt und Widerspruch auf eines dieser Themen konzentrieren oder gar reduzieren. Will man hingegen umfassendere Gegenstandsgebiete für die Philosophie reklamieren, z. B. Gott, Welt, Mensch, so bedeuten diese ›Gegenstände‹ – ganz abgesehen davon, daß es auch konkurrierende Wissenschaften wie Theologie, Kosmologie und Anthropologie gibt – zusammen schon fast soviel wie: alles, was ist. Und in der Tat, vielleicht ist Philosophieren das Nachdenken über die Wirklichkeit im Ganzen, deren Ordnung und Ordnungsprinzipien. Vielleicht sollte Philosophie überdies nicht nur bedenken, was ist, sondern auch, daß etwas ist, oder, abstrakter formuliert, das Seiende als Seiendes bzw. das Sein des Seienden. Vielleicht sollte sie sogar nach dem Sinn des Seins fragen.

Bevor aber die These akzeptiert werden kann, daß Philosophie alles, was ist, bedenkt, wäre es nützlich, die Gegenprobe zu machen und zu fragen, womit die Philosophie sich nicht befassen sollte. Sollen irgendwelche Gegenstände grundsätzlich allein den Wissenschaftlern, Theologen, Politikern usw. vorbehalten und soll allen anderen, also auch den Philosophen, alles andere Denken darüber verboten sein? Solche vorgängigen Denkbegrenzungen dürften kaum sinnvoll sein, wenn gründlich nachgedacht werden soll. Wenn z. B. eine Einzelwissenschaft ihren Gegenstand ganz und gar erkennen kann, um so besser – hier wäre die Philosophie überflüssig bzw. überflüssig geworden, und historisch gesehen ist sie in der Tat oft nur Vorläuferin noch nicht vorhandener Wissenschaften gewesen. Aber solange nicht wissenschaftlich erwiesen ist, daß die Wissenschaften wirklich alle Probleme lösen können, muß es auch ein anderes als das wissenschaftliche Denken geben, ein möglicherweise nicht nur prä-, sondern auch post- oder metaszientifisches Denken, also ein Denken, das weiter und vielleicht auch anders denkt, das nicht zuletzt auch die Grundlagen, die Unterscheidung und den Zusammenhang der Seins- und Wissensgebiete bedenkt. Und dabei müßten auch der Status und die Relevanz der wissenschaftlichen Erkenntnis und damit die Unterscheidung und das Verhältnis von Wissenschaft und Philosophie selber bedacht werden – in einer Wissenschaftstheorie (die wahrscheinlich keine Wissenschaftswissenschaft, sondern eine Wissenschaftsphilosophie wäre) oder vielmehr in einer allgemeinen, grundsätzlichen und umfassenden Erkenntnistheorie (Erkenntnisphilosophie). Kurz, die Begriffe, mit denen die Wissenschaft ihre Gegenstände begreift, ja sogar die Prinzipien, mit deren Hilfe wir die Wirklichkeit schon vorwissenschaftlich (lebensweltlich) einteilen und z. B. den Einzelwissenschaften zuteilen, bedürfen selbst noch der Reflexion. Philosophieren kann man über alles und jedes, über die Wirklichkeit wie über deren Erkenntnis.

Philosophie bedenkt alles, was ist. Aber soll sie sich auf das Bedenken der gegenwärtig gegebenen Wirklichkeit beschränken? Oder soll sie nicht auch das, was nicht mehr ist, aber gewesen ist, sowie das, was noch nicht ist, aber, weil möglich, vielleicht einmal sein wird, reflektieren, ja sogar all das, was vielleicht niemals wirklich wird, aber – möglicherweise – möglich ist, also auch die rein möglichen Dinge (bis hin zu der Frage nach der Wirklichkeit, dem Wesen und dem Grund der Möglichkeit)? Kurz, in der Philosophie scheint es, wenn um das Ganze, dann auch um alles Mögliche und Unmögliche, ja sogar um Sein und Nichtsein zu gehen – bis hin zu der verzwickten Frage nach dem Nichts oder Nichtsein selbst (was es denn sei und ob es überhaupt sei), was dann sogar zu der Frage *Warum ist überhaupt Seiendes und nicht vielmehr nichts?* führen könnte. Jedenfalls läßt sich das Thema der Philosophie nicht ohne Vorentscheidungen, also nicht ohne Vorgriffe oder Vorurteile, vorab eingrenzen; die Bestimmung des Gegenstandes der Philosophie ist selbst schon ein philosophisches Problem. Es gibt anscheinend nichts, worüber die Philosophen nicht nachgedacht hätten, und es gibt keinen Grund, jedenfalls keinen philosophischen Grund, solches Nachdenken in Zukunft zu verbieten.

Die Philosophie kann zwar alles bedenken, faktisch denkt jedoch kein Philosoph jederzeit über alles zugleich nach, das Ganze als solches ist sogar relativ selten ausdrückliches Thema. Die real existierende Philosophie ist insofern immer verkürzte Philosophie, nämlich durch unvermeidliche, fremdbestimmte wie selbstbestimmte Begrenzungen beschränkt. Da keiner jederzeit über alles gleichzeitig nachdenken kann, entscheidet jeder *nolens volens* im Rahmen seines Horizontes über das, worüber er nachdenkt, nachdenken muß oder will – soweit sich dies nicht vor aller Reflexion schon entschieden hat. Mehr oder weniger bewußt ergreift der Philosoph das, was sich ihm als Gegebenheit darstellt, als eine ihm in seiner Situation zugefallene und angenommene Aufgabe, d. h. das wirkliche Philosophieren ist geschichtlich und damit geschichtlich verschieden. Aber auch die Begrenzung des Denkens ist, wenn sie bewußt geschieht und nicht äußerlich, z. B. als religiöses oder politisches Denkverbot, an das Philosophieren herantritt, noch ein philosophischer Akt. Philosophie ist wesentlich selbstbestimmtes, sich immer noch selbst bestimmendes Denken, und sie ist immer mehr als das, worauf sie sich faktisch beschränkt. Man kann sich zwar fragen, ob es überhaupt berechtigte Begrenzungen der Philosophie gibt. Aber da es immer Beschränktheiten gibt, die ihren Grund in unserer jeweiligen Borniertheit, d. h. in der unaufhebbaren Endlichkeit des Menschen haben, kann die Frage eigentlich nur lauten, ob bzw. wann es bewußte Selbstbegrenzungen geben darf. Und offensichtlich sind zumindest vorläufige, sozusagen methodische Selbstbegrenzungen im Dienste der Sache legitim – erst dadurch kann philosophisches Denken zu strengem Philosophieren (im Sinne geordneter ›Arbeit‹) werden. Wenn dies allerdings dazu führt, daß der Bezug zum Ganzen verlorengeht, wird das Philosophieren zum bloßen geistigen Handwerk, der Philosoph zum bloßen Spezialisten (Problemprofi). Zwar bleibt das Philosophieren auch dann meist noch universaler ausgerichtet als das Denken der Einzelwissenschaften, aber es tendiert nun doch zu bornierten Einzeluntersuchungen und wird irgendwann zur eingeschliffenen Routine.

Wenn alles Gegenstand des Philosophierens sein kann, dann natürlich auch die Philosophie selbst. Philosophie ist immer auch Philosophie der Philosophie, d. h. alle Philosophie ist auch ihre eigene Metaphilosophie, und dies oft sogar auf weite Strekken als Selbstverständigung oder Selbstrechtfertigung. Philosophieren ist immer auch vorausgreifende, z. B. programmatische, und nachträgliche, aber natürlich auch begleitende oder mitlaufende Reflexion. Wer, wenn nicht der Philosoph selbst, sollte die Frage beantworten, was Philosophie ist? Zwar bestimmen in gewisser Weise auch Einzelwissenschaften den Gegenstand ihrer Wissenschaft, aber dies ist dann selbst z. B. keine Physik oder Mathematik, sondern Physik- oder Mathematikphilosophie (innerhalb oder außerhalb der jeweiligen Wissenschaft). Philosophie hingegen bleibt bei sich selbst, wenn sie über sich selbst nachdenkt; sie ist auch in diesem Sinne sich selbst bestimmendes Denken, sozusagen ihre eigene, sich selbst konstituierende und kontrollierende, weil reflexive Instanz. Wenn Philosophie Selbstbesinnung ist, so ist sie zugleich auch eine sich auf sich selbst besinnende Selbstbesinnung, ein sich immer wieder eingrenzendes und sich immer wieder entgrenzendes Denken, ein unbestimmtes Kreisen um ein immer noch unbestimmtes Zentrum. Die Bestimmung der Philosophie allein von ihrem Gegenstand her muß folglich ziemlich unbestimmt bleiben, denn die Philosophie hat im Unterschied zur Einzelwissenschaft keinen bestimmten Gegenstand im strengen Sinne des Wortes, da ihr ›Gegenstand‹ alles ist oder doch sein kann. In der Philosophie geht es im wahrsten Sinne des Wortes um alles und nichts.

Wie wir philosophieren

Von einer geordneten Erkenntnis wird heute im allgemeinen verlangt, daß an ihrem Anfang eine Darlegung und Rechtfertigung ihrer Methode stehe. Hinter dieser Forderung verbirgt sich ein verständliches Sicherheitsbedürfnis, sowohl die Sorge um das mögliche Fehlschlagen des Erkenntnisversuches als auch der Wunsch nach einer Kontrollierbarkeit aller sogenannten Erkenntnisse. Erkenntnis soll einen sicheren, geregelten und allgemein nachvollziehbaren Gang gehen, und nur eine ausgewiesene Methode, die jederzeit durchschaubar ist und zu sicheren Verifikationen oder zumindest Falsifikationen führt, kann, so scheint es, den

Gang der Erkenntnis sicher machen. Daraus ergibt sich die auf den ersten Blick einleuchtende Forderung, auch philosophisches Denken sollte methodisch vorgehen, jedenfalls wenn es kein unordentliches (›wildes‹) Denken bleiben will. Da die Philosophie sich gegebenenfalls mit den gleichen Gegenständen befaßt, mit denen sich auch die Wissenschaften beschäftigen, unterscheidet sie sich von diesen sogar möglicherweise allein durch die Art ihres Vorgehens. Worin aber besteht die Methode der Philosophie?

Das Verlangen nach einer philosophischen Methode ist offensichtlich dadurch belastet, daß es die eine und allgemein anerkannte Methode der Philosophie bisher nicht gibt. Daher, so scheint es, wird es höchste Zeit, daß eine solche entwickelt wird; nur als methodisch geordnetes Denken kann die Philosophie eine wirkliche Wissenschaft, nämlich eine Universal- und Fundamentalwissenschaft werden. Aber der Streit über die Sicherheit und Wahrheit der philosophischen Erkenntnisse setzt sich auf der Ebene der Methoden als Methodenstreit fort, und zwar nicht nur als Diskussion über die richtige Methode, sondern auch als Diskussion über den richtigen Begriff von Methode. Irgendwie, so darf man vermuten, ist eine Methode eine Art (gebahnter) Weg, den irgend jemand vorgegangen ist oder vorgezeichnet hat und den andere nun nachgehen können und sollen; vielleicht ist sie aber auch, als Regelsystem des Erkennens, eine Art anwendbares Instrument oder Fortbewegungsmittel, das als Gehhilfe ein geregeltes Vorgehen ermöglicht. Allerdings scheint sie nicht ohne einen gewissen Vorgriff oder Vorbegriff, d. h. nicht ohne einen vorausschauenden Vorblick auf die Sache, um die es geht, praktizierbar zu sein, denn Methoden müssen ihrem Objekt angemessen sein. Daher haben die Einzelwissenschaften alle ihre spezifischen Methoden, manchmal sogar mehrere, mit denen sie ihre (als solche anscheinend bekannten) partikularen Objekte forschend angehen. Objekt und Methode entsprechen einander, und zwar so sehr, daß die Methoden in gewisser Weise sogar ihre Objekte konstituieren. Zumindest sollen beide einander entsprechen.

Hier taucht jedoch schon ein erstes grundsätzliches Problem auf. Wenn der Gegenstand der Philosophie alles und nichts ist, wie kann oder soll dann eine diesem ›Universalobjekt‹ entsprechende ›Universalmethode‹ aussehen? Je umfassender eine Methode sein soll, desto mehr scheint sie auch an Bestimmtheit und folglich Handhabbarkeit zu verlieren; sie verliert den Charakter eines mehr oder weniger präzisen und praktikablen Regelsystems und reduziert sich auf sehr allgemeine Formeln und Anweisungen *(Klar und deutlich denken! Logisch denken!)*. Kann es also überhaupt eine Universalmethode geben? Mit welcher speziellen Methode könnte die Gesamtheit dessen, was ist und nicht ist, reflektiert werden? Anscheinend hebt sich der Begriff der Methode angesichts des noch unbestimmten Ganzen, das im Philosophieren irgendwie bedacht werden soll, von selbst auf. Vielleicht gibt es in der Philosophie daher gar keine allgemeine Vorgehens- oder Verfahrensweise, höchstens mehrere legitime Methoden mit begrenzter Reichweite; vielleicht gibt es in der Philosophie in allen wichtigen Fragen überhaupt keine echten Methoden, weil es kein eindeutiges, relativ klar antizipierbares Zielobjekt gibt. Woher wissen wir, wohin der Suchweg des Philosophierens führen wird, führen kann oder soll?

Vor allem aber ist zu fragen: Wie sollen wir die wahre Methode bzw. die richtigen Methoden des Philosophierens finden? Wie wollen wir methodisch vorgehen, um eine philosophische Methode zu finden (falls es überhaupt eine spezifisch philosophische Methode gibt)? Nach welcher Methode findet man Methoden, falls man sie nicht willkürlich dekretieren will? Offensichtlich tut sich hier ein *circulus vitiosus* auf. Die wahre Methode kann – vorausgesetzt, daß sie nicht vom Himmel fällt, d. h. durch Zufall oder wundersame Gnade entdeckt wird – nicht nach eben dieser Methode gesucht werden, da diese als solche noch nicht existiert. Aber das Suchen nach einer philosophischen Methode ist selbst schon Philosophieren, wenn auch – im Sinne der gesuchten Methode – noch unmethodisches Philosophieren. Wenn daher eine auf eine bestimmte Methode verpflichtete Philosophie zur allein wahren Philosophie erklärt wird, so wird das (u. a. vielleicht nach Methoden suchende) unmethodische Philosophieren automatisch zur Nichtphilosophie bzw. Nochnichtphilosophie oder sogar zur Pseudophilosophie. Wenn die Philosophie erst mit der frisch erfundenen Methode beginnen soll, so wird das bisherige, auch das eigene bisherige Denken, das doch zu der Erkenntnis dieser alleinseligmachenden Methode geführt hat, im Rückblick zu einem vorläufigen, noch nicht ›richtigen‹ Philosophieren, bestenfalls zu einer Art Protophilosophie. Das wahre Philosophieren, so scheint es, beginnt erst jetzt als ein Denken, das sich am gerade gefundenen Schnürchen entlangbewegt – vorausgesetzt, irgend jemand hält sich überhaupt an das aufgestellte Methodenprogramm. In Wirklichkeit haben wir jedoch immer schon, auch ohne Methode, begonnen zu erkennen, und man könnte sogar, mit umgekehrter Wertung, das methodisch noch nicht fixierte Denken für das eigentliche Philosophieren halten.

Methode kann sich selbst nicht methodisch, d. h. durch sich selbst begründen; die Methode vor der Methode ist immer eine andere Art von Methode, wenn es überhaupt eine ist. Außerdem muß es die Möglichkeit geben, die Anwendung der Methode zu überprüfen, was vermutlich ebenfalls nicht nach derselben Methode geschehen kann, nach der gearbeitet wird. Die Frage ist daher, ob man das Philosophieren überhaupt mit dem Suchen nach einer Methode beginnen sollte, da dieses sehr der Suche nach dem Ariadnefaden ähnelt, ja sogar den Wunsch nach einer Erkenntnis vor der Erkenntnis zu beinhalten scheint. Wahrscheinlich sind Methodendiskussionen nicht selten sogar Zeitverschwendung, wenn wir nämlich vor lauter Methodendiskussion nicht mehr zur Sache kommen. Im übrigen gibt es auch eine Sucht nach formaler Sicherheit, eine Flucht in den Formalismus. Kurz, Philosophieren muß nicht auf eine bestimmte Methode geeicht werden, es sollte sich seine Freiheit auch gegenüber allen Methodenzwängen bewahren – Philosophieren muß, über alle methodische Gewißheit hinaus, ins Ungewisse zu denken wagen. Denn Philosophieren ist wesentlich nicht das erlernbare Nachdenken dessen, was andere vorgedacht haben, d. h. nicht ein bloßes Hinterherdenken, sondern das eigenständig vorgehende Nachdenken über eine noch unklare Sache. Philosophieren heißt gerade nicht, einen ausgetretenen Weg zu gehen, sondern Wege zu suchen und zu bahnen.

Die Kritik an methodischen Scheuklappen, formalen Denkverboten oder Methodenfetischismus kann leicht umschlagen in Lust an Methodenanarchie oder an programmiertem Chaos. Aber Philosophieren ist nicht bloßes Herumräsonieren, nicht leichtfertig oder absichtlich unordentliches Herumdenken, sondern durchaus diszipliniertes Denken. Es ist zwar einerseits das möglichst unbefangene Aufgreifen von ›Wahrheiten‹, wann immer und wo immer sie gefunden werden, andererseits aber auch beharrliches Festhalten von Fragen und Einsichten sowie deren Verknüpfung, also auch das Ziehen von Konsequenzen, notfalls immer auch die Revision der Intuitionen. Philosophieren ist der Versuch, Ordnung in seine Gedanken zu bringen, und als geordnetes Denken natürlich auch irgendwie methodisch oder systematisch, sowohl unterscheidend als auch verknüpfend, auswählend und ausscheidend. Aber eine bloß formale Disziplin muß für das Philosophieren tödlich sein, sie wird dann zum Wahnsinn mit Methode. Wichtig ist es, überhaupt einen Weg zu finden und zu bahnen, und dies muß letztlich jeder, so gut er kann, auf eigene Verantwortung tun, d. h. nach bestem Wissen und Gewissen.

Philosophieren ist der Versuch, mit Hilfe seiner Vernunft Klarheit in die eigenen Wirklichkeitsannahmen und Normvorstellungen zu bringen, sich sozusagen am eigenen Schopfe aus dem Sumpf zu ziehen. Methoden können dabei nützliche Instrumente, aber auch Strohhalme sein. Letztlich bleibt Philosophieren jedoch Stochern im Nebel, Wegsuche im dunklen Wald. Zwar haben große Methodenprogrammatiker gemeint, wenn man nur tapfer geradeaus gehe, käme man irgendwann aus dem Wald heraus. Aber das könnte ein schwerwiegender Irrtum sein, denn der Wald könnte größer sein, als das Leben lang ist. Manchmal lichtet sich zwar das Dunkel, einige Punkte oder Linien erscheinen, es gibt kleinere Lichtungen oder Leuchtspuren in der Nacht, doch das Umgreifende ist das Dunkle. So bleibt Philosophieren am Ende Singen im Dunkeln oder vielmehr Denken ins Dunkle, Andenken gegen die Dunkelheit, in der wir leben.

Warum wir philosophieren

Philosophie ist, auch wenn sie soweit wie möglich die Ergebnisse der Wissenschaft im Auge behält, offensichtlich keine Wissenschaft, jedenfalls nicht in irgendeinem strengen Sinne des Wortes, d. h. sie ist keine Einzelwissenschaft, aber auch nicht Fundamental- oder Universalwissenschaft, weder Proto- noch Metawissenschaft, folglich auch keine Wissenschaftswissenschaft oder gar wissenschaftliche Wissenschaftssynthese. Wenn Philosophie aber keine sichere

Wissenschaft ist und auch nicht werden kann, vielleicht sogar überhaupt keine allgemeingültigen Erkenntnisse liefert, sondern in allgemeinen und grundsätzlichen Problemerörterungen stekkenbleibt, so stellt sich die Frage, warum oder wozu wir überhaupt philosophieren. Dabei geht es nicht um die Überlegung, warum wir überhaupt etwas erkennen wollen oder müssen, sondern um das Motiv oder die Motive für das Philosophieren als ein Fragen, dem nach menschlichem Ermessen keine zureichende oder gar endgültige Antwort beschieden sein kann. Sind solche typisch philosophischen Probleme, wie die Frage nach dem Sinn des Lebens, dem Wesen des Menschen oder der Existenz Gottes, etwa nur durch Neugier motiviert? Ist der Grund des Philosophierens der bloße Spaß an Denkspielen? Wohl kaum, weil (ganz abgesehen davon, daß die Erklärung des Erkenntniswillens aus Neugier oder Wissensbedürfnis im Grunde tautologisch ist) es hier um ein Wissenwollen besonderer Art geht, nämlich um ein mehr als alltägliches bzw. mehr als wissenschaftlich-technisches Wissenwollen. Es geht nicht um bloßes Kennenlernen aus eitler Wißbegier oder um praktische Wissensnotwendigkeiten. Philosophie mag zwar auch ein Forschungsabenteuer sein, aber Abenteuerlust ist nicht ihr wesentliches Motiv.

Die Frage nach den Motiven des Philosophierens zielt auf die Person des Philosophen, den Philosophierenden selbst, und sie unterstellt, daß es einen besonderen Grund geben müsse, der Menschen dazu bewegt, ins Grübeln zu kommen und eine radikale Besinnung zu versuchen. Zwar müßte man sogleich fragen, wonach mit der Frage nach dem Grund des Philosophierens eigentlich gefragt wird: nach der Ursache (Warum) oder dem Zweck (Wozu), nach dem äußeren Anlaß (Anstoß) oder dem letzten inneren Grund (Ursprung) des Philosophierens? Aber vielleicht ist es zweckmäßig, die Frage, warum wir philosophieren, zunächst einmal undifferenziert stehenzulassen; denn vielleicht hängen die verschiedenen Motive und Motivationsarten sogar irgendwie zusammen. Allerdings ist hinsichtlich der vielen möglichen Antworten zur Vorsicht zu mahnen. Es ist nämlich keineswegs ausgemacht, daß das, was ich als Grund meines Philosophierens zu erkennen glaube, auch dessen wirklicher Grund ist – und dies nicht nur wegen der immer möglichen Selbsttäuschung, sondern auch wegen der besonderen Schwierigkeiten einer solchen Selbstreflexion. Wenn ich nämlich die Frage nach dem Grund des Philosophierens ernsthaft stelle, bin ich selbst schon mitten im Philosophieren, auch wenn ich dies vielleicht noch gar nicht weiß; und vielleicht bin ich sogar immer schon darin, ohne eine klar bestimmte bzw. bestimmbare Anfangsursache. Es ist daher nicht auszuschließen, daß der letzte Grund des Philosophierens nur spekulativ und auch insofern nur philosophisch erdenkbar ist. Jedenfalls kann es nicht genügen, Philosophie durch den Rückgang auf einen zufälligen Wahrheits- oder Wissenstrieb als individuelle Naturgegebenheit zu erklären. Aus welchem Bedürfnis entspringt also das Philosophieren? Gibt es unter den vielen Anlässen oder Anstößen, z. B. Erweckungserlebnissen, eine tiefere Ursache, lassen sich die Ursprünge des Philosophierens vielleicht auf einige wenige und wesentliche zurückführen?

Die wohl älteste, selbst schon sehr schwierige Antwort auf die Frage nach dem Ursprung des philosophischen Denkens besagt, das Staunen oder die Verwunderung sei der Anfang des Philosophierens. Dies könnte so verstanden werden, daß irgend etwas Außergewöhnliches oder das Versagen des gewohnten Erklärens das philosophische Denken ausgelöst habe. Aber wahrscheinlich meint der Verweis auf das Staunen nicht nur die Entdeckung des

Seltenen oder das Erlebnis des Seltsamen und auch mehr als den Schock der Erkenntnis der Nichterkenntnis. Vermutlich geht es um ein Erstaunen, wie es Kinder haben, die die Welt sozusagen zum ersten Mal erleben, oder um die Entdeckung der Nichtselbstverständlichkeit des bis dahin Selbstverständlichen, also vielleicht darum, etwas überhaupt als solches wirklich zu entdecken. Möglicherweise geht es sogar um noch mehr, nämlich um die Erfahrung der Erstaunlichkeit der Wirklichkeit als solcher, etwa die der Schönheit des ›Kosmos‹, also um ein glückhaftes Aufgeschlossensein. Dieses Sichwundern entdeckt die Wirklichkeit als Wunder, d. h. das Wunder des Seins: daß dieses oder jenes existiert, daß überhaupt etwas ist und nicht vielmehr nichts. Der Staunende ist jedenfalls beeindruckt, betroffen, ja sogar erschüttert durch das, was ihm aufgeht, was ihn vielleicht sogar überwältigt. Obwohl ihm im Staunen auch die eigene Endlichkeit schmerzlich offenbar wird und er insofern eine ›negative‹ Erfahrung macht, ist er doch von tiefer Zustimmung zu der im Staunen als ›positiv‹ erfahrenen Wirklichkeit erfüllt und erfährt insofern zugleich eine Erweiterung seines eigenen Ich. (Das Gegenstück zum Staunen wäre von daher der Ekel als eine intensive abstoßende Seinserfahrung.)

Verglichen mit der affirmativen Grunderfahrung des Seins im Staunen, die der Entdeckung des Anderen in der Liebe entspricht, betonen manche, insbesondere moderne Antworten auf die Frage nach dem Grund des Philosophierens eher negative Erfahrungen. Erschütterungen wie Schmerz oder Leid, Enttäuschung durch Schein oder Betroffenheit durch das Böse, Zweifel und Verzweiflung, das Erschrecken vor Abgründen und die Angst vor der Grundlosigkeit des Gegebenen, vor allem das Grauen vor dem Tod oder dem Nichts seien Ursachen des Philosophierens. Dieses wäre dann vor allem eine Folge von Mangel und Mangelerfahrung. So können diese oder jene Mängel der Welt, der anderen Menschen und nicht zuletzt des eigenen Ich eine durchgängige Hinfälligkeit oder Gebrechlichkeit, ja Zerrissenheit der Wirklichkeit offenbaren – die Welt ist schlecht oder aus den Fugen, der schöne Schein zusammengebrochen oder durchbrochen. In der Tat, was immer Philosophieren in der Folge sein mag, ohne irgendeinen Verlust oder Schmerz wird es kaum in Gang kommen. Die Erfahrung der Nichtigkeit aller Dinge bzw. das Ungenügen an allem kann ein Bedürfnis nach einer besseren Wirklichkeit implizieren und provozieren, das dann umgekehrt das Ungenügen selber erst wieder möglich macht und ein radikales Denken entstehen lassen kann. Vielleicht verweist das Ungenügen an allem sogar auf ein absolutes Bedürfnis oder Bedürfnis nach Absolutem, und Philosophieren wäre dann dessen Ausdruck im Denken.

So verschieden und verschiedenwertig die Ursachen oder Anlässe des Philosophierens im einzelnen sein mögen, sie alle scheinen eine weit- oder tiefreichende Betroffenheit zu bewirken, die über den zufälligen Anlaß hinausgeht. Sie konvergieren in der Grunderfahrung der Endlichkeit und dem Bedürfnis nach dem Guten oder dem Glück, d. h. der Hoffnung auf Heil oder Sinn. Religiös und pathetisch gesprochen: Philosophie entsteht aus Heillosigkeit und Heilserwartung zugleich, und sei das gesuchte Heil auch nur das Heil der Wahrheit. Insofern setzt Philosophieren zweifellos eine gewisse Sensibilität bzw. Sensibilisierung voraus, auch wenn die oft genannten Motive im Einzelfall alle mehr oder weniger fehlen können. Aber natürlich ist die Initiation des Philosophierens damit nicht erklärt, d. h. aus Ursachen abgeleitet, die sogenannten Gründe des Philosophierens bzw. seiner Aktualisierung sind eigentlich nur sekundäre Bedingungen. Der letzte Grund, warum wir philosophieren, dürfte tiefer liegen, nämlich in der ›Natur‹ des Menschen. Der Mensch ist ein fragendes, Sinn suchendes Wesen, er muß sich über sich selber klarwerden. Das aber würde bedeuten: Wir philosophieren, weil wir es müssen, d. h. weil wir es nicht lassen können.

Wer philosophiert

Die Frage, wer philosophiert, kann sich auf die Art und Zahl der philosophierenden Personen beziehen: Welche bzw. wie viele Menschen philosophieren? Und diese Frage kann soziologisch oder psychologisch, aber z. B. auch historisch gestellt werden: Wann und wo philosophieren welche Menschen? Die Antworten dürften allerdings unbefriedigend ausfallen. Philosophen finden sich in allen gesellschaftlichen Gruppen (wenn auch mit Vorrang unter den Begüterten und Gebildeten, weil diese die Muße und Möglichkeit zur Ausbildung philosophischer Theorien haben) und bei allen Typen und Temperamenten (wenn auch mit Vorrang bei besonders nachdenklichen Menschen). Doch scheinen, historisch gesehen, ganze Völker ohne Philosophie in irgendeinem engeren Sinne des Wortes auszukommen. Einerseits scheinen alle Menschen zu philosophieren, andererseits nur sehr wenige.

Eine genauere Antwort auf die Frage nach dem Philosophen als Subjekt des Philosophierens hängt vom vorausgesetzten Philosophiebegriff ab, und es gibt enge und weite, arrogante und tolerante, elitär und populär orientierte Philosophiebegriffe. Faßt man den Philosophiebegriff ganz weit, so wird man kaum bestreiten können, daß jeder irgendwann einmal philosophiert oder so etwas wie philosophische Anwandlungen hat. Faßt man ihn jedoch ein wenig enger, ohne nun gleich ins andere Extrem zu verfallen und nur noch ausgebildete Fachphilosophen als Philosophen gelten zu lassen (die als Philosophiegelehrte oder ›Philosophologen‹ in anderer Hinsicht sehr schwache Philosophen sein können, nämlich unfähig zu philosophischem Selbstdenken), so wird die Gruppe der Menschen, die Philosophen genannt werden könnten, sehr schnell sehr viel kleiner. Selbst in philosophisch gebildeten und interessierten Gesellschaften bzw. Gesellschaften mit einer bedeutenden philosophischen Vergangenheit scheint es immer nur wenige Menschen zu geben, die ernsthaft philosophieren. Auch wenn im Prinzip alle Menschen Philosophen sein sollten, faktisch sind sie es, aus welchen Gründen auch immer, allem Anschein nach meistens nicht.

Die Frage nach dem Philosophen scheint auf die Frage nach den Ursachen des Philosophierens zurückzuführen: Wie werde ich Philosoph? Philosophieren setzt irgendeine Art von Betroffenheit voraus, wer keine Probleme hat, braucht nicht zu philosophieren. Allerdings dürfte kaum jemand überhaupt keine Schmerz- oder Leiderfahrung haben, folglich machen Bauchschmerzen, Weltschmerz oder melancholisches Temperament allein noch keinen Philosophen; selbst wenn man eine gewisse Intensität der Erschütterung unterstellt, die bloße Betroffenheit durch Unglück oder auch Glück führt nicht notwendig zum Philosophieren. Offensichtlich gehört zur Philosophie mehr als Leiderfahrung, nämlich auch irgendeine geistige Aktivität, wenn auch zunächst nur als Reaktion. Das Philosophieren erfordert Energie, also Kraft oder Willen: nicht nur Sensibilität, sondern auch geistige Selbstbehauptung, nicht nur dumpfes oder bescheidenes Ertragen des Schicksals, sondern auch Rebellion dagegen, also gerade keine Wehleidigkeit. Betroffenheit allein macht noch keinen Philosophen, der reine Schmerz kann sogar denkohnmächtig machen. Erschütterung kann also höchstens am Anfang der Philosophie stehen. Es bedarf außerdem der Kraft, sich der Erschütterung der Wirklichkeit auszusetzen, sich damit geistig auseinanderzusetzen, also das als entsetzlich erfahrene Unbegreifliche auszuhalten, nicht zu verdrängen und nicht zu beschönigen, sondern durchdenken und begreifen zu wollen. Der Philosoph muß seinen Schmerz durchdenken können. Selbst das Staunen, das zunächst sprachlos macht, wird in der Philosophie nicht als Erfüllung akzeptiert – es ist der Anfang, möglicherweise aber auch das Ende der Philosophie. Nachdem sich ihm das Selbstverständliche und Vertraute aufzulösen begonnen hat, muß der Philosoph die Arbeit der Negation aus eigener Kraft durch Analyse fortsetzen. Philosophen sind keine stillen Dulder, sie sind nicht nur demütig, sondern auch hochmütig. Der Philosoph leistet geistigen Widerstand, behauptet sich selbst gegen die Wirklichkeit, wie sie sich ihm zeigt, und zwar in der Absicht, sie zu begreifen, sie gewissermaßen geistig zu bewältigen. Er wagt es, aufgrund seiner Erfahrungen mit der sogenannten Wirklichkeit geistig zu brechen, über die Wirklichkeit, wie sie zu sein scheint, hinauszudenken, das Wirkliche auf das Mögliche hin zu überschreiten, destruktiv und produktiv in hypothetischen Möglichkeiten zu denken, also in intellektueller Imagination eine andere Wahrheit zu avisieren. Daher gehört zum Philosophieren – zumindest aus der Sicht der ›Gedankenpolizei‹ aller möglichen Institutionen – perverse Phantasie und kriminelle Energie.

Aber auch damit ist die Frage, was jemanden zum Philosophen macht, noch nicht beantwortet. Es gibt einerseits ganz unterschiedliche Auslösesituationen, andererseits können Krisensituationen auch ganz unterschiedliche Reaktionen hervorrufen (nicht zuletzt auch ganz ›unphilosophische‹). Offensichtlich muß noch etwas hinzukommen, damit sich jemand in einem Akt der Freiheit auf das Philosophieren, als individuelles und radikales Denken, als geistiger Streit mit dem Ganzen, einläßt: Die Krise des Menschen muß eigenes Denken aktivieren. Philosophieren besteht nicht zuletzt darin, sich sozusagen auf den eigenen Kopf zu stellen. Es ist der verzweifelte oder auch hochmütige Versuch, sich seine Fragen selbst zu beantworten; es ist sogar Flucht nach vorn – ins Selbstdenken, weil dies keiner für mich kann. Dabei muß das Denken, um philosophisch zu werden, das individuelle Problem sozusagen allgemein betrachten und damit in einer gewissen Abstraktion von der eigenen Person reflektieren können. Im Philosophieren bin ich, bei aller Rückwirkung des Denkens auf die eigene Existenz, selbst fast nur noch ein Fall für mich. Der Philosoph muß sich über sich selbst stellen können – Philosophieren ist auch postume Reflexion. Mit anderen Worten, Philosophieren beginnt erst da, wo sich jemand, aufgrund der äußeren Umstände wie der eigenen Kraft, die Freiheit nimmt, sowohl selbständig als auch grundsätzlich zu denken, sich auch im anscheinend Grund- und Sinnlosen noch denkend zu behaupten.

3. Es darf gedacht werden

Prinzipiell denken

Kinder können mit Ausdauer *Was ist das?* und vor allem *Warum?* fragen; sie wollen ›hinter die Dinge kommen‹, ›den Dingen auf den Grund gehen‹. Im Laufe der Geschichte haben die Menschen dieses Frageverhalten mehr oder weniger perfektioniert: im alltäglichen Fragen oder Infragestellen, vor allem aber in den Wissenschaften, wo nach Ursachen und Gesetzmäßigkeiten geforscht wird. Philosophieren ist insofern nur eine besonders radikale Form von Unter-Suchung – es ist ein Denken, das alles in Frage stellen kann. Philosophen neigen dazu, prinzipiell zu werden, sie werfen

Grundsatzfragen auf und verlangen eine grundsätzliche Klärung. Philosophie als radikalisierte Reflexion unterscheidet dann z. B. zwischen Allgemeinem und Besonderem, Wesen und Erscheinung, Ursache und Wirkung, vor allem aber zwischen bestimmten Fakten und bestimmenden Prinzipien. Philosophie ist prinzipielles Denken in einem weiten Sinne, z. B. abstraktes oder abstrahierendes (abstraktives) Denken, und prinzipielles Denken in einem engen Sinne, nämlich Fragen nach den Prinzipien. Dabei lassen sich im wesentlichen vier Stufen prinzipiellen Denkens unterscheiden (von denen die beiden ersten und die beiden letzten jeweils eng zusammengehören), Begriffsbestimmung und Wesensfrage, Ursachen- und Prinzipiensuche sowie darüber hinaus die Frage nach einem Urgrund.

Alles höhere Denken beruht auf der Fähigkeit zur Abstraktion, die Abstraktion ist der erste Schritt zu einem Denken, das die in der Erfahrung gegebenen Phänomene überschreitet. Das Denken entfernt sich – aus welchen Gründen auch immer – vom Besonderen und sucht darin das Gemeinsame oder das Allgemeine. Dabei reduziert sich die Vielfalt der gegebenen Wirklichkeit, denn Abstraktion ist immer auch Reduktion – das Begreifen durch Begriffsbestimmung ist abstraktiv und reduktiv zugleich. Philosophisches Denken treibt diese Abstraktion nur über das alltägliche Maß hinaus und ist insofern radikal abstrakt, es ist wesentlich Denken in (allgemeinen) Begriffen. Aber das Philosophieren geht noch weiter. Indem es das Allgemeine im Besonderen sucht, durchdringt oder überschreitet es die Erscheinungen, um darin das unbekannte, aber unterstellte ›Wesen‹ einer Sache, dann auch das Ding an sich usw. zu suchen; denn die Dinge sind möglicherweise mehr, als sie zu sein scheinen, vielleicht sogar etwas anderes, als sie zu sein vorgeben. Zum philosophischen Denken gehört der grundsätzliche Verdacht auf Schein bzw. Erscheinung, d.h. es werden zwei Seinsarten unterschieden, ein gegebenes und ein das Gegebene fundierendes Sein. Man braucht diesen Unterschied gar nicht hochmetaphysisch aufzuladen, aber ohne die Unterscheidung von Sein und Schein oder Wesen und Erscheinung usw. gibt es keine Philosophie (vermutlich auch keine Wissenschaft, nicht einmal vernünftiges Denken). Philosophie ist insofern nur radikal transphänomenal, trans- oder metaempirisch, nämlich Wirklichkeitssuche im Kampf gegen verstellenden Schein. Im Philosophieren entwickelt sich so ein prinzipielles Denken, das nicht nur die (lineare) Fortsetzung empirisch und phänomenal orientierten Klassifikations- oder Gesetzesdenkens ist, aber auch nicht nur ein abstraktes oder formales Denken wie in der Mathematik, sondern sachorientiertes abstraktives und ›metaphysisches‹ (vertikales) Denken. Es ist eine grundsätzlich andere Einstellung, sich an schönen Dingen zu erfreuen oder zu fragen, was Schönheit, das Schöne an sich oder ›wahre‹ Schönheit ist. Man kann fragen, wie spät es ist oder was Zeit ist; man kann zählen oder fragen, was eine Zahl ist.

Neben Begriffsbestimmung und Wesenserkenntnis scheint vor allem die Frage nach den Gründen des Gegebenen typisch philosophisch zu sein. Solches Fragen kann ebenfalls zunächst sozusagen horizontal verlaufen, nämlich als Suche nach einem früheren oder ersten Element in einer endlichen Reihe von Elementen, nach dem Anfang oder Anstoß. Dann liegen Ursache und Wirkung, obwohl die Ursache die Wirkung produziert und ihr sachlich wie zeitlich vorangeht, ›im Grunde‹ auf einer Ebene; Ursache und Wirkung sind ›prinzipiell‹ von der gleichen Art, nämlich empirische Phänomene. Aber die Philosophie kann dieses alltägliche wie wissenschaftliche Frageverhalten radikalisieren, in immer größeren Kausalketten denken und so – transempirisch und transphänomenal – von den nächsten bis zu den ersten oder letzten Ursachen weiterzudenken versuchen. Vor allem aber kann die Frage nach den Gründen die Ebene des faktisch oder potentiell Gegebenen verlassen und, vermittels einer anderen Einstellung, statt nach den vorangehenden Beweggründen sozusagen vertikal nach den ›zeitlosen‹ Bestimmungsgründen der Dinge, also nach den Determinanten als einer ganz anderen Art von Gründen fragen. Dann geht das Denken wiederum in die Tiefe und sucht nach den Prinzipien als den konstitutiven Gründen der Dinge, auf denen alles basiert; oder es erhebt sich, anders ausgedrückt, über alle empirischen Phänomene und fragt nach den bestimmenden Gründen als Prinzipien, von denen alles abhängt. Philosophieren ist insofern, mehr als alle Wissenschaft, erfahrungsüberschreitendes prinzipielles Denken. Es fragt nicht nur nach kausaler, sondern auch nach nonkausaler Determination, ja sogar nach dem Kausalprinzip. Philosophieren als prinzipielles Denken ist, wenn nicht Prinzipienerkenntnis, so doch das der Absicht nach konsequente Fragen von Prinzipienfragen.

Letztlich kann sich die Frage nach den Ursachen wie den Prinzipien zur Frage nach einer ersten oder letzten Ursache bzw. einem ersten oder letzten Prinzip, dem Grund schlechthin, radikalisieren, und mit dieser anscheinend alle Phänomene überfliegenden Frage scheint das artikulierte Philosophieren geradezu begonnen zu haben. Jedenfalls hat sich die Philosophie meist nicht bei irgendwelchen mehr oder weniger zufällig gefundenen Ursachen oder Prinzipien beruhigt, sie kann sogar als der immer wieder scheiternde Versuch betrachtet werden, Antwort auf eine unbeantwortbare Frage zu finden, nämlich auf die Frage, was die Wirklichkeit ›im Grunde‹ ist. Das bedeutet natürlich nicht, daß die Philosophie ständig nur nach dem absoluten Grund des Ganzen sucht – im

Gegenteil, sie kann diese Frage sogar, weil ohnehin unbeantwortbar, bewußt ausklammern. Aber auch wenn das Denken gewisse Grundprobleme als unlösbar auszusparen versucht, die Frage nach dem ›Urgrund‹ bleibt für die Philosophie das beunruhigende Problem schlechthin.

Man kann die Formen und Stufen prinzipiellen Denkens, die sich im konkreten Philosophieren meistens verknüpfen und vermischen, als Formen und Stufen des Transzendierens betrachten. So oder so überschreitet das philosophische Denken die erfahrene und erfahrbare Wirklichkeit, es erhebt sich über die Phänomene oder geht hinter sie zurück und stellt sich insofern quer zum ›oberflächlichen‹ Denken – Philosophen sind Spielverderber. Allerdings ist Philosophieren ein Transzendieren ohne eindeutige Richtungsvorgabe, denn es kann nicht unter der Voraussetzung eines unbezweifelbaren Transzendenten als vorgegebenes Ziel beginnen; es ist zunächst einmal Aufbruch ins Offene, Eröffnung von Denkmöglichkeiten, mehr negativ (wogegen) als positiv (wohin) orientiert. Prinzipienfragen sind zu Beginn nur Vermutungen oder Hypothesen, d. h. Unterstellungen.

Philosophisches Denken ist radikal, da es auf den Grund der Sache zu gehen, an die Wurzel der Dinge zu kommen versucht, insofern setzt es ›objektiv radikal‹ unterschiedliche Seinsarten, Seinsweisen oder Seinsstufen voraus. Philosophisches Denken ist aber auch ›subjektiv radikal‹, weil es auf der Suche nach der Wahrheit mit einer gewissen Konsequenz, Unerbittlichkeit oder auch Eigensinn vorgeht – nicht unbedingt logisch (folgerichtig), aber irgendwie gründlich und beharrlich. Vermutlich kann ich nicht wirklich objektiv radikal sein, ohne auch irgendwie subjektiv radikal zu sein. Denn wie kommt der Philosoph dazu, nicht nur zwischen Phänomenen, sondern auch zwischen Erscheinung und Wesen, nicht nur zwischen Ursache und Phänomen, sondern auch zwischen Phänomen und Prinzip usw. zu unterscheiden? Wie kann ich die Lebenswelt im Denken überschreiten, wenn ich nicht längst mit ihr gebrochen habe? Irgendwie scheint Philosophieren auf einem Ungenügen an der bloßen Empirie, den Kindereien des Alltags, zu basieren; Transzendieren, d. h. transphänomenales oder transempirisches Denken, scheint irgendwie eine existentielle Distanz zu fordern. Im radikal prinzipiellen Denken denkt der Philosoph (sich) über die Welt, d. h. über sich selbst und seine Welt, hinaus. Philosophen sind Aussteiger *par excellence.*

Es fällt offenbar nicht jedem leicht, sich in der Welt der Prinzipien und Begriffe zu bewegen (und dies möglicherweise sogar hypothetisch oder aporetisch), also mit Geduld oder Kraft grundsätzliche Fragen auszuhalten. Noch schwerer aber scheint es zu sein, auch für Philosophen, den Zusammenhang zwischen Phänomenen und Prinzipien zu bewahren. Aber alles Transzendieren bleibt irgendwie an die Empirie gebunden – ohne Rückkopplung an ihren Ausgangspunkt, die Wirklichkeitserfahrung, würde Philosophie zum bloßen Hirngespinst. Hauptgefahr philosophischen Transzendierens ist daher der Verlust jeglicher Bodenhaftung. Das prinzipielle Denken wird dann zur puren Prinzipienphilosophie, d. h. es wird im schlechten Sinne abstrakt oder abgehoben und kann so zur Operation mit vieldeutigen Leerformeln, ja sogar zur Prinzipienreiterei verkommen.

Systematisch denken

Philosophie gilt vielfach als Kunst systematischen Denkens, nicht selten wird sie sogar als das Ausdenken von Systemen verstanden. Faktisch ist aber alles Denken, wenn es überhaupt irgendwie ordnendes und geordnetes Denken ist, mehr oder weniger systematisch, denn Denken ist immer auch die Verknüpfung von Gedanken. Wenn Philosophieren also betontermaßen systematisches Denken sein soll, so muß es dies auf eine quantitativ oder qualitativ andere, auf eine gründlichere oder radikalere Weise sein. Dieser typisch philosophische Ordnungswille zeigt sich vor allem in zweierlei Hinsichten, in der Kritik der vorhandenen Ordnungen und in der Frage nach der Ordnung des Ganzen. Offensichtlich genügen dem Philosophen die bekannten Ordnungen, wie sie sich durch Meinungen oder Wissenschaft ergeben haben, nicht; er sieht darin eine sich selbst nicht bewußte Unordnung, sucht die noch unbekannte wahre Ordnung und degradiert dadurch die bereits vorhandene Ordnung zu einer bloß oberflächlichen, letztlich sogar falschen Ordnung – was anderen als Ordnung genügt, erscheint ihm eher als ein Chaos. Philosophieren ist ein Denken, das die wahre Ordnung sucht, gelegentlich zu finden glaubt oder sogar stiftet. Dabei interessieren jedoch nicht nur partikulare Zusammenhänge, intendiert werden vor allem umfassende Überblicke und gründliche Einsichten. Wenn Philosophie wirklich aufs Ganze geht, muß sie sich in alle Dimensionen wagen und diese miteinander zu verknüpfen versuchen. In der Philosophie geht es um die sogenannten großen Zusammenhänge, letztlich um die Weltordnung überhaupt, d. h. die Ordnung des Ganzen.

Der Versuch des Philosophen, geistig Ordnung zu schaffen, scheint auf ein nicht nur intellektuelles, sondern geradezu existentielles Ordnungsbedürfnis zu verweisen – falls nämlich Philosophie nicht nur Freude am Basteln und Bauen ist. Offensichtlich braucht jeder Mensch, auch der angebliche Totalchaotiker, eine gewisse Ordnung zum Leben – manche mehr, manche weniger. Denken aber ist Ordnen, und Philosophieren ist gründliches Ordnen, und zwar tendenziell prinzipielles, also transempirisches Ordnen und insofern tendenziell systematisches Denken (und zwar mehr als alles andere Denken, weil weiter ausgreifend und tiefer gründend). Philosophie ist – auf der Ebene der Theorie – Kampf gegen das Erkenntnischaos und daher immer irgendwie systematisch, nicht nur in ihren konstruktiven (affirmativen), sondern auch in ihren destruktiven (kritischen) Operationen; sie ist prinzipiell systematisch, aber auch systematisch prinzipiell. Der Philosoph versucht, die Dinge an ihren rechten Ort zu stellen, die Zusammenhänge möglichst aller Dinge, die Grundstrukturen der Wirklichkeit usw. zu erkennen und zu wahren. Dabei wird vorausgesetzt, daß die Wirklichkeit von sich aus mehr oder weniger geordnet, also kein bloßes Chaos ist, das von einer sogenannten Erkenntnis in beliebige Systeme gezwungen werden könnte. Offensichtlich möchten die Philosophen die vorgegebene Ordnung erkennen und, soweit möglich, in geordneten Gedanken reproduzieren, auch wenn es manchmal den Anschein hat, als seien sie nur an der Produktion selbsterdachter Systeme interessiert. Im Grunde aber soll die Systematik des Denkens das vorausgesetzte System der Wirklichkeit abbilden. Die Ordnung der Gedanken soll letztlich die Ordnung der Wirklichkeit im Ganzen spiegeln, denn Philosophieren ist der Versuch, das Ganze geistig zusammenzubringen und zusammenzuhalten.

Ordnung läßt sich auf vielfältige Weise denken und in vielfachen Schritten herstellen. Das Unterschiedliche ist auseinanderzuhalten, das Zusammengehörige zusammenzuhalten (beides nach irgendwelchen Kriterien oder Prinzipien), außerdem sind sinnvolle oder angemessene Reihenfolgen oder Abhängigkeitsverhältnisse zu erstellen. So lassen sich horizontale und vertikale, serielle und hierarchische Ordnungen denken, die dann mehr oder weniger komplex sein können, und diese Über- und Unterordnungen kann man Systeme nennen. Solche Seins- oder Denk-Systeme können allerdings wiederum sehr unterschiedlich sein, mathematische Systeme z. B. sind anders strukturiert als organische, doch scheint es sich immer um ein irgendwie durch Determinanten oder nach Prinzipien gegliedertes Ganzes zu handeln. Nach einer besonders engen Auffassung von System ist dieses sogar aus Deduktionsprinzipien abgeleitet, und zwar entweder aus mehreren Prinzipien oder aus einem einzigen. Ist Philosophieren also das Ausdenken deduzierter Systeme, die Entwicklung der Wirklichkeit im Ganzen aus einem einzigen Prinzip? Läuft Philosophieren auf die Suche nach einer ›Weltformel‹ hinaus?

Ordnungsversuche (Systematisierungen) können in dem Versuch gipfeln, die Wirklichkeit im Ganzen möglichst aus dem höchsten oder höchstmöglichen Prinzip abzuleiten, weil die absolute Ordnung, wenn überhaupt, vermutlich nur aus dem Absoluten selbst deduziert werden könnte. Die Philosophie würde, wenn sie dieses leisten könnte, zum absoluten Wissen. Aber wie könnte ein absolutes Prinzip überhaupt aussehen, das, da die ganze Wirklichkeit aus ihm erklärt werden soll, irgendwie bereits alle möglichen Inhalte in sich enthalten müßte? Und wie könnte ich zu diesem höchsten Prinzip kommen, das, wenn es das absolute Prinzip sein soll, nicht nur absolut sein, sondern auch absolut evident erkennbar sein müßte, um als Prinzip eines absoluten und absolut gewissen Systems taugen zu können? Der absolutistische Systematiker müßte im Grunde versuchen, alle Dinge ›aus Gott‹ abzuleiten. Aber der Ausgang vom Absoluten bleibt bloße Behauptung einer absoluten Evidenz, die nicht allen evident ist, er kann nur zu dogmatischer Selbstbehauptung führen, und zwar mit Blindheitsvorwurf gegen die anderen. Insofern sind absolutistische Systeme potentiell terroristisch. Dennoch sieht man immer wieder irgendwelche ›Philosophen‹ an irgendwelchen Systemen tüfteln und Denkgebäude basteln, sozusagen intellektuelle Häuslebauer, die von einer Art geistigem Fertighaus, besenrein und schlüsselfertig, träumen. Faktisch sind jedoch alle diese Systeme oder vielmehr Systemchen Flickenteppiche oder gar leerlaufende Apparaturen mit eingebauten Schwachstellen, z. B. beim Übergang vom Absoluten zum Relativen und umgekehrt. Alle angeblich absoluten Systeme müssen scheitern, sie lassen sich nachträglich immer als relativ erweisen, ihre vermeintliche Folgerichtigkeit und Geschlossenheit erweist sich immer wieder als brüchig. Vor allem aber müssen sie zu Wirklichkeitsverlust führen, weil sie die erfahrbare Wirklichkeit auf Kosten der gesetzten Ordnung vernachlässigen müssen; die Wirklichkeit wird in eine Zwangsjacke gesteckt, in ein Prokrustesbett gezwängt, weil wir das Ganze doch immer nur aus der Perspektive des endlichen Ich sehen können. Absolute Systeme sind nur mit Fanatismus bzw. Unredlichkeit durchzuhalten.

Vielleicht ist alles systematische Denken unvermeidlich tendenziell absolutistisch, auch wenn es sich seiner eigenen Relativität bewußt bleibt. Daher fragt es sich, ob wir nicht aus der Unmöglichkeit eines oder vielmehr des absoluten Systems – ohne dessen theoretische Denkbarkeit oder sogar Denknotwendigkeit zu leugnen – den pragmatischen Schluß ziehen sollen, die Frage einer ›fundamentalistischen‹ Letzterklärung alles Seienden und Nichtseienden zumindest vorläufig auf sich beruhen zu lassen. Natürlich muß philosophisches Denken möglichst geordnet (›logisch‹, ›methodisch‹, also auch ›systematisch‹) sein, aber die letzte Ordnung kann nicht die erste Sorge sein. Wer hat schon Zeit, auf ein vollendetes System zu warten. Vielleicht ist es wahrhaftiger, die Wahrheit da zu suchen, wo man sie findet, und sei es auf der Straße, also zunächst einmal das als wahr Erkannte festzuhalten und seine Gedanken vorläufig zu ordnen, d. h. zu versuchen, die eigenen punktuellen Einsichten zu vertiefen und dabei einen Überblick zu gewinnen und zu behalten. Denn während die einen den Wald vor lauter Bäumen nicht sehen, könnten die anderen sich die Sicht durch Systemzwang verstellen, also statt Erkenntnis am Ende Selbstverdummung produzieren. Oft ergibt sich die jeweils notwendige Ordnung auch von selbst. Das kann man *eklektisch* nennen, aber letztlich ist alle Erkenntnis eklektisch, nämlich auswählend und auch wahllos, selektiv und kontingent zugleich. Philosophie ist zwar der Idee nach Systematisieren, d. h. umgreifendes Ordnen, *de facto* aber immer unabgeschlossen und inkonsequent, ein permanentes Provisorium.

Frei denken

An sich ist alles Denken frei, obwohl es in der Praxis immer durch irgendwelche von innen wie von außen kommende Denkhindernisse bedingt und bestimmt ist – die Forderung nach Gedankenfreiheit verlangt im Grunde nur, das, was ohnehin ist, das unaufhaltsame Denken, gewähren zu lassen. Philosophisches Denken aber ist bewußt und betont frei, dadurch verdächtig frei, ja sogar in geradezu aufsässiger Weise frei. Besonders bei religiösen und politischen Ordnungshütern, die sich leicht in ihren Meinungen und ihrer Macht bedroht sehen, gilt es als entfesseltes Denken. Unbefangen und unbekümmert scheint der Philosoph alles, was ist und gilt, in Frage zu stellen. Obwohl wie alles andere Denken ein durch die jeweilige Situation bedingtes und insofern bestimmtes Denken, ist Philosophieren zumindest der Idee nach freies Denken, nämlich Überwindung aller geistigen Einengungen. Es ist, obwohl relativ oder endlich, der Absicht nach immer wieder grenzenloses bzw. grenzüberschreitendes, also radikal freies Denken.

Philosophieren heißt: sich frei denken, und zwar in Richtung auf die gesuchte Wahrheit, die dann hoffentlich wirklich frei machen wird, also Ausstieg ins Offene, d. h. Unbegrenzte und Ungewisse. Zum Philosophieren gehört die Denk- und die Willenskraft, sich immer wieder aus Denkzwängen lösen zu können. Kurz, keine Philosophie ohne Selbstbefreiung – wozu gelegentlich auch Mut gehört, und sei es der Mut der Verzweiflung.

Wovon will sich das Philosophieren befreien? Grundsätzlich von allen denkbaren Befangenheiten. Vor allem aber versucht es, sich von der Gedankenlosigkeit der Denkroutine und damit vom Dogmatismus des Vorgedachten zu befreien, d. h. es ist kritisch gegenüber bloßen Meinungen und Vorurteilen, also gegenüber Denkmechanismen, gängigen Denkinhalten und Denkformen, aber natürlich auch gegenüber Denkverboten. Philosophie ist daher zunächst wesentlich Kritik, sie gründet im Ausbruch aus Konventionen und im Durchbruch durch falschen Anschein. Als Ideologiekritik richtet sie sich gegen Wirklichkeitsinterpretationen, die zu wirklichkeitsfremden Ideologien geworden sind, als Demystifikation oder Entmythologisierung gegen wahrheitsfeindliche Tabus, gegen Mythen und Mystifikationen, die die Wahrheit verschleiern. Philosophieren versucht, Erkenntnis von Pseudoerkenntnis und daher Schein von Sein sowie Wünsche von Wirklichkeit zu unterscheiden – ohne doch deshalb alles nur lächerlich machen zu wollen. Aber der Philosoph ist selbst in Meinungen verstrickt, auch er lebt in einer Wahnwelt. Daher kann das wahre Philosophieren sich selbst auch nicht dahingestellt sein lassen. Der Philosoph muß, indem er Denkmöglichkeiten eröffnet, auch versuchen, reflexiv und selbstkritisch in die eigenen Fragestellungen und deren Voraussetzungen einzusteigen; sein Denken muß hypothetisch, ja experimentell werden, denn es könnte auch alles ganz anders sein, als er es sich denkt. Das freie Fragen muß sich letztlich sogar selbst in Frage stellen können, sozusagen im Selbstversuch seine eigene Existenz rechtfertigen – weshalb das Philosophieren als radikales und reflexives Denken potentiell sogar philosophiekritisch ist. Philosophieren ist ein Denken, das sich immer auch noch von sich selbst befreit.

Wodurch befreit sich das Philosophieren? Da das Denken – soweit es nicht äußerlich behindert wird und daher auch äußerlich befreit werden kann – in seiner Selbstbefreiung wesentlich nur auf sich selbst zurückgreifen kann, ist Philosophieren ein Denken, das sich durch sich selbst befreit, also Selbstbefreiung im Denken und durch Denken. Es ist ein Denken, das versucht, sich auf sich selbst zu stellen, und dies im Ansatz auch immer schon getan hat. Allerdings gehört zu dieser denkenden Verselbständigung, wenn sie nicht zu blinder Selbstbehauptung degenerieren soll, auch das Wissen um die eigenen Grenzen, d. h. eine unverzichtbare Selbstbescheidung, also Vorsicht oder Umsicht. Kurz, zum Philosophieren gehört vor allem freie, die Wirklichkeit frei vernehmende Vernunft, nicht nur funktionierender Verstand (als ›Denkwerkzeug‹). Philosophieren ist Selbstreinigung durch Vernunft.

Wohin befreit sich das Philosophieren? Wenn das Philosophieren Suchen nach Wahrheit ist, kann die Wahrheit nicht von vornherein feststehen. Philosophieren ist das Denken, das sich allererst zur Möglichkeit von Wahrheit befreien muß, d. h. zur größtmöglichen Offenheit für die mögliche Wahrheit oder die wahre Wirklichkeit. Mit anderen Worten, das philosophische Denken ist zunächst immer nur das Denken, das sich die Freiheit für die Wahrheit schafft und sich so selbst als wahrhaft freies Denken ermöglicht. Philosophieren ist das Denken, das sich zu sich selbst befreit. Philosophieren ist das sich von sich selbst durch sich selbst zu sich selbst befreite bzw. befreiende Denken. Insofern ist Freiheit Bedingung und Ergebnis der Philosophie. Allerdings könnte menschliches Denken nie absolut frei werden, ohne zugleich aufzuhören, menschliches Denken zu sein; wir denken immer innerhalb eines von uns nicht mehr übersteigbaren Horizontes. Außerdem bleibt Freiheit des Denkens als Offenheit für die Wahrheit der Intention nach sachgebunden, also als freies zugleich dienendes Denken; die Freiheit der Philosophierenden ist keine Willkür des Herumräsonierens, sie bleibt der erstrebten Wahrheit verpflichtet. Philosophieren ist kein borniertes Denken, das advokatorisch im Dienste bornierter Interessen steht, wohl aber ist es durch ein zunächst noch unbestimmtes Wahrheitsinteresse motiviert und gebunden.

Das freie Denken denkt gegen das unfreie Denken, das sich als sklavisches oder knechtisches Denken beschreiben läßt, d. h. als ein an Vorgaben oder Vorurteile, Dogmen oder Selbstverständlichkeiten gebundenes Denken. Das freie Denken ist insofern kein eingebundenes oder gefesseltes Denken wie das rein mechanische, instrumentelle oder technische Denken; es sucht nicht nach Mitteln für mehr oder weniger unbefragte Ziele und Zwecke, sondern ist selbst wesentlich Ziel- und Zwecksuche sowie das Bedenken aller möglichen Ziele und Zwecke – der Philosoph nimmt sich die Freiheit, in alle Richtungen zu fragen, daher kann er auch als grundsätzlicher Querdenker, als selber noch richtungsloser Alternativdenker erscheinen. Philosophieren nimmt sich die Freiheit zu fragen, was los ist. Aber natürlich bedürfen wir immer und überall auch des mechanischen, instrumentellen, technischen Denkens.

Als freies, d. h. sich immer noch befreiendes, aber auch immer schon befreites Denken tritt Philosophie wesentlich in der Form der Negation, ja sogar der Destruktion auf. Sie kritisiert dogmatische Alltagsüberzeugungen und schwärmerische Weltanschauungen, Aberglauben und Pseudoerkenntnisse, aber auch Fehlformen philosophischen Denkens, z. B. dogmatisierte Pseudophilosophie, die sich an irgendwelche Interessen bindet; und sie ist in diesem wie in jenem Sinne immer auch Glaubenskritik. Philosophieren ist sozusagen permanente Revision und dabei auch Selbsttransformation, der Philosoph denkt die Dinge und nicht zuletzt sich selbst ständig um. Er muß sich von der Welt und auch von sich selbst distanzieren können, sich selbst sozusagen geistig desavouieren und destruieren können. Indem das Denken nach Halt sucht, entwurzelt es sich selbst – der Philosoph leidet unter Glaubensverlust. Aber Philosophie ist nicht nur Negation, sondern auch Affirmation. Kein Philosophieren ist z. B. absolut voraussetzungslos; als geschichtlich bedingtes Denken hat es immer schon dieses oder jenes, vor allem sich selbst und seine Situation, erst einmal akzeptiert. Jede Frage impliziert Unbefragtes, das nicht gleichzeitig in Frage gestellt wird, jede Kritik beruht auf Kriterien, die nicht gleichzeitig kritisiert werden. Schon insofern ist Philosophie immer auch Glaube, ja sogar ›dogmatisch‹. Außerdem ist Philosophieren, auch wenn der Absicht nach rein deskriptiv, *de facto* immer auch konstruktiv, d. h. als affirmatives Denken immer auch produktives, nie nur reproduktives Denken. Also konstruiert es auch im Rekonstruieren der Wirklichkeit immer schon Pseudowirklichkeiten, d. h. es entwickelt eigene Mythen als Pseudoerkenntnisse. Allerdings setzt konstruktives Denken Destruktion voraus – und viele ›Philosophen‹ sind nicht wirklich produktiv, weil sie nicht genügend destruktiv sind, während andere ›Philosophen‹ nur destruktiv sind, aus Lust an der Zerstörung, nicht auf der Suche nach der Wahrheit. Die Philosophie bietet daher nicht selten ein ambivalentes Bild. Sie scheint zwischen Negation und Affirmation zu schwanken, zwischen Destruktion und Konstruktion bzw. Rekonstruktion, zwischen Mystifikation, Demystifikation und Remystifikation, kurz, zwischen Destabilisierung und Restabilisierung – weshalb nicht selten die bravsten Konservativen unter den Philosophen den erklärten Nichtphilosophen noch als Revolutionäre verdächtig sind, notorische Revolutionäre hingegen sich unvermutet als dogmatische Konservative entpuppen können. Philosophie ist Opposition und Position.

Freiheit bedeutet auch Unsicherheit. Philosophieren kann daher Angst erzeugen, denn das Denken ohne gewissen Ausgang ist gefährlich, es impliziert eine Art geistiges Unternehmerrisiko. Außerdem ist Philosophie immer auch eine Enttäuschung, und zwar in mehrfacher Hinsicht: Sie beruht auf Ent-Täuschungen (Entlarvung von Illusionen), sie produziert neue Täuschungen und Enttäuschungen (durch Selbstdogmatisierung und Selbstkritik), und sie enttäuscht all diejenigen, die von ihr sozusagen geistige Geschenke (endgültige Problemlösungen, Heilsgewißheiten usw.) erwarten. Am Ende enttäuscht sich der Philosoph sogar selbst, wenn sich ihm die gesuchte und manchmal gefunden geglaubte Wahrheit immer wieder entzieht. Kurz, in der Philosophie gibt es immer wieder Steine statt Brot.

Selbst denken

Zu den ältesten Forderungen der Philosophie gehört das Ansinnen, selbst zu denken – Philosophieren beginnt geradezu mit der radikalen Verselbständigung des individuellen oder eigenen Denkens. Dieser Begriff des Selbstdenkens, d. h. des selbständigen Denkens im engeren Sinne des Wortes, scheint zwar auf den ersten Blick mit dem des Freidenkens weitgehend identisch zu sein bzw. nur dessen subjektive Kehrseite darzustellen, enthält aber gerade wegen dieser Subjektbezogenheit eine über den Begriff des freien

Denkens hinausweisende, für das Philosophieren jedoch zentrale Problematik. Philosophieren ist zumindest in vierfacher Hinsicht Selbstdenken oder ›subjektives Denken‹: als formal und material subjektives Denken sowie als Selbstdenken im emphatischen und im existentiellen Sinne des Wortes.

Die Aufforderung, selbst zu denken, ist in gewissem Sinne tautologisch, da jeder, wenn er denkt, selbst denkt. Ich denke, d. h. ich denke als ich selbst. Rein formal ist menschliches Denken immer Selbstdenken, nämlich das Denken eines Denksubjekts (eines Ich) und insofern subjektiv, nicht das Denken einer Denkmaschine, auch wenn es manchmal dahin zu degenerieren scheint. Selbstdenken in dieser Bedeutung braucht daher gar nicht gefordert zu werden. Aber natürlich ist mein Denken nicht nur formal, sondern auch material subjektiv, d. h. als Denken eines menschlichen Individuums durch grundsätzliche Begrenztheit, gesellschaftliche Geschichtlichkeit und persönliche Einmaligkeit bestimmt. Als Denken eines endlichen und somit individuellen Denksubjekts ist alles menschliche Denken letztlich – trotz aller möglichen Objektivität bzw. Intersubjektivität – subjektiv, nämlich individuell und borniert, also auch geschichtlich. In diesem doppelten Sinne ist auch Philosophieren unvermeidlich subjektiv – nicht nur formal, sondern auch material subjektiv, also unaufhebbar individuell und endlich. Philosophieren ist, auch wenn es nach absoluter Erkenntnis strebt, niemals selbst absolute Erkenntnis, auch als Versuch, das Absolute zu bedenken, bleibt es unaufhebbar relativ. Die Subjektivität des Philosophen ist in gewisser Weise sogar auffälliger als die des normalen, alltäglichen wie wissenschaftlichen Denkens. Denn sie geht sozusagen tiefer: erstens, weil das Philosophieren tendenziell auf das Ganze geht und mit dem Umfang des Objekts auch die Menge der indefiniten Probleme wächst, die ins Spiel kommen;

zweitens, weil im philosophischen Denken auch noch Voraussetzungen problematisiert werden, die z. B. in den Einzelwissenschaften unbefragt oder ausgeblendet bleiben und dieser Erkenntnis folglich eine letztlich vordergründige, weil nur hypothetische Objektivität verleihen. Mit anderen Worten, Philosophieren ist, weil ›ganzheitlich‹, grundsätzlich geschichtlich. Es entspringt aus einer individuellen Situation, die selbst wieder in eine allgemeine Situation eingebettet ist, und es verbleibt bis zu einem gewissen Grade immer in der Situation, aus der heraus es entstanden ist – wenn auch gegen sie denkend und durch Denken sie verändernd. Philosophie bewegt sich in einem geschichtlichen Horizont, auch wenn sie dagegen anrennt und manche Horizonte vielleicht sogar erweitert. Warum sonst streiten sich die Philosophen, wenn nicht wegen ihrer jeweiligen Borniertheit (Subjektivität)?

Menschliches Denken, auch Philosophieren, ist aber nicht nur subjektives Selbstdenken, weil jeder, wenn er denkt, als er selber denkt und dabei in individuellen Grenzen denkt, sondern auch deshalb, weil niemand nur das denkt, was andere vorgedacht haben, sondern unvermeidlich, und zwar spontan, auch eigene Gedanken hat und insofern, wie begrenzt auch immer, selbst denkt. Mit diesem selbständigen Denken beginnt das Selbstdenken in der emphatischen Bedeutung des Wortes; die darauf zielende Forderung verlangt, daß ich möglichst viele Gedanken selbsttätig oder unabhängig von anderen entwickle. Selbstdenken meint daher vor allem selbständiges als (zumindest relativ) eigenständig produktives Denken. Auch hier zeigt sich das Selbstdenken gewissermaßen als die Kehrseite des freien Denkens. In dem Maße, wie ich mich vom unfreien Nachdenken fremder Gedanken befreie, bin ich offensichtlich gezwungen, selbständig, nämlich unabhängig, daher auch original und insofern innovativ oder produktiv zu denken, insbesondere selbständig zu urteilen. Vor allem das Philosophieren scheint, seinem eigenen Selbstverständnis nach, ein solches selbständiges bzw. verselbständigtes Denken zu sein.

Irgendwo und irgendwann ist alles Denken notgedrungen selbständig. Ein bloßes komplettes Nachdenken des Vorgedachten ist schon rein intellektuell nicht möglich, teils wegen der Menge des Vorgedachten, teils wegen dessen Widersprüchlichkeit; außerdem könnte es sein, daß meine eigenen Probleme darin gar nicht vorkommen. Aber auch existentiell ist ein bloßes, ›selbstloses‹ Nachdenken des Vorgedachten auf die Dauer nicht durchzuhalten – ich kann nicht immer nur, bis zur Selbstauslöschung, andere für mich denken lassen. Sowenig jemand für mich leben und sterben kann, so wenig kann im Grunde ein anderer für mich denken, jedenfalls nicht in den letzten und wesentlichen Fragen. Daher kann sich das subjektive Denken reflektieren und radikalisieren und dadurch eine neue Qualität erreichen, die man Selbstdenken im existentiellen Sinn nennen kann und bei der nicht nur intellektuelle, sondern auch existentielle Selbständigkeit gefordert ist. Ich will und muß für mich selber denken können. Das Philosophieren ist ein Denken, das sich auf sich selbst stellt und sich – als Selbstsein im Denken – der Wirklichkeit im Ganzen stellt.

Philosophieren ist subjektiver als alles andere Denken, insofern es betontermaßen Selbstdenken ist; es ist sogar radikal subjektiv, weil es nicht nur eine Sache des allgemeinmenschlichen Verstandes, sondern auch der individuellen Existenz ist, und zwar der ganzen menschlichen Existenz. Philosophie ist kein von der eigenen Existenz jederzeit beliebig und völlig abtrennbares Denken, auch in der äußersten Abstraktion bleibt sie auf ihren Ursprung bezogen und durch diesen bedingt. Wenn aber Philosophieren subjektives Denken auch in diesem Sinne ist, dann wäre es natürlich schon aus Gründen der Redlichkeit wichtig, wenn es sich dieser seiner Subjektivität, soweit wie möglich, bewußt würde. Da ich meinem Denken ohnehin nicht entgehen kann, käme es nicht zuletzt darauf an, mich meiner Endlichkeit zu stellen und meine unvermeidliche Subjektivität zu akzeptieren oder auf mich zu nehmen, mich zu meiner Endlichkeit zu bekennen und diese auszuhalten – es käme darauf an, in meinem Denken wirklich ich selbst zu sein. Soll oder kann ich etwa auf mein Denken verzichten, nur weil es subjektiv ist? Philosophieren heißt: aus der Not eine Tugend machen.

Philosophieren als existentiell selbständiges Denken hat verschiedene Aspekte, die z. B. als Selbsteinsatz, Selbstleistung, Selbstvollzug und Selbstbezug charakterisiert werden könnten. Selbsteinsatz gehört zur Selbständigkeit des Denkens, insofern ich selbst die Verantwortung für mein Denken übernehme, ich stehe für mein Denken ein. Selbstleistung gehört zum selbständigen Denken, insofern ich, da mir letztlich niemand das bzw. mein Denken abnehmen kann, das, was ich ohnehin tun muß, frei und bewußt tue. Selbstvollzug gehört zur Selbständigkeit, insofern das Ich nur in einer wirklichen oder wahrhaften Denkbeziehung zum Ich wie zum Nicht-Ich, im ›eigentlichen‹ oder ›authentischen‹ Denken, zu sich selbst finden kann. Selbstbezug gehört zur Selbständigkeit im Denken, insofern es mir im Philosophieren um mich selbst geht, auch wenn ich die Wahrheit um ihrer selbst willen suche. Der Philosoph stellt sich im Denken bewußt auf sich selbst, d. h. auf den Boden seiner individuellen geschichtlichen Vernunft. Philosophieren ist Denken, das auf sich und zu sich selber steht, vielleicht sogar als Denken allererst zu sich selber kommt. Letztlich bedeutet Selbstdenken: angesichts des All des Denkbaren allein auf sich gestellt für sich selbst denken. Angesichts der Endlichkeit des eigenen

Ich, der immer schon bevorstehenden Auflösung des eigenen Denkens in Nichts, ist es – auch wenn es das vielleicht selbst nicht weiß – Andenken gegen den Tod.

4. Zeit zum Leben

Wozu Philosophie gut sein könnte

Philosophieren hat viele Aspekte – nicht zuletzt aufgrund seines Doppelcharakters, existentielles und szientifisches Denken zugleich sein zu wollen und zu müssen: Es ist prinzipielles und systematisches, freies und selbständiges oder subjektives, in allem aber radikales Denken. Als Besinnung des Menschen auf sich selbst in seiner Welt ist es in einem endlichen Horizont befangen, aber als Versuch des Denkens, sich aus seinen Verstrickungen herauszureißen, ist es auch ein Akt des Ausstiegs und der Selbstbefreiung. Dabei ist das philosophische Denken seiner Intention nach auf eine geordnete und grundsätzliche Erkenntnis der vorausgesetzten Ordnung der Dinge im Ganzen gerichtet.

Wozu brauchen wir solches Denken, wozu soll Philosophie gut sein? Die Fragen sind bekannt, nichtsdestoweniger in sich unklar und vieldeutig. Zunächst wäre zu klären, an wen sich die Frage richtet – an die bisherige, jetzige oder zukünftige Philosophie, an eine bestimmte Philosophie oder sogar an die Philosophie im Ganzen, an die Philosophie als akademische Disziplin oder an das Philosophieren als solches, an irgendwelche bekannten Philosophen oder gar an mich selbst als Philosophierenden? Es dürfte jedenfalls nicht unzweckmäßig sein, sich erst einmal selbst zu fragen: Was bringt mir mein eigenes Philosophieren? Dann würde sich auch die zweite Frage eher beantworten lassen, nämlich, für wen

Philosophieren etwas leisten soll, für die anderen oder für mich selbst. Für wen philosophiert der Philosoph, wenn nicht für sich selbst? Was mein Philosophieren als Mitgeteiltes für andere bedeutet, ist kaum abschätzbar. In welchen Köpfen oder Seelen wird dadurch etwas heller, wer nimmt es überhaupt zur Kenntnis? Bleibt also die dritte und dunkelste Frage: Welche Art von Leistung wird erwartet? Immerhin ist klar, daß die Frage selbst wieder ›philosophisch‹ oder ›unphilosophisch‹ gemeint sein kann. Unphilosophisch gefragt bedeutet sie etwa: Was kann man mit der Philosophie, z. B. in der Alltagspraxis, machen? Dann ist die Antwort relativ einfach: So gut wie nichts! Philosophie ist, ökonomisch gesehen, nutzlos, eine brotlose Kunst. Freies Denken ist reiner Luxus, die Philosophie ist (abgesehen davon, daß sie auch anstrengend ist) der »Sonntag des Lebens«.

Philosophisch gefragt ist die Frage, wozu die Philosophie gut sei, komplizierter. Hier müßte erst geklärt werden, welcher Gewinn auf welchem Gebiet erwartet wird. Denn offensichtlich gibt es ganz unterschiedliche, zum Teil sehr große Erwartungen und daher nicht selten auch große Enttäuschungen. Beispiele wären etwa Metaphysik, Ethik und Politik. Kann die Philosophie die sogenannten Welträtsel lösen, kann sie Anleitungen zum richtigen Leben geben, kann sie vielleicht sogar den Staat lenken helfen? Nach allen bisherigen Erfahrungen besteht auf allen drei Gebieten wenig Hoffnung auf konkrete Hilfe durch die Philosophie. In metaphysischen Fragen gibt es weder gesicherte Problemlösungen noch allgemeine Akzeptanz für die vorhandenen spekulativen Antworten. In moralischen Dingen ist nicht einzusehen, warum der Philosoph eine besondere Befähigung zur Normerkenntnis, sozusagen einen privilegierten Zugang zum Wertehimmel, haben sollte. In der Politik aber glauben ohnehin alle alles besser zu wissen; mehr als andere kann auch der Philosoph kaum fordern oder bieten, und im Hinblick auf die praktische Klugheit und die empirische Sachkenntnis ist er ohnehin meist überfordert. Also ist, obwohl in allen drei Punkten zweifellos noch weitere Klärungen nötig wären, hinsichtlich der Leistungen der Philosophie, sei es des eigenen oder fremden Philosophierens, reichlich Skepsis angebracht. Kurz, man sollte von der Philosophie nicht allzuviel erwarten, und man sollte die Philosophen, andere, aber auch sich selbst, nicht überfordern. Philosophie ist keine Wundermedizin.

Offensichtlich führt ›die Philosophie‹ weder zu einzelwissenschaftlichen, unter den jeweiligen Voraussetzungen gesicherten und verwertbaren Erkenntnissen, noch liefert sie eine wissenschaftliche Totalerkenntnis nach Art einer Wissenschaftssynthese oder Weltformel. Möglicherweise liegt der ›Nutzen‹ der Philosophie eher irgendwo in der Mitte zwischen Detailerkenntnissen und Globallösungen, ja sogar weniger in einem Wissen oder einem definierbaren Erkenntnisgewinn als vielmehr in einer reflektierteren Orientierung über sich und die Welt durch gründliches und geordnetes, freies und selbständiges, also durch vernünftiges Denken. Vielleicht bringt Philosophieren nur eine Steigerung des Reflexionsniveaus durch Infragestellung sogenannter Fakten und Klärung vorgegebener Begriffe und Prinzipien; vielleicht bringt mein Philosophieren mir nur eine Erweiterung meines Horizontes durch Klärung einiger Problemstellungen, durch Entwicklung von Denkmöglichkeiten und Deutungsschemata. Aber auch dies wäre nicht nichts und würde zumindest meiner ›subjektiven‹ Selbstverständigung, meiner prinzipiellen Orientierung im Denken dienen. Im übrigen, was ist die Alternative? Können wir noch ehrlich zu einer fraglosen Gläubigkeit zurückkehren und uns alles, was wir brauchen, von irgendwelchen Autoritäten sagen lassen?

Wer könnte das Verlangte überhaupt leisten, d. h. allgemeingültige Antworten auf Seins- und Sinnfragen, Anweisungen zum moralischen Handeln und Direktiven für die Politik geben?

Was mir mein Denken bedeutet

Philosophie ist von zweifelhaftem Nutzen, ihr Wert läßt sich nicht in Mark und Pfennig berechnen. Aber was immer beim Philosophieren herauskommen mag – wenn es nicht gerade um philosophische Petitessen geht, so hat das jeweilige Ergebnis doch als solches eine Bedeutung für mich: Ich werde mir meiner in meiner Welt mehr und mehr bewußt. Philosophieren ist universale Selbstbesinnung oder Selbstbesinnung angesichts des Universums. Und dazu gehört nicht nur Transzendenz, sondern auch Reszendenz (oder sollte doch dazu gehören) – ich muß mich nicht nur überschreiten, sondern auch auf mich zurückkommen können. Zwar muß ich im Denken auch von mir abstrahieren können, aber es gibt nicht nur eine gute, sondern auch eine schlechte Selbstvergessenheit.

In meinem Philosophieren geht es mir grundsätzlich um mich selbst. Was immer Denken im allgemeinen bewirken mag, daß mein Denken für mich grundlegend wichtig ist, ist (für mich) unbezweifelbar. Daher entbehrt die Frage *Was bringt mir mein Denken?* nicht einer gewissen Komik, da selbst diese Frage nur durch das jeweilige Denken beantwortet werden kann. Ich bin sogar in gewisser Weise selbst mein Denken (obwohl ich natürlich mehr bin als Denken). Ich bin, was und wie ich denke – denn was wäre ich ohne mein Denken? Das Problem ist daher eher: *Was wird aus mir in meinem Denken?* Oder: *Was mache ich aus mir durch mein Denken?* Der Rat, sogenannte philosophische Fragen nicht zu stellen, läuft letztlich darauf hinaus, mir zu raten, mich selber zu vergessen. Selbst die Frage *Was kann Besinnung bringen?* kann, wenn sie nicht einfach abgeblockt werden soll, nur durch Besinnung sinnvoll beantwortet werden.

Allerdings sind die Ergebnisse eines gründlicheren Denkens ihrer Natur nach nicht vorhersehbar, und deshalb ist Denken gelegentlich gefährlich wie eine Fahrt ins Ungewisse; und es ist auch durchaus möglich, daß selbst das angestrengteste Denken zu keinen klaren oder greifbaren Ergebnissen führt. Möglicherweise ändert also Besinnung inhaltlich unmittelbar nichts im Denken und Leben. Aber indem sie als solche wichtig wird, indem sie sozusagen ihren eigenen Stellenwert ausbaut, führt sie möglicherweise zu einer neuen Gewichtung, die viel Sinnloses unwichtig werden läßt, z. B. die besinnungslose Selbstzerstörung, die darin liegt, Zeit, d. h. Lebenszeit, totzuschlagen, also im Grunde sich selbst. Vielleicht gibt es doch noch etwas anderes als Brot und Spiele, vielleicht gibt es doch einen Weg der Vernunft jenseits von Verblendung und Verzweiflung.

Philosophieren ist nicht folgenlos, aber es läßt sich auch nicht im Hinblick auf Gewinn kalkulieren und instrumentalisieren. Daher ist die Rede von Funktionen oder Aufgaben der Philosophie, von angewandter Philosophie oder philosophischer Praxis usw. zumindest zweideutig. Gibt es eine angewandte, ausgeübte oder verwirklichte Philosophie, in der diese bleibt, was sie ist, nämlich Fragen und Erkennen, in der sie nicht zum Dogma pseudowissenschaftlicher Erkenntnis oder zum unwissenschaftlichen Heilsangebot degradiert oder pervertiert wird? Kann man der Philosophie von außen Funktionen zuweisen und Aufgaben stellen, oder bestimmt nicht jeder, der denkt, selbst, was er bedenken muß?

Im übrigen wird man, wenn schon nach dem Nutzen, auch nach dem Nachteil des Philosophierens fragen müssen. Sind die

Philosophen im Grunde nicht bedauernswerte Geschöpfe, total reflektiert bis überreflektiert? Verständlicherweise haben die Philosophen immer die erstrebten positiven Folgen des Philosophierens (Wahrheit, Glück, Tugend usw.) herausgestellt, von den möglichen negativen Folgen haben sie nur selten gesprochen. Aber auch darüber, z. B. über die unvermeidliche Selbstisolierung durch selbständiges Denken, den unvermeidlichen Weltverlust durch Weltverneinung oder Weltflucht, den Haltverlust durch Haltsuche usw. müßte nachgedacht werden. Erst dann könnte, wenn überhaupt, eine ›philosophische‹ Kosten-Nutzen-Rechnung aufgemacht werden: Was wird aus mir im oder durch Denken?

Philosophie und Leben

Die Philosophie fragt nach dem wahren Leben, d. h. der Philosoph weiß nicht, was das wahre Leben ist. Genauer gesagt, er ist derjenige, der weiß, daß er nicht weiß, was das wahre Leben ist: Philosophieren, *ce n'est pas savoir vivre.* Aber da der Philosophierende wahrhaft (gut, glücklich, richtig usw.) leben möchte, hat er sich auf die Suche nach der Wahrheit im allgemeinen und im besonderen gemacht; er setzt seine Hoffnung auf die Wahrheit und versucht, das wahre Leben zu erdenken. Allerdings, selbst wenn dies gelingen sollte, wenn Philosophieren sogar eine »Kunst, gut und glücklich zu leben« sein sollte – wo und wie wird aus Denken je Leben? Ist Leben etwa eine aus einer Lebenstheorie abgeleitete Lebenspraxis? Philosophie als Lebenshilfe, als »Anweisung zum seligen Leben«, scheint objektiv wie subjektiv wenig erfolgversprechend (obwohl sie, insofern sie Denkhilfe sein kann, indirekt auch Lebenshilfe sein kann). Eher scheint sich, selbst wenn alle Philosophie irgendwie Lebensphilosophie sein sollte, ein vielfacher Widerstreit zwischen Leben und Denken aufzutun.

Das Leben läßt sich nicht aufschieben, indem ich mich darauf besinne, läuft es davon. Was also tun? Erst leben und dann fragen *Wozu?* (falls dann noch Zeit dafür ist), oder erst nach dem Wie und Warum fragen und dann soweit wie möglich leben (falls dann noch Zeit dafür ist)? Auch Denken braucht seine Zeit. Zeit aber ist für mich Lebenszeit, ich muß irgendwie mit ihr auskommen. Damit stellt sich die Frage der Lebensökonomie auch als Frage der Denkökonomie, Denken wird selbst zu einer Frage der Zeit und Zeiteinteilung. Wieviel Zeit soll ich für was opfern? Wieviel Zeit will ich in eine mögliche Karriere mit möglicher materieller Lebensverbesserung investieren, wieviel Zeit mir im unvermeidlichen Daseinsbetrieb zur Besinnung gönnen? Habe ich noch Zeit zum Denken, will ich noch Zeit zum Denken haben? Anscheinend gehört auch etwas Glück dazu, für das, was an der Zeit ist, Zeit zu haben, aber auch Geschick und Mut, mir für das, wofür ich Zeit haben will, Zeit zu nehmen.

Allerdings gibt es noch einen anderen Widerstreit zwischen Denken und Leben, nämlich nicht in der Ordnung der Zeit, sondern in der Ordnung der Dinge. Das Leben besteht nicht nur aus Denken, niemand ist nur Philosoph. Ja, das Denken, das der Absicht nach das Leben leiten soll, erweist sich nicht selten sogar als lebensfeindlich. Auf der Suche nach dem wahren Menschsein ist der Philosoph als erster gegen sich selbst unmenschlich, er versagt sich zunächst einmal das Leben oder dem Leben, um über das Leben nachzudenken. Und nicht selten entfernt er sich so weit von dem, was üblicherweise Leben heißt, daß er selbst nicht zurückfinden kann. Kann also Philosophie das ganze Leben sein, lebe ich nur, um mich zu fragen, warum ich lebe? Lebe ich vielleicht sogar nur, um an den Tod zu denken? Anscheinend macht es wenig Sinn, der bloßen Spekulation sein ganzes Leben zu opfern, da wir ohnehin mit ungelösten Problemen leben können müssen. Wir leben nicht, um zu philosophieren, sondern philosophieren, um zu leben, nämlich gut oder doch wenigstens besser, d. h. wahrhaft oder doch wenigstens wahrhaftiger. Wo also wird Denken Selbstzweck, wo soll oder darf das Denken aufhören? Wieviel Philosophie braucht der Mensch? Aber natürlich gibt es auch Menschen, für die das Leben im Denken besteht.

Im übrigen ist noch zu bedenken, daß Philosophie nicht automatisch immer das hohe Gut ist, für das sie sich hält, daß Philosophie zur Pseudophilosophie degenerieren kann und immer wieder degeneriert. Philosophieren kann, auch wenn es als existentiell gegründetes Nachdenken über das Leben begonnen hat, seinen Ausgangspunkt vergessen und sich in irgendwelchen Spitzfindigkeiten oder sogar Schaumschlägereien verlieren; es kann, obwohl der Intention nach Besinnung, als Institution zu einer besonders sublimen Form von Besinnungsflucht, z. B. zu einem bloßen intellektuellen Handwerk, werden. Philosophie kann sogar – wie so vieles andere auch – Lebensersatz werden, und dann ist sie im Grunde eine Form von Lebensflucht. Es kann sich sogar eine doppelte Philosophie entwickeln, eine gelehrte und eine gelebte. Der Philosoph auf dem Katheder kann sich nämlich zu Hause eine durchaus andere Privatphilosophie leisten, die besser, aber auch sehr viel schlechter als seine amtliche sein kann. Im Grunde sind Philosophieren und Existieren jedoch kein notwendiger Gegensatz, sie können als lebendige Philosophie und philosophisches Leben durchaus zueinander passen. Aber selbst wenn Denken und Leben auseinanderfallen, irgendeine Rückwirkung auf das Leben hat das Denken immer, wenn auch oft nicht die ursprünglich erstrebte. Im Philosophieren kann das Leben sich selber denken.

II.
Der Kampf gegen das Chaos
Über Politik

1. Personalstrukturen

Politik und Liebe

Politik beginnt da, wo die Liebe aufhört. Was immer Liebe, exemplarisch zwischen Mann und Frau erfahrbar, sein mag – wo Liebe herrscht, ist Politik weder nötig noch möglich. Politik ist sogar tödlich für die Liebe: »Man fühlt die Absicht und ist verstimmt.« Liebe ist spontan oder gar nicht, sie beruht nicht auf Berechnung und ist weder politisch noch technisch herstellbar, weder einklagbar noch verhandelbar. Politik hingegen (im weitesten Sinne als Versuch zur Klugheit im Umgang mit anderen, berechnendes Erstreben von Zielen, Kalkulation von Mitteln und Zwecken usw.) beruht immer, bei allem Wohlwollen gegenüber dem anderen, auf einer gewissen Distanz, auf Reflexion und Objektivierung, und insofern auf ›Lieblosigkeit‹. Wer klug ist, gibt sich nicht vorbehaltlos hin, sondern hält sich zurück, sei es um seiner selbst willen (egoistische Politik), sei es um willen des anderen (altruistische Politik). Zwar müssen Liebe und Klugheit einander nicht grundsätzlich widerstreiten, und natürlich ist Klugheit immer nützlich – es fragt sich aber, ob die Klugheit aus der Liebe entspringt und in ihr verbleibt oder ob sie von außen neben die Liebe tritt und sich regulativ über sie stellt. Daher ist Liebe, vor allem die Nächstenliebe im weiteren Sinne des Wortes, zwar ein mögliches Motiv, aber kein möglicher Gegenstand der Politik.

Außerdem ist Politik im Unterschied zur Liebe grundsätzlich machtorientiert, sie ist zumindest zur Gewaltausübung, nämlich zur Durchsetzung ihrer Ziele bereit. Liebe hingegen kann, solange sie nicht pervertiert, gerade keine Macht oder Gewalt über den Geliebten wollen – Gewalt oder Macht muß Liebe unvermeidlich ersticken. Wer geliebt wird, hat zwar auch Macht über den, der ihn liebt, aber diese Macht kann er als Liebender höchstens in Ausnahmefällen – unter Voraussetzung einer Erlaubnis – gebrauchen. Die Ausübung von Macht und Gewalt dient normalerweise der Errichtung und Erhaltung von Herrschaft, der Vormacht von Herrschenden über Beherrschte – Politik als machtorientierte Praxis ist immer auch Kampf gegen Gegner, notfalls Krieg gegen Feinde. Liebe hingegen muß im Grunde Partnerschaft oder vielmehr Gegenliebe wollen. Zwar ist sie auch Streit, dies aber nur im Rahmen der Liebe, also »liebender Kampf«. Politik hingegen kann nicht auf entgegenkommende Liebe warten, sie muß, weil sie eigenen oder fremden Interessen dient, auch verteidigungsbereit sein. Im Grunde ist es von der Objektivierung zur Instrumentalisierung des anderen daher nur ein winziger Schritt, Politik ist insofern potentiell ›verlogen‹ und potentiell ›Verrat‹.

Politik bewegt sich in einem ganz anderen personalen Beziehungsgefüge als Liebe: Liebe ist die Ausnahme, die Regel ist Distanz und Konkurrenz, folglich auch klug gemeinte und gewaltbereite Politik. Schon in Zweierverhältnissen herrscht meist mehr Politik als Liebe, mehr Berechnung als Begegnung, sei es, daß der andere zu irgendwelchen Zwecken geschont, sei es, daß er zu irgendwelchen Zwecken ausgenutzt wird. Solche ›Privatpolitik‹, die sich am eigenen oder fremden oder auch am gemeinsamen Nutzen orientiert, setzt mindestens zwei real verschiedene Personen voraus, die einander nicht bzw. nicht wesentlich liebend zugetan sind; sie versucht, den anderen mit List oder Druck zu einem gewünschten Verhalten zu bewegen. Und diese Politik zwischen einzelnen ist auch der Ausgangspunkt aller ›Gruppenpolitik‹, der Politik im engeren Sinne, die da beginnt, wo mehr als zwei Personen miteinander auszukommen versuchen, d. h. wo sich ein mehrseitiges, nicht bzw. nicht allein oder nicht primär auf Liebe und Gegenliebe basierendes Beziehungsgeflecht zu entwickeln beginnt. Mit anderen Worten, Politik beginnt zu dritt.

Das Dreierverhältnis ist von vornherein ein instabiles, weil orientierungsvariables Beziehungsgefüge – aus der Sicht der Liebe mit ihrer tendenziell reinen Ich-Du-Wechselbeziehung ist die Beziehung des verläßlichen Füreinander sogar nachhaltig gestört. Zunächst wird die Zweierbeziehung (Liebe als exklusive Intimität) durch die Anwesenheit eines Dritten behindert, weil sozusagen objektiviert, also veräußerlicht oder verdinglicht. Das zeigt sich sowohl bei erotischen Verhältnissen zwischen den verschiedenen Geschlechtern, wo die Zweipoligkeit wesentlich durch die Zweigeschlechtlichkeit konstituiert und folglich ein Dritter immer zuviel ist, als auch in unerotischen Freundschaften, also in gleich- oder verschiedengeschlechtlichen Dreierbeziehungen, wo einer letztlich immer, wenn auch nur momentan, aus dem Spiel ist, nämlich in irgendeiner Beziehung außen vor bleibt, weil zwei sich immer in irgendeiner Hinsicht besser miteinander als mit dem dritten verstehen. Außerdem wird in einem Dreierverhältnis die Beziehungsintention der Personen sozusagen schon im Ansatz aufgespalten, zerstreut und abgelenkt; denn niemand kann gleichzeitig ganz für zwei andere da sein, d. h. gleichermaßen Subjekt für zwei verschiedene Subjekte, also ein Ich für zwei andere (wie für ein) Du sein. Die Zuneigung soll sich nun aber – gleichzeitig – auf je zwei verschiedene andere richten, und zwar von drei Polen aus, d. h. alle drei müssen ihre Liebe ständig spalten. Faktisch sind tripolare Beziehungsgefüge zwischen drei verschiedenen Menschen daher unvermeidlich ungleichgewichtig und implizieren als solche eine Tendenz zu wechselnden und verschiedenartigen Zweierbeziehungen, die sich unvermeidlich als Bündnisse gegen den Dritten konstituieren. Wenn sich aber zwei gegen einen Dritten zusammentun, müssen sie sich über ihn verständigen, d. h. sie machen als ein Wir-Subjekt den jeweils Dritten zum Objekt, und diese Objektivierung hat nicht selten auch unmittelbare praktische Folgen im Umgang miteinander. Aber natürlich kann der Dritte auch seinerseits, als quasi ausgeschlossenes Subjekt, die beiden anderen als Gruppe zum Objekt machen, so daß sie (auch für sich) ein Wir-Objekt werden können – eine labile Personalstruktur, die sich mit der Erhöhung der Personenzahlen schnell zu einem komplizierten Wechselspiel zwischen Subjekt- und Objektgruppen entwickeln kann. Mit Liebe hat dies dann immer weniger zu tun. Zwar ist auch in einer Zweierbeziehung unvermeidlich jeder für den anderen nicht immer nur Subjekt, sondern auch Objekt, aber hier geschieht Objektivierung im Prinzip wechselseitig, wenn auch nicht immer gleichzeitig, und im Prinzip bilden beide nach wie vor ein Wir-Subjekt durch Abgrenzung nach außen. In einer Dreierbeziehung hingegen gibt es – sozusagen intern – ein wechselndes Wir-Subjekt gegen den wechselnden Dritten als Objekt (für zwei jeweils verschiedene Subjekte), der nun seinerseits als singuläres Subjekt zwei andere objektivieren können muß oder aber – wechselnd – ein Bündnis mit einem von beiden suchen kann. Jeder ist potentielles Subjekt und potentielles Objekt zugleich, als einzelner oder als Mitglied eines Kollektiv-Subjekts und eines Kollektiv-Objekts.

In jeder Dreierbeziehung gibt es also potentiell drei Parteien: drei Subjekte mit drei möglichen Koalitionen, nämlich drei singuläre Subjekte und drei Wir-Subjekte sowie drei singuläre Objekte und drei Wir-Objekte. Insofern herrscht in einer Dreierbeziehung von vornherein ein ganz anderer Abstand voneinander als in einer Zweierbeziehung. Die Personen spielen verschiedene Rollen und werden bzw. bleiben dabei relativ distanziert oder unpersönlich – sie bekommen, und zwar innerhalb ihrer Gruppe, eine Art offizielle Außenseite, die sie nach mehreren Seiten unterschiedlich darbieten können. Natürlich gibt es auch in der größten Liebe, trotz allen möglichen Einsseins, einen unaufhebbaren Abstand, weil sonst Liebe als Beziehung oder Verhältnis (Ich-liebe-dich) gar nicht möglich wäre, aber Liebe ist zumindest tendenziell gegenseitige Offenheit. Im Dreierverhältnis hingegen herrscht wegen der wechselnden und daher von vornherein restringierten Intimität im Prinzip immer schon eine gewisse Nicht-Intimität, nämlich Offenheit unter der Bedingung der jederzeit aktualisierbaren Abgrenzung oder Verschlossenheit aller gegen alle, also nicht Liebe, sondern bestenfalls Freundschaft in einem sehr weiten Sinne des Wortes, und zwar auf der Basis einer gewissen ›politischen‹ (unpersönlichen) Distanz. Dreierbeziehungen bilden so eine gruppeninterne kleinstmögliche ›Öffentlichkeit‹ von drei nicht mehr in allen Hinsichten für alle zugleich offenen Partnern oder drei nicht gleichzeitig gleichermaßen intimen Beziehungen, eine Öffentlichkeit, die allerdings, wie z. B. in der Familie, im Verhältnis zur Gesamtgesellschaft zunächst noch eine Art interne Öffentlichkeit ist. Auf diese Weise entsteht Öffentlichkeit als Raum der Politik durch Nichtoffenheit. Es herrscht eine Art mehrseitiger Distanz aller gegenüber allen, und damit entwickeln sich ›reservierte‹ Beziehungsformen, in welche die einzelnen Subjekte nicht rückhaltlos eintreten und in denen sie nicht rückhaltlos aufgehen. Alle halten irgendwo Abstand, halten sich irgendwie zurück, da (bei aller Solidarität) jeder jeden gegen jeden ausspielen kann, d. h. als einzelner Politik gegen zwei oder mehr machen kann, aber sich auch mit einem Partner oder mehreren gegen die anderen verbinden kann. Daher ist der Dritte in der Politik der geradezu klassische Orientierungspunkt, und zwar als negativer Orientierungspunkt, d. h. als gemeinsamer Gegner (wobei die Koalitionen bekanntlich sehr schnell wechseln können). Da aber zugleich alle irgendwie miteinander kommunizieren, entsteht eine Art offizielle Kommunikationsform, die nur noch punktuell intim ist; es bildet sich eine Öffentlichkeit, in der es nicht mehr nur einen Außenbezug wie schon bei Zweiergemeinschaften gibt, sondern auch eine sozusagen nach innen gekehrte, in das Verhältnis hineinprojizierte Außenseite, also eine interne Extrovertiertheit.

Natürlich ist die Politik dreier Subjekte mit- und gegeneinander nur ein Minimodell von Politik. Politik im engeren Sinne findet vor allem durch und zwischen Gruppen, und zwar Großgruppen, statt, insbesondere als Staatspolitik. Hier ist größtmögliche Öffentlichkeit (im Sinne eines allgemeinen Beziehungs- und Kommunikationsgefüges), hier wird die Zweck-Mittel-Kalkulation der Klugheit zur Klugheit im Handeln mit, gegen und für Großgruppen, und hier ist auch der klassische Ort größter interner wie externer Macht- bzw. Gewaltausübung. Politik konkretisiert sich als das kollektive Handeln von Gruppen oder das Handeln einzelner im Namen von Gruppen im Hinblick auf andere Gruppen. Aber natürlich kann jeder innerhalb der allgemeinen Gruppenpolitik immer auch noch seine Privatpolitik machen, und zwar am besten unter Berufung auf das allgemeine Interesse.

Zwischen Vertrauen und Mißtrauen

Vertrauen und Mißtrauen sind fundamentale Einstellungen gegenüber anderen Menschen, sie schaffen Nähe und Distanz als die personalen Grundverhältnisse der Politik. Leben heißt: mit anderen leben, so oder so mit ihnen auskommen zu müssen, aber auch so oder so mit ihnen auskommen zu können. Der Raum der Politik ist die ganz normale Gemengelage von Vertrauen und Mißtrauen, fraglich ist nur, was jeweils oder letztlich dominiert.

Weder im Staat noch zwischen den Staaten herrscht volles Vertrauen. Staaten, so scheint es, entstehen und bestehen nicht aufgrund von Freundschaft, sondern aufgrund von Unterdrückung oder Zwang bzw. aufgrund von Verträgen, die aus Furcht oder Berechnung hervorgegangen sind, also als Gewaltordnungen oder Interessengemeinschaften. Vor allem Staatenbündnisse sind allem Anschein nach mehr oder weniger erzwungene Zweckbündnisse, die in der permanenten Konkurrenz aller politischen Gruppen zur Stärkung der eigenen Position dienen. Politik ist nämlich immer auch Gefahrenbekämpfung, gegebenenfalls präventive Abwehr potentieller Gefahren – bedingungsloses oder blindes Vertrauen würde Wehrlosigkeit bedeuten, wäre letztlich tödlich. Daher heißt es: »Vertrauen ist gut, Kontrolle ist besser.« Denn Politik ist Handeln in labilen Beziehungsgefügen, für die Fremdheit und Mißtrauen konstitutiv sind – niemand kann sich des bzw. der anderen je ganz gewiß sein. Der andere ist, selbst wenn er zur Zeit mein Verbündeter ist, immer auch potentieller Gegner – wer kann schon wissen, was er im Schilde führt. Also heißt es, sich mit Vorsicht zu wappnen: »Wenn du den Frieden willst, bereite den Krieg vor.« Kurz, Politik beruht wesentlich auf Mißtrauen oder Furcht, sie entsteht aus Unsicherheit und strebt nach Sicherheit.

Andererseits funktioniert Politik auch nicht ohne Vertrauen, weder innenpolitisch noch außenpolitisch. Wo nur Mißtrauen gegenüber dem Anderen herrscht, wird dieser zum bloßen Objekt politisch-technischen Handelns, wenn nicht zum bloßen Feind,

d. h. es gibt überhaupt keine Partner mehr. Wie aber könnte eine Gesellschaft oder Staatengemeinschaft auf der Basis absoluten Mißtrauens, als totaler Krieg aller gegen alle existieren? Zwar läßt sich das Mißtrauen institutionalisieren, zwar lassen sich z. B. innerhalb einer politischen Gruppe vielfältige Kontrollinstitutionen einrichten; aber alle Institutionen können von den sie verwaltenden und beherrschenden Personen mißbraucht werden, also bedarf es der weiteren Kontrolle. Wer aber kontrolliert die Kontrolleure? Selbst der mächtigste Diktator muß noch irgendwelchen Leuten vertrauen, z. B. seiner Leibgarde. Sowohl in den Beziehungen als auch zwischen den Staaten würde totales Mißtrauen das Ende aller Gemeinschaft bedeuten, zumal schon die Präventivmaßnahmen des einen vom anderen als Übervorteilungsversuche gedeutet werden müssen. Alle Gewalt definiert sich als Gegengewalt, keiner kennt den Anfang. Dieser Teufelskreis kann immer wieder nur durch das Wagnis des Vertrauens, den politischen Vertrauensvorschuß, durchbrochen werden – nicht durch ein naives, sondern durch ein kalkuliertes Vertrauen, also durch ein sozusagen mißtrauisches Vertrauen. Ohne ein Minimum an Vertrauen ist kein Leben, auch keine Politik, möglich, also tut auch Vertrauen not.

Dem möglicherweise faktischen Vorrang des Mißtrauens steht die prinzipielle Notwendigkeit des Vertrauens gegenüber – Politik bewegt sich in einer Grauzone von Vertrauen und Mißtrauen. Totales Vertrauen (Liebe) würde Politik überflüssig machen, totales Mißtrauen (Haß) aber auch. Wo nur Vertrauen herrscht, ist keine Politik nötig; wo nur Mißtrauen herrscht, ist keine Politik mehr möglich. Politik bewegt sich zwischen Furcht und Freundschaft, zwischen Kooperation und Konfrontation, also zwischen den Extremen totaler Affirmation (rückhaltlose Solidarität) und totaler Negation (bedingungsloser Vernichtungskrieg). Natürlich kann das eine oder das andere Moment vorherrschen oder betont werden, man kann das Wesen des Staates z. B. mehr in Vertrauen oder Mißtrauen, Freundschaften oder Gesetzen, Zuneigung oder Zwang gegründet sehen – aber keine politische Theorie oder Praxis kann das eine oder das andere Moment ganz eliminieren.

Politik ist Handeln mit Bezug auf andere: Handeln mit anderen und Handeln gegen andere, aber auch Handeln für andere. (1.) *Politik ist Handeln mit anderen.* Sie ist auf andere Menschen, einzelne, vor allem aber auf Gruppen, die eigene Gemeinschaft und andere Gemeinschaften, bezogen und angewiesen. Für fast alles, was ich erreichen will, brauche ich andere Menschen, irgendwelche Partner, mit denen ich eine Handlungsgemeinschaft bilden kann. Politik im engeren Sinn ist daher nicht als Privatpolitik möglich, sie ist Gruppenpolitik, d. h. auf irgendeine Art von Kooperation und Konsens angewiesen, auch wenn sie eine öffentlichkeitsferne Entscheidung ist – nur so gewinnt die Klugheit auch Macht, d. h. Handlungsvermögen. Dabei erscheint mir die eigene Gruppe als ein von mir gemeintes Wir (sozusagen mein Wir), das als Wir-Subjekt (unmittelbar oder durch Stellvertreter vermittelt) agieren kann, und mit diesem Gruppendenken entsteht dann die Differenz und Distanz von *in-group* und *out-group*. (2.) *Politik ist Handeln gegen andere.* Da es aussichtslos ist, alle Menschen für mich (nämlich für meine Ziele und meine Überzeugungen, aber auch für mich als Person) zu gewinnen, muß ich mit möglicher Gegnerschaft rechnen. Also kann ich, wenn ich mich behaupten will, nur versuchen, mich von anderen möglichst unabhängig zu machen, und mich schon insofern gegen sie stellen – Politik ist wesentlich der Versuch der Durchsetzung der eigenen Ideen und Interessen gegen die der anderen. Zu dieser Selbstbehauptung bedarf es der Klugheit, insbesondere der Fähigkeit, sich vorausdenkend auf den Standpunkt des anderen stellen zu können, vor allem aber der Macht, andere gegebenenfalls in meinem Interesse zu etwas zu zwingen. Politik ist daher die Bereitschaft zur Gewaltausübung, und sei es nur die Macht der Mehrheit aufgrund einer legalen bzw. legitimen Übereinkunft. (3.) *Politik ist Handeln für andere.* Wenn Politik gemeinsames Handeln ist, so handelt im Prinzip innerhalb der jeweiligen Gemeinschaft jeder für jeden mit. Da aber nicht alle alles zugleich tun können, gibt es in der Politik, trotz aller Gemeinsamkeit, immer auch das repräsentative Handeln des einzelnen für die Allgemeinheit; schon der Zeitmangel verlangt Arbeitsteilung, außerdem gibt es immer Dinge, die einige besser als andere tun können. Daraus entsteht das politische Mandat durch Ermächtigung sowie – nicht zuletzt – durch Selbstermächtigung. Der Politiker denkt und handelt wesentlich für andere, und zwar, zumindest in der Demokratie, aufgrund des Vertrauens der anderen, und trägt auch deshalb die Verantwortung für andere. Dieses verantwortliche Handeln für andere, nämlich die eigene Gruppe, ist als eigengruppenorientiertes Handeln zugleich prinzipiell und potentiell Handeln gegen andere, aber immer auch Handeln gegen einzelne Mitglieder der eigenen Gruppe, wenn diese z. B. das wahre gemeinsame Interesse nicht zu erkennen scheinen. Der verantwortlich handelnde Politiker muß sich immer wieder, zumindest momentan, über die Menschen stellen, die er vertritt. Spätestens mit der Übertragung von Macht beginnt daher eine gewisse Entsolidarisierung oder unsolidarische Selbstermächtigung und damit neues Mißtrauen inmitten des Vertrauensbündnisses.

Clans und Cliquen

Der Widerstreit von Vertrauen und Mißtrauen führt zur politischen Gruppenbildung – in der Politik agieren in aller Regel Gruppen gegen Gruppen. Solche Gruppenbildungen geschehen notwendigerweise durch Zusammengehörigkeitsvorstellungen und Ausgrenzung. Jede politische Gemeinschaft oder Gesellschaft wird durch kontingente, natur- und geschichtsbedingte Gemeinsamkeiten, also auch durch partikulare Interessen zusammengehalten und entwickelt ein entsprechendes kollektives Identitätsbewußtsein, aber auch ein ideologisches und nicht zuletzt ein moralisches Selbstverständnis: Wir sind gut – wie sind die anderen? Letztlich beruht jede politische Gruppe darauf, daß einige Menschen nicht wie andere sind und daher auch nicht wie andere sein wollen. Aber natürlich ist es nicht zuletzt ein gewisser Außendruck, der eine Gruppe formt, nämlich die Gefahr, die von rivalisierenden Gruppen ausgeht; der mögliche gemeinsame Feind führt Menschen besonders eng zusammen. Allerdings zerfällt jede politische Gruppe aufgrund des Antagonismus von Vertrauen und Mißtrauen selbst wieder in kleinere Gruppen, die ihre jeweiligen Ideen und Interessen gegeneinander vertreten, weshalb es politische Gruppierungen von sehr unterschiedlicher Struktur und Größe gibt. Die ursprünglichsten dürften die Clans und Cliquen sein.

Die naturwüchsigste politische Einheit ist der Clan. Er entsteht auf der Basis der Blutsverwandtschaft als eine um Verwandte aller Art erweiterte Familie, doch können sich ihm auch Personen anschließen, die nicht in irgendeinem engeren Sinn miteinander verwandt sind, z. B. sogenannte Stammesverwandte. Der Clan ist eine Art natürliches Netzwerk, wobei die Verwandtschaft wie selbstverständlich als eine quasi magische Beziehungsbasis fragloser Solidarität fungiert. Ein solcher Clan hat in aller Regel ein natürliches Oberhaupt oder ein im Sinne von jeweiligen Traditionen vorherbestimmtes Oberhaupt, das allerdings nicht selten nur durch List und Gewalt an die Spitze des Clans gelangen kann und sich dort behaupten muß, d. h. mit der Existenz eines Oberhauptes entsteht im Clan – auf der Basis naturwüchsiger Verhältnisse – eine erste politische Unterscheidung zwischen Herrscher und Beherrschten. Der Chef des Clans (Häuptling, König usw.) handelt dann stellvertretend für die jeweilige Gemeinschaft: mit den einzelnen Mitgliedern, notfalls aber auch gegen sie, gegen andere Gruppen, aber gelegentlich auch mit ihnen.

Im Unterschied zum Clan basiert die Clique nicht unmittelbar auf naturwüchsigen Verhältnissen, sie ist ein mehr oder weniger freiwilliger Zusammenschluß aufgrund gemeinsamer Interessen und interessengestützter ›Freundschaften‹, also eine Interessenvereinigung mit einer gewissen zufälligen Solidarität. Ihre Grundlage bilden in aller Regel nur relativ wenige und oftmals nicht geradezu lautere Interessen, durch die sie sich von anderen Menschen, insbesondere von anderen Cliquen, unterscheidet. Auch Cliquen haben gewöhnlich ihre Anführer, zumal sie meist durch einen einzelnen gestiftet werden, der dann zum Anführer prädestiniert ist; er hält die Clique motivierend und organisierend zusammen, er definiert sie gegenüber der Masse der anderen Menschen sowie gegenüber anderen Cliquen. Aber auch er muß jederzeit gegenüber neuen Cliquen in der eigenen Gruppe auf der Hut sein, denn als ›freie‹ Verbindung ist die Clique ein relativ instabiles Beziehungsgefüge, das leicht einzelne Mitglieder verlieren bzw. ausstoßen, aber sich auch als Ganzes auflösen kann. Sie ist die erste ›politische‹ Kleingruppe in einem engeren Sinn des Wortes.

Cliquen können, obwohl der Ausdruck vornehmlich für kleine Gruppierungen gebraucht wird, von unterschiedlicher Größe und Struktur sein: kleine Freundeskreise oder große Räuberbanden, geschäftliche Zweckbündnisse oder politische Großgruppen. In gewisser Weise ist jede politische Gruppierung eine Clique, wobei die Unterschiede zum Clan gelegentlich fließend sind, wie z. B. bei

Horden und Stämmen, Völkern und Nationen; denn natürlich gibt es neben den seltenen Reinformen von Clans und Cliquen zahllose verschiedenartige Mischformen. Deren wichtigste ist der Staat, der dann selbst wieder in den unterschiedlichsten Varianten auftritt. Seinem Ursprung nach ist er in der Regel eine Clique von Clans, ein Zusammenschluß, der, meist nicht ohne Gewalt entstanden, im Ergebnis selbst eine höchste Gewalt darstellt oder doch zu sein beansprucht. Formal vor allem durch gemeinsame Gesetze konstituiert, wird der Staat, insofern er eine organisierte Gesellschaft mit einem gewissen Zusammengehörigkeitsbewußtsein ist, durch sehr unterschiedliche Faktoren bestimmt, die allerdings alle mehr oder weniger vorhanden bzw. nicht vorhanden sein können. Dazu gehören vor allem geographische Gegebenheiten, insbesondere ein gemeinsames Territorium, sowie kulturelle Affinitäten, also ähnliche Sitten, gemeinsame Sprache und gemeinsame Religion (was alles immer wieder zu Konsolidierungsprogrammen und Ausgrenzungspraktiken führen kann). Insofern ist der Staat immer mehr als ein Zweckverband zur Durchsetzung gleicher materieller Interessen. Staaten sind immer auch, bis zu einem gewissen Grade, Solidargemeinschaften mit einer gemeinsamen Mentalität (›Wertegemeinschaft‹), Geschichts- und Schicksalsgemeinschaften.

Die Ausweitung der Clique im engeren Sinne des Wortes zur Clique im weiteren Sinne, letztlich zur Formation von Staaten und Staatenbünden bzw. -bündnissen, macht kleinere Cliquen keineswegs überflüssig. Im Gegenteil, die Großgruppen werden, nicht zuletzt wegen ihrer Unübersichtlichkeit, wiederum von Kleingruppen regiert. Die politische Clique im engeren Sinne des Wortes ist daher der ›politische Freundeskreis‹, ihr Kitt sind die persönlichen Beziehungen. In solchen Cliquen wird, unter Ausschluß der offiziellen politischen Öffentlichkeit, über Politik entschieden, zumindest vorentschieden; in ihnen werden das gemeinsame Interesse und die gemeinsame Ideologie formuliert und die notwendige Strategie und Taktik ausgedacht, sie eint der Wille zur Durchsetzung gemeinsamer Ziele, also der Wille zur Einflußnahme oder das Streben nach mehr Macht. Dabei entwickeln sich fast unvermeidlich auch ›kriminelle‹ Strukturen, denn Zweck und Mittel bedürfen meist einer gewissen Geheimhaltung, und irgendwann beginnt der Zweck die Mittel zu heiligen. Jede Clique neigt dazu, einen Staat im Staate zu bilden und, falls sie die Staatsmacht erobert hat, den Staat für ihre Zwecke zu instrumentalisieren.

Cliquen bestehen durch relatives Mißtrauen nach außen und relatives Vertrauen nach innen, doch kann auch hier das Vertrauen wie das Mißtrauen jederzeit zu neuen Gruppierungen führen – je größer die Gruppe, desto zahlreicher die rivalisierenden Untergruppierungen, und irgendwo machen alle im Rahmen der Gruppenpolitik auch noch ihre Privatpolitik. Ohne Clique ist keine Politik möglich, aber Cliquen würden auch, wenn sie endgültig erfolgreich sein könnten, weil sie (entgegen allen Beteuerungen) ein Machtmonopol anstreben, das Ende der Politik in einer totalen Diktatur bedeuten. Cliquen halten den Staat zusammen, aber sie zerstören ihn auch, wenn ihre Machtkonzentration nicht, z. B. durch moralisch kaschierte Mißgunst, begrenzt wird. Daran wird sich vermutlich auch in Zukunft nichts ändern. Es ist nicht auszuschließen, daß die Staaten im überlieferten Sinne nur vorübergehende Erscheinungen sind, daß sie mehr und mehr ihre traditionelle Funktion verlieren und in größere Staatenbünde oder Bundesstaaten aufgehen werden, die sich aufgrund irgendwelcher gemeinsamer Interessen, nämlich aufgrund geopolitischer oder wirtschaftspolitischer Perspektiven, aber auch aufgrund natürlicher oder geschichtlicher Gegebenheiten wie Rasse, Religion, Kultur usw. und daraus abgeleiteten Ideologien, definieren könnten. Es ist sogar möglich, daß die Staatspolitik in ihrer überlieferten Form als solche mehr oder weniger verschwinden wird und zum bloßen Handlanger global agierender Wirtschaftskonzerne wird. Aber es ist auch nicht auszuschließen, daß sich schon bald ein einziger Weltstaat mit neuen Problemen bilden wird. Für wen werden die Politiker in Zukunft Politik machen (außer für sich selbst)? Für die Menschheit als die größtmögliche politische Gruppe (falls diese mangels Außenbezug sich überhaupt noch als Gruppe verstehen kann)? Vielleicht wird die zukünftige Menschheit nur noch aus Menschen bestehen, die – ›multikulturell‹ – überall und nirgends zu Hause sind und ganz neuartige Cliquen bilden werden. Deshalb wird die Frage *Wer wird der Herr der Erde sein?* immer dringlicher werden.

2. Ziele der Politik

Ideen und Interessen

Politik ist, bevor sie Kompromiß sein kann, Streit. Aber worum geht es in der Politik? Diese Frage kann sich einerseits auf das Objekt der Politik, ihre Materie oder ihr Thema, beziehen (was noch zu präzisieren wäre), andererseits auf die Motive oder Ziele der Politik (was ebenfalls noch zu differenzieren wäre). Jedenfalls geht es in der Politik nicht nur um Personen, sondern auch um ›Sachen‹, d. h. um verhandelbare Fakten, aber auch um angestrebte Ziele, d. h. um Projekte ideeller oder materieller Art, sowie nicht zuletzt um normative Postulate. Einerseits geht es um die Verteilung von Grund und Boden oder sonstiger Güter, also um Eigentumsverhältnisse und damit auch um Herrschaftsverhältnisse, kurz, um Besitz, Rang und Macht; andererseits um die Herstellung von gerechten Ordnungen in den menschlichen Beziehungen und die Entwicklung von Recht oder Rechtssicherheit, die Ermöglichung von Frieden und Freiheit, vielleicht sogar um Tugend oder – ob zu Recht oder Unrecht – das Heil der Seele, also um Moral oder Religion. Alle diese Dinge sind, seit es Politik gibt, immer wieder erörtert worden, also vermutlich seit es Menschen gibt, die reflektiert in veränderlichen und regelungsbedürftigen Gruppierungen leben.

Offensichtlich läßt sich das zentrale Thema der Politik nur schwer allgemein und allgemeinverbindlich bestimmen, es sei denn sehr formal (z. B. als die Ordnung der Gesellschaft). Wahrscheinlich geht es in der Praxis der Politik meist um vieles gleichzeitig, und zwar ziemlich durcheinander, außerdem dürfte sich das konkrete Thema der Politik im Laufe der Zeit immer wieder geändert haben und immer noch ändern. Vorrangig scheint es jedoch, zumindest auf den ersten Blick, um die Verteilung der Güter zu gehen, also auch, da diese immer nur mehr oder weniger begrenzt vorhanden sind, um Mängelverwaltung. Aber worin in der Gesellschaft als solcher oder in einer geschichtlich gegebenen Gesellschaft die richtige Verteilung der Güter und damit die richtige Ordnung der menschlichen Beziehungen bestehen könnte, das ist offensichtlich ein ›ideologisches‹, nicht endgültig und allgemein zustimmungsfähig zu lösendes Problem, weil hier auch z. B. religiöse und moralische Vorstellungen von einer gerechten Gesellschaftsordnung oder einem wahren Staat ins Spiel kommen. Insofern geht es im politischen Handeln immer auch um ideelle Fragen, zumindest scheinen rein materielle Interessen und mehr oder weniger programmatische Ideen bzw. Ideale als Faktoren der Politik zu konkurrieren. Es ist also keineswegs ausgemacht, daß Politik wirklich nur in der Schlammschlacht‹ der Interessen besteht, d. h. im Streit der individuellen und kollektiven Egoismen; es sollte eigentlich unverkennbar sein, daß, auch wenn man dies für falsch hält, Politik immer auch von Ideen (Vorstellungen, Ansichten usw.) oder Ideenformationen (›Ideologien‹) bestimmt ist: sei es, daß für die Ehre und Größe eines Landes, sei es, daß für die Durchsetzung einer bestimmten Religion gekämpft wird. Eine erste grobe Unterscheidung der das politische Handeln motivierenden Ziele könnte jedenfalls von der Unterscheidung zwischen Ideen und Interessen oder – noch pointierter – von der Unterscheidung zwischen moralischen Prinzipien und egoistischen Absichten ausgehen.

Die egoistischen oder materiellen Interessen der Politik sind vielfältig, die möglichen empirischen Ziele der Politik daher zahllos, doch lassen sie sich allem Anschein nach auf einige relativ allgemeine zurückführen. Die grundlegenden Interessen des Menschen ergeben sich nämlich aus seinen sogenannten natürlichen Bedürfnissen (vor allem Hunger und Durst, Fortpflanzungstrieb oder Paarungslust). Es fragt sich jedoch, was wirklich zu den natürlichen und insofern legitimen Bedürfnissen und den daraus abgeleiteten natürlichen Rechten gezählt werden darf. Wieviel Daseinskomfort gehört zur ›Menschenwürde‹? Wieweit ist das aus diesen Bedürfnissen, z. B. das aus dem Verlangen nach Schutz und Anerkennung abgeleitete Streben nach Macht, noch legitim? Schon mit der Reflexion auf die Unterscheidung von wahren und falschen Interessen beginnt daher die ideenorientierte Ausrichtung der Politik, die meist so selbstverständlich ist, daß sie kaum beachtet wird.

Die Zahl der politisch wirksamen Ideen dürfte kaum überschaubar sein – so viele Köpfe, so viele Meinungen. Denn anders als die egoistischen Interessen scheinen die Ideen nicht unmittelbar naturgebunden zu sein, sie sind wesentlich geschichtlich. Es sind weltanschauliche Vorstellungen, die – wie z. B. die ihrerseits vielfältigen Vorstellungen von Volk und Vaterland – direkt oder indirekt als politische Leitvorstellungen wirksam werden, aber auch Theorien von gerechter Güterverteilung und menschlicher Rangordnung bzw. Gleichheit, oder Ideen von einer Friedens- und Freiheitsordnung. Einige dieser Ideen (wie die nationalen Ideologien) sind der Partikularität verpflichtet, andere (wie die auf die Menschheit oder gar auf Gott bezogenen Ideale) sind prinzipiell universalistisch – die Politik schwankt daher nicht zuletzt zwischen der ›imperialistischen‹ Selbstbehauptung der politischen Formationen und dem ›universalistischen‹ Drang nach Selbsterweiterung. Doch zeigt auch die Geschichte der politischen Ideen zumindest eine gewisse formale Konstanz, die vielfältigen Ideen von Volk und Vaterland z. B. können als bloße Abarten einer immer irgendwie vorhandenen Gemeinschaftsideologie verstanden werden. Auch Frieden, Freiheit und Gerechtigkeit sind – zumindest formal – relativ allgemeingültige, quasi übergeschichtliche politisch moralische Prinzipien, obwohl ihre Ausdeutung immer wieder unterschiedlich ist.

Wahrscheinlich ist der größte Teil der politisch wirksamen Ideen aufs engste mit realen Interessen verknüpft, dennoch lassen sich nicht alle politischen Ideen als bloßer Ausdruck von versteckten Interessen identifizieren bzw. denunzieren. Neben mehr oder weniger bewußter Selbsttäuschung sowie mehr oder weniger bewußt vorgetäuschten Idealen gibt es zweifellos auch ehrliche interessenfreie Überzeugungen, die das politische Handeln bestimmen. Allerdings bleibt die Einteilung der politischen Triebkräfte in Ideen und Interessen nur eine sehr grobe Einteilung; sie besagt vor allem, daß es potentiell zwei ursprünglich verschiedene Quellen der politischen Motivation gibt, nämlich eine primär egoistische und eine primär nicht egoistische Triebkraft. Dennoch wäre die Entgegensetzung von richtigen Ideen und unberechtigten Interessen zweifellos eine schlechte Vereinfachung. Es gibt sowohl falsche

Ideen als auch berechtigte Interessen, materielle und ideelle Interessen, aber über die Legitimität von Interessen wird auf der Ebene der Ideen entschieden – so wie es interessenbedingte Ideen gibt, so gibt es auch ideenbedingte Interessen. Auch deshalb bewegt sich Politik in einer Grauzone von Interessen und Ideen, elementaren Bedürfnissen wie Hunger und Durst und abstrakten Prinzipien wie Friede, Freiheit und Gerechtigkeit.

Gerechtigkeit – aber wie?

Gerechtigkeit ist eine uralte, auch an jedes politische Handeln gerichtete Forderung; diejenigen, die im Staat bestimmen, sollen gerecht handeln und für gerechte Verhältnisse sorgen. Es fragt sich nur, worin die Gerechtigkeit besteht, d. h. was gerecht ist, sowohl prinzipiell als auch im jeweiligen Fall, und wie diese Gerechtigkeit – ohne neue Ungerechtigkeit – durchgesetzt werden kann. Auf der Ebene der gesellschaftlichen Verhältnisse kann nach einer gerechten Ordnung gefragt werden, auf der Ebene des persönlichen Verhaltens nach Gerechtigkeit als Tugend, auf der Ebene der Normen nach der Gerechtigkeit eines Gesetzes oder sogar philosophisch nach dem Prinzip oder dem Wesen der Gerechtigkeit. Da sich gesellschaftliche Ordnung und persönliche Tugend nach der Gerechtigkeit als Norm oder dem Prinzip der Gerechtigkeit beurteilen lassen müssen, erhält die Frage nach der Gerechtigkeit auf dieser abstrakten Ebene ihre äußerste Zuspitzung.

Gerechtigkeit wird nach alter Tradition durch die Formel *Jedem das Seine* definiert. Aber was ist das Seine, wem kommt was zu? *Jedem das Seine* – das kann nämlich auf verschiedenen Ebenen völlig Verschiedenes bedeuten, z. B. *Jeder erhält, was ihm zusteht* (etwa aufgrund seiner Natur, seiner Leistung oder seiner Bedürfnisse), aber auch *Jeder tut, was ihm gemäß ist* (etwa aufgrund seiner Anlagen oder seiner gesellschaftlichen Position). Aber ob die Formel *Jedem das Seine* nun auf die Verteilungsgerechtigkeit oder auf geordnetes Handeln bezogen wird, eine inhaltliche Auskunft gibt sie als solche noch nicht; sie bestimmt nur ganz allgemein Maß und Angemessenheit als Prinzip der Gerechtigkeit. Im Grunde ist sie inhaltsleer, sie muß durch Rückgriffe auf Natur oder Funktion, Leistung oder Bedürfnis usw., also durch irgendwelche Kriterien konkretisiert werden. Allerdings läuft der Bezug auf die natürliche bzw. die geschichtlich überlieferte Ordnung Gefahr, die bestehende Ordnung nur noch einmal auf moralischer oder politischer Ebene zu rechtfertigen – die inhaltlich konkretisierte Gerechtigkeitsidee stabilisiert in sehr vielen Fällen nur die bereits bestehenden Verhältnisse, indem sie deren Faktizität zum moralischen Postulat erhebt. Der Bezug auf Leistung z. B. prämiert nicht nur die Leistung bzw. die Leistungswilligen, er privilegiert auch die Leistungsfähigen; Leistung aber ist nicht nur eine Frage des persönlichen Einsatzes, der Moral wie des Ehrgeizes, sondern auch der Leistungskräfte und der Leistungschancen, und die sind immer schon (durch Natur und Gesellschaft) ungerecht, zumindest ungleich verteilt. Außerdem setzt die Bezugnahme der Gerechtigkeit auf Leistung die Möglichkeit korrekter und adäquater Leistungsbeurteilung voraus und postuliert insofern weitere Kriterien, nämlich was Leistung ist und wie Leistungen ›gerecht‹ gegeneinander verrechnet werden können. Ähnlich verlangt die Bezugnahme auf die Bedürfnisse die Möglichkeit, diese objektiv, also sachgerecht, von einem quasi absoluten Standpunkt aus, zu erkennen. In jedem Fall bedarf die Anwendung solcher Kriterien wie Bedürfnis oder Leistung selbst wieder neuer Annahmen, aber auch Natur und Geschichte sind selbst wieder sehr vielfältig interpretierbare Fakten bzw. Normen.

Nun kann man – auch um diesen uferlosen Schwierigkeiten zu entgehen – versuchen, die Formel *Jedem das Seine* durch die Formel *Jedem das Gleiche* zu ersetzen, d. h. man kann sich, statt an der als Faktum vorausgesetzten Diversität, an der Idee von Egalität orientieren, also die unübersehbare konkrete Verschiedenheit der Menschen zugunsten einer übersichtlichen abstrakten Gleichheit vernachlässigen. Die gegebene Wirklichkeit gilt dann von vornherein als ungerecht, sie ist durch eine andere, die vorerst nur als Forderung besteht, wenigstens nach Möglichkeit zu ersetzen, denn die natürliche oder geschichtliche Verschiedenheit darf kein möglicher Anknüpfungspunkt der Gerechtigkeit sein. Aber das angeblich evidente Ideal der Gleichheit wirft ebenfalls Probleme auf, und zwar schon deshalb, weil es das absolut Gleiche gar nicht geben kann. Wenn z. B. alle Bürger von Staats wegen das gleiche Fertighaus bekämen, so würden sich ihre Wohnsitze dennoch durch ihre Lage unterscheiden. Außerdem dürfte der Versuch der totalen Egalisierung in der Praxis vermutlich mehr Ungerechtigkeit als Gerechtigkeit produzieren. Eine öffentliche Speisung etwa, die erwachsenen Arbeitern und Kleinkindern das gleiche Essen in gleicher Menge zuteilen würde, wäre zweifellos ungerecht und außerdem unsinnig. Im übrigen steht die Formel *Jedem das Gleiche* nicht unbedingt im Gegensatz zur Formel *Jedem das Seine,* sie setzt diese in gewisser Weise sogar voraus: Jeder bekommt das Gleiche als das Seine, das ihm zusteht, denn im Prinzip sind alle Menschen gleich. Da dies aber faktisch nicht zutrifft, muß die auf Gleichheit reduzierte Gerechtigkeit als ausgleichende Gerechtigkeit verstanden werden, und zwar als Aufhebung möglichst aller Unterschiede, nicht nur der ›ungerechten‹.

Wie immer die Idee der Gerechtigkeit näher bestimmt werden mag, sowohl die von vornherein an Diversität statt an Egalität als auch die von vornherein an Gleichheit statt an Verschiedenheit orientierte Gerechtigkeit ist nur höchst unvollkommen realisierbar. Die Herstellung vollkommener Gerechtigkeit würde sowohl absolutes Wissen als auch absolute Macht voraussetzen, einen absoluten Erkenntnisstandpunkt außerhalb und zugleich totale Macht innerhalb der Gesellschaft. Daher war eigentlich immer schon klar, daß es ›hier auf Erden‹ keine vollkommene Gerechtigkeit geben kann. Angesichts unserer Befangenheit in einem bornierten Wissen dürfte schon rein theoretisch kein Gesetz je vollkommen gerecht sein, d. h. alle Fälle, die es regeln soll, angemessen erfassen. Außerdem müßte selbst die gerechteste Verteilung aller Güter wegen der ständig wechselnden Verhältnisse ständig neu geregelt werden – alle Regelungen sind strenggenommen schon im gleichen Augenblick, in dem sie erlassen werden, überholt. Es ist unmöglich, Gerechtigkeit im Sinne einer absolut gerechten Ordnung herzustellen, da es z. B. praktisch nicht möglich ist, alle vorhandenen Güter absolut gerecht zu verteilen – ganz gleichgültig, ob man Gerechtigkeit im Sinne von parataktischer oder hypotaktischer Ordnung versteht. Im übrigen wäre die Durchsetzung der absoluten Erkenntnis mit absoluter Macht selbst nicht ohne Ungerechtigkeit möglich, weil sie das Recht auf Freiheit, also auch das Recht auf Irrtum, negieren sowie den individuellen und kollektiven Frieden zerstören würde. Da es unmöglich ist, alle Menschen gut und weise zu machen, und zwar auf ein Mal, d. h. sie zu befähigen, die richtige Ordnung selbst zu erkennen und anzuerkennen, müßten immer einige, wahrscheinlich sogar die meisten, gezwungen werden, die vermeintlich absolut gerechte Ordnung zu akzeptieren; denn es ist ebenso unwahrscheinlich, daß alle einer vorgeblich allwissenden und allmächtigen Regierung rückhaltlos vertrauen und von sich aus Frieden halten werden. Selbst wenn es einmal den Supercomputer geben würde, der in einem fort die richtige Gesellschaftsordnung ausheckt, würden sich die Menschen aus Dummheit oder Bosheit, aus Borniertheit und Eigensinn, aber auch aus Freiheitsbedürfnis gegen jede übergestülpte Ordnung wehren. Gerechtigkeit bleibt also eine unendliche, letztlich unlösbare Aufgabe.

Daher darf der Staat auch *in puncto* Gerechtigkeit nicht überfordert werden. Der sogenannte Rechtsstaat ist kein Gerechtigkeitsstaat, in dem alles gerecht zugeht bzw. alle gerecht sind, sondern nur ein an der Idee der Gerechtigkeit orientierter Staat, vor allem aber ein Staat, in dem – in Absicht auf Gerechtigkeit – im Prinzip alles rechtsförmig geschieht. Und nicht zuletzt ist der Rechtsstaat kein Tugendstaat, der außer Recht auch noch Moral zu erzwingen versucht, sondern ein Staat, der soweit wie möglich Recht und Moral unterscheidet. Der Rechtsstaat ist insofern bloßer Rechtsstaat. Die Gerechtigkeit aber, der er sich verpflichtet weiß, darf, wenn sie wahre Gerechtigkeit sein soll, die Prinzipien Freiheit und Frieden nicht negieren. Der gerechte und insofern auch soziale Rechtsstaat müßte Freiheit im Rahmen des Rechts gewähren und zugleich Frieden im Rahmen der Gerechtigkeit garantieren.

Freiheit – aber wieviel?

Im Unterschied zur Gerechtigkeit, die als Pflicht bzw. als eine aus der gutwilligen Erfüllung der Gerechtigkeitsnorm resultierende Tugend gilt, wird Freiheit im allgemeinen als ein (moralisches) Recht eingefordert. Doch kann Freiheit auch als eine Verpflichtung aufgefaßt werden, z. B. zu einer selbstverantwortlichen Selbständigkeit, und dabei sogar als das innerste Wesen des Menschen, zu dessen Verwirklichung der Mensch verpflichtet ist. In jedem Fall ist Freiheit als Handlungs- und Verantwortungsfähigkeit die Voraussetzung aller Verpflichtungen und Bindungen. Daher gehört zur Freiheit als Selbstbestimmung, die nicht zuletzt Selbstbindung an Fakten oder Normen ist, immer auch Freiheit als Unabhängigkeit, zumindest ein Minimum an Unbestimmtheit oder Nichtbestimmtheit als Möglichkeit der Selbstbestimmung: Freiheit-zu ist ohne Freiheit-von nicht möglich. Vermutlich entspringt das Bedürfnis nach Freiheit letztlich aus dem innersten Wesen des Menschen, nämlich aus der Tatsache bzw. aus seinem Selbstverständnis, daß er ohne alle Selbstbestimmung, also auch ohne eine gewisse Unabhängigkeit, überhaupt nicht er selbst wäre, sondern nur eine fremdgesteuerte Maschine. Jedenfalls dürfte die politische Forderung nach äußerer Freiheit ohne die anthropologische Voraussetzung von innerer Freiheit (›Willensfreiheit‹) wenig Sinn machen.

Die Idee der Freiheit tritt – im Rahmen der Politik – als ein moralisch, rechtlich und politisch einzulösendes Postulat auf. Der Begriff der Freiheit ist allerdings umstritten. Zumindest auf der Ebene der politischen Parolen geht es meist weniger um die Frage, ob Freiheit ein politisches Recht sei oder nicht, sondern mehr um die Definition der politischen Freiheit. So kann die Unterscheidung zwischen einer Freiheit-von und einer Freiheit-zu auch politisch im Hinblick auf eine sogenannte wahre Freiheit interpretiert werden; die Freiheit-von kann als rein negative Freiheit bezeichnet werden, die Freiheit-zu hingegen als positive Freiheit – wodurch die Unterscheidung schnell eine wertende Unterscheidung wird. Freiheit kann im gleichen Augenblick, in dem sie zugestanden wird, schon wieder in eine bestimmte anerkennungspflichtige Ordnung eingebunden werden; die ›wahre Freiheit‹ kann als Wertbejahung an die Übereinstimmung mit Gott, der Menschheit oder dem Staat gebunden oder sogar als Bejahung der Notwendigkeit (der Natur oder der Gesellschaft) definiert werden. Jedenfalls gibt es unter vielen Gesichtspunkten eine gute und eine schlechte Freiheit. Wahrscheinlich ist es in der Tat sogar unvermeidlich, zwischen wahrer und falscher oder echter und unechter Freiheit zu unterscheiden, aber es dürfte zweckmäßig sein, diese Unterscheidung möglichst lange hinauszuschieben, um nicht zugunsten einer sogenannten wahren Freiheit die noch-nicht-wahre voreilig zu verdammen. Im übrigen können sich hinter der hohen politisch-moralischen Forderung nach Freiheit auch handfeste materielle Interessen verbergen – Handlungsfreiheit meint oft nur Handelsfreiheit.

Hauptproblem der politischen Freiheitsforderung ist in jedem Fall die Frage nach den Grenzen der Freiheit. Zwar ist klar, daß es keine absolute Freiheit geben kann, daß schrankenlose Freiheit (des Denkens wie des Handelns) schon rein physisch ein Unding ist; die Frage ist jedoch, wo die wahren politischen und moralischen Grenzen der Freiheit liegen, wodurch oder durch wen sie gesetzt und garantiert werden. Im Prinzip scheinen zwei Antworten möglich zu sein. Die ›optimistische‹ Lösung tendiert zu der Behauptung, die Freiheit finde ihre jeweiligen Grenzen selbst, d. h. selbstgesetzlich aus sich heraus, der Mensch sei gut, wenn man ihn nur wirklich frei sein lasse, alle bisherigen Konflikte zwischen den Menschen würden sich von selbst auflösen. Dabei wird die politische Gemeinschaft offenbar nach dem Modell einer Liebe gedacht, in der jeder darauf vertrauen kann, daß der andere die ihm eingeräumte Freiheit nicht mißbraucht. Die ›pessimistische‹ Lösung tendiert zu der Behauptung, daß in jeder Gesellschaft Spielregeln nötig sind, an deren Erstellung der einzelne zwar möglicherweise direkt oder indirekt durch Mitdenken oder Mithandeln mitwirken kann, die aber – trotz aller möglichen individuellen Autonomie – in der Praxis als solche nicht von jedem einzelnen gesetzt werden, sondern, wenn schon nicht von Gott oder der Natur, so doch von der Gesellschaft bzw. deren Vertretern, also für den einzelnen gleichsam von außen kommen und durch Macht sanktioniert werden. Freiheit stößt insofern immer auf vorgegebene Grenzen. Diese Grenzen können religiöser und moralischer, aber auch (wie wohl meist) rechtlicher Art sein, und natürlich können es auch politische Regelungen sein, die legitime, wahrscheinlich aber auch mancherlei illegitime Grenzen setzen. In jedem Fall wird von jedem einzelnen die Anerkennung einer allgemeinen Ordnung gefordert. Freiheit soll nicht schrankenlose oder gesetzlose Willkür sein, sondern nach Maßgabe von Regeln und Normen geordnete oder vernünftige Freiheit. Die Gefahr dieser Theorie bzw. Praxis liegt natürlich darin, daß die Menge der Regeln, die, weil nur zum allergeringsten Teil mitgestaltet, dem einzelnen immer auch äußerlich bleibt, als repressiv empfunden wird oder die Freiheit, die sie schützen soll, sogar wirklich erstickt. Im Prinzip dürfte dennoch klar sein, daß Freiheit nicht grenzenlos sein oder bleiben kann. Eine solche ›Willkürfreiheit‹ würde, so wie die Dinge nun einmal sind, zum Krieg aller gegen alle und letztlich zur Selbstzerstörung führen – selbst die Errichtung eines Reiches reiner Freiheit wäre nicht ohne Gewalt gegenüber den Andersdenkenden, also nicht ohne Freiheitsunterdrückung, möglich. Sinnvolle Freiheit ist daher disziplinierte und, wenn sie die Notwendigkeit von Ordnung anerkennt, auch selbstdisziplinierte Freiheit, sonst wäre sie nur zügellose und selbstzerstörerische Selbstbehauptung.

Freiheit muß, soweit sie sich nicht selbst normativ begrenzt, durch Gewalt von außen – und zwar nicht nur durch faktische Gewalt, sondern auch durch normative Macht – begrenzt werden, d. h. Recht und Moral müssen die Freiheit wirksam einschränken, sonst ist weder Friede noch Gerechtigkeit möglich. Die schrankenlose Selbstbehauptung der Freiheit würde Friede und Gerechtigkeit, letztlich sogar die Freiheit selbst zerstören; denn Freiheit als ungebändigtes Ausleben des jeweiligen Ich muß zum Konflikt mit der Freiheit der anderen führen – falls sie nicht als solche moralisch ist, d. h. sich von sich aus an eine Norm bindet (womit sie allerdings nicht mehr rücksichtslos wäre). Vernünftige Freiheit wird sich daher moralischen Normen unterordnen, vor allem der Forderung nach Gerechtigkeit, d. h. die Idee einer vernünftigen oder geordneten Freiheit ist nicht ohne Zuhilfenahme weiterer Prinzipien zu konkretisieren. Das erste und einfachste Hilfsprinzip ist dann natürlich die Anerkennung der Freiheit des bzw. der Anderen – meine Freiheit soll ihre Grenzen an einer anderen Freiheit finden und umgekehrt. Damit wird die Tatsache der Freiheit des Anderen zur Norm, meine Forderung nach Freiheit (als Befugnis zur Selbstbestimmung) führt zur Anerkennung der Freiheit des Anderen als ein mich begrenzendes Recht und umgekehrt. Für diese wechselseitige Selbstbegrenzung der Freiheiten als normative Tatsachen lassen sich Regeln finden, die man Recht im Sinne eines Regelsystems nennen kann. Wahre Freiheit ist eine durch andere Freiheiten begrenzte Freiheit bzw. eine sich selbst durch Rücksicht auf andere begrenzende Freiheit; vernünftige Freiheit ist insofern an eine (möglichst) gerechte Ordnung für alle Freiheiten, d. h. gerechtes Recht gebunden, wie immer dann Recht und Gerechtigkeit inhaltlich verstanden werden mögen. Das aber bedeutet, daß Freiheit als vernünftige Freiheit nur im Rahmen der Moral, nämlich unter der Bedingung der Anerkennung eines Sollens, möglich ist, also als solche kein absolutes Ziel ist. Wie aber nun konkret Freiheit und Ordnung, und zwar gerechte Ordnung, also Gerechtigkeit, sowie Frieden miteinander zu verbinden sind, ist ein offenes Problem, das der Politik aufgegeben bleibt.

Friede – aber welcher?

Friede gilt heute vielfach als oberstes Leitprinzip aller Politik, nämlich als Hauptproblem der Weltgesellschaft, scheint jedoch zumindest in dieser Funktion ein relativ junges Politikprinzip zu sein. Angesichts der Tatsache, daß die modernen Kriege jederzeit Weltkriege werden können, insbesondere aber angesichts der neuen Möglichkeit der Menschheit, sich selbst als solche zu vernichten, ist der globale Friede zu einer ganz neuartigen Aufgabe geworden. Die Frage nach einer vernünftigen, nämlich gerechten und freiheitlichen Weltfriedensordnung wird immer dringlicher, und Friede scheint die wichtigste Voraussetzung für die Realisierung von Freiheit und Gerechtigkeit zu sein. Der Sache nach ist es allerdings in der Politik immer auch um Frieden gegangen, vor allem dann, wenn Sicherheit (nach außen) und Ruhe (nach innen) als Staatsziele genannt werden, wobei materielle Interessen und moralische Postulate eine oftmals kaum unterscheidbare Einheit eingehen.

Doch fragt sich natürlich, was Friede überhaupt ist. Rein negativ kann man ihn als Abwesenheit von Krieg definieren – vielleicht kann man den Frieden sogar nur negativ, als Grenzbegriff zum Krieg, definieren. Denn die positiven Momente des Begriffs scheinen, optimistisch betrachtet, zur Idylle als eine Art irdisches Paradies, pessimistisch betrachtet, zur Schafsherde, wenn nicht zur Friedhofsruhe zu führen. Friede als absolute Ruhe scheint nur sehr schwer als etwas absolut Gutes vorstellbar zu sein, jedenfalls wenn Stillstand kein Ideal sein kann; ein Rest von produktivem Unfrieden scheint sogar unverzichtbar zu sein. Friede ist, wie Freiheit und Gerechtigkeit, ein problematisches Ideal.

Außerdem kann von Frieden in mancherlei Hinsicht geredet werden. Wenn man den Frieden, der »nicht von dieser Welt« ist, einmal außer Betracht läßt, könnte man grob drei Arten unterscheiden: den äußeren Frieden zwischen unterschiedlichen Gesellschaften, vor allem zwischen den Staaten oder Völkern, also den Völkerfrieden, internationalen Frieden oder Weltfrieden; den Frieden innerhalb der einzelnen Gesellschaften, den innenpolitischen, gesellschaftlichen oder bürgerlichen Frieden; den inneren Frieden des Menschen mit sich selbst, den sogenannten Seelenfrieden oder die Gemütsruhe. (1.) Der Friede zwischen verschiedenen Staaten, insbesondere der Weltfriede als die höchste Form des internationalen Friedens, betrifft die Außenbeziehungen von mehr oder weniger souveränen Gesellschaften. Der Sache nach kann der internationale Friede z. B. auf einer Ausgewogenheit der Kräfte und Interessen, auf einem Gleichgewicht des Schreckens, aber als Gewaltfriede auch auf dem faktischen Gewaltmonopol einer Hegemonialmacht beruhen. Aber natürlich kann der Weltfriede auch jetzt schon, nachdem die Welt sich als klein und geschlossen erwiesen hat, als ein innerer Friede der ganzen Weltgesellschaft betrachtet werden (so wie jeder Krieg als Weltbürgerkrieg). In einem Weltstaat müßte er als der Friede zwischen gesellschaftlichen Gruppen betrachtet werden und wäre dann nur noch das Problem einer Weltinnenpolitik, er würde letztlich zum weltbürgerlichen Frieden. (2.) Der Friede innerhalb einer von anderen Gruppen unterschiedenen Gruppe oder Gesellschaft, also z. B. innerhalb eines Staates, ist ein altes Problem, dessen Erörterung durch die Furcht vor dem Bürgerkrieg motiviert bleibt; die Herstellung oder Bewahrung des inneren Friedens der Gesellschaft, etwa als bürgerliche Eintracht, galt daher immer wieder als oberster Staatszweck. Und die meisten Staatstheoretiker waren der Meinung, daß eine allseitig akzeptierte Ordnung (im Unterschied zu einem inneren Gewaltfrieden) nicht nur ein technisches, sondem auch ein moralisches Problem darstelle, daß also zur politischen Stabilität eines Staates eine Art moralische Gemeinschaft gehöre und daß folglich die innere Friedfertigkeit der Menschen zu den Voraussetzungen dieses äußeren Friedens gehöre. (3.) Der innere Friede im engsten Sinne des Wortes ist der Friede des Menschen mit sich selbst, seine Übereinstimmung mit sich selbst und seine Gelassenheit im Verhältnis zur Welt. Er kann als Folge eines bestimmten Temperaments angesehen werden, aber auch als Folge einer bestimmten Gesinnung oder moralischen Einstellung. Innere Ausgewogenheit, Ausgeglichenheit usw. dürften nämlich nur dann möglich sein, wenn ein Mensch über kürzere oder längere Zeit mit sich im reinen ist oder zumindest nicht im dauernden Streit mit sich selbst, also nicht von wechselnden Begierden zerrissen oder zwischen Begierde und Vernunft hin- und hergerissen ist – Unmoral macht unruhig, unruhige Geister aber sind friedensunfähig und vermutlich friedensunwillig.

Die drei Arten des Friedens scheinen wenig miteinander zu tun zu haben, ihr Parallelismus scheint eher auf Analogien, wenn nicht sogar auf einer Äquivokation in den Wörtern *Friede, Ruhe* usw. zu beruhen. Dennoch sind gewisse Zusammenhänge unverkennbar. Der Weltfriede scheint nicht nur ein rein technisches Problem zu sein, sonst wäre dieses angesichts des Interesses der ganzen Menschheit an ihrem Überleben vermutlich längst gelöst; offensichtlich kommen in der Frage der globalen Friedensordnung antagonistische Ideologien und Interessen, aber auch moralische Probleme ins Spiel. Außerdem scheint der Friede zwischen den Staaten oder Völkern letztlich nicht möglich zu sein ohne Frieden innerhalb der einzelnen Gesellschaften, d. h. zwischen den innerstaatlichen Gruppen bzw. den einzelnen Menschen, und dieser nicht ohne Frieden der Menschen mit sich selbst. Zwar ist der kalkulierte Egoismus, der zum Frieden aus Berechnung führen kann, die vermutlich wichtigste Triebfeder menschlichen Handelns, aber wegen der hohen Wahrscheinlichkeit der Fehlkalkulation auch kein Garant globalen Friedens. Wahrscheinlicher ist, daß – auch wenn keine direkten Kausalzusammenhänge nachweisbar sind – nur prinzipiell friedfertige, friedenswillige und friedensfähige Geister, die nicht mit sich selbst im Streite leben, auch äußeren Frieden halten können, also mit etwas Verstand auch Frieden im Staat sowie Frieden zwischen den Staaten, und damit auch den erstrebten Weltfrieden möglich machen könnten (zumal, wenn sie darin auch ihr wahres Interesse entdecken). Der wahre Friede in allen Außenbeziehungen wäre also nicht ohne wirklichen inneren Frieden möglich. Da aber nie alle Menschen die nötige ›moralische‹ Bereitschaft zum Frieden haben werden, sowenig wie je alle zugleich gut und klug sein werden, wird es nie einen endgültigen Frieden geben; ja es ist sogar wahrscheinlicher, daß Dummheit oder Bosheit irgendwann zur endgültigen Katastrophe führen werden und wir das Ende nur hinausschieben können. Wenn innerer Friede Sache der inneren Einstellung, also Aufgabe des Ich ist (und vielleicht nicht einmal dies allein, weil nicht ohne weiteres in seiner Macht), dann entzieht sich eine wichtige Voraussetzung dauerhaften Friedens der politschen Machbarkeit; denn der innere Friede des Menschen, von dem aller politische Friede abhängt, ist wie der gute Wille politisch nicht herstellbar. Die Herbeiführung des Weltfriedens darf deshalb nicht von der Verwirklichung des inneren Friedens aller Menschen abhängig gemacht werden, Friede muß unabhängig von den letzten Voraussetzungen des Friedens erstrebt werden, z. B. als letztlich nützlich oder als bestmögliche Lösung erkennbar gemacht werden. Das aber bedeutet: Absoluter Friede ist nicht realisierbar, es gibt immer nur provisorischen Frieden. Wahrer Friede, was immer das sein mag, ist eine gefährliche politische Utopie.

Hinzu kommt, daß der wahre Friede vermutlich nicht ohne Freiheit und Gerechtigkeit möglich ist. Friede, der auf Unterdrükkung beruht, ist nur erzwungene Ruhe, in Wirklichkeit ist er nur unterdrückter Krieg, der in jedem Augenblick wieder ausbrechen kann; ohne Freiheit, also auch freien Willen zum Frieden, ist kein echter Friede möglich, und auch äußere Unfreiheit führt irgendwann zum Streit, nämlich zu Freiheitskämpfen. Ebenso ist Friede, der auf Ungerechtigkeit basiert, bestenfalls ein Zwangsfriede. Zwar sind gerechte Verhältnisse noch keine Garantie für Frieden, aber offenbare Ungerechtigkeit muß irgendwannn zum Kampf für (mehr) Gerechtigkeit führen. Allerdings wird Friede von vornherein unmöglich, wenn dafür erst Freiheit und Gerechtigkeit, die außerdem ihrerseits in Spannung zueinander stehen, hergestellt werden müssen. Praktisch dürfte Friede daher nicht ohne Verzicht auf völlige Freiheit und völlige Gerechtigkeit möglich sein, zumal diese ihrerseits nur unter der Voraussetzung von Frieden realisierbar zu sein scheinen. Zwar scheint sich nun eine Totallösung anzubieten: die gleichzeitige Einführung von Friede, Freiheit und Gerechtigkeit. Der ewige Friede, so kann es erscheinen, erfordert einen letzten Krieg für Freiheit und Gerechtigkeit, vor allem einen Krieg gegen den Krieg. Damit wären wir allerdings wieder in dem alten Teufelskreis, denn natürlich hat sich Gewalt fast immer als Gegengewalt oder als Krieg für den Frieden verstanden.

3. Politik und Vernunft

Wahn und Wahrheit

Die Klage über die Unvernunft in der Politik ist uralt: Besitzgier kämpft gegen Besitzgier, Ehrgeiz gegen Ehrgeiz, vor allem aber

Dummheit gegen Dummheit. Die Welt wird nicht von Vernunft oder Wahrheitswillen regiert, sondern bestenfalls von Meinungen, öffentlichen bzw. veröffentlichten Meinungen – Argumente erreichen fast nur noch die eigene Glaubensgemeinde. Und so wie die Regierten über den Unverstand ›derer da oben‹ jammern, so verachten die Regierenden den ›beschränkten Untertanenverstand‹. Der politische Wahn macht ganze Gesellschaften krank und treibt immer wieder Völker gegeneinander und in die Katastrophe, denn der Mensch ist offensichtlich ein ›ideologisches‹ Lebewesen – im guten wie im schlechten Sinn, d. h. sich selbst immer wieder anders verstehend und mißverstehend. Auch die Politik hat ihre Moden und natürlich auch ihre Modekrankheiten, die wie Rauschzustände große Teile der Gesellschaft befallen können – eine Pathologie der Politik könnte geradezu einen Kreislauf von Formation, Deformation und Reformation diagnostizieren. Ganze Epochen taumeln zwischen Ordnungs- und Freiheitsbestrebungen, konservativen und revolutionären Einstellungen, Sozialismus und Liberalismus, Nationalismus und Internationalismus, zwischen aufklärerischen und romantischen Tendenzen, Idealismus und Materialismus, Rationalismus und Fideismus usw. hin und her. Und überall gibt es die Verknüpfung von heiligen Ideen und handfesten Interessen. Die ihren Besitzstand wahren möchten, berufen sich auf das, was immer schon war, also auf Natur und Geschichte als Norm (gegebenenfalls auch auf Leistung); diejenigen, die nichts oder wenig besitzen, berufen sich auf Vernunft, Freiheit oder Gerechtigkeit als noch uneingelöste Postulate. Politik, so scheint es, ist vor allem das Spielfeld gesellschaftlicher Stabilisierung und Destabilisierung, immer im Fluß oder grundsätzlich chaotisch.

Die Unübersichtlichkeit des politischen Geschehens, das wir alle nicht von außen, sondern, weil darin verwickelt, jeweils nur von dem einen oder anderen Innenpunkt her betrachten können, wird noch dadurch vergrößert, daß in der Politik nicht abstrakte Ideen und Interessen agieren, sondern konkrete Individuen und Gruppen. Entscheidend sind meist nicht die Programme, sondern die Personen, die sie entwickeln und vertreten oder auch ignorieren; Programme werden von Personen und Personengruppen entworfen und durch diese personifiziert oder auch nicht. Politische Gruppen und ihre führenden Persönlichkeiten sind daher immer zugleich mehr und weniger als ihre eigenen Programme, Parteien sind meist nur dumpfe Stimmungs- und Gesinnungsgemeinschaften, die hauptsächlich durch negative Orientierungen (Feindbilder) zusammengehalten werden. Und jedes Mitglied versteht die eigene politische Gruppe und deren Ziele anders – was dann auch zu Unterscheidungen zwischen den wahren Zielen und den faktischen Taten (z. B. zwischen Sozialismus an sich und Sozialismus in der Erscheinung) führen muß. Denn Menschen denken und handeln nicht nur aufgrund ihrer Wirklichkeitsannahmen, sondern auch aufgrund ihrer normativen Ideale. Beide Arten von Vorstellungen beruhen aber nicht selten auf wenig gesicherten Voraussetzungen oder unzureichend begründeten Urteilen, also auf Vorurteilen, um nicht zu sagen auf Wahnideen. Unsere Vorstellungen von der Wirklichkeit sind immer auch Verstellungen der Wirklichkeit, unsere Weltanschauungen sind mehr oder weniger auch Wahnsysteme: Jeder lebt in seiner Wahnwelt. Und so wie die individuelle, so gibt es auch die kollektive Selbstverblendung – nur weil der eigene Wahn meist mehr oder weniger mit dem allgemeinen Wahn übereinstimmt, oft nur Teil oder Variante davon ist, fällt der eigene wie auch der allgemeine Wahnsinn zunächst meist gar nicht auf. Aber natürlich muß man noch zwischen verrückten Inhalten (wahnhaften Vorstellungen) und verrückten Personen (wahnsinnigen Individuen) unterscheiden.

Politik bewegt sich auf der Basis eines unentwirrbaren Gemisches von Wissen, Scheinwissen und Unwissenheit, von Neigungen, Wünschen und Interessen; und überall da, wo es um besonders komplexe Sachverhalte geht, ist die Tendenz zur Entwicklung fixer Ideen, nämlich radikal vereinfachender Deutungen, besonders groß. Auch in der Politik scheint das Pseudowissen gefährlicher zu sein als das Unwissen, und dabei dürfte der Inhalt der Ideologie nicht selten sogar weniger wichtig sein als das Bedürfnis nach Wirklichkeitsbewältigung – Inhalte können wechseln, während gewisse Grundstrukturen und ihre Träger in allen politischen Verhältnissen bleiben. Daher gibt es immer wieder Schwärmereien mit wechselnden Inhalten, aber die politische Klasse hat immer wieder recht und sammelt sich immer wieder an den Futtertöpfen. Politische Irrtümer sind jedenfalls besonders schwer zu durchschauen bzw. einzusehen und zu beurteilen. Vor allem in seinen fanatischen Formen ähnelt der politische dem religiösen Wahn, zumal er als Heilserwartung nicht selten darin gründet – es gibt auch einen politischen Wunderglauben, der auf den Verstand verzichtet und alles wahr und einfach erscheinen läßt. So kommt es in der Geschichte immer wieder zu regelrechten Wahnausbrüchen, bis dann die katastrophalen Folgen für eine gewaltsame (meist nur kurzfristige) Ernüchterung sorgen.

Aus der so oder so ähnlich kritisierbaren Situation der Politik entsteht das Bedürfnis nach einem radikalen Befreiungsschlag; aus der Beobachtung der Verwirrung in den Köpfen (der jeweils anderen, versteht sich) erwächst der Wunsch nach einer Politik der Vernunft, nämlich die Hoffnung, eine wahre Politik auf wahre Erkenntnis begründen zu können. Wahre Politik setzt (so scheint es) wahre Seins- und Sollenserkenntnis voraus; denn Handeln setzt Erkenntnis voraus, richtiges Handeln also richtige Theorie, und bei einem normorientierten Handeln wie in der Politik wäre nicht nur adäquate Wirklichkeitserkenntnis gefragt, sondern auch richtige Erkenntnis der richtigen Normen. Also käme zunächst einmal alles darauf an, die für das politische Handeln notwendigen theoretischen und praktischen Grundwahrheiten zu entdecken. Dann wäre wenigstens von seiten der Erkenntnis her für die Möglichkeit einer richtigen oder vernünftigen Politik gesorgt, denn offensichtlich wäre die erstrebte wahre Politik eine vernünftige Politik. Vielleicht wäre eine vernünftige Politik noch nicht die ganze wahre Politik, aber alle wahre Politik müßte vernünftige Politik sein. Zu einer vernünftigen Politik wird jedenfalls vor allem Vernunft, theoretische und praktische Vernunft, gebraucht. Wo aber findet sich die nötige Vernunft – vorausgesetzt, daß es überhaupt so etwas wie Wahrheit und Vernunft gibt und diese erkennbar sind?

Wissenschaft und Politik

Dem Verlangen nach einer grundsätzlich anderen, nämlich von Grund auf vernünftigen Politik bietet sich vor allem die Wissenschaft als Vernunftgarant an. Wissenschaft gilt heute als ein beinahe magisches Allheilmittel, warum sollte sich nicht auch die Politik rationalisieren, d. h. verwissenschaftlichen lassen können? Gibt es nicht sogar eine Wissenschaft von der Politik – warum also nicht auch eine wissenschaftliche Politik? Allerdings bedürfte die Frage, was die Wissenschaft als solche dazu beitragen kann, daß die Politik (als die Steuerung des gesellschaftlichen Handelns oder die Selbstgestaltung der Gesellschaft) rational bzw. rationaler wird, selbst noch der Präzisierung. Was ist oder wäre eine wissenschaftliche Politik? Ist die Wissenschaft wirklich ein Hort der Wahrheit, sind Wissenschaftler wirklich Garanten der Vernunft?

Zweifellos können die Wissenschaften, nämlich jede partikulare Wissenschaft für sich, empirische Sachzusammenhänge, Kausalketten, wahrscheinliche Ereignisfolgen usw. analysieren. Unbezweifelbar dürfte auch sein, daß verschiedene Wissenschaften auf der Basis politischer Vorgaben, nämlich definierter Bedingungen oder Ziele, durch Explikation von Ursache-Wirkung-Relationen oder Zweck-Mittel-Zusammenhängen in einigen Einzelbereichen, z. B. durch wissenschaftliche Gutachten, sehr viel für die Politik tun können und auch längst tun. Insofern gibt es so etwas wie eine wissenschaftliche Politikberatung, die sich nicht selten sogar einer Art Expertokratie nähert. Allerdings gibt es auch umgekehrt eine politische Wissenschaftssteuerung. Da die Politik auf mancherlei Art und Weise den Fortgang dieser oder jener Wissenschaft fördern oder bremsen kann, sind die Wissenschaften und damit auch die Wissenschaftler in vielfacher Hinsicht von der Politik bzw. von Staat und Gesellschaft abhängig, und damit gerät auch die Politikberatung durch die Wissenschaft in eine gefährliche Abhängigkeit, um nicht zu sagen in einen Teufelskreis von Wissenschaft und Politik. Die versuchte Verwissenschaftlichung der Politik könnte sehr schnell zur Politisierung der Wissenschaft führen. Vor allem aber ist daran zu erinnern, daß alle strenge Wissenschaft Einzelwissenschaft ist, d. h. die Wissenschaft kann nur Einzelergebnisse liefern, und dies nur unter bestimmten Bedingungen. Aber auch diese Einzelergebnisse sind nicht so sicher, wie meist geglaubt wird, auch die Wissenschaft liefert keine absoluten Wahrheiten. Denn die erreichbaren Erkenntnisse sind vielfach an bestimmte Voraussetzungen, Hypothesen oder Theorien, gebunden, d. h. die Wissenschaft liefert wesentlich Wenn-dann-Sätze – von ihren vielen unbewußten Voraussetzungen gar nicht zu reden. Vermutlich ist die von den empirischen Wissenschaften meist vorausgesetzte

Hierarchie von vorurteilsfreier Wirklichkeitsbeobachtung und logischer Verarbeitung der Daten durch Verstandesoperationen auf weite Strecken eine Illusion, da die Tatsachenerfassung u. a. schon durch die mitgebrachte Theorie bestimmt wird.

Das aber bedeutet, daß die Wissenschaft das, was eine streng wissenschaftliche Politik erfordern würde, gar nicht liefern kann. Erstens kann es keine strenge Wissenschaft vom Ganzen geben, nicht einmal eine strenge Wissenschaft von der Gesellschaft als Ganzes, denn die Gesellschaft ist kein sozusagen unter Laborbedingungen fixierbares Objekt. Außerdem besteht sie aus Menschen, die allem Anschein nach einen freien Willen haben, der sich, anders als die Kausalbeziehungen der Naturerscheinungen, der Erforschung entzieht. Zweitens kann es keine Wissenschaft von den politischen Zielen geben. Wissenschaft als Fakten- wie als Gesetzeswissenschaft kann keine handlungsleitenden Ziele exakt und allgemeingültig erkennen, weder die möglichen noch die wirklichen Ziele der Menschen; Wissenschaft kann zwar – in gewissen Grenzen – die in einer Gesellschaft faktisch vorhandenen Normen registrieren und als Tatsachen beschreiben, aber sie selbst vernimmt und verkündet als Wissenschaft keine Normansprüche, erstellt kein allgemeingültiges System von Handlungsnormen. Ihre Empfehlungen können daher nur hypothetische Imperative sein, die für eine Steuerung der Gesellschaft nicht ausreichen. Auch Politikwissenschaft ist bestenfalls Instrumental-, nicht Führungswissenschaft.

Es ist also eine gefährliche Illusion zu glauben, daß auf der Grundlage der Wissenschaft eine vernünftige Globalsteuerung der Gesellschaft möglich sei. Selbst wenn die Wissenschaft alle gesellschaftlich relevanten Tatsachen und Gesetze wissenschaftlich einwandfrei erkennen würde und wenn sie überdies nicht nur die richtigen Mittel zur Errichtung einer rationalen Gesellschaftsordnung, sondern auch die darin implizierten Ziele und Normen ›richtig‹ als ›richtig‹ erkennen könnte, bliebe immer noch das Problem der Durchsetzung. Eine universale Epistemokratie könnte gegen die allgegenwärtige Borniertheit nur mit Gewalt, und zwar mit absoluter Gewalt, errichtet und erhalten werden – der postulierte Erkenntnisabsolutismus erfordert zu seiner Umsetzung einen politischen Machtabsolutismus. Insofern läuft der Wunsch nach einer wissenschaftsgesteuerten Politik auf eine Abschaffung der Politik, insbesondere auf eine Abschaffung der Demokratie hinaus; denn Demokratie beruht unter anderem auf dem Zweifel an dem Ideal einer mit absoluter Macht ausgestatteten absoluten Erkenntnis und insofern auf dem Recht auf Irrtum. Die Epistemokratie wäre in ihrer Praxis totalitäre Technokratie.

Die Schwierigkeit, sich eine rationale Staatsführung als eine durch und durch wissenschaftliche Politik – im Grunde ein paradoxer Begriff – vorzustellen, muß zu der Frage führen, ob die Wissenschaft wirklich die vermeintliche Inkarnation der Vernunft ist, ob nicht vielmehr in der Wissenschaft Vernunft nur in einer sehr restringierten Form vorkommt. Schließlich kann die wissenschaftliche Erkenntnis die ihr eigentümliche Erkenntnisgewißheit nur durch eine radikale Reduktion ihres Erkenntnisanspruchs gewinnen, indem sie sich nämlich jeweils methodisch auf mehr oder weniger isolierte Phänomene und deren Gesetze konzentriert und diese nur, insofern sie im Prinzip für jedes menschliche Erkenntnissubjekt mit gleichem Wahrnehmungs- und Denkvermögen sichtbar werden können, untersucht. Wissenschaftliche Erkenntnis ist nicht die Erkenntnis einer individuellen, ebenso universal interessierten wie geschichtlich eingebundenen Vernunft, sondern – ihrer eigenen Intention nach – die Erkenntnis eines geschichtslosen, kontrollierte Sinneswahrnehmungen logisch verarbeitenden

Verstandes, der – im Ideal – bei allen Menschen relativ identisch und konstant vorhanden ist.

Philosophie und Politik

Wenn die Einzelwissenschaften die Politik als solche nicht regulieren können, scheint die Philosophie als eine Art höchste Einsicht gefragt zu sein; sie scheint der oberste »Platzhalter der Vernunft« zu sein, denn sie stellt sich dem Problem des Ganzen, nicht zuletzt auch dem Problem der Normen. Der Philosoph müßte, so scheint es, das Ganze der Gesellschaft von höchster Warte aus betrachten und folglich die normativen Prinzipien einer wahren oder vernünftigen Politik bestimmen können – vor allem politische Philosophie scheint geradezu unausweichlich eine philosophische Politik zu fordern. Vielleicht sollten daher die Philosophen sogar selber die Geschicke der Völker in die Hand nehmen. Schließlich ist die Personalunion von Philosophie und Politik, der philosophische Herrscher (Philosophenkönig), oder deren Schwundstufe, der philosophische Berater (Chefideologe), seit alters her immer wieder ein heimlicher Wunschtraum der Philosophie gewesen, um nicht zu sagen ihre größte Versuchung, und zwar unter der Voraussetzung einer meist schroffen Unterscheidung von Philosophen und Nichtphilosophen. Gelegentlich gab es allerdings sogar Hoffnungen auf ein philosophisches Volk, d. h. ein Volk von Philosophen.

Was also ist dran an dem Traum von einer philosophischen Politik oder einem Reich der Vernunft (sei es mit einer durch sich selbst vernunftgesteuerten Gesellschaft, sei es mit einem Herrscher von Gnaden der Wahrheit)? Was könnte die Philosophie, die höchste theoretische Erkenntnisbemühung, für die Politik, die konkreteste Praxis, tun? Zwar sind die Beziehungen zwischen Philosophen und Politikern seit jeher prekär, meist wollen sie beide nichts voneinander wissen; Philosophen gelten in Fragen der Politik als besonders unbedarft, Fragen der Politik scheinen besonders philosophiefern zu sein. Immerhin, gelegentlich erdenken sich die Philosophen, die nicht selten Praxisflüchtlinge sind, das Ideal einer Art Superpraxis, nämlich eine Politik als angewandte Heilsphilosophie. Meist aber politisieren die Philosophen eher beiläufig, und umgekehrt philosophieren die Politiker gelegentlich still oder auch laut vor sich hin. Was also wird von der Philosophie erwartet, wenn sie als eine Art Dienstleistungsbetrieb für die Politik betrachtet wird? Welche spezielle Art von politischer Kompetenz soll der Philosoph haben, was könnte er für die Politik tun, und zwar nur er oder vor allem er? Vielleicht sind die Philosophen besonders klug oder weise, vielleicht besitzen sie ein besonderes, sozusagen höheres Wissen. Zwar gelten Philosophen, wohl nicht ohne Grund, als weltfremd, an empirischen Daten und deren politischer Nutzung meist wenig interessiert. Aber vielleicht kann die Philosophie, wenn schon nicht auf dem Gebiet der aposteriorischen, so doch auf dem Gebiet der apriorischen Erkenntnis Wegweisendes leisten (falls es eine solche, nämlich politisch wirksame apriorische Erkenntnis überhaupt gibt); vielleicht haben die Philosophen eine spezielle Erkenntnis der ewigen Wahrheiten, die sie zur Regelung der zeitlichen Dinge besonders befähigen würde.

Allem Anschein nach sind es vor allem drei mehr oder weniger hochgestochene Erwartungen, die an die Philosophie bzw. die Philosophen gerichtet werden: Die Philosophie soll Wertmaßstäbe, Prinzipienwissen oder doch wenigstens Begriffsbestimmungen liefern. (1.) Die Philosophen sollen vor allem die moralischen Richtlinien der Politik bestimmen; sie sollen sagen, was gut ist, insbesondere was gut ist für die Gesellschaft. Aber mit welchem Recht wird vom Philosophen eine bessere Normenerkenntnis oder ein besonderes Wertewissen erwartet? Ist der Philosoph ein Papst der Moral mit einem besonderen Zugang zum Reich der Moralprinzipien? Um zu erkennen, was moralisch gut ist, reicht normalerweise normales Moralverständnis – wo es nicht reicht, wird es für Philosophen ähnlich schwierig wie für andere Menschen. Außerdem würde im Krisenfall kaum jemand den Philosophen als moralische Autorität akzeptieren. (2.) Der Philosoph soll die wahre Ordnung der Dinge erkennen und aufgrund seiner Erkenntnis des ewigen Wesens der Dinge, seines wesentlichen Wissens, die Prinzipien der Politik festsetzen. Aber ob es ein solches Wesen aller Dinge und ein entsprechendes Wesenswissen gibt, ist höchst fraglich, und selbst wenn es ein solches Wissen geben sollte, würde sich immer noch die Frage stellen, welcher Philosoph es hat. Zwar haben viele Philosophen ein höheres Wissen (Ideenerkenntnis, Gottesschau usw.), eine Art Heilswissen als Herrschaftswissen, beansprucht, aber keiner hat sein Wissen allgemeinüberzeugend darlegen können. Vielmehr hat sich die Neigung zu einer rigorosen Prinzipienpolitik, zum politischen Fundamentalismus, nicht selten als gefährlich erwiesen. (3.) Der Philosoph soll die grundlegenden Begriffe der Politik, Fragen nach dem Verhältnis von Individuum und Gemeinschaft, dem Zweck des Staates usw. klären – er soll die wahren Begriffe für eine wahre Politik liefern. Dies scheint in der Tat eine berechtigte Forderung zu sein. Allerdings bemühen sich die Philosophen seit eh und je auch um die Klärung der Grundfragen der politischen Gesellschaft und haben insofern längst ihren begrifflichen Beitrag dazu geleistet und leisten ihn immer noch. Aber natürlich sind sie auch zu unterschiedlichen Ergebnissen gekommen und haben bisher keine definitive Begriffsklärung und daher auch keine allgemein akzeptierte Orientierung geben können.

Schon der Versuch, die nicht selten reichlich naiven Forderungen der Politik an die Philosophie einigermaßen zu präzisieren, macht das Illusorische solcher Erwartungen sichtbar. Das Grundproblem liegt offensichtlich darin, daß ständig vorausgesetzt wird, daß die Philosophie irgendeine Art von höherem Wissen, irgendeine gültige Erkenntnis von besonderen Wahrheiten sei, daß es überhaupt die eine Philosophie als die eine in sich einstimmige Einsicht gebe. Aber diese Auffassung überfordert die Philosphie, sie ist keine absolute Erkenntnis als theoretische Basis für eine absolute politische Macht. Wohl aber funktioniert Philosophie – nahezu unvermeidbar – auch politisch ideologisch. Da sie bei allem Fragen immer auch irgendeine Art von Wissen beanspruchen muß, zumindest momentane Zwischenergebnisse, kann sie leicht in dogmatisierter Form als politische Ideologie auftreten oder doch so verstanden werden; sie kann dann ähnlich wie die Religion – gegen ihren eigenen ursprünglichen Sinn – funktionalisiert oder instrumentalisiert werden, nämlich nicht nur als Orientierungsrahmen, sondern auch als Fundamentalwissen und Handlungsanweisung benutzt bzw. mißbraucht werden. Allerdings kann Philosophie, und das hat sie immer schon getan, die Politik auch reflektierter machen. Gerade weil sie auf der Suche nach den grundlegenden Prinzipien ist, könnte sie die Politik sogar prinzipienbewußter und damit vielleicht zugleich pragmatischer oder situationsbewußter machen (auch wenn der ›Blick aufs Ewige‹ wohl nicht automatisch zur Regelung der zeitlichen Dinge qualifiziert). Sie könnte nämlich falsche Erwartungen an die Politik zurückschneiden und den Sinn für das Unverfügbare wecken bzw. wachhalten. Denn auch die Politik sollte nicht im Sinne einer Hoffnung auf Heil überfordert werden.

Damit klärt sich auch die Frage, ob und wie der Philosoph als Person sich politisch engagieren kann oder soll. Soll er, anstatt sich auf seine unvermeidbare Rolle als Vordenker zu beschränken, auch Entscheidungsträger werden wollen, Führungs- oder doch wenigstens Beraterfunktionen anstreben? Warum soll das Denken im großen Maßstab nicht zum Handeln im großen Maßstab führen? Zwar haben die Philosophen, wenn sie sich politisch engagiert haben, bisher eher eine schwache Figur abgegeben, aber das muß kein grundsätzlicher Einwand sein. Ist also der Einstieg in die Politik die letzte Konsequenz aller politischen Philosophie, oder ist der politische Ehrgeiz nur ein Sündenfall einzelner Philosophen? Ist der Philosoph für die Politik besonders geeignet oder vielleicht sogar besonders ungeeignet?

Zunächst könnte der Philosoph als für die Politik besonders geeignet erscheinen. Er ist derjenige, der anscheinend mehr als alle anderen nachgedacht hat; er durchschaut am ehesten die wesentlichen Sachverhalte, weil er grundsätzlich, vermutlich also weiter und klarer als andere denkt. Politik scheint nicht nur (auf kurze Sicht) Klugheit, sondern auch (auf lange Sicht) Weisheit zu fordern. Wer kann schon wollen, daß die Dummen regieren! Allerdings könnten sich die vermuteten Vorteile des Philosophen, z. B. das Maß an Reflexion, auch als Nachteile erweisen. Politik steht nämlich unter ständigem Handlungs- und Entscheidungsdruck, Denker aber sind selten handlungs- und entscheidungsfreudig, sozusagen klassische Zögerer, nicht ›gewissenlos‹ genug, d. h. nicht dogmatisch genug, um jederzeit aus dem Stand agieren zu können. Hinzu kommt die Neigung des Philosophen zur Zurückgezogenheit, um nicht zu sagen der Zwang zur Selbstisolierung; denn Denken führt, wenn es nur halbwegs gründlich ist, unvermeidlich aus dem Kreis der Gedankenlosen hinaus. Philosophieren bedarf immer wieder der Distanz zum Alltag; Politik aber ist Handeln mit Bezug auf den gegenwärtigen öffentlichen Raum, sie bedarf der permanenten selbstbewußten Selbstdarstellung im gnadenlosen Licht der Öffentlichkeit (und nicht zuletzt in einem Klima der öffentlichen Heuchelei). Außerdem muß der Politiker, zwecks Machtbildung durch Konsens, Bundesgenossen suchen, sich ohne allzu große Zimperlichkeit auch mit Schwachköpfen und Wirrköpfen verbinden, ja sogar mit Verbrechern paktieren – in der politischen Praxis kommt man immer irgendwie und irgendwann in schlechte Gesellschaft. Wie aber will der Philosoph dies alles durchhalten, ohne dabei selbst als Philosoph zugrunde zu gehen? Wer sich in die Politik begibt, kommt darin – als Philosoph – um, möglicherweise nicht zuletzt auch physisch. Warum aber sollte der Philosoph sein Leben leichtfertig aufs Spiel setzen? Vordenker kann er (mit etwas Glück) auch ohne Amt sein. Allerdings, der Verzicht des Philosophen, sich in der Politik zu engagieren, läßt diese nicht verschwinden, auch nicht für den Philosophen. Die Frage ist also eigentlich nicht, ob ich mich um Politik kümmern soll, sondern, wie und wieweit. Wenn die Dummheit der anderen mein Leben bedroht, könnte die Sache anders aussehen als unter normalen Umständen.

Die wahre Politik

Die Hoffnung auf eine Herrschaft der Vernunft ist sowohl in ihrer demokratischen als auch in ihrer aristokratischen (tendenziell monarchischen) Variante vergeblich und nicht ungefährlich. Entweder basiert sie auf einer Unterscheidung von Masse und Elite, und zwar einer intellektuellen und moralischen Elite, dann zielt sie letztlich auf einen absolutistischen Wahrheits- und Machtanspruch, also auf eine Art Philosophenkönig bzw. eine philosophische Politikberatung. Oder sie glaubt an die Möglichkeit einer allgemeinen Hinwendung zur Philosophie und einer allgemein praktizierten Rationalität aufgrund einer allgemein anerkannten Vernunft, dann erträumt sie eine Art philosophisches Volk. Beide Vorstellungen von einer philosophischen Politik sind zwar nützliche regulative Ideen, aber als politische Utopien sind sie illusionär und gefährlich. Jedenfalls ist die Philosophie sowenig wie die Wissenschaft ein eindeutiger Garant für Wahrheit und Vernunft. Daß Politik rational und prinzipienfest sein sollte, ist zwar eine populäre Forderung, aber die Möglichkeit ›richtiger‹ Prinzipienerkenntnis ist höchst zweifelhaft. Außerdem würde eine Politik nach einem starren Prinzip, falls sie überhaupt möglich wäre, unweigerlich zum terroristischen Zwangssystem einer geschlossenen Gesellschaft führen (bzw. zur Anarchie, wenn nämlich schrankenlose Freiheit das einzige und absolute Prinzip sein sollte). Im übrigen kollidiert die verbreitete Forderung nach einer Politik aus einem Guß sehr schnell mit der nicht weniger verbreiteten Forderung, daß Politik pragmatisch sein soll. Dahinter steht zwar nicht selten die zynische Absicht, gegebenenfalls alle Prinzipien über Bord zu werfen, aber es gibt auch keine Politik ohne Anpassung an die Wirklichkeit – Politik ist zwar wesentlich kontrafaktisch, aber sie kann die Wirklichkeit nicht ignorieren. Pragmatismus muß also nicht *eo ipso* prinzipienlose Politik sein. In der Regel gibt es weder Politik aufgrund eines einzigen Prinzips noch Politik ohne alle Prinzipien, sondern nur eine Politik, die auf vielfältigen Interessen und zugleich auf einem Prinzipienmix mit unvermeidlichen, meist aber verborgenen Prinzipienkollisionen beruht. Irgendwo geht alle Politik, aber auch schon alle Politiktheorie, Kompromisse ein.

Wir alle wollen zwar eine wahre Politik, in der die Wahrheit herrscht, bzw. eine vernünftige Politik aufgrund von Vernunft, aber die Wahrheit ist, daß die Politik in einer Welt der Lüge und Heuchelei, des Irrtums und der Vorurteile stattfindet – viele Menschen scheinen weder wahrheitsfähig noch wahrheitswillig, weder intellektuell noch moralisch sonderlich an Wahrheit oder Vernunft interessiert zu sein. Aber natürlich gibt es immer wieder auch den Willen zu einer Erneuerung der Menschheit, der sich, aufrichtig oder nicht, gegen die Misere der Politik empört – die Welt ist voll von Menschheitsbeglückern, die im Namen der Wahrheit Politik machen wollen. Lüge und Heuchelei mögen ein moralisches Problem sein, aber warum sollte es nicht möglich sein, Irrtümer und Vorurteile wirksam zu bekämpfen, mehr und mehr durch allgemein anerkannte Wahrheit zu ersetzen? Leider steht jedoch zu vermuten, daß wir in aller Regel nicht voreilige Urteile durch endgültige Erkenntnisse, sondern nur ein Vorurteil durch ein anderes ersetzen. Natürlich können Urteile mehr oder weniger unvernünftig bzw. vernünftig sein, aber wenn Vorurteile (rein erkenntnistheoretisch gesehen) letztlich unbegründete Urteile sind, wo gibt es dann absolut zureichend begründete Urteile?

Wenn Irrtümer und Vorurteile im Grunde nicht auszurotten, vielmehr bestenfalls nur reduzierbar sind, d. h. wenn wir alle irgendwie in unserem ›Wahn‹ befangen bleiben und auch in der Politik nicht zur großen und beglückenden Wahrheit durchbrechen können, dann muß auch die Forderung nach einer möglichen wahren Politik (›Politik der Wahrheit‹) reduziert werden. Politik ist faktisch eklektisch, und die Politiktheorie ist es kaum weniger – beide sind im Grunde ein mehr oder weniger stimmiges Sammelsurium von Einsichten bzw. Maßnahmen. Im übrigen kann die Praxis (insbesondere die der Politik) nicht warten, bis irgendeiner die absolute Wahrheit entdeckt hat und alle anderen sie als Leitlinie ihres Handelns übernommen haben. Daher wird Politik immer auf Irrtümern und Halbwahrheiten, auf Vermutungen und Vorurteilen, vor allem auf Vorentscheidungen beruhen. Politisches

Handeln ist nicht Herstellung eines technischen Produkts nach wissenschaftlichen Erkenntnissen, auch nicht Einrichtung einer Gesellschaft nach vorausgesetzten und erkannten Prinzipien, sondern heutiges Handeln unter Menschen, wie sie sind, in einer Grauzone der Erkenntnis und unter miesen Bedingungen. Daher ist Politik immer nur provisorisch, alle politischen Ergebnisse sind Zwischenlösungen. Die Voraussetzungen des politischen Handelns ändern sich permanent, nicht zuletzt durch das politische Handeln selber. Insofern besteht das Geschäft der Politik nicht darin, eine neue als die wahre Gesellschaftsordnung zu errichten und festzuschreiben, sondern nur darin, Reparaturwerkstatt der Gesellschaft zu sein. Politik ist, wenn sie halbwegs vernünftig ist, nicht die Ausübung oder Anwendung einer Erlösungsreligion oder Heilsphilosophie, sondern – unter der Bedingung der Endlichkeit – Suche nach einer besseren Ordnung in einer schon vorhandenen Ordnung, also permanente Revision oder Reparatur. Kurz, Politik ist Kampf gegen das Chaos, nämlich gegen das gesellschaftliche Chaos, das ständig wieder ein- oder aufzubrechen droht und das nicht zuletzt von der Politik selbst verursacht wird. Politik bleibt Flickwerk. Was nicht heißt, daß sie nicht weiter reflektiert und vernünftiger gemacht werden könnte.

4. Politik und Moral

Ob Politiker besonders schlechte Menschen sind

Daß es in der Politik moralisch zugehen sollte, ist eine landläufige Forderung; die Politik sollte sich moralischen Vorstellungen verpflichtet wissen, und die Politiker sollten ihr Geschäft mit moralischer Lauterkeit betreiben. Daneben gibt es jedoch auch die ebenso landläufige Feststellung, daß es gerade in der Politik nicht moralisch zugehe, daß in ihr unmoralische Ziele mit unmoralischen Mitteln verfolgt würden. Politik, so heißt es, ist ein schmutziges Geschäft, und diejenigen, die es betreiben, machen sich auch ohne Not schmutzige Hände. Politiker sind, so scheint es, moralisch besonders fragwürdig, wenn auch oft nur im Rahmen politischer Kleinkriminalität, für sie heiligt der Zweck die Mittel. Die Politiker selber sehen dies natürlich ganz anders, zumindest offiziell, sie handeln immer nur aus ehrenwerten Motiven, und vielleicht entspricht ihre Selbstverklärung wirklich ihrem Selbstbewußtsein. Zwar müßte man fragen, ob die Vorwürfe gegen die Politik nicht auf einem Trugbild von einer möglichen und einem Zerrbild von der wirklichen Politik beruhen. Dennoch läßt sich der Anschein, daß es in der Politik besonders unmoralisch zugehe, nicht einfach wegargumentieren. Die ganz großen Verbrechen waren (abgesehen von den religiös motivierten) politische Verbrechen. Wenn aber dies alles auch nur irgendwie wahr ist, so muß es seine Gründe nicht zuletzt in der Person des Politikers haben. Man müßte also wissen, wer überhaupt Politiker wird, wie er es wird und was dabei aus ihm wird.

Wer wird Politiker? Die sogenannte politische Klasse bietet einen vielfältig schillernden Anblick. Zwar ist es durchaus denkbar, daß die Menschen, die in die Politik drängen, dazu von Anfang an durch Ehrgeiz und Machtstreben getrieben werden, weil sie sich selbst für etwas Besseres halten, auch wenn sie selbst überzeugt sind, nur die Welt verbessern zu wollen. Doch lassen sich unter den Politikern einige immer wiederkehrende Typen ausmachen, die sich von ihrem Auftreten oder von ihrer Motivation her unterschiedlich beschreiben und kategorisieren lassen. Für die Erörterung der Frage nach der moralischen Korruptheit der Politiker ist dabei vor allem die Unterscheidung von Interessenvertretern und Ideenverfechtern wichtig. Sie bedeutet jedoch keineswegs automatisch eine Unterscheidung zwischen guten Idealisten und bösen Egoisten, denn erstens gibt es auch legitime Interessen sowie schlechte Ideologien und zweitens können Idealisten gefährlicher werden als Egoisten. Aufs Ganze gesehen, dürften vor allem die extremen Typen des absoluten Egoisten und des dogmatischen Idealisten für die Politik gefährlich sein, wenn auch aus entgegengesetzten Gründen – der eine als potentieller Schurke aus Selbstsucht, der andere als potentieller Terrorist oder Diktator im Namen absoluter Prinzipien (wobei der Umschlag des Idealismus in Egoismus nie ganz ferne ist).

Wie wird jemand Politiker? Schon der Beschluß, Politiker zu werden, könnte – entgegen der eigenen Intention – der erste Schritt zur Selbstdemoralisierung sein. Denn der erste Akt eines politischen Engagements, der Einstieg in die professionelle Politik, besteht im allgemeinen darin, sich einer bereits bestehenden politischen Gruppierung anzuschließen; der Eintritt in eine politische Gruppe ist aber nicht ohne eine gewisse Unterwerfung unter das bereits vorhandene Programm und nicht ohne Anpassung an den Geist dieser Gruppe möglich. Das bedeutet dann zumindest zunächst, vor allem für intelligente Leute, eine gewisse Selbstbeschränkung, wenn sie im Konsens mit der Gruppe bleiben wollen; denn jede politische Gemeinschaft übt einen gewissen Konformitätsdruck auf ihre Mitglieder aus, wobei der herrschende Geist zumeist der Geist der in der Gruppe Herrschenden ist. Die Parteiräson fordert und fördert ein gewisses ideologisches Denken, das Wahrnehmungsvermögen wird immer selektiver, die Perspektiven durch die dem politischen Denken innewohnende Tendenz zum instrumentellen Denken immer enger. Doch ist dies nur der Anfang der Selbstkorrumpierung, ihr sozusagen passiver Teil. Der aktive Teil, die eigentliche politische Karriere, beginnt nämlich, falls sie überhaupt gelingt, in aller Regel ebenfalls in der eigenen Gruppe. Hier herrscht zwar eine gewisse Solidarität, vor allem gegenüber dem politischen Gegner, doch geschieht auch der Aufstieg in der Gruppe meist gegen vorhandene Konkurrenten. Schon hier, in der innerparteilichen Cliquenbildung, geht es nicht nur um reine Sachfragen, über die nur in einem herrschaftsfreien Diskurs entschieden würde, sondern immer auch um Interessen und Entscheidungen durch Abstimmung bzw. Vorabstimmung. Daher vollzieht sich fast kein Aufstieg ohne Verstimmungen, Wunden und Narben – Karrieren ohne Deformationen sind absolute Glücksfälle. Man lernt, wie Menschen funktionieren, Menschenverachtung schleicht sich in die Seelen der Menschheitsbeglücker. Nicht erst die Macht, schon das Streben nach Macht verdirbt »das freie Urteil der Vernunft«; schon beim Einstieg in die politische Klasse, um so mehr beim Aufstieg in ihr, nimmt auch der gutwilligste Mensch Schaden an seiner Seele. Auch die Politik hat ihre *déformations professionelles.*

Was wird aus dem Politiker? Wenn ein Politiker eine Spitzenposition erreicht hat, erfährt er als erstes, daß er nun ziemlich alleine dasteht. Während des Aufstiegs hat er nicht nur Freunde verloren, mit der Macht hat er auch Verantwortung übernommen, und diese letztlich nicht deligierbare Macht bzw. Verantwortung isoliert; denn derjenige, der für andere denken, entscheiden und handeln muß, ist in gewisser Weise aus deren Kreis ausgeschlossen. Das führt einerseits dazu, daß sich die anderen ihm gegenüber nun anders benehmen (z. B. die Gunst des Mächtigen suchen), andererseits dazu, daß er sich ihnen gegenüber anders benimmt (z. B. ungeduldig über sie disponiert). So können die menschenfreundlichsten Politiker faktisch zu Misanthropen werden. Außerdem, wer – meist nach langen und harten Jahren – an die Spitze aufgerückt ist, wird sich endlich einmal etwas gönnen wollen. So wird er leicht korrupt, und zwar nicht zuletzt deshalb, weil viele ihn – aus eigenem Interesse – zu korrumpieren versuchen.

Da der Politiker im allgemeinen mit großen moralischen Forderungen und Versprechungen angetreten ist, kann er nicht gut öffentlich hinter diese zurückfallen, auch wenn er selbst inzwischen anders denkt und handelt. Also wird er durch sich selbst und die anderen zur Heuchelei gezwungen. Doch was bei anderen als unfein, aber normal gilt (z. B. Notlügen), wird ihm als grobes Fehlverhalten angelastet. Zugleich steht er ständig im gnadenlosen Licht der Öffentlichkeit, die berechtigte Kontrolle durch die Medien wird zur permanenten *peep-show,* die nur durch eine Art Doppelleben auszuhalten ist. Die Kritiker selbst hingegen stehen im Dunkeln und bleiben unkontrolliert; sie können sich das, was sie kritisieren, relativ schadlos leisten, d. h. sie können unbeschadet Moral heucheln.

Probleme der Politikbeurteilung

Die Kritik der politischen Moral, d. h. der Moral der Politiker, setzt – außer der Tatsache einer unmoralischen Politik – voraus, daß es so etwas wie Moral gibt und daß Moral auch in der Politik möglich und nötig ist. Und diese Voraussetzungen dürfen mit gutem Grund gemacht werden, denn die Leugnung der Möglichkeit bzw. Notwendigkeit von Moral im allgemeinen und in der Politik im besonderen würde aller moralischen Kritik die Grundlage entziehen und damit auch die Frage nach dem Verhältnis von Politik und Moral als solche liquidieren. Die Frage nach dem Verhältnis von Politik und Moral ist also nur dann sinnvoll, wenn weder die Existenz von echten moralischen Forderungen bezweifelt noch ein moralfreier Raum für die Politik behauptet wird. Dabei ist die moralische Beurteilung von Politik möglichst klar von der politischen und rechtlichen zu unterscheiden.

Die politische Beurteilung politischer Handlungen leidet unter der grundsätzlichen Schwierigkeit, daß sie selbst politisch befangen ist. Sie verfügt über keine (politischen) Kriterien, die sozusagen von außen an die Politik angelegt werden könnten, sie bleibt daher prinzipiell zirkulös. Zwar geht es vordergründig zunächst nur um Fragen der politischen Zweckmäßigkeit oder der politischen Effizienz, d. h. um die Frage, ob eine bestimmte Politik die von ihr selbst proklamierten Ziele erreicht hat oder erreichen kann. Darüber hinaus geht es jedoch um die Frage, ob die proklamierten Politikziele selbst politisch überhaupt sinnvoll sind, und spätestens hier kommen auch schon rechtliche und vor allem moralische Probleme ins Spiel. Letztlich hängt die Frage, ob ein Politiker Fehler begangen hat, von der Beurteilung seiner politischen Gesamtkonzeption ab, d. h. es handelt sich nicht mehr nur um Fragen bloßer Klugheit. Vielmehr hängt alle Politikbeurteilung von den jeweiligen ›ideologischen‹, auch den politisch-moralischen Einstellungen ab, und diese sind so verschieden und wandelbar wie die Menschen selbst. Kurz, es gibt keine politikneutrale Beurteilung der Politik als Politik.

Demgegenüber scheint die rechtliche Beurteilung von Handlungen relativ einfach zu sein. Unter der Bedingung eines vorhandenen Rechtssystems lassen sich alle rechtsrelevanten Handlungen relativ leicht überprüfen, zumal Rechtsfragen in der Regel nur bei Unrechtsvermutungen auftreten; private Verfehlungen von Politikern wie z. B. Steuerhinterziehung können geahndet werden, politische Entscheidungen, die gegen geltende Gesetze verstoßen, können zumindest rückgängig gemacht werden. Allerdings beruht das positive Recht auf Rechtsauffassungen, die sich ändern können, und die Rechtsauffassungen beruhen nicht zuletzt auf Moralauffassungen, die sich ebenfalls ändern können. Hinzu kommt, daß das Recht nie nur Ausdruck moralischer, sondern unter anderem auch politischer Prinzipien ist und es daher auch unmoralisches Recht, folglich auch unmoralische und doch rechtlich korrekte Handlungen geben kann. Insbesondere in einem Unrechtsstaat können rechtliche und moralische Beurteilungen so weit auseinanderklaffen, daß jede rechtliche Beurteilung in Frage gestellt werden kann und durch eine überrechtliche (›moralische‹) Beurteilung ergänzt oder gar ersetzt werden muß – was dann sogar zu moralisch legitimierten Rechtsverstößen, nämlich moralisch legitimen Verstößen gegen moralisch illegitimes Recht, führen kann.

Die rein moralische Beurteilung politischer Taten bzw. Untaten hängt von den moralischen Kriterien ab, diese aber scheinen nicht selten strittig zu sein. Sosehr sich die Politiker einer Partei in der moralischen Verurteilung der Handlungsweise einer gegnerischen Partei einig zu sein scheinen, so unklar und widersprüchlich sind doch nicht selten ihre Voraussetzungen. Was ist eigentlich politisch-moralisch schlecht, wann ist eine Politik bzw. ein Politiker moralisch schlecht? Zwar scheinen die Verhältnisse zunächst unproblematisch zu sein, zumindest wenn man so etwas wie evidente Moralgebote voraussetzt. *Du sollst nicht töten* – das scheint z. B. ein klarer und überall und immer gültiger Satz zu sein; faktisch gibt es jedoch immer auch weitgehend anerkannte Ausnahmeregeln: *Du sollst nicht töten* – außer (nach gängiger Überzeugung) in Notwehr oder im Staatsdienst. Mit diesen so oder so unvermeidlichen Einschränkungen eines zunächst allgemein formulierten Prinzips wird jedoch ein unabsehbarer Spielraum eröffnet. Töten gilt immer wieder – ob zu Recht oder Unrecht – als erlaubt: im Krieg, und zwar im offenen wie im verdeckten Krieg, in der Résistance wie in der Revolution, bei den sogenannten Freiheitskämpfern wie bei den sogenannten Terrorismusbekämpfern. Alle nehmen sich immer wieder das moralische Recht zu töten. Damit wird jedoch jede moralische Politikkritik problematisch. Wie weit darf ein Staat in der Durchsetzung seiner Ideen und Interessen gehen, wie weit darf ein Politiker bei der Ausschaltung seiner Gegner gehen?

Noch problematischer wird die moralische Politikbeurteilung, wenn von einer weitgehenden Geschichtlichkeit der Moral ausgegangen wird. Moral ist, nach gängiger Meinung, zumindest partiell geschichtlich; selbst wenn es übergeschichtliche Moralprinzipien gibt, so sind diese doch in ihren Anwendungen oder Konkretisierungen variabel. Der Mensch ist jedenfalls in einem geschichtlichen Normenhorizont befangen und hat damit ein unterschiedliches Schuld- bzw. Unschuldbewußtsein (Gewissen). So hat sich der moralische Stellenwert von Menschenausbeutung, Aggressionskriegen, Umweltverschmutzung usw. innerhalb gut überschaubarer Zeiträume beträchtlich geändert; vieles stellte sich in einer Zeit, in der Politik als Machtkampf zugleich Kampf um die nackte Existenz war, anders dar als in Zeiten weltweit rechtlich geregelter Verhältnisse. Kann man also alle Politik nach gleichen, nämlich heute üblichen moralischen Kriterien beurteilen? Oder muß man eine doppelte Geschichtlichkeit einkalkulieren, nämlich die der Moral der Handlung und die der Beurteilung der Handlung? Wenn ich überhaupt Politik moralisch beurteilen will (und dies dürfte wohl unvermeidlich sein), bleibt mir jedoch nichts anderes übrig, als mich – mit allen nötigen Vorbehalten – auf den Standpunkt meiner eigenen Moralauffassung zu stellen bzw. von dem heutigen (offiziellen) moralischen Konsens auszugehen. Und dieser ist als geschichtliche Moral auch gesellschaftlich, also selbst schon politisch bestimmt.

Politische Moral und moralische Politik

Daß Politiker genauso wie Privatleute aus Egoismus Verbrechen begehen, ist banal und bedarf keines weiteren Kommentars. Es ist weder zu bestreiten noch zu billigen, daß sie sich nicht nur immer wieder persönliche Vorteile zu verschaffen versuchen, sondern auch aus niedrigen Beweggründen, aus Herrschsucht oder Größenwahn, ganze Völker und am Ende sogar sich selbst ins Elend stürzen. Natürlich haben sie dabei fast immer vorgegeben und womöglich sogar geglaubt, im Interesse der Allgemeinheit zu handeln, d. h. sich gar nicht als Privatperson, sondern nur als Repräsentant einer politischen Gruppe gefühlt bzw. als Vorkämpfer oder Verteidiger angeblich höherer Prinzipien. Daraus konnte dann die Frage entstehen, ob für Politiker als solche (Regenten, Machthaber usw.) nicht eine grundsätzlich andere Moral gelte als für bloße Privatleute, ob es also außer der privaten auch noch eine Art politische Moral gebe.

Aber die Unterscheidung zwischen Privatmoral und Staatsmoral würde den Begriff der Moral, die, wenn auch unter wechselnden Bedingungen, im Grunde nur eine für alle Menschen sein kann, aufheben. Es ist nicht einzusehen, warum für Einzelpersonen und Menschengruppen bzw. deren Vertreter grundsätzlich verschiedene moralische Maßstäbe gelten sollen. Einzelpersonen wie Zweckverbände, Privatpersonen wie Staaten und deren politische Repräsentanten können zwar durchaus legitime Interessen haben, und die legitimen Interessen einer Gesellschaft können durchaus größer sein als die eines Individuums, aber Recht und Moral müssen für beide gelten, und zwar (bei aller möglichen inhaltlichen Verschiedenheit) im Prinzip gleichermaßen. Politik kann kein grundsätzlich moralfreier Raum sein, weder in noch zwischen den Staaten; sowenig Privatpersonen um irgendeines Vorteils willen betrügen oder morden dürfen, so wenig dürfen es Kaninchenzuchtvereine, Aktiengesellschaften oder Staaten. Allerdings gibt es eine Reihe von Situationen, in denen Normen oder Werte miteinander zu kollidieren scheinen. Sogenannte Normverstöße werden jedenfalls in zumindest zwei Fällen mit guten Gründen toleriert: zum einen, wenn es um Normenkollisionen geht, zum anderen, wenn es um die Erhaltung des Lebens geht. Für beide Fälle gibt es bekannte, geradezu klassische Beispiele, die auch politisch relevant werden können.

So könnte sich ein junger Mann in einem von Feinden überfallenen Land vor die Alternative gestellt sehen, entweder bei seiner hilfsbedürftigen Mutter zu bleiben oder sich einer Widerstandsgruppe anzuschließen, also entweder dem Gebot der Elternliebe oder dem Gebot der Vaterlandsliebe zu folgen und sich folglich jeweils der einen oder der anderen Pflicht zu verweigern. Es wäre aber auch z. B. denkbar, daß eine Mutter auf der Flucht vor irgendwelchen Feinden – angesichts der Unmöglichkeit, alle Kinder, die in ihrer Obhut sind (seien es eigene, seien es fremde), retten zu können – wählen muß, entweder alle umkommen zu lassen oder wenigstens einige, dann aber von ihr auszuwählende Kinder zu retten. Bei all diesen Entscheidungen geht es nicht um Egoismus, sondern um Verantwortung, um tragische Konflikte, weshalb bei aller möglichen Schuldlosigkeit dennoch ein Gefühl von Schuld verbleibt, eine Erfahrung unvermeidlicher Schuld (auch wenn Normenkonflikte theoretisch wegdiskutiert werden können).

Anders als im Fall der Normenkollision, wo Pflicht gegen Pflicht zu stehen scheint, steht im Falle der Normverletzung zwecks Selbsterhaltung eine Norm gegen ein Gut, und zwar gegen das fundamentalste empirische Gut, das eigene Leben. Zwar kann die Erhaltung des eigenen Lebens auch als Pflicht verstanden werden, dennoch steht hier die mögliche Kollision eines elementaren Interesses mit eventuellen Pflichten im Vordergrund. In diesem Zusammenhang sind es dann vor allem drei Fragen, die immer wieder diskutiert werden: Darf ich, falls ein anderer mein Leben bedroht, den anderen notfalls töten, um mein Leben zu retten? Darf ich, falls ein anderer mein Leben bedroht, den anderen notfalls belügen, wenn ich dadurch mein Leben retten kann? Darf ich mich am Eigentum des anderen vergreifen, wenn davon die Erhaltung meines Lebens abhängt? Gemeinhin wird in allen drei Fragen moralisch wie rechtlich grundsätzlich eine Art Notrecht zugestanden, nämlich ein Recht auf Notwehr, Notlüge und Mundraub. *Not bricht Gebot.* Das eigene Leben gilt im allgemeinen als ein so hohes Gut, daß daraus ein Grundrecht auf das eigene Leben gefolgert wird; mein Leben hat für mich Vorrang vor gewissen Rechten anderer, also auch einen Vorrang vor meinen Pflichten gegenüber anderen. Im Grunde geschieht also eine moralische Güterabwägung, z. B. zwischen dem ›Rechtsgut‹ des eigenen Lebens und dem Recht des anderen.

Aber natürlich gibt es in allen Fällen auch eine Reihe theoretischer wie praktischer Probleme. Wann beginnt das Recht auf Notwehr, wie weit geht die putative und die präventive Notwehr? Offenbar muß ich nicht warten, bis sich der Schuß aus der auf mich gerichteten Pistole gelöst hat. Wieweit bin ich jedermann jederzeit zu wahrheitsgemäßen Aussagen verpflichtet, wo beginnt die berechtigte Notlüge? Allem Anschein nach gibt es sogar einen gleitenden Unterschied zwischen der direkten Lüge und dem Verschweigen der Wahrheit; außerdem könnte eventuell versucht werden, den Unterschied zwischen einer Notlüge und einer Lüge in Bereicherungsabsicht durch die Konstruktion einer indirekten Lebenserhaltung (Lüge zwecks Besitzerhalt) aufzuweichen. Wann beginnt das Recht auf Mundraub, d. h. wann ist das Existenzminimum unterschritten? Da können ganz unterschiedliche Standards ins Spiel kommen. Im übrigen wäre noch zu überlegen, ob das Grundrecht auf Leben wirklich nur die rein physische Existenz betrifft oder ob das Recht auf Leben um ein Recht auf Freiheit, ein Recht auf Menschenwürde oder gar ein Recht auf Besitz, also um ein Recht auf gewisse Grundgüter, erweitert werden darf bzw. muß. Womit dann allerdings die Grauzone der moralischen Güterabwägung unabsehbar erweitert werden würde, zumal oft genug weniger die Norm oder die Normanwendung als vielmehr die faktische Situation unklar ist.

Was für den Privatmann gilt, der nur für sich verantwortlich ist und nur aus eigenem legitimen Interesse handelt, muß auch für den Staatsmann gelten, der für andere handelt und deren legitime Interessen vertritt, also für den Staatsmann, der zwar bester Gesinnung ist, aber auch Verantwortung trägt. Wenn jemand z. B. das Leben eines anderen bedroht, so bin ich vermutlich genauso berechtigt oder sogar verpflichtet einzuschreiten, wie wenn es um mein eigenes Leben ginge, d. h. es gibt ein Recht auf Notwehr auch zugunsten anderer Menschen (Nothilfe), ob es sich dabei nun um einen einzelnen anderen oder die ganze Menschheit oder aber um eine Menschengruppe wie den Staat handelt. Verteidigungskriege z. B. sind nach allgemeiner Ansicht erlaubt, Notwehr aber bzw. Nothilfe (ob individuell oder kollektiv) ist als solche präventiv, da sie einen Schlag abwehren soll, bevor er trifft, und sie ist meistens auch putativ. Damit eröffnet sich dann wieder das weite Feld der Faktenbewertung, die im Falle der politischen Lagebeurteilung meist noch sehr viel schwieriger ist als im Falle der privaten Situationsanalyse. Die beiden klassischen Beispiele sind der Tyrannenmord und der Präventivkrieg; in beiden Fällen handelt es sich um präventive Normverletzungen im Sinne putativer Notwehr bzw. Nothilfe. Vorausgesetzt nämlich, daß es erlaubt ist, aus Verantwortung für das Leben vieler Menschen den einen Tyrannen zu töten – wann kann wer mit welchem Recht einen Regenten zum Tyrannen erklären? Vorausgesetzt nämlich, daß Notwehr und also auch der Verteidigungskrieg erlaubt sind – wer kann wann mit welchem Recht sagen, daß die Sachlage einen Präventivkrieg zwingend erfordert? Denn im Verhältnis zwischen den Staaten scheint eine solche Einschätzung fast immer möglich zu sein, da das Verhältnis aller Staaten zueinander wesentlich durch den Kampf aller gegen alle bestimmt ist und da in diesem latenten Krieg Machtbildung zum Zwecke der Selbsterhaltung unverzichtbar zu sein scheint. Offensichtlich lassen sich immer irgendwelche Kausalketten konstruieren. Wo beginnt der Angriffskrieg, wo endet der Verteidigungskrieg?

Damit drängt sich die Frage auf, ob nun nicht durch die Annahme eines latenten weltweiten Bürgerkrieges alle politischen Untaten gerechtfertigt werden können. Wird nicht auf dem Wege der legitimen Interessenwahrung alle Moral zu einer bloßen Nützlichkeitskalkulation (insbesondere wenn auch noch Lüge und Raub zugunsten der Selbsterhaltung der eigenen Gruppe in die Überlegung einbezogen werden)? Letztlich muß sich jedoch alle politische Verantwortungsmoral auf eine möglichst genaue, normgerechte Güterabwägung gründen, und zwar in moralischer Absicht. Es geht, wenn die Moral die Politik bestimmt, auch bei sogenannten Normverstößen nicht um die bloße Berechnung von rein empirischen Vor- und Nachteilen, sondern – unter den gegebenen Bedingungen – um die Suche nach der gebotenen und richtigen Handlung im Rahmen von Pflichten und Befugnissen (nicht darum, Zwecke aufzustellen, welche die Mittel heiligen). Es geht nicht darum, unmoralische Politik, d. h. irgendwelche Schandtaten von irgendwelchen Politikern zu rechtfertigen, sondern darum, besten Wissens und Gewissens das moralisch Notwendige und insofern Gute zu tun. Was allerdings in einer konkreten Situation das höchste verpflichtende Gut oder die dominierende Norm ist, das läßt sich vermutlich nie durch bloß quantitative, mathematisch eindeutige Verrechnung klären, gerade die politisch-moralische Erkenntnis und Handlung beruht vermutlich immer irgendwo auf Entscheidung.

III.
Moral und Wirklichkeit
Über Ethik

1. Moral und Moralphilosophie

Sittlichkeit und Sitte

Normalerweise ist Moral – etwas gesunder Menschenverstand und guter Wille vorausgesetzt – kein Problem; meist wissen wir längst, was wir zu tun und zu lassen haben. Normalerweise bringen nämlich schon die Mütter ihren kleinen Kindern die Anfänge der Moral bei, sie lehren Sittlichkeit als Anpassung an die sogenannte gute Sitte: Das tut man nicht, das schickt sich nicht; das gehört sich so, das ziemt sich so. Dabei scheint der Akzent mehr auf den Verboten als den Geboten zu liegen, es scheint zunächst vor allem darauf anzukommen, den Kindern Respekt vor Menschen und Normen beizubringen. Auch die Väter und andere Autoritätspersonen, Lehrer oder Priester, die meist später als Morallehrer hinzukommen, verstehen Sittlichkeit zunächst noch als richtiges Handeln im Sinne der guten alten Sitte, obwohl nun gelegentlich sogar neue Normen aufgestellt und, über die ›richtige‹ Gesittung hinaus, spezielle Tugenden sowie mehr und mehr auch eine ›richtige‹ Gesinnung verlangt werden. Bis wir dann irgendwann – vielleicht – begreifen, was ›Moral‹ wirklich ist, und eine eigene moralische Urteilskraft entwickeln. Kurz, Sittlichkeit ist zunächst nur Sittsamkeit, und moralische Unterweisung ist zunächst Sittenlehre im ursprünglichen Sinn des Wortes. Aber als gute alte Sitte ist Moral meist schon irgendwie wirklich.

Wahrscheinlich ist die Geschichte der Moral im großen und ganzen nicht viel anders verlaufen, als sie bei der Erziehung der Individuen im allgemeinen immer noch abläuft. Wahrscheinlich war die Urform aller gelebten und gelehrten Sittlichkeit in den sogenannten archaischen Gesellschaften eine wesentlich durch Sitten bestimmte Sittlichkeit, d. h. ein standardisiertes, gesellschaftskonformes Verhalten, das durch einen herkömmlichen, bis dahin bewährten und mit Macht bewehrten Verhaltenskodex bestimmt wurde, also eine Art Gruppenmoral mit stark repressivem, gesellschaftsorientiertem, nichtindividualistischem Charakter. Die Sittlichkeit bestand, wie das Wort selbst (ähnlich wie die Wörter *Ethos* und *Moral*) immer noch sinnentleert bezeugt, in der Einfügung in die Sitte, d. h. in geltende Handlungsmuster. Aber diese Ursitte bzw. Ursittlichkeit läßt sich heute – im Ausgang von der modernen Moral und Moralphilosophie – nur noch als Grenzbegriff rekonstruieren. Die Zeit der guten alten Sitte, die für manche immer noch eine normative Idylle sein mag, ist längst und endgültig vorbei. Gesellschaftliche und geistige Differenzierungsprozesse sowie das Kennenlernen fremder Sittenordnungen mußten die quasiselbstverständliche Geltung der eigenen normativen Traditionen in Frage stellen und dieses ›natürliche‹, *de facto* jedoch geschichtliche Ethos relativieren – auch Bräuche müssen beurteilt und Normen richtig angewendet werden. So entwickelt sich, was potentiell vermutlich immer schon vorhanden war: moralische Vernunft bzw. Gewissen.

Damit schlägt die Stunde der Philosophie, es beginnt ein erstes Zeitalter nachdrücklicher Reflexion, der moralischen Kritik und der Rekonstruktion von Normen. Die Philosophen versuchen, die geschichtliche Sittlichkeit durch eine Moral aus ›richtiger Vernunft‹ zu ergänzen und zu korrigieren bzw. die ›wahre‹ Moral allererst zu begründen. So entsteht eine philosophische Ethik (Moralphilosophie) als normative Handlungs- oder sogar Willenslehre, die sich zwar immer noch Sittenlehre nennt, in Wirklichkeit aber nicht mehr von Sitten, sondern von Tugenden und Pflichten, Gesetzen und Geboten, Handlungen und Gesinnungen usw. sowie nicht zuletzt ›metaethisch‹ von Moralbegriffen und Moralprinzipien handelt und daher nicht mehr auf Sittlichkeit im ursprünglichen Sinne des Wortes zielt. Diese philosophische Ethik ist der Intention nach rational argumentativ und setzt – aus ihrer Perspektive – vernünftig begründete Einsicht gegen bloße Konventionen und damit praktische Vernunft gegen naive oder primitive Volksmoral. An die Stelle der geschichtlichen Geltung der gesellschaftlichen Moral tritt die Begründung durch eine (vermeintlich) ›übergeschichtliche‹ Vernunft, die an sich in jedem Individuum vorhanden sein muß.

Die neue ›wissenschaftliche‹ Ethik oder Moralphilosophie, die nach evidenten und allgemeingültigen Prinzipien sucht, unterscheidet sich von der ursprünglichen Sittenlehre vor allem in dreifacher Hinsicht. (1.) Indem sie nach der wahren, durch richtige oder reine Vernunft begründeten Moral fragt, erstrebt sie – zum Teil in Übereinstimmung mit weiterentwickelten Vorstellungen von einem einzigen Gott und einer einzigen Menschheit – eine einheitliche Moral für alle Menschen, also nicht mehr nur eine Ethik für die eigene Gemeinschaft. Auch deshalb setzt sie individuelles Wissen und Gewissen gegen die allgemeinen Überzeugungen und insofern Privatmoral gegen bloße Gruppenmoral und unterscheidet folglich nachdrücklicher zwischen innerlicher Gesinnung und äußerlicher Gesittung des einzelnen Menschen, d. h. mit der Universalisierung geht eine Individualisierung der Ethik einher, mit der Prinzipienethik entsteht auch die Gesinnungsethik. (2.) Die Moralphilosophie beginnt jetzt, die unterschiedlichen moralischen Tugenden und Pflichten genauer zu differenzieren und zu ordnen und dabei manches, was in der älteren Sittenlehre noch mitgedacht und mitgefordert wurde, aus der Ethik auszuscheiden, z. B. religiöse und hygienische Regeln oder zeremonielle Vorschriften. Damit entwickelt sich auch eine allmähliche Unterscheidung von Recht und Moral, was dann einerseits zur Verrechtlichung des äußeren Verhaltens, andererseits wieder zur Reduktion der Moral auf Gesinnung, also ebenfalls zur Unterscheidung von Innerlichkeit und Äußerlichkeit beiträgt. (3.) Mit den Systematisierungen der Moralphilosophie verschwindet die Sitte im engeren Sinne des Wortes und mit ihr die Lehre von den Regeln des Anstandes, des Benehmens usw. aus der Ethik. Statt dessen entstehen nun relativ abstrakte philosophische Güter- und Klugheitslehren, Tugend- und Pflichtenlehren, Gebots- oder Gesetzestheorien, die kaum noch Bezug zum konkreten Alltag haben. Zwar ist die neue Moralphilosophie zunächst und zumeist auch noch normative Lehre, zugleich aber auch wesentlich Begriffsklärung und Begründungstheorie, daher auch mehr und mehr Metaethik, nämlich Versuch einer Klärung dessen, was eigentlich Moral ist.

Die Entstehung einer philosophischen Ethik bedeutete keineswegs das völlige und sofortige Ende der alten Sittenlehre, der Verlust der guten alten Sitte war kein Totalverlust. Vielmehr kommt es nun zu einer gewissen Verdoppelung der Ethik, weil die philosophische Ethik die vorphilosophische Sittenlehre gar nicht komplett zu ersetzen vermag. So existiert die ursprüngliche Gesamtsitte in Form von geschichtlichen Restsitten weiter, also auch die ursprüngliche Sittlichkeit in Form von Sittsamkeit oder Anstand und damit auch die ursprüngliche Sittenlehre in Form von alltagsnahen Anstands- und Klugheitslehren. Außerdem bleibt die überlieferte Sittlichkeit – trotz aller philosophischen Versuche, Moral völlig neu zu begründen – immer noch die Grundlage aller philosophischen Ethik; denn auch die Moralphilosophie fängt nicht bei Null an, sondern entsteht in aller Regel auf einem Hintergrund moralischer Selbstverständlichkeiten, also auf der Basis einer Art unreflektierter Grundsitte und ursprünglicher Sittlichkeit. Faktisch kann es keine philosophische Ethik geben, die alle möglichen Probleme erfassen und regeln könnte – schon deshalb existieren immer noch sozusagen prinzipienfreie Zonen, in denen stark gesellschaftlich geprägte Sondersitten gelten.

Für die meisten Menschen sind die normativen Gewohnheiten der Gesellschaft auch heute immer noch ihre wichtigste moralische Stütze, gewissermaßen ihr moralisches Korsett oder Außenskelett – der Zusammenbruch der Alltagsmoral in Ausnahmesituationen (von den Sexabenteuern im Urlaub bis zu den Grausamkeiten im Krieg) illustriert dies nahezu alltäglich. Zwar zeigen sich auch immer wieder, z. B. in der Hilfsbereitschaft und Verantwortungsübernahme bei Katastrophen, Momente einer nicht nur sittengestützten ›Sittlichkeit‹ und damit die möglicherweise sogar wahren Ursprünge menschlicher Moralität. Dennoch dürfte heute – aufgrund des Wegbrechens vieler moralischer Traditionen sowie der Aushöhlung der (Moral postulierenden und stützenden) Religionen – beinahe schon weltweit eine neue moralische Situation entstanden sein. Mit der Auflösung der Einbindung der Menschen in ihr soziales Umfeld und dem damit einhergehenden Verlust der moralischen Orientierung wächst die Demoralisierung der Individuen und damit der Gesellschaft; es entsteht eine permissive Gesellschaft, in der die permanenten Tabuverletzungen selbst schon langweilig werden, in der aber, wie zum Ausgleich, zugleich mehr denn je die weltweite Einhaltung der sogenannten Menschenrechte gefordert wird (wenn auch vielleicht oft nur aus Sorge um das eigene Wohlergehen). Der Verlust äußeren wie inneren Halts bedroht die reale, individuelle wie kollektive Moral – viele moderne Menschen sind bereits, ohne es wirklich zu wissen, praktische Nihilisten geworden. Der Verlust der guten Sitte konnte bei der Mehrzahl der Menschen nie durch Einsichten aus Vernunft wettgemacht werden, die gegenwärtige Auflösung alter Religionen und moralischer Traditionen scheint ganzen Gesellschaften den Boden unter den Füßen wegzuziehen. Überall führen moralische Orientierungskrisen zu Kreisläufen von Frust und Gewalt, Haß und Selbsthaß. So stellt sich – angesichts der heutigen Globalisierung der (›abendländischen‹) Ethik und des (›abendländischen‹) Ethos – die Frage nach der Zukunft der Moral. Werden die gleichsam moralisch entwurzelten Menschen die moralische Außenkontrolle jemals durch eine moralische Selbstkontrolle ersetzen können, oder wird sich sogar ein neues multikulturelles Ethos bilden? Zur Zeit leben wir noch von der Substanz, aber wir befinden uns im freien Fall, auch wenn die meisten es vielleicht noch nicht wissen.

Damit stellt sich die Frage, was die Moralphilosophie in dieser Situation nutzen, was eine philosophische Ethik überhaupt leisten kann. Soll sie die bereits bekannten Normen noch einmal und vielleicht besser begründen? Oder soll sie etwa neue Werte erfinden, irgendwelche bisher unbekannten Sollenssätze proklamieren? Anscheinend gelingt der Philosophie weder die Erstellung eines kompletten Normensystems, noch erreicht sie die Nicht-Philosophen – niemand lebt nach einem Handbuch der Moral. Vermutlich kann es also höchstens darum gehen, das zu tun, was wir immer schon tun, nämlich zu versuchen, das, was ohnehin selbstverständlich ist, besser zu begreifen. Jedenfalls muß, wenn schon philosophische Ethik sein soll, die Frage der Moral möglichst radikal gestellt werden. Zwar gibt es keine Moralphilosophie, die wirklich bei Null anfängt, aber hypothetisch kann sie sich doch sozusagen dumm stellen und fragen: Was soll ich tun? Warum soll ich eigentlich gut sein? Wie kann ich gut sein? Kurz, was ist und worauf gründet Moral? Vielleicht ist das Problem der Moral gar nicht so bedrohlich, wie es von vielen Moralpessimisten behauptet wird.

Gesetz und Geschichte

Die Philosophen, die die populäre Sittenlehre durch eine Normenerkenntnis aus reiner Vernunft ersetzen wollten, stießen unvermeidlich auf das Problem des Verhältnisses von Gesetz (Allgemeingültigkeit) und Geschichte (Veränderlichkeit). Während die archaische Ethik anscheinend ohne Zweifel an ihrer eigenen Gültigkeit geschichtlich gewesen war, wollte die neue Vernunftethik, falls sie nicht alle Moral als bloße Konvention hinstellen wollte, bewußt die für alle Menschen und alle Zeiten verbindliche ›natürliche‹ Moral erkennen. Damit postulierte sie *eo ipso* eine Art universales Gesetz. Die Behauptung eines solchen überzeitlichen Moralgesetzes aber mußte zwangsläufig mit der Beobachtung der geschichtlichen Gegebenheiten, dem faktischen Moralverhalten wie dem faktischen Moralverständnis, kollidieren. Daher gehört zu den vielen Fragen, die sich der Moralphilosophie bis heute stellen, ganz zentral die Frage nach der überzeitlichen Allgemeingültigkeit bzw. zeitlichen Relativität der moralischen Normen, also auch die Frage nach der Vermittlung zwischen Moral und Wirklichkeit, Gesetz und Geschichte.

Die Vorstellungen von der Existenz eines überzeitlichen Sollens können sehr unterschiedlich sein. Rein theoretisch sind drei Hypothesen möglich: (1.) Alles, was irgendwie, irgendwann und irgendwo mit Recht moralisch gefordert werden kann, ist bereits in einer ewigen Sollensordnung vollinhaltlich vorgegeben, d. h. alle moralischen Normen sind, falls sie echte Normen sind, überzeitlich und allgemeingültig. (2.) Es gibt zwar ein immergültiges

Sollen, aber dieses Sollen ist – an sich oder zumindest für uns – völlig inhaltsleer und befiehlt daher nur ganz abstrakt, gut zu sein, also Moralität als solche; alle Sollensinhalte ergeben sich aus der Situation, d. h. sie sind völlig geschichtlich. (3.) Es gibt nur einige wenige überzeitliche Grundnormen, wie z. B. die Zehn Gebote, alles andere ist, soweit es nicht gegen diese Grundnormen verstößt, Gegenstand jeweiliger moralischer Vorstellungen, Folgerungen bzw. Entscheidungen. – Läßt man die letzte vermittelnde Lösung beiseite, weil sie vermutlich die Schwierigkeiten verdoppelt, indem sie die der beiden anderen verknüpft, so bleiben zwei anscheinend gegensätzliche Möglichkeiten übrig. Aber so groß der Unterschied zwischen der Konzeption einer inhaltslosen Grundnorm und der Konzeption eines vollinhaltlichen Systems von Geboten auf den ersten Blick auch sein mag, in der Praxis sind beide Theorien gar nicht so weit auseinander. Denn einerseits läßt sich die Annahme eines kompletten überzeitlichen Normensystems durchaus mit der Geschichtlichkeit herrschender Moralen vermitteln, da weder alle Normen immer und überall aktuell sind noch immer und überall erkannt bzw. angewendet werden können – auch hier sind immer noch Überlegungen und Gewissensentscheidungen möglich und nötig. Andererseits muß auch die inhaltsloseste Grundnorm, wenn sie nicht völlig irrelevant bleiben soll, irgendwie Ansatzpunkte für sinnvolle Ableitungen durch die menschliche Vernunft enthalten; wenn sich alle Inhalte (statt durch vernünftige Überlegungen anhand vernünftiger Kriterien) nur durch puren Dezisionismus ergäben, würde zwischen dem überzeitlichen Sollen und der geschichtlichen Moral eine unüberbrückbare Kluft bestehen – womit sich das Sollen selbst *ad absurdum* führen würde. Insofern ist die erste und starke These, wenn überhaupt ein transzendentes Sollen angenommen wird, plausibler, zugleich aber auch provokanter, sozusagen ein Härtetest für alle metaempirische Ethik.

Wie könnten sich überzeitliches inhaltliches Sollen und geschichtliche Moralwirklichkeit zueinander verhalten? Die übergeschichtlichen Gebote oder Gesetze müßten, falls es sie gibt, ein an sich invariables normatives Ensemble notwendiger Handlungsanweisungen bilden. Und dieses Normensystem müßte komplett und in sich homogen sein, d. h. es müßte genaue Regeln für alle möglichen Fälle, für alle Menschen und alle Zeiten in sich enthalten sowie in sich selbst absolut widerspruchsfrei sein, weil es sich sonst selbst aufheben würde. Als Inbegriff aller möglichen Normen, in dem alle denkbaren Normfragen bereits beantwortet wären, wäre es das absolute Moralsystem. Aber die Hypothese eines solchen überzeitlichen Normensystems hebt die Geschichtlichkeit der geltenden Moral nicht auf, weder deren Möglichkeit noch deren Notwendigkeit; denn die Behauptung der Existenz eines überzeitlichen und allumfassenden Normensystems impliziert nicht automatisch die Behauptung der vollinhaltlichen Erkenntnis dieses ganzen Systems. Die pure Faktizität führt nämlich schon dazu, daß sich moralische Probleme stellen oder auch nicht, d. h. daß Normen aktuell werden oder auch nicht. Wenn es z. B. keine Gentechnik gibt, bedarf es auch keiner Genethik. Mit anderen Worten, nicht alle Normen sind, auch wenn sie ewig sein sollten, immer und überall aktuell; und nicht alle Normen können, auch wenn wir jederzeit prinzipiell zu einer moralischen Erkenntnis fähig sind, wegen der Begrenztheit unserer Erkenntnis immer und überall erkannt werden. Wir sind alle mehr oder weniger ›wertblind‹, das Gewissen ist immer auch subjektiv oder irrend. Und natürlich sind es vor allem die herrschenden Meinungen und Mächte, die Recht und Moral bzw. die diesbezüglichen Normvorstellungen bestimmen – selbst wenn eine im Grunde identische Intention auf Moral (Gerechtigkeit usw.) vorhanden ist. Damit wirkliche Moral möglich ist, würde es also im Prinzip genügen, ein jeweils zureichendes Wissen zu beanspruchen, um den Unbedingtheitsanspruch auch für die geschichtliche Moral – durch die jeweilige Intention auf Übergeschichtlichkeit – zu retten.

Das Ziel der Moralphilosophie war es von Anfang an, im Unterschied zur traditionellen geschichtlichen Sittenlehre eine vernunft-, folglich irgendwie prinzipienbegründete, allgemein- und endgültige Ethik zu erstellen. Nicht selten wurde sogar nach einer evidenten universalen Regel gesucht, aus der sich alle möglichen konkreten Regeln logisch ergeben sollten. Im Grunde blieb jedoch die Moralphilosophie nicht weniger geschichtlich als die faktische Moral – schon die Entstehung der Vorstellung eines zeitlosen Systems von Normen geschah in einem geschichtlichen Horizont, und auch die Ausformulierung der Normen blieb an die moralische Situation rückgebunden. Außerdem müssen universale Moralgebote, weil notwendigerweise abstrakt, immer noch mit der realen Situation vermittelt, d. h. konkretisiert und angewendet werden. Der Satz *Du sollst deinen Nächsten lieben wie dich selbst* bedarf einer Erläuterung hinsichtlich des Nächsten; das Gebot *Du sollst nicht töten* muß immer wieder durch Ausnahmeregeln (Krieg, Notwehr usw.) näher bestimmt werden. Prinzipien wie Ehre, Vaterlandsliebe usw. führen zu weiteren Ausnahmeregelungen. Welche Art von Gehorsam wird heute z. B. noch von Kindern erwartet? Auch wenn es prinzipiell nur eine einzige wahre Moral geben sollte, so gibt es doch eine Vielfalt von Moralvorstellungen und Moralpraxen und insofern eine Vielfalt von Moralen, d. h. eine unterschiedliche moralische Wirklichkeit, oder vielmehr eine Moral in vielen Erscheinungsformen.

Die wirkliche moralische Mentalität des einzelnen Menschen wie der ganzen Gesellschaft zeigt sich erst in der moralischen Praxis, die auf der praktischen, nicht nur theoretischen Anerkennung von Normen beruht. Diese konkrete Moral (z. B. Arbeitsmoral, Steuermoral, Sexualmoral) ist, selbst wenn sie nur an den in einer bestimmten Gesellschaft offiziell herrschenden Normen gemessen wird, immer unvollkommen, sie ist inkonsequent und interessenbestimmt. Die reale Moral ist z. B. als geschichtliche Gruppenmoral eine unter vielen gelebten Moralen, und jede Gruppe hat ihre eigene Moral: Süditaliener leben faktisch eine andere Moral als Norddeutsche, Frauen haben nicht selten eine andere Moral als Männer, meist verhalten wir uns gegenüber Mitgliedern einer fremden Gruppe anders als gegenüber Personen der eigenen Gruppe. Im Grunde hat sogar jedes Individuum seine eigene Moral, auch wenn sich sein Verhalten und seine Vorstellungen weitgehend mit den Verhaltensweisen und Vorstellungsweisen seiner Gruppe bzw. seiner Gruppen decken – jeder kann jederzeit mehr oder weniger guten Gewissens von den moralischen Standards seiner Gruppe abweichen. Jede praktische Moral ist daher widersprüchlich, abstrakte Weltverbesserungsforderungen und schlichtes Alltagshandeln z. B. stehen nicht selten unvermittelt zusammen. Insofern ist alle ›Moral‹ auch Unmoral.

Recht und Moral

Die systematische Unterscheidung von Recht und Moral ist eine der jüngsten Normendifferenzierungen; sie wurde wesentlich aus praktischen, nicht zuletzt politischen Gründen nötig und wird heute vielfach als radikale Trennung von Recht und Moral verstanden. Recht, so heißt es, ist Sache des Staates, Moral hingegen Privatsache. Aus der Unterscheidung zweier Normenkomplexe ist dann eine Unterscheidung von Verhaltensweisen, nämlich von Legalität und Moralität, hervorgegangen, die ihrerseits unterschiedlich verstanden werden kann: z. B. bereichsspezifisch und wertneutral als Unterscheidung von rechts- bzw. moralkonformen Verhaltensweisen oder wertend und ohne Rücksicht auf die Abgrenzung der Normbereiche als Unterscheidung zwischen einem bloß rechts- bzw. moralkonformen Verhalten und einem rechts- bzw. moralkonformen Verhalten aus moralischen Motiven, d. h. guter Gesinnung. Dabei wird Moralität zu einer Frage des guten Willens (und zwar unter der Voraussetzung irgendwie erkennbarer moralischer Normen), die Frage nach der Unterscheidung von Legalität und Moralität wird wesentlich zu einer Frage der Moral bzw. der Moralphilosophie, obwohl der Begriff *Moralität* – ungeachtet weiterer möglicher Differenzierungen – im laxen Sprachgebrauch auch für alles irgendwie moralische Verhalten verwendet werden kann. Betrachtet man aber zunächst nur die Unterscheidung von Recht und Moral als Normen, dann stellt sich als erstes die Frage nach der möglichen moralischen Begründung und dem möglichen moralischen Inhalt des Rechts. Wenn nämlich jeder moralische Bezug des Rechts bestritten wird, ist Recht nur noch positives Recht, d. h. in der Regel von einer Staatsmacht gesetztes Recht. Dann gibt es allerdings kein ungerechtes Recht mehr, Recht ist nur noch Ausdruck von Macht.

Will man diese fatale Konsequenz vermeiden, so bietet sich die Annahme eines ideellen Normensystems an, das überzeitlich und allgemeingültig, wenn auch nicht jederzeit *en détail* und immer nur in geschichtlicher Interpretation erkennbar, alle Gebote und Verbote, Pflichten und Rechte enthält und das man z. B. Naturrecht oder vorstaatliche Moral usw. nennen kann. Dann ließen sich – auf der Ebene der Normen – Recht und Moral zunächst am einfachsten mit Hilfe des Kriteriums der Erzwingbarkeit oder vielmehr der gesetzlichen Strafbarkeit (Sanktionierbarkeit) unterscheiden. Das (natürliche bzw. positive) Recht enthält diejenigen Normen, die sich auf rechtsrelevante Handlungen beziehen bzw. sinnvoll beziehen können, d. h. auf Handlungen, die mit Hilfe des Rechts erzwingbar oder strafbar sind, also auf eindeutig erkennbare äußere, folglich auch einklagbare Handlungen, z. B. Diebstahl oder Mord. Die (natürliche bzw. geschichtliche) Moral enthält alle Normen, die sich auf solche inneren oder auch äußeren Verhaltensweisen beziehen, die sich nicht oder nicht sinnvoll mit Hilfe des Rechts erzwingen oder bestrafen lassen, also vor allem auf unerkennbare innere Verhaltensweisen, die sich nicht einklagen lassen, z. B. Mangel an Liebe oder guter Gesinnung. Näherhin betrachtet, ist die Unterscheidung von Recht und Moral jedoch auch dann komplizierter. Eigentlich sind nämlich alle grundlegenden Rechtsnormen, wie z. B. das Verbot von Mord und Diebstahl, zugleich moralische Normen bzw. basieren auf moralischen Normen, jedenfalls dann, wenn Recht nicht reine staatliche Machtwillkür, zufällige Tradition oder Konvention ist. Recht ist insofern – immer auf der Ebene der Normen – im Grunde eine Art minimale, ›erzwingbare Moral‹, d. h. es besteht aus rechtlich konkretisierbaren und konkretisierten Moralnormen, deren Verrechtlichung im allgemeinen die Existenz einer das Recht setzenden und mehr oder weniger garantierenden Staatsmacht voraussetzt. Darüber hinaus enthält das (positive) Recht aber auch viele Normen, die auf bloße Gewohnheiten oder Setzungen, also z. B. rein ›politische‹ Gesetzgebungsbeschlüsse, zurückgehen; denn natürlich sind bei der inhaltlichen Ausformulierung des Rechts, also bei der Setzung des Rechts, auch politische wie pragmatische Kriterien – Gesellschaftsstruktur und Gesellschaftsrelevanz, Bedürfnisse und Schutz der

Gesellschaft, Sozialverträglichkeit usw. – von Interesse. Manche Rechtsregelungen haben sogar primär politische Gründe (z. B. Machtverhältnisse), wenn auch meist mit moralischem Gerechtigkeitsanspruch (wie z. B. die Steuergesetze), andere (wie z. B. die Verkehrsgesetze) scheinen eher technische Gründe (reine Sachgründe) zu haben – obwohl, wenn man unterstellen darf, daß eine bestimmte Verkehrsregelung die Lebensgefahren verringern würde, diese auch als moralisch geboten gelten dürfte. Folglich könnte dann auch, auf der Ebene der Handlungen, z. B. die absichtliche Mißachtung von technisch begründeten Verkehrsgesetzen, wenn diese nun einmal vorhanden sind, als unmoralisch und nicht nur als rechtswidrig betrachtet werden. Im allgemeinen fragt das Recht jedoch nur nach der äußeren Rechtskonformität eines Verhaltens im Unterschied zur inneren Moralität, während die Moral im Prinzip immer zwischen moralischer Handlung (äußerliche Moralität oder Moral) und moralischer Gesinnung (innerliche Moralität oder Moral im engeren Sinne) unterscheiden muß, und zwar auch bei Handlungen, die äußerlich moralisch konform bzw. legal sind.

Kurz, falls Recht auf irgendwelchen vorstaatlichen und überstaatlichen ›moralischen‹ Normen basiert, lassen sich Recht und Moral relativ deutlich unterscheiden, auch wenn sich beide inhaltlich überschneiden, weil das Recht inhaltlich, zumindest partiell, direkt durch die vorausgesetzte Moral und indirekt, zumindest formal, als ›moralisches Recht‹ als Ganzes durch die vorausgesetzte Moral fundiert wird. Insofern beruht alles Recht auf Moral (im weitesten Sinne des Wortes). In der geschichtlichen Praxis sind die Unterschiede zwischen Recht und Moral allerdings fließend, weil die Vorstellungen über das, was der staatlichen Reglementierung unterliegt oder unterliegen ›sollte‹ und was nicht, schwanken. Die

Unterscheidung von Recht und Moral ist insofern keine feste, auch keine alternative Unterscheidung, sie beschreibt zwei sich geschichtlich überlappende Normbereiche, denn positives Recht und geschichtliche Moral sind *ex hypothesi* nur Interpretationen, Historisierungen oder Positivierungen einer metaempirischen Sollensordnung. Das Recht wäre sogar Resultat einer doppelten Historisierung und Positivierung; denn die herrschenden (›positiven‹) Moralvorstellungen wären, obwohl sie als die wahre Moral gelten, eine Interpretation der überzeitlichen Moralnormen, und auf dieser geschichtlichen Moral basierte dann das positive Recht.

Die Unterscheidung von Recht und Moral ist jedoch nicht an die Annahme einer überzeitlichen Sollensordnung mit sozusagen natürlichen Rechts- und natürlichen Moralgeboten gebunden, sie ist auch sinnvoll (z. B. um staatlich organisierten Religionszwang oder Tugendterror abzuwehren), wenn man alles Recht oder auch alles Recht und alle Moral für rein geschichtlich oder empirisch hält. Allerdings wird dann die Frage nach dem Geltungsgrund von Recht und Moral in anderer Hinsicht schwieriger, durch das Vermeiden der metaphysischen Probleme entstehen neue ethische Probleme. Moral ist dann nur noch die zufällig herrschende Moralwirklichkeit, die auf gesellschaftlich bedingten Normvorstellungen beruht, und zwar nur auf geschichtlich wandelbaren Überzeugungen. Recht hingegen ist positives Recht und nur positives Recht; es gilt, weil der Staat oder die Gesellschaft es so will, und zwar aufgrund geschichtlicher Rechts- bzw. Moralauffassungen. An die Stelle eines allgemeinen und von Natur aus geltenden Rechtes bzw. einer allgemeingültigen und von Natur aus gültigen Moral tritt die gerade herrschende Moralvorstellung als Basis des Rechts, wenn nicht sogar bloßer Machtwille oder bloße Sozialtechnologie, d. h. es gibt keine ungerechten Staaten, sondern nur im Grunde zufällige Moralvorstellungen, die manchmal auch mit dem Staatsrecht kollidieren können.

Heute hat der Verlust der überlieferten normativen Orientierung und das Versagen der Moralphilosophie als normative Handlungswissenschaft zu einer allgemeinen Verunsicherung und damit zu einer wachsenden Entfremdung von Recht und Moral, ja sogar zu einem partiellen Antagonismus geführt. Auf der einen Seite wird die Moral immer individualistischer oder subjektivistischer, auf der anderen Seite gibt es das Bemühen, durch eine zunehmende Verrechtlichung aller gesellschaftlichen Handlungsbereiche dieser Unzuverlässigkeit der Moral entgegenzusteuern. Gleichzeitig verliert sowohl der Objektivismus des Rechts wie der Subjektivismus der Moral (wegen der Unsicherheit über ihren Geltungsgrund) mehr und mehr an Überzeugungskraft – der Staat kann die Dinge so oder so regeln, das Individuum kann dies oder jenes für richtig halten. Hinter diese Diskrepanz und der ihr innewohnenden doppelten Beliebigkeit dürfte ein Rückgang auf allgemein anerkannte Normen so schnell nicht möglich sein: weder mit reaktionärer Gewalt noch durch nostalgische Beschwörung eines alten Ethos.

2. Mitmenschlichkeit

Rechte und Pflichten

Wenn heute von Moral die Rede ist, wenn überhaupt so etwas wie Moral erfahren oder zumindest gefordert wird, so geht es fast ausschließlich um Rechte und Pflichten im zwischenmenschlichen Bereich, vor allem um Rechte; denn wir alle sind überzeugt, gewisse Rechte zu haben, und zwar gegenüber anderen Menschen. Dabei wird nicht selten vergessen, daß mit den eingeklagten Rechten auch Pflichten, nämlich der anderen, proklamiert werden, und zwar meist ohne zureichende Begründung. Vor allem die Einforderung von sogenannten Menschenrechten bleibt oftmals in sich unklar; sie werden immer wieder auch von denen als natürliche Rechte reklamiert, die zugleich alle allgemeingültigen Pflichten leugnen. Aber wo es Rechte gibt, da gibt es auch Pflichten; wer Rechte einfordert, muß Pflichten behaupten. Die Ansprüche oder Befugnisse des einen bedeuten Verbindlichkeiten oder Schuldigkeiten des anderen (und umgekehrt), denn es wäre absurd vorzugeben, ich hätte nur Rechte, alle anderen aber nur Pflichten gegen mich. Allerdings gibt es diese prinzipielle Symmetrie von Rechten und Pflichten nur zwischen Menschen, da, falls, wie in älteren Morallehren üblich, Pflichten gegen sich selbst, gegen Gott oder die Natur unterschieden werden, entsprechende Rechte nur schwer vorstellbar sind.

Die Verkündung von Pflichten gegen Gott basierte auf dem früher meist noch selbstverständlichen Glauben an Gott, das religiös-moralische Pflichtbewußtsein setzte nicht nur die Existenz Gottes voraus, sondern auch mehr oder weniger feste Vorstellungen von Gott als Person. Zu den frommen Pflichten gehörten daher vor allem (außer der Glaubenspflicht selbst) Gehorsam gegenüber Gott sowie Verehrung und Liebe, vor allem ›Ehrfurcht‹, oft aber auch mancherlei kultische Rituale. Und da Gott im allgemeinen auch als Urheber aller Gebote galt, konnten sogar alle Pflichten direkt oder indirekt als Pflichten gegen Gott angesehen werden – Moral bestand wesentlich darin, den mutmaßlichen Willen Gottes zu erfüllen. Solche Vorstellungen sind mit der modernen Abkopplung der Ethik von der Religion und dem allgemeinen Rückgang des religiösen Glaubens weitgehend verlorengegangen, die moralische Anerkennung eines Absoluten ist heute mindestens so unpopulär wie die metaphysische.

Nahezu gleichzeitig mit den Pflichten gegen Gott verschwanden auch die Pflichten gegen sich selbst aus der verweltlichten Ethik; denn mit dem Verlust seines Glaubens an Gott hörte der Mensch auf, sich selbst als ein Geschöpf Gottes zu betrachten, dem das eigene Wesen geschenkt oder zu treuen Händen geliehen war. Früher gehörten z. B. Selbstmord und Selbstverstümmelung, aber auch Selbstbefriedigung im allgemeinen zu dem, was selbstverständlich verboten war. Heute sind solche Pflichten gegen sich selbst weitgehend obsolet geworden. Am ehesten dürfte noch eine moralische Pflicht, nicht nur gegenüber anderen, sondern auch gegenüber sich selbst ehrlich zu sein, als eine Art Pflicht gegen sich selbst anerkannt werden. Das Ich ist für sich selbst fast nur noch Subjekt von Rechten bzw. Pflichten, nicht mehr deren Objekt – obwohl man sich fragen könnte, ob nicht in gewisser Weise alle Pflichten zumindest indirekt auch Pflichten gegen sich selbst sind, ob es also nicht auch eine Pflicht gegen sich selbst ist, seine Pflichten gegenüber anderen zu erfüllen. Gerade wenn der Mensch sich selbst sein Gesetz gibt, scheint er doch grundsätzlich und in allererster Linie sich selbst zu verpflichten, also auch gegen sich selbst verpflichtet zu sein. Heute aber bin ich, nach fast allgemeiner Auffassung, der einzige Mensch, dem ich nichts schulde, dem gegenüber ich mir also alles erlauben ›darf‹ (aber natürlich nicht die anderen). Mit mir darf ich »mit gutem Recht‹ machen, was ich will, denn, so heißt es, ich bin mein alleiniges Eigentum – ich gehöre mir (was immer diese paradoxe Redeweise meinen mag).

Unter diesen permissiven Voraussetzungen ist es natürlich auch schwierig, Pflichten gegenüber der Natur, den Tieren oder der Umwelt usw. zu begründen, obwohl deren Proklamation immer wieder gefühlsmäßig und spontan geschieht. Entweder müssen nämlich die Pflichten gegen die Umwelt zu indirekten Pflichten gegen andere

Menschen erklärt werden, also z. B. zur Pflicht, Schmetterlinge für die Nachkommen zu retten, die (woher auch immer) ein Recht auf Schmetterlinge haben. Oder jedes Lebewesen muß wie wir selber aus irgendeinem Grund direkte Rechte haben, d. h. der Baum z. B. wäre ein Rechtssubjekt, nicht nur ein Rechtsobjekt (allerdings, was die Argumentation erschwert, kein Subjekt von Pflichten). Dazu bedürfte es aber im Grunde einer ›grünen‹ Ersatztheologie, die z. B. die Heiligkeit des Lebens als höchstes Prinzip proklamieren könnte. Hat alles Leben, obwohl es doch nur dank gegenseitiger Vernichtung existiert, als solches ein Recht auf Leben? Dann müßte allerdings auch weiter gefragt werden, ob nicht auch ›Dinge‹ als solche Rechte haben, nämlich ein Recht auf Existenz? Dürfte ich die Mona Lisa, wenn sie mein privates Eigentum wäre und kein anderer Mensch Rechte an ihr hätte, zerstören?

Erkennen und Anerkennen

Offensichtlich setzt alle Rede von Rechten und Pflichten die Existenz von Geboten, Verboten usw. voraus, aus denen solche Rechte und Pflichten entspringen, die Rede von ›natürlichen‹ (moralischen) Rechten und Pflichten setzt also die Existenz von ›natürlichen‹ Normen oder Gesetzen voraus. Das aber ist genau das Problem: ob es vor und über allen von Menschen gemachten Gesetzen überhaupt Normen und daraus resultierende Rechte und Pflichten gibt, woher sie stammen könnten und warum sie gelten. Und damit stellt sich als erstes die Frage: Wo gibt es überhaupt so etwas wie Normerfahrung, d. h. Erfahrung von Gesetzen oder Geboten, deren direkter Zweck es ist, dem Menschen etwas zu gebieten, nicht etwa, ihm etwas zu geben? Gebote oder Verbote beinhalten nämlich als solche eine gewisse Verbindlichkeit, insofern scheint den Pflichten im Verhältnis zu den Rechten eine gewisse ›logische‹ Priorität zuzukommen. Irgendwie geht jedenfalls von allen Normen, Gesetzen, Regeln usw., woher sie auch immer stammen mögen, ein gewisser Druck, eine Art geistiger Zwang aus. Alles Sollen begrenzt und bricht die natürliche Selbstbehauptung, den Egoismus, auch wenn es am Ende dem Glück der Menschen dienen mag – alle Moral verlangt irgendwie Bescheidung. Aber natürlich macht es einen Unterschied, ob die Normen, die uns etwas vorschreiben und Anerkennung oder Achtung von uns verlangen, konventionelle Regelungen oder selbstgesetzte Forderungen, staatliche Gesetze oder göttliche Gebote, rechtliche oder moralische Normen sind.

Wieso erkennen wir überhaupt Pflichten bzw. Rechte an? Moral tritt als unbedingte Forderung auf und bleibt dies vermutlich auch für den moralischen Menschen immer; irgendwie sprechen alle Gebote und Gesetze ein *Du sollst* aus, d. h. sie fordern ein Sein, das diesem Sollen entspricht. Pflichten sind etwas, das erfüllt werden soll, Gebote wie Verbote sollen respektiert werden. Daher muß das Sollen irgendwie erfahren oder erkannt werden, um für den Menschen überhaupt in irgendeiner Weise vorhanden und gegebenenfalls wirksam zu sein. Eine Pflicht, von der ich nichts weiß, kann ich nicht erfüllen – wenn ich sie zufällig doch, und zwar unbewußt, erfülle, geschieht dies nicht aus Pflicht. Im Pflichtbewußtsein hingegen erfahre ich eine Verpflichtung oder Verbindlichkeit, auch wenn ich diese dann in meinen Handlungen mißachte – Mißachten ist kein Nichtwissen, sondern bewußte Negation. Kurz, moralisches Sollen verlangt von mir ein gewisses Sollensbewußtsein, also eine Sollenserkenntnis, die sich auf ein gefordertes Verhalten bezieht und insofern ein praktisches Erkennen oder Anerkennen ist. Ohne Anerkennen von irgend etwas scheint es keine echte Moral geben zu können, Anerkennung ist eine Art moralischer Urakt. Was aber ist Anerkennung? Wo findet sie statt, wieweit ist sie unvermeidbar?

Anerkennen hat mit Erkennen zu tun, doch lassen sich Erkennen und Anerkennen zunächst anscheinend relativ klar unterscheiden. Erkennen ist ein theoretisches Verhalten, auch wenn es ein Erkennen praktischer Zusammenhänge ist; Anerkennen hingegen ist ein praktisches Verhalten, auch wenn es ein theoretisches Erkennen voraussetzt oder impliziert. Erkennen bezieht sich auf Sein, Anerkennen auf Sollen, also auf Gesetze oder Normen, aber auch auf verpflichtende Werte und anderes mehr. Moralische Forderungen müssen daher nicht nur wie Dinge oder Sachzusammenhänge erkannt, sondern auch als berechtigt anerkannt werden, auch wenn die Forderungen dann möglicherweise nicht erfüllt werden. Mit anderen Worten, sie müssen als kontrafaktisch verpflichtendes Faktum erkannt werden. Insofern ist die Erkenntnis oder vielmehr Anerkenntnis einer Norm schon eine erste Art von Akzeptanz – ich erkenne (an), daß es einen Wert bzw. eine Norm oder ein Sollen gibt. Umgekehrt aber ist Erkennen selbst auch schon eine Art Anerkennung, nämlich Wahrnehmung, Hinnahme oder ›An-nahme‹, daß etwas ist. Ich erkenne, daß da etwas ist, auch wenn ich verkenne, was da ist, und damit erkenne ich an, daß da etwas ist. In jeder Erkenntnis von etwas gebe ich zu, daß da etwas ist, daß ich also nicht alles bin, daß außer mir noch anderes ist: Ich bin für mich nicht alles. So erfahre ich in jeder Wirklichkeitserfahrung Grenzen, nämlich eine Begrenzung meiner selbst durch Gegenstand und Widerstand (selbst dann, wenn die vermeintliche Erfahrung eines Nicht-Ich nur eine unbewußte Icherfahrung sein sollte, denn die Gegenstandserfahrung bleibt als solche, d. h. als eine Gegebenheitserfahrung). Doch lassen sich zweifellos – im Hinblick auf das

Subjekt wie das Objekt der Anerkennung – unterschiedliche Arten, Formen und Stufen der Anerkennung feststellen.

Eine Tatsache wird z. B. anerkannt, wenn wahrgenommen oder angenommen wird, daß etwas Fakt oder der Fall ist, d. h. wenn die Existenz einer Tatsache nicht bestritten wird. Aber auch wenn ich einen Sachverhalt bestreite, nehme ich implizit an, der Sachverhalt sei anders, d. h. ich erkenne einen anderen Sachverhalt an. Selbst wenn ich erkenne oder zu erkennen meine, daß da nichts ist bzw. nicht das, was ich vermutet habe, gebe ich doch in der Erkenntnis des Nichtseins noch zu, an meine Grenzen gestoßen zu sein. Sogar Zerstörung muß das, was zerstört werden soll, zunächst als Gegebenheit anerkennen, d. h. alle Negation enthält ein Moment von Affirmation, so daß man bejahende und verneinende Anerkennung unterscheiden könnte. Irgendeine Erkenntnis als Anerkenntnis von Wirklichkeit ist offensichtlich unvermeidbar.

Die Anerkennung von Personen ist nicht nur die Erkenntnis, daß da etwas ist, nämlich zufälligerweise ein Faktum Mensch, sondern auch, als das Erkennen eines Menschen als Menschen, die (potentielle) Anerkennung des Anderen als meinesgleichen. Zwar ist die Anerkennung von Personen immer auch die Anerkennung einer Tatsache, aber die Erfahrung von Personen ist doch von anderer Art als irgendeine Dingerfahrung. Der Andere ist nie nur ein Ding für mich, sowenig wie ich selbst für mich nur ein Ding unter Dingen bin. Im Anderen erfahre ich nicht nur Sein, das mich in meinem Sein begrenzt, sondern auch Bewußtsein, das als fremdes Bewußtsein mein eigenes Bewußtsein begrenzt. Natürlich kann ich darauf auf verschiedene, z. B. negative Weise (durch Verdinglichung oder gar Vernichtung des Anderen) reagieren, aber auch dies setzt bereits die Anerkennung des Anderen voraus, nämlich daß da ein anderer Mensch oder ein anderes Ich ist. Gegen Dinge kann ich keinen Krieg, auch keinen Vernichtungskrieg, führen.

Auch die Erfahrung von Werten scheint zu den menschlichen Grunderfahrungen zu gehören – sei es, daß etwas als an sich gut, sei es, daß es als gut für etwas (z. B. als gut für mich) erfahren wird. Schon im elementarsten Begehren wie Hunger und Durst wird das Begehrte als Wert gesetzt bzw. vorausgesetzt und damit in gewisser Weise als erstrebenswert anerkannt. Das Gut, das ich haben möchte, läßt mich meinen Mangel und damit meine Begrenztheit spüren, ich brauche etwas, von dem ich insofern abhängig bin. Auch wenn alle sogenannten objektiven Werte auf sogenannte subjektive Wertungen zurückgehen sollten, der Wert wird doch als von mir unabhängig erfahren, nämlich als etwas Erstrebbares, das dem Erstreben bereits vorgegeben ist: Etwas bedeutet mir etwas. Und wenn ich etwas für gut halte, dann meine ich im allgemeinen auch, daß es wirklich gut (für mich) ist, und erkenne es insofern als etwas Gutes an. Auch Wertung ist insofern Wertentdeckung – falls sie reine und beliebige Wertsetzung sein sollte, so geschähe dieses zumindest unbewußt. Etwas bewußt für wertvoll halten, was man ebenso bewußt für an sich wertlos hält, dürfte schwierig sein. Insofern werden alle Werte, wenn sie wirklich als Werte erfahren werden, als gegebene Werte anerkannt.

Normen scheinen eine besonders intensive Art der Anerkennung zu fordern bzw. zu bewirken. Zwar bedeutet die Anerkennung einer Norm als Norm, d. h. als Verpflichtung, durch mich noch nicht, daß ich mich in meinen Handlungen dieser Norm gemäß verhalten werde; dennoch wird schon in der Erkenntnis von Normen deren Anspruch auf Anerkennung als Handlungsverpflichtung erfahren, auch wenn Normen faktisch immer wieder verletzt werden. Natürlich sind Normen selbst wieder unterschiedlichster Art (Regeln oder Gesetze, Gebote und Verbote, bedingte oder unbedingte Normen, Denk- und Handlungsnormen), aber schon die Anerkennung der Verbindlichkeit der Logik, d. h. der logischen Gesetze als Denknormen ist eine Art von Normakzeptanz, auch wenn diese ›Denkethik‹ von kaum jemandem hinterfragt wird. Die moralischen Normen im engen Sinne des Wortes sind also nur der sinnfälligste Fall von Anerkennungsforderung. Im Grunde befinden wir uns immer schon in einer normativen Situation, d. h. in der Situation irgendeiner Normpräsenz und Normakzeptanz.

Der Begriff *Anerkennung* kann ein breites Spektrum unterschiedlicher, aber verwandter Phänomene bezeichnen, wobei sich verschiedene Formen und Stufen der Anerkennung, z. B. ihren unterschiedlichen Gegenständen entsprechend, unterscheiden lassen. Aber auch auf der Ebene des Subjektes kann Anerkennung vieles bedeuten (z. B. ernst nehmen, gelten lassen, bejahen, fürchten oder bewundern). Und wie in der Wertschätzung von Dingen gibt es in der Wertschätzung von Personen viele feine Unterschiede. Ich kann den anderen achten, beachten oder hochachten; ich kann Rücksicht im Straßenverkehr nehmen oder bereit sein, einen Rat anzunehmen. Ich kann einer Person Respekt oder Reverenz (bis hin zur Devotion oder Unterwerfung) erweisen, aber auch vor der Leistung oder dem Eigentum einer Person Achtung haben. Auch zur Liebe gehört Anerkennung. Ich kann aber auch Prinzipien anerkennen, Ehrfurcht vor dem Schönen oder Demut vor Gott haben. Offensichtlich gibt es jedoch vor allem zwei grundverschiedene Arten von Anerkennung, auch wenn diese in der Praxis meist auf verschiedene und komplexe Art miteinander verwoben sind: die physische und die moralische Anerkennung oder die Anerkennung von Sein und die Anerkennung von Sollen.

Ich bin nicht alles, und ich darf nicht alles. Aber wie immer Anerkennung erlebt werden mag, sie impliziert immer ein Bewußtsein von Selbstbegrenzung oder Selbstbescheidung; insofern ist alle Moral ›heteronom‹. Anerkennung ist immer auch ein Akt von Demut, Moral also in gewisser Weise Selbstdemütigung. Anerkennung, insbesondere die Anerkennung von Normen, beinhaltet eine Art Selbstzwang, der nicht ganz freiwillig ist.

Der Andere als meinesgleichen

Gibt es etwas, das alle Menschen unwillkürlich anerkennen, und zwar nicht nur als Faktum (physisch oder metaphysisch), sondern auch als verpflichtenden Wert bzw. als Norm (moralisch)? Wenn die Beziehung zum Mitmenschen das Hauptfeld der Moral ist, müßte Anerkennung vor allem dort erfahren werden. Vielleicht ist die Anerkennung des Anderen als meinesgleichen sogar die moralische Grunderfahrung schlechthin, denn die Anerkennung des Anderen als Faktum scheint unmittelbar eine gewisse Wert- oder Normerfahrung zu implizieren, auch wenn diese in der Praxis oft genug mit Füßen getreten wird. Jedenfalls dürfte die Frage nach der ›moralischen‹ Anerkennung anderer Menschen für die Moral zentral sein.

Es gibt meinesgleichen, der Andere ist ein Ich wie ich selbst; obwohl in gewisser Weise für mich einzigartig, bin ich nicht allein, es gibt den anderen Menschen. Irgendwie erfordert die Existenz des Anderen daher nicht nur Vorsicht, sondern auch Rücksicht. Ich kann an der Existenz des Anderen nicht achtlos wie an der eines Steins vorbeigehen, denn so wie ich ihn objektivieren kann, so kann auch er mich zum Objekt machen, und sei es auch nur zum Objekt seiner Wahrnehmung. Die Anerkennung des Anderen als meinesgleichen gibt ihm daher eine Art Existenzberechtigung als zu berücksichtigender Mensch. Und so wie ich notfalls Anspruch auf seine Rücksicht mache, so weiß ich im Grunde, daß auch er ein Recht auf meine Rücksicht hat, mit anderen Worten, ich habe den Anderen immer schon als meine moralische Grenze anerkannt – auch oder gerade dann, wenn ich versuche, ihm seine Würde als Mensch zu nehmen. Ich kann mit meinesgleichen nicht beliebig oder achtlos umgehen, jedenfalls nicht ohne gewisse ›moralische‹ Selbstrechtfertigungen, d. h. nicht ohne Strategien, die den Anderen als Menschen niederen Ranges (als Barbaren, Wilden, Untermenschen usw.) erscheinen lassen. Selbst wenn ich versuche, mit ihm wie mit einem Ding umzugehen, Töten ist kein Holzhacken; selbst in der anscheinend totalen Verdinglichung erinnert der Andere mich immer noch irgendwie an mich.

Die prinzipielle Anerkennung des Anderen als meinesgleichen braucht nicht die konkrete Anerkennung des Anderen als gleichwertiger Mensch zu implizieren, sie ist sogar meist von so weitreichenden Distanzierungen begleitet, daß diese bis zur faktischen Aufhebung der prinzipiellen Gleichheit als Mensch führen können. Alle menschlichen Gesellschaften haben bisher in der einen oder anderen Form auf Rangabstufungen von Menschen, also auch auf Degradierungen, basiert – alle Menschen neigen dazu, sich über andere zu erheben. Der Tendenz zur Selbstangleichung (z. B. durch Rechtsgleichheit oder gar Solidarität) läuft immer auch eine Tendenz zur individuellen oder kollektiven Selbstunterscheidung und Selbsterhöhung (z. B. durch Kastenbildung und Entsolidarisierung) entgegen, denn ›Identität‹ oder Eigenheit kann nur durch Unterschiedenheit gewonnen werden: Ich bin nicht wie die anderen. Im Grunde relativiert mich der Andere, verunsichert mich sozusagen durch seine bloße Existenz, also relativiere ich ihn ebenfalls und degradiere ihn theoretisch und notfalls auch praktisch. Das Anderssein des Anderen hat zwar auch seinen Reiz, vor allem sexuell, aber der Andere ist auch ein Ärgernis, vor allem als Andersartiger, z. B. als Andersgläubiger; denn der Andere nimmt mir durch sein Anderssein und Andersdenken meine unbefangene Selbstsicherheit. Anderssein kann Angst und Haß (als Formen negativer Anerkennung) erzeugen, selbst Grausamkeit kann ein Versuch sein, sich des Anderen als Anspruch zu erwehren.

Die Notwendigkeit, den Anderen als Menschen, d. h. als meinesgleichen anzuerkennen, wird noch durch die Kehrseite dieser meiner Anerkennung unterstrichen, nämlich durch mein Bedürfnis, ja meine Forderung, selbst ebenfalls durch den Anderen anerkannt zu werden, und dies nicht nur faktisch, sondern auch moralisch. Anerkennungsbedürfnis, aber auch Scham und Rechtfertigungsbedürfnis setzen die Existenz des Anderen als eine Art moralische Instanz, als Person voraus. Zwar gibt es auch Selbstbestätigung, z. B. durch Leistung oder durch Distanzierung vom Anderen, aber auch diese Art von Selbstbestätigung mißt sich im Grunde noch am Anderen. Ich habe, so scheint es mir, ein Recht auf Anerkennung und Achtung als Mensch, ja sogar Solidarität, und zwar durch andere Menschen; von einem Tier darf ich, falls ich in Not geraten bin, keine Solidarität erwarten, wohl aber im Prinzip von jedem Menschen. Kurz, Menschen sind einander prinzipiell nicht gleichgültig, und die Beziehungen zwischen Menschen sind nie nur durch Fakten, sondern immer auch durch ›moralische‹ Anerkennung bestimmt.

Die Anerkennung des Anderen als meinesgleichen ist im Prinzip wechselseitig – wir sind alle Mitmenschen. Diese fundamentale Mitmenschlichkeit (als natürliche, dann aber auch moralische Mitmenschlichkeit) ist die Voraussetzung unseres Begegnens, sei es als Vertragspartner, sei es als Konfliktpartner oder wie auch immer. Nur weil der Andere auch ein Mensch ist, sind echte Auseinandersetzungen mit ihm möglich, und nur weil der Andere als Mensch immer schon anerkannt ist, ist auch moralische Mitmenschlichkeit, d. h. praktische Solidarität möglich. Und erst auf dieser Basis gibt es auch eine emotionale Bindung zwischen einzelnen Menschen. Denn natürlich ist die Anerkennung des Anderen als meinesgleichen nicht schon die individuelle und personelle oder sogar tendenziell absolute Anerkennung des Anderen, wie sie zur Liebe als Ausnahmeverhalten gehört, sie ist nur deren grundsätzliche Voraussetzung. Die Anerkennung des Anderen als meinesgleichen gibt es auch da, wo ich nicht liebe, und da ist sie vor allem moralisch nötig.

Die Anerkennung des Anderen als meinesgleichen impliziert zweierlei: das Bewußtsein, nicht der einzige Mensch zu sein, und die Erfahrung, daß eine andere Person irgendwie einen ›verpflichtenden Wert‹ darstellt. Insofern wird in einem Faktum zugleich eine Verpflichtung erfahren. Wenn der Mensch überhaupt fähig ist, ein Sollen zu erfahren, so wird in der Tatsache der natürlichen Mitmenschlichkeit zugleich das Gebot zur moralischen Mitmenschlichkeit erfahren. Die wechselseitige Anerkennung des Anderen als Mensch impliziert zwar noch keine bestimmte Art und Weise des Zusammenlebens, sie ist nur die moralische Grundbedingung alles menschlichen Zusammenlebens. Aber erst auf dieser Basis ist überhaupt eine zwischenmenschliche Moral möglich, und nur auf dieser Basis ist sie auch nötig. Ohne die grundsätzliche Anerkennung des Anderen gibt es keine Ethik der zwischenmenschlichen Beziehungen. Alle Moral, die auf Wechselseitigkeit oder Verallgemeinerung beruht bzw. sich an diesen Prinzipien orientiert (Goldene Regel, Kategorischer Imperativ usw.) setzt die Anerkennung des Anderen als meinesgleichen voraus.

Wenn die Anerkennung des Anderen als meinesgleichen eine moralische Grunderfahrung, möglicherweise die fundamentale moralische Erfahrung überhaupt ist, dann drängt sich allerdings die Frage auf, ob es sich hierbei nicht nur um ein biologisch begründetes Sozialverhalten handelt. Ist Moral vielleicht nichts anderes als eine sublimierte Beißhemmung, ein Rest von Instinkt oder ein zur Vernunft gewordener Instinkt? Allerdings wäre eine Moral, die nur sublimierter Instinkt oder biologisch fundierte soziale Disziplin wäre, keine Moral im strengen Sinne des Wortes. Moral, die auf Anerkennung von Geboten beruht, findet auf einer grundsätzlich anderen Ebene als Instinkt oder Trieb bzw. Sozialdressur statt; selbst wenn die menschliche Vernunft nur den tierischen Instinkt ersetzt hat, ist sie nun doch etwas grundsätzlich anderes. Im übrigen, wenn schon alle Ethik biologisch begründet werden könnte oder müßte, dann könnte oder müßte auch noch hinter das Phänomen der Beißhemmung zurückgegangen werden, nämlich auf das Phänomen der Fürsorge für die Nachkommen, wie es sich vor allem bei höherentwickelten Tieren, insbesondere bei weiblichen Säugetieren findet. Vielleicht ist alle Moral nur eine Erfindung der Mütter, genauer gesagt, der Muttertiere. Dann wäre allerdings Moral keine Frage der Anerkennung von Pflichten, sondern nur eine angeborene Neigung; sie wäre im Grunde nur ein ›empirischer‹ Trieb oder Instinkt bzw. dessen Ausdruck oder Produkt, keine Anerkennung eines ›metaempirischen‹ bzw. kontrafaktischen Sollens aufgrund von Freiheit.

Liebe und Gerechtigkeit

Wie weit geht meine normalerweise spontan empfundene mitmenschliche Pflicht und Schuldigkeit? Die fundamentale moralische Mitmenschlichkeit ist das Respektieren des Anderen als Mensch, der Andere ist im Prinzip ein Wesen mit gleichen Pflichten und mit gleichen Rechten. Daraus ergibt sich nach allgemeinem Verständnis eine doppelte Forderung: Jeder Mensch hat im Prinzip ein Recht auf Respektierung als ›Person‹, und er hat ein Recht auf Beistand in Lebensgefahr. Mit anderen Worten, es gibt eine ›negative‹ Unterlassungsmoral und eine ›positive‹ Beistandsmoral. Zwar ist die Unterlassung von Schädigung die erste Stufe aller Moral, zwischen Menschen aber auch nur die schwächste Form von moralischer Mitmenschlichkeit; die wahre Solidarität beginnt mit der Hilfe, die gegebenenfalls im Prinzip von jedem Menschen erwartet werden darf. Die definierbaren moralischen Minimalformen dieser Art von praktischer Solidarität lassen sich sogar in positives Recht überführen und sind dann, z. B. im Falle unterlassener Hilfeleistung, justiziabel. Hier zeigt sich allerdings auch, daß selbst die Solidarität, wenn sie auf der Basis der prinzipiellen Anerkennung des Anderen als meinesgleichen verbleibt, noch eine völlig ›unpersönliche‹ moralische Mitmenschlichkeit ist.

Die bloße Anerkennung des Anderen als meinesgleichen bzw. die daraus unmittelbar resultierende Unterlassungs- und Beistandsmoral ist offensichtlich noch nicht die ganze Moral, vor allem nicht die höchste Stufe der Moral; sie beruht im Grunde auf einer äußeren Abgrenzung der Rechte und impliziert eine innere Begrenzung der Zu- oder Hinwendung. Der Andere bleibt mir im Grunde fremd. Ich tue meine Pflicht, aber auch nicht mehr, und nur deshalb, weil es meine Pflicht ist. Darüber hinaus lassen sich jedoch verschiedene Grade der Steigerung der Solidarität feststellen. Es gibt viele Formen des Helfens, also der praktischen ›Nächstenliebe‹, die deutlich mehr Engagement implizieren als die Vermeidung des strafbaren Unrechts unterlassener Hilfeleistung; und es gibt viele Grade des Wohlwollens, die über die bloße Achtung der Rechte des Anderen, seine sozusagen bloß passive Akzeptanz, hinausgehen, folglich auch als ›Wohlwollen‹ nicht rechtlich erzwingbar sind. Diese höhere Stufe der Moral kann auch Solidarität in einem engeren Sinne genannt werden.

Die Unterscheidung zwischen zwei Arten von Moral, nämlich der Moral der Achtung und der des Wohlwollens, hat einen doppelten Aspekt, denn sie kann als extensive oder intensive Unterscheidung gemeint werden. Einerseits unterscheidet sie zwischen der generellen Notwendigkeit der exakten Erfüllung von allgemeingültigen Pflichten und der ›individuellen‹ Möglichkeit, mehr als seine Pflicht zu tun; andererseits geht es um die Unterscheidung zwischen bloß korrekter Normerfüllung und größtmöglichem moralischen Selbsteinsatz. Einerseits wäre also zu fragen, ob die Moral darin bestehen kann, in allen Fällen nur das eben Notwendige zu tun, oder ob es nicht auch noch weitergehende Möglichkeiten des moralischen Einstehens füreinander gibt. Dies wäre eine Frage nach dem Norminhalt. Andererseits wäre zu fragen, ob die bloße Anerkennung im strengen Sinne des Wortes, die sozusagen lieblose Gerechtigkeit, schon die ganze gebotene Moral sein kann oder ob Moral nicht noch mehr als gedrückte Pflichterfüllung zu sein vermag, ob ich nicht meine Pflicht auch gerne, sozusagen aus Liebe, erfüllen kann oder sogar soll. Dies wäre eine Frage nach der Art der Normerfüllung. Im Prinzip sind diese Unterscheidungen alt und immer wieder diskutiert worden, z. B. als Unterscheidung von Pflichten und Tugenden oder Rechtspflichten und Liebespflichten, vor allem aber als Unterscheidung von Liebe und Gerechtigkeit.

Während die Unterlassungsmoral (z. B. im Tötungsverbot) für alle Menschen, als Objekte wie als Subjekte moralischen Handelns, gilt, bleibt die Moral des freiwilligen positiven Engagements meist auf einzelne, als Objekt wie als Subjekt moralischen Handelns, beschränkt und kann dann auch affektiv oder emotional gefärbt sein. Die prinzipielle moralische Mitmenschlichkeit ist etwas anderes als die konkrete moralische Solidarität im Rahmen einer bestimmten Gesellschaft. Eine solche ›soziale‹ Solidarität, die im allgemeinen aus dem Bewußtsein einer besonderen Zusammengehörigkeit resultiert, ist in aller Regel eine exklusive Solidarität, die sich aus der Abgrenzung der einen Gruppe gegenüber der anderen ergibt, und sie reicht bis hin zur Liebe im Sinne einer persönlichen Zuneigung. Dieses spezielle Bewußtsein von Zusammengehörigkeit, das sich an irgendwelchen kontingenten Merkmalen festmachen kann, ist aber nicht nur die Basis von Gemeinschaftsgefühlen, d. h. einem Gefühl von ›Verbundenheit‹, es kann auch – trotz aller möglichen Begrenzung der persönlichen Sympathiegefühle innerhalb der Gruppe – sowohl zu verschiedenen Arten praktischer Solidarität (Kooperation) als auch zu einer speziellen moralischen Solidarität (wechselseitiges Einstehen füreinander) führen. Im Rahmen von Verwandtschaftsbeziehungen z. B. könnte durchaus eine über die allgemeine Moral hinausgehende ›Verwandtschaftsmoral‹ gefordert werden, aber auch emotional leichter fallen. So kann eine Art abgestufte ›Liebe‹, eine *caritas ordinata* im moralischen Sinne des Wortes, entstehen, nämlich ein moralisches Wohlwollen, das auf faktischen Vorgegebenheiten basiert, aber mehr ist als bloße emotionale oder praktische Solidarität; in ihr vermischt sich Liebe im Sinne von (konkreter) moralischer Spontaneität mit Liebe im Sinne von (partikularer) Zuneigung und wird daher nicht selten mit dieser verwechselt. Allerdings kann solche partikulare Solidarität – anders als die universale, im Prinzip die ganze Menschheit betreffende Solidarität, die immer legitim, ja sogar immer gefordert ist – nicht nur zu konkreter Moral, sondern auch zu konkreter Unmoral führen.

Gerechtigkeit als normkonforme Handlung besteht darin, die allgemeinverbindliche Norm der Gerechtigkeit bzw. die durch die gerechten Gesetze gesetzten Normen zu beachten. Dazu gehört vor allem Objektivität, Korrektheit, ja Genauigkeit im Verhalten gegenüber den Mitmenschen; es bedarf keines persönlichen Verhältnisses zum Anderen, Gerechtigkeit ist als solche geradezu unpersönlich. Demgegenüber ist Liebe – auch im moralischen Sinn – personenbezogen. Obwohl als moralische Leistung mehr als ein bloß subjektives Gefühl oder eine bloß persönliche Neigung, ist sie doch mehr als eine mehr oder weniger anonyme Wohltätigkeit, nämlich irgendwie konkretes spontanes Wohlwollen. Liebe im moralischen Sinn ist eine engagierte Hinwendung zum Anderen als Mitmenschen (was noch nicht dasselbe ist wie der absolute Selbsteinsatz in der Liebe zu einer einzelnen, für mich einmaligen Person). Im Unterschied zur Gerechtigkeit läßt sie sich nicht als bloß richtiges Handeln verstehen, sie ist auch eine Tugend spontaner Gesinnung, die bereit ist, mehr als das Gebotene zu geben. Solche moralische Liebe hat, obwohl in der Praxis zweifellos selten, immer wieder als Höhepunkt menschenmöglicher Moralität gegolten.

Allerdings führt die Ausrufung der Liebe zur höchsten Form von Moralität zu allerlei Problemen und Paradoxien. Zwar läßt sich die Frage der Ausdehnung der Liebe mit Hilfe des Prinzips der *caritas ordinata* beantworten – ich muß nicht alle Menschen gleichermaßen lieben, weil ich das gar nicht kann. Zugleich aber wird dadurch eine doppelte Dialektik provoziert. Erstens wird, wenn die Liebe selbst geordnet sein soll, um nicht ungerecht zu werden, damit entgegen der ursprünglichen Absicht das Prinzip der Gerechtigkeit wieder eingeführt und sogar der Liebe als Regulativ übergestülpt – ich soll meine Liebe gerecht verteilen, sozusagen korrekt spontan sein (obwohl andererseits der gute Wille zur Gerechtigkeit selbst wieder als eine Art Liebe verstanden werden kann, durch welche die Gerechtigkeit allererst zur Tugend wird). Zweitens wird, wenn die Liebe zur höchsten Pflicht erklärt wird, die Liebe, nämlich die Spontaneität als ein Mehr an Pflichterfüllung, selbst wieder zum Gebot, sozusagen zur abgenötigten Liebe – ich soll den Anderen nicht nur achten, sondern sogar lieben, sozusagen aus Pflicht spontan sein, d. h. das, was ich tun soll, gerne tun. Wenn ich aber zu mehr verpflichtet bin als zu dem, wozu ich verpflichtet bin, dann entsteht eine endlose Iteration des Sollens, die dann in der Praxis nur noch durch eine unendliche moralische Spontaneität als eine nichtgebotene Moralität einzuholen wäre.

3. Der Grund des Guten

Moralität und Amoralität

Wir alle machen irgendeinen Unterschied zwischen *gut* und *nicht gut,* und wir unterscheiden nicht nur zwischen *gut* (*wertvoll, nützlich* usw.) und *schlecht* (*wertlos, nutzlos* usw.), sondern auch zwischen *moralisch gut* und *moralisch nicht gut* oder *moralisch schlecht,* d. h. *böse.* Insofern stellt der Begriff des moralisch Guten kein Problem dar. Zwar ist die Alltagssprache – vermutlich aus ›gutem‹ Grund – im Gebrauch des Wortes *gut* sehr großzügig; das Wort kann bekanntlich *angenehm* oder *schön, wirksam* oder *nützlich* usw. bedeuten. Aber meist werden diese Verwendungen hinreichend deutlich von dem, was *moralisch gut* genannt wird, unterschieden. Die Gleichsetzung von *moralisch gut* und *angenehm* oder die Reduktion von *moralisch gut* auf *nützlich* würde im Grunde eine Aufhebung des Begriffs *moralisch gut* bedeuten. Mit dem Begriff einer moralisch guten Tat verbindet sich nämlich (über alle Beurteilungen als irgendwie wertvoll hinaus) die Vorstellung, daß sie einer Anforderung, einem Anspruch, einer Verpflichtung oder dergleichen entspricht, also die

Vorstellung von einem Gebot oder Gesetz, einer Norm oder einem Sollen, von dem diese Verbindlichkeit herrührt. Das moralisch Gute ist das, was moralisch richtig ist, d. h. sich nach irgendeiner richtigen (moralischen) Norm richtet. Das moralisch Gute ist irgendwie gesollt: Ich soll gut sein.

Menschen können moralisch urteilen, daher auch moralisch handeln oder moralisch sein. Tiere hingegen sind eigentlich weder gut noch böse, nur gutartig (gutmütig) oder bösartig (aggressiv), sie haben noch »die Unschuld des Tötens«, d. h. sie leben noch außerhalb der Unterscheidung von *gut* und *böse* oder *sein* und *sollen,* also amoralisch, d. h. moralfrei oder moralneutral. Nur der Mensch ist befähigt bzw. dazu verurteilt, den Unterschied zwischen *gut* und *böse* zu kennen, auch wenn er sich im Einzelfall noch so sehr irren mag. Obwohl viele Menschen nicht selten uneinig sind über das, was jeweils oder grundsätzlich gut bzw. böse ist, weiß jeder im Grunde irgendwie, was mit dem Ausdruck *moralisch gut* oder *moralisch gesollt* gemeint ist. Wenn er es nicht wüßte, dürfte es kaum weniger schwierig sein, ihm dies klarzumachen, als dem Blinden Farben zu erklären. Der Mensch ist in diesem weiten Sinne ein ›moralisches‹ Lebewesen; er beurteilt dieses oder jenes als moralisch gut bzw. schlecht, er ist potentiell und daher auch reell gut oder böse.

Die meisten Menschen sind sogar moralisch im engeren Sinne des Wortes, nämlich mehr oder weniger gut – jedenfalls wenn man nicht allzu strenge Maßstäbe anlegt; wenn man etwas kritischer denkt, sind sie allerdings mehr oder weniger böse oder zumindest moralisch schwach. Wirklich gute und wirklich böse Menschen sind relativ selten, die meisten Menschen sind in moralischen Dingen eher halbherzig. Wir alle handeln meist mehr oder weniger ›moralisch‹, wir stehlen und morden nicht den ganzen Tag, wir erfüllen diese oder jene Pflicht; und wir tun dies im allgemeinen nicht nur aus Angst vor Strafe oder aus Egoismus, sondern auch, weil wir es im Prinzip für gut oder richtig halten, nicht zu stehlen und zu morden, insofern also mehr oder weniger aus gutem Willen. Allerdings handeln wir nicht selten auch mehr oder weniger ›unmoralisch‹, d. h. wir verstoßen wissentlich gegen Normen, die wir an sich als gut oder richtig anerkennen, und zwar in der Hoffnung auf irgendeinen Genuß oder Gewinn, d. h. aus Egoismus, also, wenn nicht direkt aus bösem Willen, so doch aus Mangel an gutem Willen.

Die mögliche Moralität des Menschen ist die selbstverständliche Voraussetzung aller Ethik – wie selbstverständlich gehen wir davon aus, daß der Mensch ein prinzipiell moralfähiges Wesen sei. Das Denken in moralischen Kategorien ist uns so vertraut, daß – nicht ohne eine gewisse Anstrengung – sogar ausdrücklich gefragt werden muß, ob es nicht auch im menschlichen Bereich quasi moralfreie oder moralneutrale Räume, Handlungen oder gar Personen gibt, ob es also echte moralische Indifferenz oder Amoralität im strengen Sinne des Wortes gibt, die von der Amoralität im alltäglichen Sinne des Wortes (Unmoral) klar zu unterscheiden ist, auch wenn uns unmoralische Menschen manchmal absolut moralunfähig zu sein scheinen. Gibt es überhaupt absolute (menschliche) Amoralität? Das Problem ist nicht, daß Kleinkinder wahrscheinlich noch nicht zwischen *gut* und *böse* unterscheiden können – sie haben eine aktualisierbare Anlage dazu, sonst wäre alle moralische Erziehung unmöglich bzw. bliebe bloß äußerliche Dressur. Das Problem ist auch nicht, daß es Menschen gibt, die aus Krankheit so gut wie unfähig sind, moralisch zu urteilen. Und natürlich geht es auch nicht darum, daß Menschen mit irgendeiner eigentümlichen ›Moral‹, aus der Sicht anderer Menschen, unmoralisch sind. Die Frage ist vielmehr, ob es an sich ganz normale Menschen gibt, die grundsätzlich keinen Unterschied zwischen *moralisch gut* und *mora-*

lisch nicht gut machen können, die also überhaupt nicht wissen, was *gut* und *böse* ist, d. h. ob es den absolut moralfreien, schlechthin gewissenlosen Menschen gibt, der gar nicht versteht, was Moral ist, der nicht nur ›guten Gewissens‹ unmoralisch ist, sondern auch keinerlei Bedürfnis verspürt, sich deswegen zu rechtfertigen. Gibt es Menschen ohne alles Unrechtsbewußtsein, die nie so etwas wie eine moralische Verpflichtung erfahren haben oder alles Sollen wieder abgeschüttelt haben, die also noch diesseits oder bereits wieder jenseits von gut und böse leben? Der absolut amoralische, sozusagen moralisch immune Mensch, der weder eine gute noch eine schlechte Moral, vielmehr ganz und gar keine Moral besitzt, wäre, wenn es ihn gibt, geradezu ein Testfall für jede Ethik.

Selbstverständlich müßte bei der Frage nach der Möglichkeit totaler moralischer Indifferenz oder absoluter moralischer Ignoranz zwischen praktischer und theoretischer Amoralität unterschieden werden, da diese anscheinend auch getrennt vorkommen können. Zum wirklich moralfreien Menschen würde gehören, daß er nicht nur praktisch sich an keinerlei moralische Regel hält (es sei denn, aus taktischen Überlegungen), sondern auch theoretisch keinerlei moralische Regel als solche anerkennt, also keine Achtung vor irgendeiner Norm hat. Er würde nichts über sich oder neben sich anerkennen dürfen, er würde bedenkenlos alles tun, was ihm gerade gefällt. Er müßte sogar, strenggenommen, nicht nur keinerlei Pflichtbewußtsein haben, sondern auch keinerlei Rechte anerkennen oder gelten lassen bzw. beanspruchen; er dürfte überhaupt kein (›moralisches‹) Rechtsbewußtsein, nicht einmal die vage Vorstellung eigener Rechte, haben. Alles ist ›erlaubt‹, d. h. nichts ist verboten oder geboten, jeder hat (wie es paradox heißt) ein ›Recht‹ auf alles. Ein wirklich amoralischer Mensch, der absolut nach Lust und Laune aus bloßem Eigennutz handelt, dürfte nicht einmal das Recht auf Rechtlosigkeit proklamieren, also nicht einmal dieser Rechtfertigung des Eigennutzes bedürfen. Er dürfte daher auch nicht beleidigt sein, wenn er Leid erfährt, denn er hat kein Recht, beleidigt zu sein, d. h. er darf nicht einmal meinen, daß ihm Unrecht widerfahren sei.

Ein amoralischer Mensch, der sich in totaler Unkenntnis moralischer Normen, verpflichtender Werte usw. befindet bzw. sich mit absoluter Gleichgültigkeit gegen diese zu behaupten versucht, ist offensichtlich nicht leicht zu finden; er würde eine ›krankhafte‹ Ausnahme sein, eigentlich kein Mensch, sondern ein Tier. Unser Hang, unmoralischen, scheinbar amoralischen Menschen das Menschsein abzusprechen, zeigt, wie sehr für uns die Möglichkeit der Moral zum Menschsein gehört. Es ist also zumindest unwahrscheinlich, daß es total amoralische Menschen gibt. Moralischsein impliziert nämlich das Streben, mehr als ein Tier zu sein, sogar besser zu sein, als man ist, also eine Art Willen zur Würde. Der Mensch lebt nicht nur, er führt sein Leben nach irgendwelchen (normativen) Vorstellungen, und er kann ein gutes oder richtiges Leben führen. Er setzt sich eine Norm bzw. fühlt sich durch eine Norm verpflichtet und dadurch über die pure Kontingenz erhaben.

Allerdings ist der logisch klare Gegensatz von Moral und Amoral bzw. Unmoral in der Praxis oftmals alles andere als eindeutig, denn alle Moral ist schon in der Theorie, erst recht aber in der Praxis unvollkommen, vor allem auch verworren. Meist ist unsere Moral sogar ziemlich löcherig – überall gibt es immer wieder ein moralisches *black out*, aber auch fast komplette Ausfälle aller ›normalen‹ Moral. Es gibt nicht nur mangelhafte, sondern sogar ausgesprochen ›kranke‹ oder ›kaputte‹ Moralen, die anscheinend aller normativen Selbstkontrolle entbehren, gelegentlich sogar perverse Moralen (nicht nur von Individuen, sondern anscheinend sogar von ganzen Gesellschaften). Kurz, in der Praxis gleichen Moralen nicht homogenen Systemen, sondern Amöben oder bizarren Gebilden mit irrationalen Verwerfungen. Und immer wieder gibt es den Anspruch auf eine Ausnahmemoral (meist im Dienste einer vermeintlich höheren Moral) oder die Praxis einer abstrusen Doppelmoral.

Was soll ich tun?

Wenn das Problem der Moral nicht von vornherein als solches liquidiert werden ›soll‹, muß davon ausgegangen werden, daß es einerseits irgendwelche Normen gibt (woher auch immer), andererseits irgendeine Normerkenntnis (wie auch immer). Wenn es ein Sollen gibt, muß es auch irgendein Sollensbewußtsein geben; denn was wäre eine moralisch verpflichtende Norm, wenn der Mensch sie nicht irgendwie erkennen könnte? Nur so kann sich die Frage stellen, wie ich das, was ich tun soll, auch richtig als richtig erkennen kann. Natürlich läßt sich dann darüber streiten, worin das Vermögen der Normerkenntnis bestehen könnte und ob es allgemein bzw. in diesem oder jenem Fall zureichend ist. Verfügt der Mensch über eine Art *moral sense* im Sinne einer Neigung für das Gute oder über ein Wertgefühl im Sinne einer moralischen Urteilskraft oder über eine rein praktische Vernunft als eine Art apriorisches Wissen? Gibt es irgendein moralisches Erkenntnisvermögen, das – etwa mit Bezug auf ein oberstes moralisches Erkenntnisprinzip (Richtprinzip) – als eine Art moralischer Kompaß funktionieren könnte? Solche Fragen sind für die theoretische Erörterung des Wesens der Moral zweifellos sehr wichtig, doch ist es für alle konkreten Fragen zunächst sekundär, ob es sich bei der Sollenserfahrung um eine rationale Erkenntnis des Guten oder um ein bloßes Gefühl für das Gute handelt (auch wenn ein bloß empirischer Sinn für ein metaempirisches Sollen, wenn es so etwas gibt, schwer vorstellbar ist). Wichtig ist zunächst nur, daß irgendeine Art Sollenserfahrung oder Normverstehen (Pflichtbewußtsein, Verstehen von Geboten, »Achtung vor dem Sittengesetz« oder ähnliches) vorausgesetzt werden muß, wenn nach den konkreten Geboten, Pflichten usw. gefragt wird.

Nun ist die moralische bzw. moralphilosophische Frage *Was soll ich tun?* nicht selten mehr oder weniger rhetorisch, also fiktiv. Als echte Frage stellt sie sich in dieser Form relativ selten, da die möglichen Antworten im allgemeinen längst bekannt sind. Normalerweise brauche ich die Normen gar nicht zu erkennen, weil ich sie schon längst kenne; ich brauche sie nicht zu suchen und zu finden, weil ich sie schon in meiner Kindheit gelernt habe (zumindest gewisse Grundnormen). Insofern habe ich immer schon eine normative Grundorientierung, auf die ich im Falle eines Falles zurückgreifen kann – die meisten sogenannten neuen Moralprobleme sind im Grunde Anwendungsprobleme für uralte Einsichten. Wenn ich gelernt und einmal prinzipiell begriffen habe, daß ich nicht stehlen darf, dürfte die Frage, ob ich dies oder jenes, z. B. bisher nicht existierende oder mir bisher unbekannte Dinge, stehlen darf, im Grunde kein Problem sein. Gesetzt jedoch den Fall, daß sich mir wirklich ein völlig neuartiges Problem stellt, so kann ich in den allermeisten Fällen auf irgendwelche allgemeinen Handlungsanweisungen zurückgreifen, die auf der Anerkennung des Anderen als meinesgleichen beruhen und daher eine gewisse (situationsbedingte) Universalisierbarkeit der Handlungsnormen ermöglichen. Ich muß mich nur auf den Standpunkt des Anderen versetzen können und wollen.

Die bekannteste Erkenntnis- und Handlungshilfe dieser Art ist die sogenannte Goldene Regel, die in ihrer meist zitierten negativen Variante ein Verbot ist: *Was du nicht willst, das man dir tu, das füg' auch keinem andern zu.* Der Form nach ist diese Regel allerdings eher eine Klugheitsregel, ein hypothetischer Imperativ; sie suggeriert das Vermeiden eines Tuns im Hinblick auf die Vorstellung eines möglichen eigenen Schadens. Zugleich scheint sie das gebotene Tun inhaltlich dem zufälligen, subjektiven Wollen zu überantworten – der eine kann dieses, der andere jenes wollen. Diese Schwierigkeiten vermeidet der Kategorische Imperativ, indem er sich (in unterschiedlichen Formulierungen) als objektives Gebot darstellt: *Handle nur nach derjenigen Maxime, durch die du zugleich wollen kannst, daß sie ein allgemeines Gesetz werde.* Damit wird anscheinend sowohl ein moralisches Gebot als auch ein Moralkriterium (Erkenntnisgrund) eindeutig formuliert: Moralisch ist das, was im Prinzip eine allgemeine Norm sein kann, oder vielmehr das, von dem ich vernünftigerweise wollen kann, daß es eine allgemeine Norm sein kann. Allerdings wird die Frage nach dem Inhalt des Sollens auf diese Weise der Vernunft, wenn nicht gar der Logik zugewiesen; denn nun muß geklärt werden, was ich vernünftigerweise (z. B. widerspruchsfrei) wollen kann. Und wenn dann etwa gesagt wird, vernünftig sei das, was die Existenz der Menschheit sichere, so wird einerseits das metaempirische Sollen durch ein empirisches Kriterium inhaltlich konkretisiert, andererseits als moralische Norm unterstellt, daß die Menschheit erhalten werden solle. Im übrigen bleibt, ähnlich wie im Falle der Goldenen Regel, immer noch ein gewisser (subjektiver) Entscheidungsspielraum hinsichtlich dessen, was ich wollen kann, und wenn vorher selbstverständliche Normen erst einmal problematisch geworden sind, kann die Reflexion leicht endlos werden. In jedem Fall bedarf es zu einer inhaltlichen Präzisierung der Moral des Bezugs auf die Wirklichkeit.

Schwieriger als die Erkenntnisprobleme der Moral sind jedoch die Anwendungsprobleme, und zwar durch die vielen zusätzlichen Bedingungen, unter denen die moralischen Normen zum Zuge kommen. Denn so kategorisch z. B. der Imperativ *Du sollst nicht stehlen* klingen mag, faktisch wird er allgemein nicht so verstanden, als ob er absolut, d. h. ohne Rücksicht auf alle anderen Verpflichtungen gelte. Stehlen, um sich irgendeinen Luxus leisten zu können, dürfte zwar allgemein als moralisch schlecht gelten; aber Stehlen, um unmittelbar und erkennbar Leben zu retten, dürfte ebenfalls nach allgemeiner Ansicht gerechtfertigt oder wenigstens verzeihlich sein. So dürfte kaum eine Grundregel ohne Ausnahmen gelten. Die Schwierigkeit der Anwendung liegt zwar meist mehr in der Analyse der Situation als im Verständnis der Norm, und da werden sich wegen der Komplexität der meisten Verhältnisse fast immer Beurteilungsfragen stellen. Aber natürlich kann man sich, wenn z. B. situative Ausnahmen vom Tötungsverbot diskutiert werden, theoretisch auf den Standpunkt stellen, lieber sich selbst bzw. andere töten zu lassen als sich zu wehren und notfalls selber zu töten.

Erkennen ist in aller Regel kein reines Erkennen, sondern wie auch das Handeln subjekt- und situationsbedingt – dies gilt für das moralische Erkennen vielleicht sogar in besonderem Maße. Und da alles Erkennen normalerweise unter dem Druck der Zeit zu irgendeinem Ergebnis kommen muß, bedarf es im allgemeinen einer Entscheidung. Ich entscheide mich für das, was ich jetzt mehr oder weniger vernünftig begründet – für richtig halte, und ich halte das für richtig, was ich, aus welchen Gründen auch immer, gewählt habe. Daher bleibt in allen moralischen Fragen, gleich, welchen Status und Inhalt die moralischen Normen haben mögen, immer ein Rest von Unsicherheit und damit ein Spielraum für Interpretation und Entscheidung – letztlich kann ich immer nur nach bestem Wissen und Gewissen handeln. Und je mehr die Menschen ihre traditionelle normative Orientierung verlieren, desto mehr sind sie (wie sonst nur in Ausnahmesituationen) auf sich selbst, auf ihre eigene moralische Erkenntnis- und Willenskraft verwiesen. Das aber bedeutet auch, daß alle Normen, obwohl im allgemeinen gelernt und als gegeben erfahren, in gewisser Weise auch von mir ›gesetzt‹ werden, daß also alle Gewissensentscheidung auch eine Entscheidung und alle sogenannte Anerkennung von Pflichten auch eine Anmaßung ist. Insofern gründet das Sollen oder vielmehr die vermeintliche Sollenserkenntnis – inhaltlich – auch im Wollen. Aber natürlich gibt es darüber hinaus auch eine nicht gerade seltene (unmoralische) Arroganz der Moral, nämlich moralische Arroganz gegenüber anderen (so wie es auch – bei anscheinender Demut – eine Arroganz der Frömmigkeit oder arrogante Frömmigkeit gibt).

Warum soll ich gut sein?

Die Frage *Was soll ich tun?* setzt voraus, daß ich überhaupt etwas tun soll, und zwar das Richtige. Die meisten Menschen, wenn nicht sogar alle, glauben jedenfalls, daß es irgendwelche moralischen Pflichten gebe, auch wenn sie sich möglicherweise unsicher sind, welche und warum; selbst wenn sie alle moralischen Gebote für rein menschliche Konventionen halten, glauben sie meist dennoch, daß man sich aus ›moralischen‹ Gründen daran halten sollte. Aber warum soll ich eigentlich gut sein, nämlich moralisch richtig handeln und das Gute wollen? Warum soll ich etwas tun bzw. etwas wollen, was nicht ist, aber sein soll, warum also anders sein, als ich bin? Offensichtlich gibt es Gebote nämlich nur, weil der Mensch meist noch nicht ist, was er sein könnte; und umgekehrt, nur weil es Normen gibt, ist der wirkliche Mensch (noch) nicht der wahre Mensch: Ich bin nicht nur, ich soll auch dieser oder jener sein, und ich bin, wie ich handele. Dieser Unterschied zwischen dem, was ist, und dem, was sein soll oder sein sollte, scheint den Menschen immer schon irgendwie bewußt zu sein; auch wenn es diese moralische Differenz an sich, d. h. unabhängig vom Menschen, gar nicht geben sollte, wir scheinen ohne sie nicht auszukommen. Ohne die Unterscheidung zwischen Sein und Sollen wäre keine sinnvolle (normative) Ethik möglich und damit auch keine Erziehung zur Moral; ohne die Unterscheidung von Sein und Sollen wäre alles, was ist oder geschieht, moralisch gleichgültig, nämlich gleich gültig.

Aber warum soll ich eigentlich? Was sind moralische Normen, und warum gibt es sie, d. h. was ist Normativität und worin gründet sie? Worin besteht das Sein des Sollens? Immerhin ist der Unterschied von Sein und Sollen, obwohl wie alles Selbstverständliche begrifflich nur mühsam zu explizieren, rein formal und phänomenal relativ klar. Die Annahme, daß etwas moralisch gut oder richtig sei, impliziert nämlich die Annahme, daß dieses moralisch Gute oder Richtige sein soll, d. h. Sollen wird vornehmlich in der Differenz von Sein und Sollen erfahren (manchmal allerdings auch in deren Entsprechung). Damit unterscheiden wir nicht nur irgendwie zwischen Wert und Wirklichkeit, Norm und Faktum, sondern auch zwischen (realem) Sein und (moralischem) Sollen: Es ist das (meist kontrafaktisch) verpflichtende Gute, das gemäß der Moral faktisch sein soll. Das Sollen ist zwar auch irgendwie, das Gesollte aber möglicherweise (noch) nicht, wohl aber ein im Prinzip mögliches Sein, d. h. es kann sein. Und es muß sein können, denn wenn es prinzipiell unmöglich wäre, könnte es nicht sinnvoll gefordert oder geboten sein. Sollen ist Seinsollen, obwohl das Sein des Sollens selbst anscheinend etwas anderes als bloßes Sein ist und insofern auf einem Bruch im Sein, auf einem Bruch mit der bloßen Faktizität beruht. Die Frage nach dem Wesen des moralisch Guten ist daher aufs engste mit dem Problem des Ursprungs der moralischen Normen verknüpft. Jeder Versuch zu erklären, was Sollen ist, fragt nach dem Grund des Guten, und zwar in mehrfachen, meist aber eng verknüpften Hinsichten. Woher kommt das Sollen, worin gründet das Sollen (Seinsgrund)? Warum gibt es das Sollen, warum ist es verbindlich (Geltungsgrund)? Letztlich lassen sich solche Fragen nach dem Grund des Sollens jedoch auf eine einzige Frage mit zwei möglichen Antworten konzentrieren: Bedarf es zur Begründung der Moral eines metaempirischen Prinzips, oder läßt sie sich rein empirisch verstehen? Die erste Art der Moralbegründung ist im Prinzip idealistisch, die zweite im Prinzip materialistisch.

Die idealistisch oder metaempiristisch orientierte Moralphilosophie sucht den Grund aller Moral in einem transzendenten oder transzendentalen Prinzip. Nur ein solches Prinzip scheint die Differenz von Sein und Sollen angemessen erklären zu können, nur ein metaempirisches oder metaphysisches Prinzip scheint eine allgemeingültige Moralnorm garantieren zu können; denn die idealistische Ethik behauptet in aller Regel allgemeingültige, überzeitliche Normen jenseits aller geschichtlichen Ausprägungen der Moral und Morallehre. Worin allerdings das Prinzip besteht, auf dem alle Moral beruht, darüber sind sich die idealistisch orientierten Moralphilosophen uneinig. Entweder rekurrieren sie direkt auf Gott (z. B. auf Gottes Willen, Vernunft oder Wesen) bzw. auf eine gottähnliche, mit Gott mehr oder weniger identische ewige Seins- bzw. Sollensordnung (z. B. auf ein ewiges Gesetz oder einen Kosmos ewiger Ideen bzw. Werte), so daß der letzte Grund des Sollens eine übermenschliche Instanz ist. Oder sie rekurrieren auf den Menschen als ein selbst schon mehr als empirisches Wesen (z. B. auf seine metaphysische Wesensnatur, seine praktische Vernunft oder seine mögliche Existenz als seine eigentliche Existenz), eine Art höheres Ich, sozusagen »Gott in mir«, gebietet dem empirischen, sinnlichen oder alltäglichen Ich, was es zu tun oder zu wollen, mithin, wie es zu sein hat. Zwar wird das natürliche Interesse des Menschen an einer Moral in diesen Moralbegründungen keineswegs geleugnet, vielmehr als sogenanntes wahres oder höheres Interesse sogar vorausgesetzt – das Gesollte ist auch das im Grunde Gewollte. Aber der konkrete menschliche Wille oder das empirische Interesse des Menschen ist nicht selbst der Grund des Sollens, vielmehr tritt das eigene Wollen dem Menschen wie ein ›fremdes‹ Wollen, sozusagen als Gesetz gegenüber.

Die materialistisch oder empiristisch orientierte Ethik hingegen versucht den Grund aller Moral in sinnlich erkennbaren Erfahrungstatsachen zu finden. Dabei geht sie im allgemeinen von der geschichtlichen Verschiedenheit der Moralvorstellungen aus und betrachtet alle moralischen Gebote und Verbote als bloße Spielregeln: Die von den Menschen selbst aufgestellten Normen dienen dem Leben und Überleben des Individuums wie der Gesellschaft, ihr letzter Ursprung ist das physische Interesse des Menschen an seiner Selbsterhaltung und einem möglichst komfortablen Dasein. Die empiristische Ethik setzt insofern auf das Interesse, entweder das des einzelnen oder das der Allgemeinheit bzw. auf eine prinzipielle Konformität beider. Moralisch ist, was (›wahrhaft‹) nützlich ist; alle Moral ist entweder direkt Menschenwerk oder wie auch andere mentale Phänomene im Grunde nur Reflex der vorgegebenen, sinnlich erfahrbaren menschlichen Natur. So können die unterschiedlichen Gebote und Verbote z. B. geschichtlich auf friedliche, mehr oder weniger bewußte Übereinkünfte, auf eine stellvertretende staatliche Gesetzgebung oder auf eine gewaltsame Normsetzung durch Machthaber zurückgehen. Oder sie können sich mehr oder weniger spontan aus der menschlichen Natur, z. B. einem psychologisch feststellbaren *moral sense,* einer Neigung zum Mitmenschen usw. ergeben, ja sie können sogar auf die Entstehung des Menschen aus dem Tierreich zurückgehen und sind dann nichts anderes als sublimierte Instinkte.

Beide Ethikbegründungen, die idealistische wie die empiristische, haben ihre eigenen Probleme. Die eine versucht, die Moral durch metaphysische Fundamentierung zu retten, sie ist tendenziell absolutistisch; die andere versucht, die Moral durch Reduzierung auf das Physische zu retten, sie ist tendenziell relativistisch. Die idealistisch begründete Ethik ist nicht nur durch die Vielfalt ihrer transempirischen Annahmen belastet, sie hat auch Schwierigkeiten, die aus solchen abstrakten Prinzipien abgeleiteten Normensysteme mit der faktischen Moral zu verknüpfen. Wie kommt es, daß die Menschen trotz ewiger Normen geschichtlich verschiedene moralische Vorstellungen entwickeln? Die materialistisch begründete Ethik kann im Grunde keine kontrafaktischen allgemeingültigen Gebote annehmen. Da die Moral sich empirisch auszahlen soll, hat sie Schwierigkeiten, Opferforderungen aufzustellen oder heimliche Moralverstöße zu verbieten, ohne zugleich einen höheren (›wahren‹) Nutzen, z. B. des guten Gewissens oder in einem anderen Leben, zu behaupten oder gar unwillkürlich ein Sollen, etwa die Gültigkeit des Gleichheitsprinzips, einzuführen. Aber natürlich gibt es zwischen beiden Ethikkonzeptionen auch viele Übereinstimmungen. Beide halten z. B. wie selbstverständlich daran fest, daß Moral wünschenswert sei bzw. sein soll, beide erkennen anscheinend auch eine Reihe von

Grundnormen als unproblematisch an. Dennoch handelt es sich um zwei grundsätzlich verschiedene Konzeptionen, die einander weitgehend verständnislos gegenüberstehen. Die metaempiristische Ethik erscheint aus der Sicht der empiristischen als unnötige Pseudotheologie, die empiristische Ethik erscheint aus der Sicht der metaempiristischen als eine Pseudoethik, die die Moral verkennt und instrumentalisiert, ja das Moralproblem im Grunde sogar durch Trivialisierung liquidiert.

Während also über die Inhalte des Sollens zwischen den meisten Moralphilosophen eine relativ große Einigkeit herrscht, bleibt der Status der Normen und damit der Charakter des Sollens selbst extrem strittig, um nicht zu sagen unerklärlich. So einfach sich die Sollensinhalte (das Gesollte) aus dem Sein (der empirischen Wirklichkeit) ergeben mögen, so unklar bleibt der Grund des Sollens. Warum soll ich überhaupt irgend etwas? Hier scheint sich eine Art *circulus moralis* aufzutun. Was Moral ist, kann man anscheinend nur dem erklären, der zumindest potentiell moralisch ist; was Gutsein bzw. Gutseinsollen und Gutseinwollen bedeutet, scheint nur der Gutwillige zu wissen, der bereits einen Willen zum Guten hat. Aber für den, der gut oder wenigstens gutwillig ist, ist möglicherweise schon die Frage *Wozu bzw. warum soll ich gut sein?* eine falsch gestellte Frage; er will gut sein, weil er gut sein will. Vielleicht kann das Sollen also gar nicht weiter begründet werden, vielleicht soll ich ›grundlos‹ gut sein. Oder brauche ich einen Grund, gut zu sein? Jedenfalls ›sollte‹ man sich hüten, die Moral durch heimliche Transformationen oder Liquidationen des Sollens, durch brüchige Hilfskonstruktionen wegzuerklären. Vielleicht ist das Sollen ein nicht weiter zurückführbares Urphänomen. *Warum soll ich gut sein?* Diese Frage können eigentlich nur Philosophen oder Verbrecher stellen.

Gut sein wollen und können

Sollen scheint ein Urphänomen zu sein: Ich soll, weil ich soll. Wer gut ist oder gut sein will, fragt nicht, warum er gut sein soll. Aber warum will ich gut sein? Wie kann ich gut sein, wie kann ich gut sein wollen? Offensichtlich setzt alle Ethik – mehr oder weniger – zweierlei voraus: Erstens soll ich richtig handeln, d. h. mein Handeln soll der geltenden Norm entsprechen. Zweitens soll mein Handlungswille ebenfalls der vorausgesetzten Handlungsnorm entsprechen, d. h. mein Wollen durch das Gute selbst motiviert sein. Wenn ich moralisch gut sein will, will ich das moralisch Gute; Gutsein heißt: moralisch richtiges Handeln aus moralisch gutem Willen. Das reale Gutsein besteht in der Übereinstimmung des Wollens und Handelns mit einem Sollen, dessen ideales Gutsein als ›Grund‹ des Wollens und Handelns vorausgesetzt wird. Außerdem wird – mehr oder weniger selbstverständlich – vorausgesetzt, daß ich gut sein kann, d. h. moralisch wollen und handeln kann, nämlich aus eigener Kraft oder Freiheit gut sein bzw. gut sein wollen kann. Wie aber kann ich – die geforderte Freiheit (Kraft) vorausgesetzt – die geforderte moralische Leistung erbringen, also mich durch das moralisch Gute motivieren lassen? Woher nehme ich die Kraft, aus Freiheit wirklich gut zu sein? Angeblich brauche ich nur zu wollen. Aber wie kann ich gut sein wollen oder vielmehr guten Willens sein wollen? Kurz, was ist der Grund des guten Willens?

Der gute Wille ist Wille zum Guten, und zwar um des Guten willen, und sei es auch nur ein vermeintliches Gutes, das wahrhaftig für das wahre Gute gehalten wird. Irgendwie scheint der Wille zum Guten also zumindest eine Ahnung von dem vorauszusetzen, was gut oder gewollt ist; zum guten Willen gehört insofern irgendeine Form von ›Erkenntnis‹ des Guten, damit er sich durch dieses bestimmen lassen kann, denn ein völlig blinder guter Wille könnte kaum als guter Wille gelten. Andererseits sind wir in unserer Erkenntnis bereits vielfach von unserem Willen abhängig, vor allem in unserer moralischen Erkenntnis von unserem guten bzw. schlechten Willen. Woher aber kommt dann der gute Wille? Gibt es einen zunächst noch relativ unbestimmten guten Willen, d. h. einen sozusagen noch inhaltsleeren guten Willen als Bereitschaft oder gar ›Neigung‹ zum Guten? Damit kehrt allerdings die Frage nach dem Grund des guten Willens so oder so zurück. Wenn guter Wille irgendwie schon vorausgesetzt werden muß, um das Gute wirklich zu erkennen und sich dadurch bestimmen zu lassen – woher kommt dann der gute Wille? Wie kommt es zu einer Art von spontanem Selbstzwang?

Wenn ich guten Willens bin, will ich das tun, was ich tun soll; das Gesollte ist das Gewollte. Aber die Klärung, was ein guter Wille sein könnte, nämlich Wille zum Guten, enthält offenbar noch keine Erklärung der Tatsache, daß oder warum jemand guten Willens ist; denn die Erklärung, daß ich gut sein wollen will, weil ich guten Willens sein soll, hilft offensichtlich nicht weiter. Warum bin ich guten Willens? Zwar bieten sich sofort zwei Antworten an, die aber von der erlebten Moralität mehr oder weniger wegführen. (1.) Es gibt Menschen, die eine natürliche Neigung zum Guten haben, also grundsätzlich gutwillig sind. Vielleicht haben sogar alle Menschen eine angeborene Tendenz, sich sozial zu verhalten, vielleicht ist also der sogenannte Wille im Grunde ein biologisches Erbe (wenn auch gelegentlich verdorben). Allerdings wird auf diese Weise alle Moral mehr oder weniger auf eine individuelle oder generelle natürliche Anlage und ein natürliches Geschehen zurückgeführt, d. h. als freier Akt aufgehoben. (2.) Es gibt Menschen, für die alles moralische Handeln, auch ihr eigenes, völlig von der Gnade einer übernatürlichen Macht abhängig ist – sei es, weil sie glauben, solche Gnade erfahren zu haben, sei es, weil sie glauben, daß ohnehin alles nur nach dem Willen Gottes geschehe. Was ich moralisch kann, kann ich nicht aus eigener moralischer Macht. Allerdings wird auch auf diese Weise alle Moral mehr oder weniger als menschliche Moral aus Freiheit aufgehoben.

Bleibt man auf der rein moralischen Ebene, und zwar der erlebten Moralität, so scheint der Grund des Gutseins also sehr viel unklarer zu sein als der Grund des Böseseins. Zwar gibt es rein phänomenal sehr unterschiedliche Formen des Bösen. Es gibt Bosheit aus Haß, auch Selbsthaß, aus Langeweile und Frustration, aus Neid und blindem Egoismus usw.; viele schlechte Handlungen geschehen wahrscheinlich zu einem guten Teil aus ›Dummheit‹ (Gedankenlosigkeit) oder eher aus Mangel an gutem Willen (moralische Willensschwäche) als aus wirklich bösem Willen. Dennoch gibt es offenbar genug Menschen, die mit vollem Bewußtsein böse sind. Wirklich böse ist zwar nur, wer böse ist und weiß, daß er böse ist, d. h. aus irgendeinem Grunde bewußt nicht gut ist. Und es gibt offensichtlich genug Gründe, moralisch schlecht zu sein, sei es aus irregeleiteter Hoffnung auf irgendeinen Vorteil, sei es aus verzweifelter und pervertierter Suche nach Selbstsein. Jedenfalls ist, zumindest vordergründig, relativ einfach zu verstehen, warum die meisten Menschen böse, zumindest nicht besonders gut sind; Mangel an gutem Willen, Willensschwäche und Egoismus, meist mit Mangel an Reflexion verbunden, erklären zumindest bis zu einem gewissen Grade die allgegenwärtige »Banalität des Bösen«. Aber warum sind wir gelegentlich auch gut? Denn offenbar verhalten wir uns gelegentlich nicht nur moralisch halbherzig, sondern wirklich gut, und zwar nicht aus Egoismus. Denn wenn wir uns nur aus eigennützigem Interesse moralisch korrekt verhalten würden, wären wir nicht wirklich moralisch gut, unser Verhalten wäre nur ›legal‹ oder äußerlich moralisch. Zwar entspricht unsere Moralität vermutlich immer auch unserem wahren Interesse, aber niemand ist wirklich gut allein aus kluger Kalkulation. Woher also kommt die Kraft zum Guten? Wie kann ich das wollen, was ich wollen können soll?

Wenn aber für die faktische Moral wie schon für das kontrafaktische Sollen kein erkennbarer Grund angegeben werden kann, wird dann nicht die Moral der Metaphysik, ja sogar der Religion ausgeliefert? Bekanntlich ist immer wieder versucht worden, Moral durch Religion zu begründen, nämlich das moralische Sollen als Gebot Gottes darzustellen. Dies kann allerdings, außer zu einer schlechten Heteronomie von Moral, leicht zu einer gefährlichen Verquickung von Religion und Moral führen, vor allem zu einer totalen Theologisierung der Moral seitens derer, die sich in Religionsdingen Kompetenzen anmaßen, also zum moralischen Terror im Namen Gottes. Und umgekehrt kann dann auch der Verlust an Religion zu einem unmittelbaren Verlust an Moral führen. Dennoch ist eine gewisse Affinität von Religion und Moral kaum zu übersehen. Wer – wie immer – die Existenz eines moralischen Sollens anerkennt oder gar guten Willens ist, unterscheidet *de facto* zwischen einem ideellen und einem materiellen Sein. Moralität ist als gesollte wie als gewollte empirisch nicht ableitbare Idealität – wenn es ein echtes moralisches Sollen gibt, dann gibt es mehr als brutale Faktizität. Wer in seinem Handeln moralische Gebote berücksichtigt, unterwirft sich in irgendeiner Form einer metaempirischen Bindung. Ob es sich bei diesem Respekt, dieser *re-ligio,* um Demut vor Gott oder »Achtung vor dem Sittengesetz« oder was auch immer handelt, faktisch verhalte ich mich ›idealistisch‹ oder ›religiös‹, wenn ich mich moralisch verhalte.

4. Gutsein und Wahrsein

Warum Wahrheit?

In der Morallehre kommt Wahrheit meist nur an einer Stelle vor, und dies auch nur indirekt, nämlich in dem Verbot, die Unwahrheit zu sagen. Die Pflicht zur Wahrheit ist ein Gebot unter anderen und anscheinend nicht das wichtigste, auch wenn die Philosophen dazu neigen, Wahrheit als ein besonders hohes Gut oder sogar als das höchste Gut hinzustellen. Doch scheint auch den ›Nichtphilosophen‹ die Wahrheit nicht gleichgültig zu sein. Überall streiten sich Menschen über Wahrheit, nicht selten sterben sie sogar für die bzw. für ›ihre‹ Wahrheit oder töten einander, um ihren vermeintlichen Wahrheitsbesitz vor den Anfechtungen anderer Wahrheitsbehauptungen zu retten (vermutlich nicht zuletzt deshalb, weil sie sich ihrer Wahrheit im Grunde nicht ganz sicher sind). Wahrheit interessiert uns offensichtlich, denn wir beanspruchen Wahrheit für das, was wir denken und sagen. Sogar wenn wir lügen, beziehen wir uns noch auf den Schein von Wahrheit, d. h. wir erkennen die Macht der Wahrheit an. Mit anderen Worten, wir sollen nicht nur die Wahrheit sagen, wir wollen sie auch selbst wissen und besitzen.

Auch die Frage *Was ist Wahrheit?* bewegt sich schon innerhalb der Dimension der Möglichkeit von Wahrheit. Ob ich nach einer partikularen Wahrheit oder der Wahrheit im Ganzen, d. h. der Wahrheit über das Ganze verlange oder sogar das sogenannte Wesen der Wahrheit erkennen will, nämlich was Wahrheit überhaupt oder als solche ist – immer will ich Wahrheit und immer setze ich dabei irgendeine Idee von Wahrheit voraus. Selbst wer behauptet, daß seine Aussage nur ›subjektiv wahr‹ sei und er keinen Anspruch auf ›objektive Wahrheit‹ mache, daß Wahrheit ihm sogar gleichgültig sei oder daß es überhaupt keine Wahrheit gebe, beansprucht mit dieser Behauptung noch Wahrheit, d. h. er setzt sie im Prinzip voraus und erkennt sie insofern an. Wer eine wahre Antwort auf seine Wahrheitsfrage will, muß sogar schon irgendwie wissen, was er mit *wahr* meint. Selbst wenn er die Frage als unbeantwortbar, falsch gestellt usw. ablehnt, sich vielleicht sogar der Wahrheit über die Wahrheit verweigert, glaubt er im Grunde schon irgendwie die Wahrheit über die Wahrheit zu wissen. Wir können anscheinend nicht umhin, irgend etwas für wahr zu halten. Selbst wenn ich behaupte, von keiner meiner Aussagen zu wissen, ob sie wahr sei, so muß ich doch zumindest diese Aussage für wahr halten. Oder kann ich wahrhaft, nämlich ehrlich und ernsthaft, glauben, daß alles, was ich für wahr halte, absolut unwahr ist, und auch noch diese meine Annahme?

Auch der Streit über ›das wahre Gute‹ ist noch ein Streit über die Wahrheit: Wir wollen die Wahrheit über das Gute wissen. Indem wir das wahre Gute suchen, setzen wir sogar die Wahrheit über das Gute schon wieder wie selbstverständlich als etwas (wahrhaft) Gutes voraus, d. h. wir erkennen die (gesuchte) Wahrheit über das Gute selbst schon als etwas Gutes, als Wert oder sogar als Norm an. Wahrheit ist selbst ein wahres Gut. Vielleicht ist im Chaos der Meinungen über das moralisch Gute Wahrheit sogar eine oder vielmehr die einzige unabdingbare Grundforderung, sozusagen ein moralisches Minimum, das jeder wollen muß, wenn er überhaupt bereit ist, etwas als Norm oder Wert oder auch nur als Tatsache anzuerkennen.

Aber warum wollen wir Wahrheit, wozu wollen wir sie (zumindest für uns selbst)? Zwar ist die Blickrichtung der beiden Fragen unterschiedlich, aber indem sie einerseits auf die Ursache, andererseits auf den Zweck der Wahrheitsfrage zielen, suchen sie doch nach derselben Sache, dem Grund der Wahrheitsfrage – und verlangen so selbst wieder nach Wahrheit. Worin also gründet der Wahrheitswille? Gibt es, wie nicht selten behauptet wird, einen Erkenntnis- oder Wahrheitstrieb? Ist es so etwas wie Lust an der Wahrheit, also die Absicht auf Erkenntnisvergnügen, die uns zur Wahrheit treibt, oder steht dahinter ein fundamentaleres Bedürfnis, ein physisches, wenn nicht metaphysisches Interesse? Jedenfalls brauchen wir Wahrheit. Daß Wahrheit absolut wichtig ist, liegt nämlich auf der Hand: Wir benötigen sie zum Leben. Wahrheit ist nicht nur irgendwie nützlich, sondern unabdingbar notwendig, wenn wir auch nur einen Tag überleben wollen; denn ohne ein Minimum an Wahrheit, nämlich Wirklichkeitserkenntnis, kämen wir nicht heil über die Straße, nicht einmal aus dem Zimmer. Wir brauchen Wahrheit dringender als das tägliche Brot, weil wir ohne alle Wahrheit weder Brot noch Wasser noch sonst etwas hätten – wir brauchen Wahrheit wie die Luft zum Atmen. Die Frage *Wozu brauchen wir Wahrheit?* ist insofern eine törichte Frage, denn wozu brauchen wir sie nicht? Und die Frage ist redundant, da sie selbst schon wieder nach Wahrheit verlangt.

Wir alle machen ständig einen Unterschied zwischen *wahr* und *unwahr,* und zwar meist mit Erfolg – selbst wenn wir irren, können wir dies nur im Hinblick auf die mögliche Wahrheit feststellen. Wir unterscheiden unvermeidlich zwischen einer scheinbaren und einer wirklichen Wahrheit, zumindest können wir zwischen einer vermeintlichen Wahrheit und einer vermeintlichen Unwahrheit unterscheiden. Kurz, es ist nicht alles gleich wahr bzw. gleich unwahr. Wir wollen und brauchen Wahrheit – nicht nur, weil der Mensch schon aus physischen Gründen der Wahrheit, nämlich zureichender Erkenntnisse, bedarf, um zu leben, sondern auch, weil er sich psychisch und logisch, ja sogar moralisch gar nicht daran hindern kann, unwillkürlich Anspruch auf Wahrheit zu erheben sowie von anderen Wahrheit bzw. Wahrhaftigkeit zu verlangen – wir erstreben Wahrheit, auch wenn wir sie für ein bloßes Ideal oder Postulat halten. Der endgültige totale Verzicht auf Wahrheit wäre der Verzicht auf alle Erkenntnis, er wäre der sich seiner selbst nicht einmal ehrlich bewußte Verzicht auf Menschsein und Leben überhaupt. Zwar könnte man nun wieder fragen *Warum soll ich ein Mensch sein, warum soll ich leben?* – aber damit hätte man sich bereits wieder auf das Fragen nach Wahrheit eingelassen.

Allerdings gibt es unterschiedliche Grade von Wahrheitsinteresse. Einerseits gibt es Leute, die anscheinend schon so viel Wahrheit besitzen, daß sie damit für ihr ganzes Leben genug haben, andererseits Menschen, die unter ihrem Erkenntnismangel leiden und daher ausgesprochen wahrheitshungrig oder wahrheitsdurstig sind – manche, die sogenannten Philosophen, sozusagen professionelle Wahrheitssucher, scheinen sogar ausgesprochen wahrheitssüchtig zu sein, geradezu krank nach Wahrheit. Wenn es jedoch um Leben und Tod geht, dürfte Wahrheit für alle wichtig werden – Liebende und Sterbende scheinen besonders nach Wahrheit zu verlangen, also aus irgendwelchen (›existentiellen‹ oder ›metaphysischen‹) Gründen besonders wahrheitsbedürftig zu sein. Die Lüge ist der Tod der Liebe, eine einzige Lüge kann alles vergiften; und wenn es zu Ende geht, wollen die meisten Menschen wenigstens ehrlich sterben. Aber natürlich gibt es auch ganz unterschiedliche und unterschiedlich wichtige Wahrheiten: alte und unansehnliche, neue oder aufgemachte. Es gibt banale Wahrheiten, und zwar so viele, daß keiner sie alle kennen kann, und sogenannte wesentliche oder letzte Wahrheiten, deren Anzahl eher beschränkt sein dürfte, ja sogar Wahrheiten, mit denen wir Heilshoffnungen oder Heilserwartungen verbinden, also Heilswahrheiten. Letztlich scheint jedoch in der Wahrheit selbst schon ein gewisses Heil zu liegen, denn immer wieder gibt es Menschen, die Wahrheit nicht nur aus materiellen Interessen suchen, sondern auch Wahrheit um der Wahrheit willen, und die sogar bereit sind, für ihre Wahrheit zu leben und zu sterben. Wahrscheinlich können wir uns letztlich gar nicht daran hindern, auf Wahrheit zu hoffen, unsere Hoffnung auf die Wahrheit zu setzen, unser Heil in der Wahrheit zu suchen. *Spes in veritate.*

Nun kann man natürlich fragen, ob und inwieweit wir wirklich Wahrheit wollen, z. B. die Wahrheit über uns selbst oder auch die Wahrheit über die Wahrheitsfrage; denn offensichtlich wollen wir oft genug die Wahrheit nicht wissen, nämlich immer dann, wenn es sich um unangenehme Wahrheiten handelt. Andererseits können wir die Wahrheit nicht grundsätzlich nicht wissen wollen, d. h. nicht bewußt auf alle Wahrheit verzichten wollen. Wir können uns gegen diese und jene, aber nicht gegen alle Wahrheit wehren wollen, d. h. uns nicht bewußt total blind machen wollen. Die Wahrheit grundsätzlich nicht wissen zu wollen würde bedeuten, ständig auf der Flucht sein zu müssen, und zwar vor dem, was man in ›Wahrheit‹ schon als Wahrheit kennt und sogar, um davor fliehen zu können, gar nicht vergessen darf und kann. Eigentlich wollen wir jedoch ständig Wahrheiten erkennen, auch wenn wir ›uneigentlich‹ zuweilen die Wahrheit nicht wissen wollen. Kurz, wie immer es mit unserer individuellen Wahrheitswilligkeit und Wahrheitsfähigkeit in dieser oder jener Situation bestellt sein mag, ›in Wahrheit‹ wollen wir Wahrheit. Und wir wollen sogar Wahrheit, ohne wirklich zu wissen, was die Wahrheit ist, weder was die Wahrheit im gegebenen Fall, noch was Wahrheit als solche ist. Wahrheit ist »das obskure Objekt unserer Begierde«, ebenso unverzichtbar wie unvermeidbar, ebenso unentbehrlich wie unumgänglich, also absolut notwendig oder die erste und letzte Denk- und Lebensnotwendigkeit.

Gewollte und gesollte Wahrheit

Wahrheit hat einen gewissen, möglicherweise sogar unbedingten Wert, sie ist nützlich und sogar nötig – aber was hat das mit Moral zu tun? Warum ist Wahrheit ein moralisches Gebot, und in welchem Sinne? Ist Wahrheit ein Gebot unter anderen oder vielleicht eine evidente und universelle Norm, die im Grunde immer schon anerkannt ist, weil ihre Anerkennung gar nicht verweigert werden kann? In der Tat erheben wir Wahrheit immer wieder zur Forderung, zumindest zur Forderung an andere; wir wollen nicht belogen werden, auch wenn uns physisch gar kein Schaden daraus entstehen würde. Im Grunde wollen wir, daß Wahrheit herrscht – zumindest (wie bei allen moralischen Geboten, die wir anerkennen) solange wir selbst keinen Schaden davon haben. Aber nicht selten wollen wir die Wahrheit selbst dann noch wissen, wenn sie unangenehm ist oder uns sogar schaden könnte, weil wir z. B. meinen, wir müßten den Mut zur Wahrheit haben. Normalerweise will ich nicht nur die Wahrheit für mich, sondern als etwas, das allgemein anerkannt werden soll. Im Grunde will niemand grundsätzlich auf Wahrheit verzichten: Wahrheit soll sein.

Nun kann man natürlich versuchen, die moralische Notwendigkeit der Wahrheit grundsätzlich zu bestreiten. Inwiefern ist Wahrheit grundsätzlich geboten, warum sollen wir der Wahrheit die Ehre geben, warum sollen wir die Wahrheit sogar lieben? Allerdings setzt jede vernünftige Argumentation schon die Anerkennung gewisser ›Denknormen‹ voraus; sie fordert z. B. das Bemühen um Widerspruchsfreiheit im Denken und Reden und enthält insofern selbst schon eine gewisse Ethik, nämlich die Forderung von

Denkdisziplin als Denkmoral. Ob ich wirklich und in Wahrheit dieses oder jenes soll, z. B. die Wahrheit sagen, kann nur unter der Bedingung der Anerkennung der prinzipiellen Möglichkeit, ja sogar Notwendigkeit von Wahrheit geklärt werden, d. h. unter der Anerkennung der Wahrheit als Norm; indem wir die Wahrheit über diese oder jene Norm suchen, z. B. über Wahrheit als Norm, erkennen wir zugleich an, daß Wahrheit als solche sein soll. Wenn überhaupt irgendwie Moral sein soll, dann ist auch Wahrheit geboten; denn ohne die Anerkennung der moralischen Notwendigkeit von Wahrheit ist überhaupt keine wahre moralische Forderung möglich, da in aller Moral Wahrheit über das Sollen bzw. das Gesollte vorausgesetzt wird. Wahrheit ist eine universelle Norm. Sie ist nicht nur gut, sondern auch geboten; sie wird nicht nur gewollt, sondern auch gesollt. Wir wollen die Wahrheit auch, weil sie sein soll. Zwar kann man die Frage aufwerfen, ob überhaupt etwas sein soll, ob so etwas wie Moral sein soll. Aber auch die Frage, ob überhaupt etwas sein soll, z. B. Moral, ist schon wieder eine Wahrheitsfrage, und diese verlangt, daß zumindest Wahrheit über die Moral herrschen soll.

Die Frage, ob und inwiefern Wahrheit sein soll, sieht sich immer wieder mit zwei Gegenfragen konfrontiert, nämlich was Wahrheit sei und ob es sie überhaupt gebe. Das Gebot, die Wahrheit zu sagen, setzt allerdings voraus, daß es Wahrheit gibt bzw. geben kann und daß wir irgendwie wissen, was Wahrheit ist, d. h. daß wir mehr oder weniger wissen, was die Wahrheit im allgemeinen und sogar im jeweiligen Fall sei. Das Gebot *Du sollst nicht lügen!* setzt als selbstverständlich voraus, daß wir die Wahrheit sagen können, zumindest das, was wir für die Wahrheit halten, d. h. daß wir wahrhaftig (redlich) sein können, weil wir irgendeine Vorstellung von der Wahrheit im allgemeinen und im jeweiligen Fall haben bzw. haben können. Offensichtlich genügt es für die Moral, an das alltägliche Verständnis von Wahrheit und die alltägliche Überzeugung hinsichtlich der Wirklichkeit bzw. Möglichkeit von Wahrheit anzuknüpfen, weil Wahrheit bzw. Wahrhaftigkeit als moralisches Gebot sonst unverständlich und daher unsinnig wäre. Ethik muß auch ohne Erkenntnistheorie (Metaphysik der Erkenntnis) möglich sein.

Dennoch bleibt die nicht ganz einfache Frage, um welche Art von Wahrheit es in der Ethik geht. Das Gebot, die Wahrheit zu sagen bzw. nicht die Unwahrheit zu sagen, betrifft auf den ersten Blick – erkenntnistheoretisch gesprochen – nur die Aussagewahrheit. Dabei wird nicht etwa nur formale Richtigkeit, z. B. Widerspruchsfreiheit, sondern vor allem inhaltliche Richtigkeit der Aussage gefordert. Insofern folgt die normative Ethik dem gängigen Verständnis von Wahrheit, nämlich daß ein wahrer Satz mit dem von ihm formulierten Sachverhalt irgendwie inhaltlich übereinstimmen oder sachgemäß, sachlich richtig oder zutreffend sein kann und muß. Allerdings ist dies nur die augenfälligste Form von Wahrheit und wegen ihres möglichen Nutzens natürlich auch vordringlich gefordert. Aus erkenntnistheoretischer Perspektive ließe sich nämlich sagen, die Aussagewahrheit (Urteilswahrheit oder logische Wahrheit) gründe ihrerseits wieder in der Erkenntniswahrheit (Denkwahrheit oder gnoseologischer Wahrheit), die insofern fundamentaler ist. Denn um einen wahren Satz sagen zu können, muß ich erst eine (wahre) Erkenntnis haben. Erkenntnis aber ist ihrerseits nur dann möglich, wenn es auch etwas Erkennbares gibt, d. h. wenn eine von mir unabhängige und mir vorgegebene erkennbare Seinsstruktur vorhanden ist. Insofern setzt die Erkenntniswahrheit und damit auch die Aussagewahrheit letztlich eine Seinswahrheit (Sachwahrheit oder ontologische Wahrheit) voraus.

Mit anderen Worten, nur wenn es eine wirkliche Gegenstandsstruktur gibt, also etwas Erkennbares, das im menschlichen Erkennen irgendwie herausgefunden und sichtbar oder offenbar werden kann, sind auch Erkenntnisse und damit sinnvolle, d. h. mehr oder weniger wahre Sätze über Sachverhalte möglich. Die Morallehre als solche aber braucht darüber nicht weiter nachzudenken, sie kann sich auf die Aussagewahrheit beschränken. Im Grunde fordert sie jedoch, wenn sie wahres Reden (moralisch) einklagt, auch ›wahre‹ Erkenntnisse, zumindest wahrheitsorientiertes Denken, und ›wahre‹ Sachverhalte als real vorhandene gnoseologische und ontologische Möglichkeiten. Allerdings scheint die moralische Forderung nach Wahrheit der Rede auch als moralische Forderung nach einem ›wahren‹ Denken und ›wahren‹ Sein, nämlich des moralischen Subjekts selber, verstanden werden zu müssen.

Wahrheit und Wahrhaftigkeit

Im Rahmen von moralischen Forderungen kann es immer nur um menschenmögliche Wahrheit gehen, zunächst sogar nur um den Willen zur Wahrheit oder die Wahrhaftigkeit. Man könnte sogar sagen: Je problematischer sich die Wahrheitsfrage darstellt, desto dringlicher wird die Forderung nach Wahrhaftigkeit; wenn Wahrheit herrschen soll, dann ist als erstes Wahrhaftigkeit nötig. Wahrhaftigkeit aber (Ehrlichkeit, Redlichkeit, Aufrichtigkeit) besteht in der reinen Intention auf Wahrheit. Die Wahrheit wirklich oder wahrhaft wissen zu wollen heißt: sich nichts vormachen zu wollen, sich keine Illusionen über die Wirklichkeit machen zu wollen. Der Wahrhaftige will wissen, was ist, die Wahrheit über sich und die Welt; er will sich der Wirklichkeit stellen, er ist wahrheitswillig und insofern wahrheitsfähig. Darüber hinaus ist vor allem derjenige wahrhaftig bzw. ehrlich, redlich oder aufrichtig, der auch andere nicht betrügen will. Redlich ist der, der meint, was er sagt, auf dessen Wort man sich folglich verlassen kann. Ehrlich ist der, für den Täuschungen unter seiner Würde sind, der also weiß, was er seiner inneren und äußeren Ehre schuldet. Aufrichtig ist der, der aufrechten Ganges seinen geraden Weg geht oder zu gehen versucht und sich nur nach dem, was er für recht oder richtig hält, richtet und so auch den anderen Menschen begegnet. Der Wahrhaftige will die Wahrheit für sich und für andere.

Wahrhaftigkeit ist auf die von ihr gemeinte oder vermeinte Wahrheit, d. h. auf eine möglicherweise nur vermeintliche, der Absicht nach jedoch auf die wirkliche Wahrheit gerichtet. Selbst mein eigener wahrer Wille, der möglicherweise gar nicht gut ist, kann nicht ohne Wahrhaftigkeit erkannt werden, insofern also nur aufgrund guten Willens – eine Paradoxie, die nur dann aufgelöst werden kann, wenn auch mein wahrer Wille ein guter Wille ist. Guter Wille aber ist nicht ohne wahrhaftigen Willen, d. h. Willen zur Wahrheit möglich. Wieweit aber ist meine Wahrhaftigkeit der Wahrheit schon teilhaftig? Schließlich könnte man denken und dies sogar für wahr halten, daß es im Grunde keinen Bezug zwischen Wahrheit und Wahrhaftigkeit gebe bzw. dieser Bezug bloß intentional, in Wirklichkeit aber illusionär oder rein zufällig sei. Auch der Wahrhaftige, d. h. derjenige, der redlich, ehrlich oder aufrichtig auf Wahrheit aus ist, könne die Wahrheit verfehlen, also könne der Unwahrhaftige genauso gut wie der Wahrhaftige die Wahrheit finden oder auch nicht. Das ist allerdings ziemlich unwahrscheinlich. Der unwahrhaftige Wille, der die Wahrheit gar nicht wahrhaben will, kann nicht die gleichen Wahrheitschancen haben wie der wahrhaftige Wille, der offen für alle Wahrheit ist. Eher ist davon auszugehen, daß derjenige, der die Wahrheit wahrhaftig sucht, eine größere Chance hat, sie in irgendeiner Weise auch zu finden, falls sie überhaupt zu finden ist. Zumindest ist die Wahrhaftigkeit schon durch ihre Wahrheitsintention auf dem Weg zur Wahrheit; denn nur wer wahrheitswillig ist, ist auch wahrheitsfähig. Wahrheit ist nicht ohne Wahrhaftigkeit möglich. Ein ehrlicher oder aufrichtiger Wille erfüllt nämlich bereits in sich eine wichtige Bedingung der Möglichkeit von Wahrheit, er stimmt mit sich selbst überein, d. h. er ist mit sich selbst irgendwie im reinen, also im Grunde widerspruchsfrei (und dies nicht nur ›logisch‹). Außerdem ist der wahrhaftige Wille zur Wahrheit – weil der Wahrheit, auch wenn sie noch unbekannt ist, verpflichtet – anders als die Unwahrhaftigkeit offen für Wirklichkeit, also in seinen Wahrheitsantizipationen korrekturfähig und korrekturwillig. Eine ganz und gar wahrheitsblinde Wahrhaftigkeit scheint letztlich unmöglich zu sein.

Nun gibt es zweifellos unterschiedliche Formen der Wahrhaftigkeit, die in vielfältigen Hinsichten untersucht werden könnten, z. B. die Wahrhaftigkeit gegenüber sich selbst oder gegenüber anderen. Außerdem ließen sich im Ausgang von den drei Arten der Wahrheit (Aussagewahrheit, Erkenntniswahrheit, Seinswahrheit) drei Ebenen der Wahrhaftigkeit unterscheiden: (1.) *Wahrhaftigkeit im Reden.* Die Wahrhaftigkeit im Reden, die Redlichkeit im ursprünglichen Sinne des Wortes, ist die Wahrhaftigkeit des Redenden. Ob es Wahrhaftigkeit des Redens in Reinform gibt und ob sie erkennbar ist, mag bezweifelt werden, im Prinzip muß die Unterscheidung zwischen wahrhaftiger und unwahrhaftiger Rede jedenfalls vorausgesetzt werden (genauso wie die zwischen wahrer und unwahrer Rede). Wenn es keine Wahrhaftigkeit im Reden gibt, so gibt es auch keine Unwahrhaftigkeit (Lüge, Täuschung); wenn es keine Unwahrhaftigkeit im Reden gibt, so gibt es auch keine Wahrhaftigkeit oder Redlichkeit. (2.) *Wahrhaftigkeit im Den-*

ken. Wahrheit muß gesucht werden, bevor sie gesagt werden kann (falls sie nicht immer schon bekannt ist). Vor aller Wahrhaftigkeit im Reden bedarf es also der Wahrhaftigkeit im Denken, d. h. der Ehrlichkeit des Erkenntnisstrebens oder der intellektuellen Rechtschaffenheit. Wer sich in seinem Denken nicht wirklich und wahrhaftig um die Wahrheit kümmert, wird diese höchstens zufällig und äußerlich erkennen können. Wahrhaftig zu denken heißt: mit dem Willen zur Wahrheit zu denken, sich nicht selbst betrügen zu wollen, die Wahrheit wahrhaftig zu suchen. (3.) *Wahrhaftigkeit des Seins,* nämlich des Subjekts. Wenn ich im Reden und Denken ehrlich oder aufrichtig bin, dann bin ich als ich selbst ehrlich oder aufrichtig; Wahrhaftigkeit der Existenz ist, wenn man so will, die Seinswahrheit im menschlichen Bereich. Diese aber ist, weil Wahrhaftigkeit wesentlich Absicht auf Wahrheit ist, die Wahrhaftigkeit des Willens. Im wahrhaftigen Wollen kann der wahre Wille zu sich selbst kommen, in der Wahrhaftigkeit kann mein wahres Sein zu sich selbst kommen. Ich kann wahrhaftig ich selbst sein.

Wahrhaftigkeit ist nicht nur ein Gebot des ehrlichen Redens, auch nicht nur eine Bedingung echten Erkennens, sondern – insbesondere als Wahrhaftigkeit der eigenen Existenz – auch eine Voraussetzung aller wahren Moral. So wie Wahrheitserkenntnis richtiges Handeln ermöglicht, so Wahrhaftigkeit vor allem richtige Gesinnung. Gleichzeitig aber ist Wahrhaftigkeit selbst schon ein Ausdruck moralischer Gesinnung. Guter Wille gilt als Voraussetzung aller wahren Moral, aber wenn ich guten Willens bin, dann muß ich auch wirklich und wahrhaftig (objektiv und subjektiv) guten Willens sein – was ich ehrlich will, ist das, was ich im Grunde will. So wie Wahrheit, so ist auch Wahrhaftigkeit immer mitgewollt und mitgesollt. Wenn überhaupt etwas gesollt ist, dann als erstes Wahrheit und Wahrhaftigkeit, denn ich kann nicht gut sein, ohne ehrlich zu sein. Wenn ich mich zur Ehrlichkeit aufraffe, habe ich einen ersten Schritt in Richtung Moralität getan. Wahrhaftigkeit ist zwar kein Deduktionsprinzip aller möglichen Moral, aber ohne Wahrhaftigkeit scheint keine Moral möglich zu sein, so wie umgekehrt vermutlich kein Mord oder Diebstahl ohne eine gewisse Unwahrhaftigkeit möglich ist. Wahrhaftigkeit als Offenheit für Wahrheit ist der Anfang aller Moral, in gewisser Weise also das erste Gebot, denn jede Ethik setzt Wahrheit und Wahrhaftigkeit als moralisch notwendig voraus. Selbst notorische Nihilisten erweisen sich daher nicht selten als echte Wahrheitsfanatiker, auch hier ist Wahrhaftigkeit offensichtlich eine unwillkürlich anerkannte Grundtugend.

Allerdings herrscht nicht überall die reine Wahrheit, sondern vielgestaltige Unwahrheit, und so wie es unterschiedliche Arten der Wahrhaftigkeit gibt, so auch unterschiedliche Arten der Unwahrhaftigkeit, z. B. im Reden und Handeln, im Denken und Wollen; die Lüge ist nur die bekannteste Form der Unwahrhaftigkeit. Aber vielleicht ist der Selbstbetrug, obwohl meist verborgen und sogar vor sich selbst versteckt, die häufigere und fundamentalere Unwahrhaftigkeit, zumal diese in zahllosen Varianten vorherrscht – Menschen können z. B. grundfalsch, zutiefst verlogen sein, auch wenn sie im konkreten Fall die Wahrheit sagen. Der Gipfel der Unehrlichkeit aber ist das Pathos absoluter Ehrlichkeit bei existentieller Unehrlichkeit im Grunde. Und so wie die Lüge eine Art geistiger Mord ist, so ist der Selbstbetrug eine Art geistiger Selbstmord. Wie allerdings Selbstbetrug überhaupt möglich ist, dürfte nicht leicht erklärbar sein, da ich offensichtlich nicht ohne Selbstwiderspruch wahrhaftig die Unwahrheit über mich für mich wollen kann. Wie ist es überhaupt möglich, gegenüber sich selbst unehrlich zu sein, sich etwas vorzumachen? Um mich selbst über mich und meine Welt zu täuschen, muß ich etwas nicht wahrnehmen oder nicht wahrhaben wollen, was ich doch längst irgendwie weiß. Offensichtlich bedarf es einer gewissen Kunst des Doppeldenkens, um nicht zu denken, was man wirklich denkt, also sich seine eigenen Gedanken zu verhehlen, möglicherweise sogar der ständigen Flucht vor sich selbst. Vielleicht aber bedarf es zum Selbstbetrug nicht einmal eines klaren Willens zur Unwahrheit, d. h. einer ausdrücklichen Betäubung des eigenen Wahrheitswillens und Wirklichkeitsbewußtseins, sondern nur eines mangelnden Wahrheitswillens – irgendwann und irgendwo muß ich mir jedenfalls ausgewichen sein. Wir fliehen immer wieder vor der Wahrheit, obwohl wir sie brauchen und anerkennen, wollen und fordern. Wie also ist Wahrhaftigkeit als wahrer Wille zum Wahren konkret möglich?

IV.
Ich als Mensch
Über Anthropologie

1. Die Herkunft des Menschen

Die Frage nach dem Menschen

Der Mensch weiß nicht, wer oder was er ist, aber er möchte es wissen; er ist sich selbst ein Rätsel, ein Problem, sogar eine Aufgabe – und vielleicht ist dies sogar etwas typisch Menschliches, wenn nicht das typisch Menschliche überhaupt. Der Mensch ist auf der Suche nach sich selbst. Aber er fragt nicht nur nach sich selbst, er beantwortet sich auch selbst seine Frage nach sich selbst; denn der Mensch kann und muß sich selbst verstehen, er macht sich ein Bild von sich selbst. Der Mensch ist ein ›anthropologisches‹ Lebewesen.

Das Bemühen des Menschen, sich selbst zu ergründen, zielt jedoch nicht nur auf den Menschen als solchen, sondern auch und wahrscheinlich noch mehr auf das eigene individuelle Ich; denn die Frage nach dem Wesen des Menschen entspringt nicht irgendeiner Neugier, in ihr geht es mir um mich selbst. Selbsterkenntnis ist wesentlich ein persönliches (›existentielles‹) Problem. Sobald der Mensch *Ich* zu sagen gelernt hat, versteht er sich irgendwie, obwohl meist eher ›unbewußt‹. Aber wer oder was dieses Ich ist oder vielmehr wer oder was ich bin, das bleibt weitgehend dunkel.

Die Frage *Was ist der Mensch?* hat die Menschen zwar immer bewegt, aber doch mit unterschiedlicher Intensität. Auch in der Philosophie war sie neben den Fragen nach Gott und der Welt nicht immer gleich aktuell und natürlich nicht immer Thema einer speziellen Wissenschaft. Der Begriff *Anthropologie* kann jedenfalls verschieden eng oder weit gefaßt werden: von der wissenschaftlichen Erforschung der ›Natur‹ des Menschen bis hin zur Erklärung, daß alle Philosophie im Grunde Anthropologie sei, folglich mit sehr unterschiedlichen Fragestellungen.

(1.) Das Bemühen des Menschen um ein Selbstverständnis führt zunächst einmal zum Versuch seiner Einordnung in eine vorausgesetzte Seins- oder Naturordnung und damit zur Abgrenzung von anderen Lebewesen. Die Menschen sind aus dieser Sicht keine Götter, sondern die Sterblichen oder Irdischen; aber sie sind auch keine Tiere, weil sie Vernunft oder eine Seele haben, die möglicherweise sogar unsterblich ist. Zumindest sind die Menschen ganz anders als die anderen Lebewesen. Auch wenn Gott oder die Götter aus Glaubensmangel als Vergleichsmomente wegfallen und wenn die unsterbliche Seele sich ebenfalls wegen Unbeweisbarkeit zum Phantom verflüchtigt, aus dieser Universalperspektive bleibt immer noch die Frage nach der Stellung des Menschen im Kosmos oder in der Natur.

(2.) Das Bemühen des Menschen um ein Selbstverständnis durch Einordnung führt auch zum Vergleich seiner selbst mit anderen Menschen, also zur Erörterung von Gleichheit und Verschiedenheit der Menschen, wobei die Frageansätze teils mehr biologisch, teils mehr historisch sein können. So können Völker- und Rassenanthropologien, Gesellschafts- und Kulturanthropologien entstehen, die meist zwischen der eigenen Gruppe und allen anderen (Barbaren, Wilden usw.) strenge Unterschiede zu machen versuchen. Solche Theorien oder Ideologien dienen, wie auch die Geschlechteranthropologie, nicht zuletzt der Erklärung und auch Rechtfertigung jeweils gegebener gesellschaftlicher Zustände, sie implizieren daher fast immer Behauptungen über die grundsätzliche Gleichheit und Ungleichheit des Menschen.

(3.) Wenn der Mensch direkt als solcher betrachtet wird, so geht es meist um das, was den Menschen vor allen Lebewesen auszuzeichnen scheint, d. h. das Interesse richtet sich auf seinen Geist bzw. seine Seele oder Psyche. Worin besteht das Eigentümliche des menschlichen Geistes bzw. seiner Seele oder Psyche? Gibt es eine typisch menschliche Geistseele, muß man die Seele vom sogenannten Geist des Menschen unterscheiden? Vielleicht hat der Mensch sogar zwei Seelen, nämlich sowohl (ähnlich wie die Tiere) eine in der wissenschaftlichen Psychologie erforschbare Psyche, also eine dem Körper irgendwie zugeordnete, empirisch erkennbare Seele, aber (anders als alle Tiere) auch eine Art übersinnliche, nur religiös oder metaphysisch verstehbare Seele.

(4.) Wenn der Mensch direkt und dabei auch als körperliches Wesen (Leibwesen) betrachtet wird, so richtet sich das Interesse der Philosophie meist nicht auf den Leib oder Körper als solchen, der bereits ausführlich in der physischen Anthropologie, in der Biologie oder in der Medizin untersucht wird, sondern auf das Verhältnis von Körper und Seele, also auf das Leib-Seele-Problem, obwohl auch dieses schon weitgehend in der Biologie und Psychologie behandelt wird. Allerdings wird bei solchen Fragen meist noch vorausgesetzt, daß es eine Seele oder einen Geist gibt, und zwar als etwas irgendwie Selbständiges; denn natürlich kann die Psyche auch als bloßes Epiphänomen der Physis aufgefaßt werden, also als etwas mehr oder weniger Physisches.

(5.) Das, was den Menschen auszuzeichnen scheint, die Seele oder der Geist, kann auch als Bewußtsein oder Selbstbewußtsein und dann als Ich aufgefaßt werden, wobei dieses Ich meist an die Möglichkeit von Selbstreflexion geknüpft und diese als etwas typisch Menschliches verstanden wird. In diesem Fall wird das Ich das zentrale Problem der Anthropologie. Nur der Mensch hat ein

Ich bzw. ist ein Ich. Wie aber entsteht das Ich, wie konstituiert sich das Ich? Was charakterisiert das Ich im allgemeinen, sozusagen das Ich überhaupt, und wie existiert es als dieses konkrete, bestimmte und einmalige Ich, das ich selber bin?

(6.) Im Zusammenhang der Ichproblematik kann daher auch die Frage nach einer echten Selbsterfahrung des Ich auftauchen und damit die Frage nach dem konkreten Selbstsein des individuellen Ich, im Unterschied zum allgemeinen oder abstrakten Ichsein, zum Ich oder Bewußtsein überhaupt. Wer oder was bin ich im Grunde, wer oder was bin ich für mich selbst? Und diese zunächst noch theoretischen Fragen können sich sogar krisenhaft zuspitzen: Wie erlebt sich das Ich, und wie ›besitzt‹ oder ›verliert‹ es sich selbst? Wie kann ich mir meiner selbst überhaupt gewiß sein?

Zu allen diesen gewissermaßen schon klassischen Fragestellungen ist seit längerem die wissenschaftliche Frage nach der Entstehung des Menschen hinzugekommen und vielfach in den Vordergrund des Interesses gerückt. Die naturwissenschaftliche und naturgeschichtliche Anthropologie, die den Menschen evolutionstheoretisch als Produkt einer sich entwickelnden und empirisch erforschbaren Natur begreift, scheint die Frage nach dem ›Wesen‹ des Menschen auf die schnellste und einfachste Weise einer Antwort näher zu bringen, nämlich durch die Klärung seiner biologischen Abstammung. Die Anthropologie wird zur Archäologie, und die Erforschung der Entstehung des Menschen wird – dahin geht jedenfalls die Erwartung – auch das heutige Menschsein auf der Basis seiner animalischen Vorgeschichte erklären. Auf der anderen Seite scheint der einzelne Mensch jedoch auch heute noch nach einem mehr als wissenschaftlichen, einem zugleich subjektiven und metaempirischen, einem existentiellen und metaphysischen bzw. religiösen Selbstverständnis zu suchen. Das sich selbst lebende und erlebende Ich findet sich durch die naturwissenschaftliche Anthropologie nicht zureichend erklärt; ich als dieses Ich verstehe mich irgendwie noch ganz anders, als es die Humanbiologie mir nahelegt. Der Mensch erscheint sich in dieser Sicht als ein Sinn oder Heil, als sich selbst suchendes Ich.

Die Entstehung des Menschen

Der Mensch hat sich immer schon als ein Lebewesen unter anderen gesehen, problematisch war immer nur, was das typisch Menschliche sei; und die klassische Antwort war, daß er ein vernünftiges, nämlich ein denkendes und sprechendes Lebewesen sei. Hinzu kamen dann mancherlei mehr oder weniger geistreiche Aperçus. Der Mensch ist ein arrivierter oder nackter Affe, ein Affe mit aufrechtem Gang. Er ist das Tier, das nicht auf eine bestimmte Lebensweise festgelegt ist; er kann mit Hilfe von Werkzeugen neue Werkzeuge herstellen, Feuer machen usw. und ist daher nicht nur Naturwesen, sondern auch Kulturwesen. Vor allem aber ist er das Tier, das lachen oder weinen und sich schämen kann, das Moral und Religion hat und das die Seinen begräbt. Manche dieser Eigenschaften gelten allerdings inzwischen nicht mehr als typisch menschlich, die Verhaltensforschung z. B. hat erstaunliche Parallelen zwischen Mensch und Tier sichtbar gemacht und damit die Tiere gewissermaßen auf-, das Menschsein aber abgewertet.

Die Verwandtschaft des Menschen mit den Tieren, vor allem den Primaten, erklärt sich aus seiner Abstammung, also durch seinen Ursprung aus dem Tierreich. Diese Geschichte der Entstehung des Menschen ist inzwischen im Prinzip bekannt, zumindest haben die Naturwissenschaften, nach Ausklammerung aller Vorstellungen von einem göttlichen Schöpfer, weitgehend erhärtete Modelle über die urzeitliche Genese des Universums im allgemeinen und der Erde mitsamt dem Menschen im besonderen entwickelt. Nach einem noch unklaren Anfang, dem sogenannten Urknall, formierte sich vor einigen Jahrmilliarden aus einer Art Urgas oder Urplasma durch ungeheure Energiekonzentrationen u. a. dieses Universum und darin diese Erde, auf der dann (vielleicht aber auch anderswo im All) nach weiteren Milliarden von Jahren aus einer Art Ursuppe von Eiweiß das Leben entstand, das sich in Form von Individuen durch relativ geschlossene Kreisläufe (Stoffwechselprozesse) reproduzieren und genetisch steuern kann. Daraus entwickelten sich durch allerlei Mutationen, nämlich Kopierfehler im Erbprogramm (Zufallsgenerator), und nachfolgende Selektionen *(struggle for life)* immer neue und höhere Lebensformen, die u. a. Wahrnehmungsvermögen und Intelligenz ausbildeten, bis vor einigen Millionen Jahren unter den damaligen Primaten die ersten Hominiden oder Anthropoiden auftauchten, mit denen der ›Sonderweg‹ der Natur zum Menschen begann. Diese menschenähnlichen Wesen entwickelten sich dann zum Teil zu den ersten echten Menschen, die aufrecht gehen und in größerem Umfange Werkzeug benutzen und herstellen konnten. Aber erst der *homo erectus habilis,* dessen Gehirnmasse sich vor etwa 500 000 Jahren zu verdoppeln oder zu verdreifachen begann, mutierte schließlich zum *homo sapiens,* dem unmittelbaren Vorfahren des heutigen Menschen, dessen biologische Grundstruktur sich seit etwa 50 000 Jahren im Prinzip nicht mehr geändert hat. Insoweit ist im wesentlichen klar, wo und wann der Mensch dem Tierreich ›entsprungen‹ ist und inwiefern er immer noch ein animalisches Naturwesen ist. Der Mensch ist im Prinzip ein Tier wie jedes andere auch, zu über 90 Prozent mit den sogenannten Menschenaffen genetisch identisch, nur seine geistigen Fähigkeiten sind aufgrund seines aufrechten Ganges und seines größeren Gehirns besser entwickelt. Allem Anschein nach ist er also eher ein Zufallsprodukt, sozusagen eine ›Laune der Natur‹, als das Ergebnis einer zielgerichteten Evolution bzw. Schöpfung. Vielleicht gibt es sogar außerirdische, dem Menschen ähnliche Intelligenzen, deren Auftauchen dann seine Einmaligkeit ein für allemal vernichten würde (zumal ihm seine Sonderstellung oder Ausnahmeexistenz bei mangelndem Glauben an Gott nicht mehr garantiert ist).

Offensichtlich kann die Entwicklung von den Primaten zu den Hominiden oder Anthropoiden und von diesen zum Menschen sowohl als Verlust wie als Gewinn beschrieben werden. Einerseits handelt es sich um eine Höherentwicklung durch Mutation und Selektion, andererseits entsteht der Mensch als ein durch den Mangel an Spezifikation gekennzeichnetes Mangelwesen, das sich vom übrigen Tierreich fortentwickelte, um seine evolutionären Verluste zu kompensieren. An sich ist der Mensch keine einmalige Sonderanfertigung der Natur, jedenfalls nicht mehr oder nicht weniger als Kängurus und Fledermäuse, aber als besondere Begabung entwikkelte er vor allem Innovationsfähigkeit, d. h. die Fähigkeit, sich in seiner natürlichen Not durch Denken selbst zu helfen. Als Ersatz für reduzierte Instinktleitung durch die Natur entstand in einem langen Prozeß von Selbstdomestikation menschliche Vernunft, auf deren Basis sich dann lebensstabilisierende Traditionen und Institutionen entwickelten. Der Mensch bleibt jedoch ein prinzipiell unfertiges, nicht ›festgestelltes‹, daher unruhiges und haltloses Tier, denn er ist partiell deprogrammierte, daher destabilisierte, aber auch schöpferische Natur. Warum also nicht endlich die philosophische durch eine biologische, die ›idealistische‹ durch eine ›materialistische‹ Anthropologie ersetzen?

Allerdings wäre auch zu prüfen, was die Abstammungslehre wirklich erklären kann, außer daß sie den Menschen ein für allemal mit dem Makel der Geburt aus dem Tierreich versehen hat. Wieweit kann die Frage, was der Mensch ist, durch die Untersuchung, wie er ›von Natur‹ geworden ist, ersetzt und beantwortet werden? Was genau macht den Menschen zum Menschen? Wenn z. B das Menschsein mit dem Feuermachen beginnt, war dann der Erfinder ein Mensch, seine Familie aber noch nicht? Offensichtlich sind die Bestimmungen, mit deren Hilfe die Evolutionstheorie einen Unterschied zwischen Tier und Mensch bzw. Menschentier (wenn man so will: Menschenaffen und Affenmenschen) normativ festzulegen versucht, selbst vorwissenschaftlich oder ›philosophisch‹. Der Versuch, das Wesen des Menschen durch die Geschichte der Entstehung des Menschen zu erklären, scheint jedenfalls in einen *circulus vitiosus* zu führen. Was also kennzeichnet den Menschen als Menschen (wie immer er entstanden sein mag), worin könnte die einzigartige Sonderstellung des Menschen bestehen (wenn es sie gibt)? Denn was immer die Ursachen der Entstehung des Menschen gewesen sein mögen, die quantitativen Differenzen zwischen Mensch und Tier scheinen, trotz einer weitgehend identischen (genetischen) Grundausstattung, im Endeffekt so groß zu sein, daß sie praktisch einen qualitativen oder prinzipiellen Unterschied bedeuten. Der Mensch ist das ganz andere Tier, mit offensichtlich mehr als animalischen Grundbedürfnissen. Letztlich scheint daher vor allem eine Frage von Bedeutung: Was ist größer, die Kontinuität oder der Bruch? Inwiefern ist der Mensch Tier oder Nicht-Tier, also eine Ausnahme in und von der Natur? Vielleicht brauchen wir doch noch eine philosophische Anthropologie, eine Art Metaphysik des Menschen.

Im übrigen wäre auch mit einer lückenlosen Rekonstruktion der biologischen Gattungsgeschichte die Frage des Menschen nach seiner Entstehung und seinem Wesen erst zur Hälfte beantwortet, denn es bleibt immer noch die Frage nach der Entstehung des individuellen Menschen oder vielmehr des individuellen Ich und dessen Wesen. Menschen zeugen Menschen – das ist wie im Tierreich ein erklärbares biologisches Phänomen. Aber wie können zwei Ichs ein neues Ich erzeugen? Wie und wodurch entsteht aus einem Eiweißpartikel ein Ich, wie oder wann bin ich selbst entstanden? Wenn das neue Lebewesen von Anfang an ein potentieller Mensch war, dann war es wohl auch von Anfang an ein mögliches Ich. Aber wie und wann wird, prä- oder postnatal, aus dem potentiellen Ich ein reales Ich? Wächst das Ich quasibiologisch, und zwar im Rahmen gewisser Erbanlagen, so wie dem Kleinkind Haare und Zähne wachsen, d. h. ist auch das Ich nur ein Stück biologische Natur (mit vererbbaren Eigenschaften)? Oder geschieht in der Ichwerdung, wie immer sie zustande kommen mag, ein Bruch mit der Natur, also eine Art Freisetzung oder Freilassung oder gar ›Selbstbefreiung‹ des Ich von der Natur? Wer oder was ist das Ich, wer oder was bin ich?

Die Sonderstellung des Menschen

Offensichtlich ist der Mensch – auch aus ›tierischer Perspektive‹ ein in mancherlei Hinsichten merkwürdiges Tier, nämlich ein Tier, das kein Viehzeug‹ sein will, sondern anderes und mehr. Offenbar ist der Mensch ein Lebewesen, das sich schwertut, sich damit abzufinden, daß alles nur ›Physis‹ ist, daß er selbst nur ein Stück ›Materie‹ ist, das zufälligerweise sich selbst und die Welt als Materie ›erkennt‹. Aber warum möchte der Mensch etwas Besseres sein, als er ist, woher das Bedürfnis, mehr als ein Stück Dreck zu sein? Woher kommt dieser Glaube oder die Hoffnung, daß es mehr als Materie gebe, nämlich Gott oder Geist, Heil oder Unsterblichkeit (oder was auch immer)? Vielleicht ist der Gottesgedanke nur eine Ersatzbefriedigung für unerfülltes Leben, Gott nur ein Phantomschmerz, die paradoxe Sehnsucht der Seele nach Seele nur eine Art Blase im Gehirn. Vielleicht sind Lust und Leid, das ganze ›innere Theater‹, also das ganze Innenleben des Ich, das dieses Ich auszumachen scheint, nur eine Art neuronales Gewitter, das Ich sozusagen eine Selbsttäuschung des Ich oder vielmehr des Gehirns, d. h. des Körpers. Dann wäre der Sinn suchende Mensch allerdings eine ›Fehlkonstruktion‹ oder vielmehr Fehlentwicklung der Natur, nur ein »nutzloses Leiden«.

Die neuere (physische) Anthropologie betrachtet den Menschen als biologisches System, als einen determinierten biochemischen Prozeß, grob gesprochen, als eine Art Mechanismus oder eine Maschine, eine hochkomplexe Organisationsform von Materie, Energie oder wie immer man das allen Organisationsformen zugrundeliegende Substrat nennen will. Demzufolge ist das Sein des Bewußtseins immer irgendwie an körperliches Sein gebunden, alles psychische Sein also nur eine bruchlose Verlängerung des physischen Seins, so wie das Gehirn nur eine Ausformung des Rückgrates ist. Mit anderen Worten, der Mensch ist nicht nur als Körper, sondern auch als Geist Maschine, wenn man so will, eine Denkmaschine in einer Körpermaschine. Gedanken z. B. sind nur Hirnströme, es gibt nur materielle Reflexe von Materie, die sich selbst als ›geistig‹ reflektieren. Insofern ist die physische Anthropologie und insbesondere die Evolutionstheorie im Prinzip materialistisch. Wie alles Leben, so ist auch das Bewußtsein letztlich nur durch Blitz und Donner aus der Materie entstanden, letztlich also immer noch Materie oder ein Epiphänomen der Energie, d. h. eine letztendlich unselbständige Seinsart. Die konsequente ›materialistische‹ Anthropologie gründet in einer materialistischen Metaphysik, wonach die Materie oder eine materialisierbare Energie das schlechthin erste Prinzip ist.

Die ältere (philosophische) Anthropologie betrachtete den Menschen als im Grunde einzigartig, da sich in ihm – auf der Basis seiner Animalität – ein höheres oder metaempirisches Prinzip, die Vernunft, der Geist oder eine Seele, verkörpere. Der Mensch verstand sich insofern als ein Doppelwesen, eine Art Leib-Seele-Zwitter, vor allem als vernünftiges, d. h. vernunftbegabtes und vernunftfähiges Lebewesen. Aber mit welchem Recht kann das menschliche Ich oder die Geistseele – wie immer es um eventuell vorhandene Pflanzen- oder Tierseelen bestellt sein mag – als eine (relativ) eigenständige Entität betrachtet werden? Gibt es überhaupt so etwas wie ein materietranszendentes seelisches oder geistiges Sein als eine irgendwie eigenständige Seinsweise, als ein irgendwie irreduzibles Prinzip, das mehr als ein bloßes Lebensprinzip, d. h. eine die Existenz des Körpers organisierende Kraft ist? Es scheint, daß eine konsequente ›idealistische‹ Anthropologie nicht ohne eine Fundierung in einer idealistischen Metaphysik auskommen kann, wonach der Geist das schlechthin erste Prinzip ist; die Annahme eines selbständigen, materietranszendenten Prinzips im Menschen scheint ohne die Annahme eines schon vor allem Menschsein vorhandenen Geistes (Gott oder absoluter Geist) nicht möglich zu sein.

Soweit erkennbar, sind Sein und Bewußtsein, rein als Phänomene gesehen, grundsätzlich verschieden und nicht wirklich auseinander ableitbar. Wie immer aus Gas Geist geworden sein mag, rein phänomenal sind Gas und Geist nicht dasselbe. Das menschliche Selbstbewußtsein erfährt oder erlebt sich jedenfalls nicht einfach als ein Ding unter Dingen, Denken ist für sich selbst nicht Materie oder Energie in irgendeinem physikalischen Sinn. Ich bin für mich mehr als mein Körper, nicht nur physisches Leben, sondern sich selbst erlebendes Geist- oder Seelenleben. Der Mensch ist also, wenn man so will, ein Ding oder Tier, das sich sagen kann: Ich bin kein Ding, ich bin kein Tier. Deshalb läßt sich – unter der Voraussetzung irgendeines echten Unterschiedes zwischen Sein und Bewußtsein, Geist und Wirklichkeit usw. – die Doppelnatur und damit eine gewisse Unnatur des Menschen kaum leugnen. Im Menschen, d. h. spätestens im Menschen bzw. anscheinend nur im Menschen, geschieht, inmitten der Natur und auf der Basis der Natur, ein Bruch in der Natur. Denn die geistige oder seelische Natur des Menschen ist keine ›Natur‹ in irgendeinem physischen Sinne. Sein ohne Bewußtsein (Natur) und Bewußtsein von Sein (Geist) sind offensichtlich grundsätzlich verschieden. Insofern ist der Mensch etwas Über- oder Unnatürliches.

Hinzu kommt, daß die Differenz von Sein und Bewußtsein, die sich mitten im Menschen aufzutun scheint, zur Divergenz und Diskrepanz tendieren kann. Zwar ist die Behauptung, der Mensch sei ein vernünftiges Lebewesen, in sich vieldeutig; zwar gibt es auch bei den Tieren logische und technische Intelligenz (Zweck-Mittel-Rationalität), Ansätze zur Bildung von Allgemeinbegriffen (Fähigkeiten zu klassifizieren), ja sogar zum Selbstbewußtsein tendierende Formen des Selbsterlebens. Aber nur der Mensch scheint potentiell oder prinziell vernunftorientiert zu sein, d. h. eine Vorstellung von objektiver Vernünftigkeit zu haben und insofern subjektiv vernünftig sein zu können, und zwar gegen seine unmittelbaren animalischen Interessen. Der Mensch ist vernünftig, weil er aus Vernunft leben kann; indem er sein Leben führt und nicht nur lebt, kann und muß er normorientiert leben. Das aber bedeutet, der Mensch ist prinzipiell zu einer gewissen Selbstdistanz fähig, zur theoretischen Selbstreflexion, ja sogar zur praktischen Selbstnegation seines Seins. Schon das sich selbst denkende Ich ist als solches nicht ohne Selbstverhältnis, also nicht ohne Zwiespalt in sich selbst, und diese Selbstdistanz kann sogar zu einer mörderischen Selbstentzweiung des Ich (z. B. zum Selbsthaß) führen. Außerdem habe ich als Ich auch ein Verhältnis zu meinem Körper, d. h. ich bin nicht identisch mit ihm und kann mich daher von ihm geistig distanzieren, mich gegen ihn und damit auch gegen mich selbst wenden. So oder so kann sich der Mensch gegen oder über die eigene Natur stellen. Ich kann über mich nachdenken und mich sogar in Frage stellen; ich kann mich schämen, mich vor mir selbst ekeln und mich verachten. Ich kann mich sogar selbst ›entleiben‹. Kurz, der Mensch ist gespaltene oder gebrochene Natur, in gewisser Weise seine eigene Negation, Unnatur oder Antinatur. Wie immer der Mensch entstanden sein mag, irgendwie scheint seine Entstehung einen, wenn auch nur minimalen, Bruch mit der übrigen Natur zu bedeuten, durch den dann im Menschen alles ganz anders wird. Wenn der Mensch nämlich als Bruch mit der Natur existiert, dann auch als Bruch mit der eigenen Natur. Es ist, als ob das Leben im Menschen mit sich selbst in Widerstreit geraten könne. Indem der Mensch, der Natur entsprungen, nach seiner Natur fragt, stellt sich in ihm die Natur gleichsam selbst in Frage. Aber der Mensch ist auch, wegen seiner inneren Gebrochenheit, auf der Suche nach der verlorenen Einheit mit sich und der Natur (eine Einheit, die er als Mensch nie gehabt hat), insofern auf der Suche nach Versöhnung mit sich selbst. Erst durch diese Gebrochenheit im Menschen bekommt die Frage nach der Einheit des Menschen ihre ganze Schärfe. Nur wenn es eine echte ›Doppelnatur‹ gibt, ist auch die sogenannte psycho-physische Einheit ein echtes Problem.

Im übrigen wäre noch zu fragen, was aus der Erklärung der Abstammung des Menschen aus der Materie, des Ich aus dem Eiweiß, folgt. Was bringt mir, selbst wenn alles ›Seelenleben‹ ähnlich wie das organische Existieren nur ein chemischer oder elektronischer

Prozeß oder dergleichen sein sollte, dieses Wissen von meiner reinen ›Materialität‹? Wird dadurch irgendeines meiner menschlichen Probleme, z. B. die Frage nach dem richtigen Leben, gelöst? Fühle ich als dieses sich selbst erlebende Ich nicht nach wie vor Liebeslust und Todesangst? Mitten in einem kosmischen Naturgeschehen, das als solches anscheinend sinnfrei oder sinnlos ist, scheint mit dem Menschen ein Stück ›Natur‹ entstanden zu sein, das – sich sozusagen über die Natur erhebend – nach dem Sinn dieser ganzen Natur und nicht zuletzt seines eigenen Lebens fragt. Selbst der Erweis der Nichtigkeit von Sinnfragen, z. B. nach dem Sinn des Leidens, etwa durch deren Rückführung auf banale Ereignisse im Gehirn, kann die Sinnfrage, einmal in der Welt, als solche nicht aufheben, sondern durch diese Desavouierung nur noch reflektierter machen. Irgendwie muß ich mit mir als Mensch ›zurecht‹-kommen, selbst wenn alle menschlichen Probleme nur Probleme eines ›verrückt‹ gewordenen Affen sein sollten.

2. Der Mensch als Ich

Ichsein und Bewußtsein

Wer oder was ist das menschliche Ich? Was weiß ich aus mir selbst von mir selbst? Für die Biologie ist der Mensch als Menschentier eine Spezies unter anderen – mit einigen besonderen Merkmalen, die ihn von den übrigen Primaten unterscheiden. Dazu kann auch die Tatsache gerechnet werden, daß der Mensch ein Ich hat oder ein Ich ist, dessen Aufkommen als allgemeine Anlage in der Evolutionsbiologie und dessen Entwicklung als individuelles Ich in der Psychologie studiert werden kann. Mit anderen Worten, die Anthropologie versteht das Ich als Produkt einer zuvor ichlosen

Evolution und insofern von außen oder vom Nicht-Ich her, als Epiphänomen eines (nicht ichartigen) Nicht-Ich. Aus der Perspektive des Ich sieht dies jedoch ganz anders aus. Für das sich selbst präsente oder seiner selbst bewußte Ich ist diese seine ›Vorgeschichte‹ als solche (sein ›Vorleben‹ als Nicht-Ich) nicht als ›Innenleben‹ im Ich vorhanden, sondern bestenfalls als äußerlich rekonstruierter Bewußtseinsinhalt unter anderen. Ich selbst kenne mich nur als dieses hier und jetzt existente Ich. Wenn aber dieses sich selbst erlebende Ich als solches in der physischen Anthropologie überhaupt nicht vorkommt, dann muß die Humanbiologie durch eine Ichanalyse, eine Subjekt- oder Bewußtseinsphilosophie als eine Art Egologie, ergänzt werden. Ich kann jedenfalls versuchen, mich von mir selbst her – als Ich – zu verstehen.

Der Mensch ist ein Ich, ich bin ein Mensch. Ich kann vom Menschen ausgehen, den Menschen u. a. als ein Ich betrachten und dann weiterhin mich als ein solches menschliches Ich, nämlich als Exemplar einer Gattung, sei es der Gattung Mensch, sei es der Gattung Ich; d. h. ich kann mich selbst von einem Standpunkt außerhalb meiner selbst, sozusagen mit fremden Augen betrachten. Ich kann aber auch von mir ausgehen und alles außer mir, also die ganze Welt, als Nicht-Ich betrachten und dabei auch die anderen Ichs als ichartige Nicht-Ichs. Es ist etwas anderes, von einem Körper auszugehen, der ein Bewußtsein oder Ich hat, oder von mir selbst als einem Ich oder Bewußtsein, das einen Körper hat bzw. sich als Wirklichkeitsbewußtsein die Körper vorstellt und dabei auch seinen eigenen. Einerseits bin ich ein ›Ding‹ in der Welt, andererseits ist die ganze Welt in mir; einerseits ist mein Bewußtsein ein Moment der alles umfassenden Wirklichkeit, andererseits ist die ganze Wirklichkeit für mich nur als Bewußtseinsinhalt gegeben. So ergeben sich unter verschiedenen Blickwinkeln verschiedene Aspekte des Ich-Welt-Verhältnisses – wie immer die Außen- und die Innenperspektive zu verknüpfen sein mögen.

Die Frage *Was ist das Ich?* kann jedenfalls direkt an das Ich gerichtet werden: Wie erlebt oder erfährt sich das Ich selbst? Die Frage setzt allerdings – mit Recht – voraus, daß das Ich durch sich selbst von sich selbst weiß, denn das Ich ist nicht nur (als Bewußtsein) weltoffen, es ist auch (als Selbstbewußtsein) sich selbst gegeben oder gegenwärtig. Es gehört konstitutiv zum Ich, daß es sich selbst irgendwie weiß, und zwar in Selbstunterscheidung von der Welt, dem All des Nicht-Ich. Das Ich, für sich selbst evident existent, ist in irgendeiner Weise für sich selbst da, d. h. es ist sich – nach der gängigen Ausdrucksweise – seiner selbst bewußt. Auch wenn das Ich vermutlich nicht nur Bewußtsein und Selbstbewußtsein ist, Bewußtsein und Selbstbewußtsein scheinen eine wesentliche Bedingung des Ichseins zu sein. Das Ich ist eine Einheit von Selbst- und Weltbezug, Selbst- und Welterfahrung; es ist selbstbewußtes Weltbewußtsein oder weltbewußtes Selbstbewußtsein, sich selbst präsent, indem es selbsttranszendent ist. Selbstbewußtsein ist insofern Bewußtsein von Weltbewußtsein und Bewußtsein von Selbstbewußtsein, in jedem Fall irgendeine Art von Bei-sich-Sein und in diesem Sinne In-sich-Sein. Und diese Selbstpräsenz kann nicht zum Sein des Ich hinzukommen, als ob das Ich qua Ich zunächst nach der Art des Steines existierte, dann aber plötzlich Bewußtsein und Selbstbewußtsein erlangte; vielmehr weiß das Ich, sobald es als Ich ist, sich selbst immer schon irgendwie. Im Ich scheint Sein in Selbstbewußtsein umzuschlagen. Der Preis dieses Innenlebens ist allerdings eine prinzipielle Isolierung inmitten der ganzen Wirklichkeit. Das Ich ist eine Art geschlossene Anstalt, deren einziger Insasse und Wärter es selbst ist, und Ausgang gibt es nur selten.

Was aber ist das Bewußtsein als solches? Es ist offensichtlich kein bloßes Sein nach Art eines Körpers, sondern (seiendes) Bewußtsein von Sein, einschließlich des eigenen Seins als Bewußtsein – seine Reflexion bzw. Selbstreflexion ist also keine physikalische, kausal mechanische Spiegelung bzw. Selbstbespiegelung. Es ist auch insofern nichts dinghaft Starres, da es, zumindest im Hinblick auf die Bewußtseinsinhalte, ständig im Werden oder Wandel ist – das Bewußtsein arbeitet, wenn man so will (allerdings nicht wie eine Maschine, denn das Ich lebt und erlebt sich). Damit stellt sich die Frage, ob das Bewußtsein im Grunde ein Prozeß oder eine Tätigkeit ist. Man könnte es z. B. als einen Strom von Vorstellungen beschreiben, der irgendwo in den Tiefen des Ich erzeugt wird, an dessen Zustandekommen ich selbst als ein meiner selbst bewußtes Ich relativ unbeteiligt bin – ich wäre sozusagen selbst nur Zuschauer meines Gedankenstromes oder wie immer man das permanente Auftauchen und Verschwinden der Bewußtseinsinhalte beschreiben will. Allerdings läßt diese Anonymisierung des Bewußtseins, seine Charakterisierung als eine Art höheren Mechanismus, meine Beteiligung am Zustandekommen und Zugrundegehen der Bewußtseinsinhalte, also das Ich als Bewußtseinssubjekt, außer acht. Ob ich mir im Geiste etwas vorstelle oder ob sich mir etwas vorstellt, irgendwie bin ich immer als Denkender, Fühlender, Wahrnehmender usw., nämlich als Tätigkeitszentrum aktiv involviert; das Sein des Bewußtseins scheint geradezu in einem rastlosen Tun zu bestehen, in einer permanenten Vergegenwärtigung seiner selbst und der Welt, in einem nicht enden wollenden Selbstgespräch oder wie auch immer man diese unaufhörliche Tätigkeit charakterisieren will, und das Ich scheint das Zentrum dieser Basistätigkeit zu sein. Allerdings könnte sich hier ein neuer Erklärungsnotstand auftun: Das Ich wird durch das Bewußtsein und das Bewußtsein durch das Ich erklärt, nämlich das Subjekt durch seine Tätigkeit und die Tätigkeit durch ihr Subjekt. Insofern bleibt die Frage: Wer oder was ist das Ich? Obwohl einerseits sich selbst das Bekannteste überhaupt, scheint es andererseits sich selbst – im allgemeinen wie im besonderen – immer noch das Unbekannteste zu sein.

Denken und Wollen

Vernunft und Freiheit bzw. Denken und Wollen gelten als die vornehmsten Eigenschaften des Menschen, ihr Zusammenspiel scheint das Ich wesentlich zu konstituieren. Was allerdings Vernunft und Freiheit, Denken und Wollen sind, scheint alles andere als klar zu sein.

(1.) *Was heißt Denken?* Eigentlich ist unser Denken uns vollkommen vertraut, denn wir tun es, mehr oder weniger, ständig (vielleicht sogar im Schlaf); außerdem ist es sozusagen das Intimste, denn wir sind es gewissermaßen selbst. Was wäre ich ohne mein Denken? Andererseits ist das Denken als solches sich selbst unbekannt, weil es sich selbst fast so schwer erfassen kann, wie das Sehen sich selbst sehen kann. Außerdem, obwohl das Denken sich selbst denken kann, in der Rückwendung auf sich selbst entzieht es sich auch sich selbst – das gedachte Denken scheint nicht dasselbe zu sein wie das denkende Denken. Wie also läßt es sich – aus und durch sich selbst – bestimmen, wie erfährt das Denken sich selbst? Denken wird nämlich nur im Denken als solches erfahren. Zwar gibt es externe Erklärungen auf der Grundlage der Naturwissenschaften, denn Denken funktioniert auf der Basis gehirnphysiologischer Prozesse: Elektrische Ströme bzw. neuronale Impulse ermöglichen oder steuern sogar die Denkprozesse – wenn sie im Gehirntod kollabieren, bin ich tot. Allerdings, das Denken als Denken weiß von seinen Gehirnprozessen nichts. Vor allem wäre eine rein physiologische Deutung des Denkens ein Rückfall in die Erklärung des Ich aus dem Nicht-Ich. Daher sind auch mathematisch-mechanistische Erklärungen des Denkens mit Hilfe einer Theorie der sogenannten künstlichen Intelligenz, in denen das Funktionieren des lebendigen Denkens auf eine Art seelenlosen Supercomputer im Gehirn zurückgeführt wird, auf dem Boden der reflexiven Ichanalyse wenig hilfreich, zumal Denken dabei wesentlich als Kombinieren oder Rechnen, nämlich Verrechnen von Einheiten, verstanden wird. Es fragt sich jedoch, ob die (partiell sicher richtige) technische oder instrumentalistische Interpretation des Denkens zureichend ist, ja ob Rechnen überhaupt schon Denken in irgendeinem anspruchsvollen Sinne des Wortes ist. Im übrigen, wenn Denken nur das Funktionieren eines elektronischen Rechners ist, welches (denkende) Ich steuert dann diese Denkmaschine (falls sie sich nicht selbst steuert)?

Am unproblematischsten scheint die Frage nach dem Gegenstand des Denkens zu sein. Denken ist offensichtlich Etwas-Denken – ich denke, daß etwas ist und daß es so oder so ist. Dieses intentionale Denken kann in Analogie zur sinnlichen Wahrnehmung, sowohl in Verbindung mit ihr, aber auch relativ unabhängig von ihr, als geistiges Wahrnehmen vorgestellt und gedacht werden, und zwar als mehr oder weniger passives Wahrnehmen (Rezipieren) oder als mehr oder weniger aktives Ergreifen (Begreifen). Aber während sich in der ›passiven‹ geistigen – ähnlich wie in der sinnlichen – Wahrnehmung das Gedachte von sich aus darbietet, kann sich das weitergehende ›aktive‹ Denken – mit Hilfe der Reproduktion seiner Vorstellungen – über die bloße Rezeption oder Perzeption erheben und in produktive Konstruktion (z. B. von abstrakten Allgemeinbegriffen) übergehen, und zwar allem Anschein nach nicht nur willensgesteuert, sondern auch spontan. Außerdem kann sich das Denken, anders als die Sinneswahrnehmung, sich selbst zuwenden: Denken ist potentiell reflexiv und daher sich selbst auch schon immer irgendwie gegeben oder gegenwärtig. In gewisser Weise ist das Denken offen für alles und kann sich auf alles richten – das Denken ist für mich gleichsam der universale Schlüssel zur Wirklichkeit. Ich kann über die ganze Welt und sogar über die Welt hinaus nachdenken, über Gegenwärtiges, Vergangenes und Zukünftiges, über Wirkliches und Mögliches. Allerdings, wenn man das Wort etwas präziser nimmt, sind doch gewisse Einschränkungen nötig. Das Unbestimmte z. B. können wir als solches nicht denken bzw. uns nur vage vorstellen, aber wir können es durch das Denken mehr oder weniger bestimmen – sonst kämen wir nie von unklarem Vorstellen zu klarem Denken. Außerdem scheint das, was sich selbst widerspricht, das logisch Unmögliche, undenkbar zu sein. Aber auch dieses müßte zumindest als das Undenkbare gedacht werden können, oder der Begriff des Denkens müßte auf klares logisches Denken eingeschränkt werden – womit dann alles Denken ins unreine disqualifiziert und der Prozeß der Klärung selbst zu einem prälogischen Wunder würde.

Die Frage nach dem Gegenstand des Denkens führt auf die Frage nach seinem Grund. Was bewegt das Denken, was heißt uns denken? Ist es allein der Gegenstand des Denkens, der das Denken in Bewegung setzt, veranlaßt oder verursacht, d. h. uns zu denken gibt? Offensichtlich ist der Gegenstand unseres Denkens in der Regel ein Hauptmotiv unseres Denkens, andererseits haben wir vermutlich bereits unsere Gründe, über diesen oder jenen Gegenstand nachzudenken, d. h. es gibt Denkursachen außerhalb des Denkens, z. B. reale Notwendigkeiten, die unser Denken in bestimmte Bahnen drängen: Not lehrt denken! Aber solche Denkursachen sind vermutlich nur Anlässe, die das bereits vorhandene

Denken in eine bestimmte Richtung lenken, gleichsam als ob es bereits einen vorhergehenden unbestimmten Gedankenfluß, ein vorgängiges, spontanes oder sogar gesteuertes Grunddenken gäbe. Denke ich, weil ich denken muß oder weil ich denken will? Einerseits ist Denken eine spontane oder sogar erzwungene Reaktion auf den Gegenstand, den ich denken oder bedenken kann Gedanken können sich mir aufdrängen, mich geradezu quälen. Andererseits kann diese Reaktion auf den Gegenstand, das Denkbare, anscheinend auch durch mich, den Denkenden, gesteuert werden, zumindest bis zu einem gewissen Grade. Letztlich geht es bei der Frage nach dem Grund des Denkens um die Frage, ob oder inwieweit das Denken eine willentliche bzw. freie Tätigkeit oder ein quasi selbsttätiger bzw. selbstläufiger Prozeß ist. Wenn Denken eine Tätigkeit ist, welche Art von Tätigkeit, wenn Denken ein Prozeß ist, welche Art von Prozeß ist es dann? Wieweit kann ich mein Denken handhaben, wieweit bin ich meinem eigenen Denken ausgeliefert? Kurz, denke ich überhaupt selbst, oder denkt es in mir?

Die Frage nach der Ursache des Denkens führt zur Frage nach dem Subjekt des Denkens, denn wenn Denken ohne Denksubjekt geschähe, wäre es nur ein anonymer Mechanismus, eine Art subjektlose Bewegung. Aber wer oder was ist das wirkliche Subjekt des Denkens? Offensichtlich bin ich im Denken in einer ganz anderen Weise involviert bzw. tätig, als wenn ich z. B. etwas oder auch mich selbst wasche – ich selbst bin es, der in seinem Innersten denkt. Aber wie mache ich das, falls ich es überhaupt mache: denken? Jedenfalls scheine ich es keineswegs immer bewußt zu tun, es weder bewußt anzufangen noch bewußt beenden zu können. Wenn aber Denken nicht nur bewußtes oder reflektiertes Denken ist, sondern auch mehr oder weniger präreflexives Denken, wieweit bin ich als Bewußtsein dann jeweils das Subjekt des Denkens, nämlich dasselbe Subjekt: das Ich, das wissentlich und vielleicht sogar willentlich denkt, und das Ich, das im Grunde (unbewußt, unterbewußt bzw. vorbewußt) denkt? Das sich selbst denkende Denken scheint sich ein Rätsel zu sein.

(2.) *Was heißt Wollen?* Der Wille als das Vermögen zu wollen scheint eine besonders dunkle Kraft des menschlichen Geistes zu sein. Während nämlich der Verstand als das Vermögen zu denken wenigstens bis zu einem Gewissen Grade durch Reflexion, also durch sich selbst, hell werden kann, bleibt der Wille wie verschlossen, dunkel für das Denken und für sich selbst; denn der Wille kann sich, wenn überhaupt, anscheinend nicht in gleichem Sinne wollen, wie der Verstand sich denken kann. Eben deshalb scheint er aber auch zum innersten Kern des Ich zu gehören. Wenn ich das bin, was ich denke, oder so bin, wie ich denke, dann bin ich anscheinend auch und vermutlich nicht weniger das, was ich will, und so, wie ich will. Vielleicht ist der Wille in mancherlei Hinsicht für das Ich sogar zentraler als das Denken, auch wenn das Denken bis zu einem gewissen Grade eine Bedingung für das Wollen ist. Jedenfalls bin ich – als Ich – mehr als mein Denken, nämlich auch mein Wollen.

Wollen ist nicht Denken, Denken ist nicht Wollen. Selbst wenn ich immer wissen würde, was ich will, so wäre mein Erkennen doch nicht mit meinem Wollen identisch. Ich kann zwar denken, daß ich etwas will, d. h. der Wille und sein Gegenstand bzw. sein Ziel können Inhalte meines Denkens sein, aber dieses Denken, das den Willen begleitet, ihm vorangeht oder nachfolgt, ist nicht der gedachte Wille selbst – Entscheiden und Erstreben z. B. sind nicht identisch mit Erkennen. Ich kann mich sogar über mein (wirkliches) Wollen täuschen. Zwar sind beide, Denken und Wollen, intentional, nämlich vom Ich ausgehend auf etwas – meist außerhalb des Ich – gerichtet, aber doch auf verschiedene Weise. Während das Denken sich auf das Denkbare richtet (theoretische Intentionalität) und sich dadurch bestimmen läßt, kehrt sich im Wollen (praktische Intentionalität) die Bewegungsrichtung um; denn obwohl das Wollen zweifellos auch durch das, was gewollt wird, bestimmt wird, geht es als solches doch vom Ich aus, und zwar um den jeweiligen Sachverhalt selbst aktiv zu bestimmen, vor allem, um ihn zu verändern. Wollen ist, auch wenn es eine äußere Ursache hat, eine Bewegung, die im Ich (mit seinen Interessen usw.) beginnt und in der sich das Ich selbst zu etwas bestimmt, insbesondere zu einer äußeren Handlung. Denken ist Denken an etwas, Wille ist Wille zu etwas. Kurz, Wille ist wesentlich Handlungswille, daher auch kein bloßes Streben, Wünschen oder Verlangen. Zwar kann der Wille als eine Art Streben charakterisiert werden, ähnlich dem Drang oder Trieb, der auch den Tieren zugeschrieben wird; zuvor jedoch ist er eine Art Entscheidungsvermögen, d. h. eine Kraft, sich zu entschließen oder zu beschließen, also zu wählen, und zwar aufgrund von Überlegungen bzw. Motiven. Der Wille ist ein entschiedenes Streben, entschieden aufgrund einer Entscheidung und meistens im Hinblick auf eine Handlung, z. B. das Habenwollen einer Sache. Insofern ist das Streben als reflektiertes Streben die Folge einer Entscheidung, nicht die Entscheidung eine Folge des Strebens – sonst wäre alle Entscheidung überflüssig und das Wollen als Streben nur noch eine blinde Kraft. (Was nicht ausschließt, daß bei einer Entscheidung auch Neigungen, Bestrebungen usw. mit im Spiel sein können).

Im Hinblick auf die Überlegungen, die einen Handlungswillen bewirken, kann der Entschluß oder Beschluß, die Willensentscheidung, als eine Art praktischer Schluß betrachtet werden, d. h. als eine Konklusion aus Prämissen, die die Praxis betreffen; dann wäre die Entscheidung ein bloßer Denkakt, der Wille nur eine Art praktischer Vernunft. Doch dürfte die Entscheidung in aller Regel noch etwas anderes als eine bloß logische Überlegung sein. Die ›Dezision‹ ist ein Abbruch der Kalkulation und daher noch etwas anderes als die Kalkulation selbst – aus der Perspektive rationalen Denkens eher der irrationale Abschluß einer unklaren Überlegung, ein Abbruch des bloßen Denkens und damit ein Übergang zum Handeln. Weder scheint Erkenntnis unmittelbar praktisch zu sein, noch läßt sich das Wollen auf Denken reduzieren; beide sind deutlich unterscheidbare Tätigkeiten, die auf zwei unterschiedliche Vermögen, Wille und Verstand, verweisen. Der reflektierte Wille oder vielmehr die Reflexion des Willens ist sich zwar des Gegenstandes oder Ziels des Willens bewußt, aber offensichtlich kann es deutliche Diskrepanzen zwischen Denken und Wollen geben, da meine Einsichten und meine ›Wünsche‹ durchaus divergieren können. Der Wille ist zwar selbstbestimmter, d. h. durch mich bestimmter Wille, aber nicht Selbstreflexion im Sinne des Denkens; vielmehr scheint es – trotz aller Reflexion – oft noch einen unbestimmten oder doch unklaren Willen zu geben, z. B. Unklarheit und Entschlußlosigkeit im Hinblick auf die möglichen Objekte des Wollens.

Was aber ist der Gegenstand des Wollens? In gewisser Weise kann ich anscheinend alles wollen, das Mögliche wie das Unmögliche, wenn auch mit Unterschieden. Ich kann z. B. etwas haben oder tun wollen, aber ich kann nicht wollen, daß etwas geschieht, dies kann ich nur wünschen oder hoffen. Ich kann auch etwas sein oder werden wollen, aber dafür muß ich in aller Regel auch etwas haben und etwas tun wollen. Und umgekehrt, indem ich mich zu irgendeiner Handlung in der Welt bestimme, bestimme ich mich auch selbst zu etwas, d. h. ich bestimme über mich selbst im Hinblick auf etwas. Etwas zu wollen bedeutet daher immer auch: sich selbst zu wollen, nämlich als den, der dieses oder jenes (haben, tun, sein) will. Bevor Wollen in irgendeine äußere Handlung übergeht, ist es erst einmal innere Selbstbestimmung des Ich und insofern auch sich selbst wollendes Wollen. Und wenn es wirkliches Wollen und kein blindes Streben oder leeres Wünschen sein soll, so wird es sich vernünftigerweise auf das Mögliche richten; das Unmögliche bzw. das, was ich für unmöglich halte, kann ich nicht wirklich wollen. Nur weil das Unmögliche meist nicht zwingend klar unmöglich ist, bleibt fast immer noch eine Chance, den Willen auch auf das scheinbar Unmögliche zu richten.

Damit stellen sich – ähnlich wie beim Denken, nur noch dringlicher – die Fragen nach dem Grund und nach dem Subjekt des Wollens, und zwar in engster Verknüpfung. Sind es die Gegenstände selbst bzw. meine Interessen, die sich auf diese Gegenstände richten, die mich bewegen? Wieweit bin ich frei, dieses oder jenes zu wollen, wieweit kann ich – um es paradox zu formulieren – mein Wollen wollen? Offensichtlich bin ich auch im Wollen in einer ganz anderen Weise involviert bzw. tätig, als wenn ich z. B. etwas oder auch mich selbst wasche. Ich selbst bin es, der in seinem Innersten sich bzw. etwas will. Aber insofern ich nicht weiß, was ich tue, wenn ich will, kann sich der Eindruck aufdrängen, daß etwas in mir will, was mit mir, dem seiner selbst bewußten Ich, gar nicht identisch ist und sich mir, wie einem willenlosen Subjekt, aufdrängt. Wollen scheint dann ein anonymer Prozeß im Ich, eine Art subjektlose Bewegung im Grunde des Ich zu sein, was allerdings dem Begriff des Wollens widerspricht. Falls es aber ein unbewußtes bzw. vorbewußtes Wollen mit eigenen Interessen (Neigungen, Wünschen, Bestrebungen usw.) gibt, das erst durch die bewußte Zustimmung zu diesem ›Treiben‹, durch die Entscheidung, zu einem bewußten Wollen im engeren Sinne des Wortes wird, so scheint dies zu einer Spaltung des

Ich in zwei Willenssubjekte mit möglicherweise widerstreitenden Willen zu führen, was zumindest die Koppelung des Ich an das Bewußtsein in Frage stellen würde. Die Frage nach dem Wesen des Wollens scheint Abgründe im Ich aufzudecken.

Freiheit und Vernunft

Die meisten Menschen halten sich für mehr oder weniger vernünftig und frei. Vernunft und Freiheit sollen menschliches Denken und Wollen als solches qualifizieren, aber sie gehören auch, falls es sie überhaupt gibt, zu den rätselhaftesten Vermögen des Menschen, geradezu unfaßbar in ihrem Sosein und Dasein. Vor allem die Frage nach der Freiheit scheint in ein metaphysisches Nebelloch zu führen, obwohl menschliches Denken und Wollen, so wie es sich selbst normalerweise versteht, erkennbar Freiheit voraussetzt. Ein Ich ohne Freiheit wäre nur eine Art Ichmaschine, eine Denk- und Wollensmaschine, ein quasi mechanischer Prozeß von Reiz und Reaktion.

Was ist Freiheit? Ist sie Spontaneität oder Willkür, Indeterminiertheit oder Indifferenz, Abwesenheit von Zwang oder Autonomie, Selbstbestimmungskraft oder Kraft zur Verneinung bzw. Bejahung der Außenwelt? Zu den wichtigsten Unterscheidungen gehört jedenfalls die zwischen Willensfreiheit und Handlungsfreiheit oder zwischen innerer und äußerer Freiheit. Handlungsfreiheit kann als die äußere Möglichkeit, in einer bestimmten Situation etwas zu tun, definiert werden, Willensfreiheit als die innere Kraft, aus mir selbst oder durch mich selbst etwas zu wollen. Die Handlungsfreiheit steht zwar im Vordergrund des praktischen Interesses, aber ihre sachliche Voraussetzung ist die Willensfreiheit – echte Handlungsfreiheit gibt es nur dort, wo es auch echte Willensfreiheit gibt. Dabei ist festzuhalten, daß die Handlungsfreiheit faktisch immer, nicht selten bis zur Unfreiheit, eingeschränkt ist, nämlich durch die Situation des Handelnden, die Willensfreiheit (Wahlfreiheit, Entscheidungsfreiheit usw.) hingegen, obwohl ebenfalls durch die Situation bedingt, wenn überhaupt, grundsätzlich immer als solche gegeben sein muß. Entweder ist der Wille im Prinzip frei oder im Prinzip unfrei, die innere Freiheit ist kein bloßes Quantum, das sich so oder so verkürzen oder erweitern läßt. Daher kann ich für mich innerlich absolut frei sein, auch wenn ich äußerlich unfrei bin.

Die bekannteste Unterscheidung im Hinblick auf die Freiheit ist die Unterscheidung zwischen einer Freiheit-von und einer Freiheit-zu. Allerdings liegen diese beiden Freiheitsbegriffe, genau betrachtet, nicht auf der gleichen Ebene. Freiheit-von (Unabhängigkeit) meint primär eine Art Außenbezug der Freiheit bzw. die Möglichkeit der Negation des Außen im Inneren der Freiheit; Freiheit-zu meint hingegen zunächst nur eine Binnenmöglichkeit der Freiheit, die Selbstbestimmung, die allerdings in ihren Konsequenzen auch nach außen gerichtet ist und sich dann sowohl als Bejahung wie auch als Verneinung artikulieren kann. In jedem Falle ist die Freiheit-von die Bedingung der Möglichkeit der Freiheit-zu; sie ist die Voraussetzung der ›Kraft‹, sich ›unabhängig‹ von Zwängen selbst zu einem bestimmten Tun zu bestimmen, d. h. etwas zu wollen (wenn auch nicht ohne Motivationen und insofern nicht ohne Determinanten). In diesem Sinne ist die Freiheit-von die basale Freiheit. Alle Selbstbestimmung setzt irgendeine Unbestimmtheit voraus oder auch eine Bestimmtheit, die noch weiter bestimmt werden kann bzw. sich selbst weiter bestimmen kann und insofern unbestimmt ist; insofern ist Freiheit eine sich selbst bestimmende Unbestimmtheit. Zur Möglichkeit von Selbstbestimmung aber gehört, außer der Unbestimmtheit bzw. der Bestimmbarkeit, die Möglichkeit der Selbstdistanz oder die Möglichkeit der Selbsttranszendenz. Nur weil ich mich innerlich von allem, sogar von mir selbst, distanzieren kann und alles, sogar mich selbst, so wie ich bin, transzendieren kann, bin ich frei, d. h. ich kann mich selbst zu etwas (Sein, Tun, Haben) bestimmen.

Wie aber soll so etwas wie Selbstbestimmung aufgrund von Unbestimmtheit in einer anscheinend durch und durch bestimmten Welt überhaupt möglich sein? Wird hier nicht eine Lücke im System der realen Kausalketten gefordert (von der theologischen Problematik des Verhältnisses von Freiheit und Vorsehung – unter der Voraussetzung der Existenz Gottes – ganz zu schweigen)? In der Tat ist möglicherweise alles Erleben von Freiheit bloße Illusion, jede Freiheitstheorie also hoffnungslos idealistisch. Immerhin ließe sich – auch ohne die Hilfe einer idealistischen Metaphysik – *ex negativo* für die Notwendigkeit der Annahme von Freiheit argumentieren. Denn die Leugnung von Freiheit führt vor allem aus moralphilosophischer Perspektive zu endlosen Problemen, da ich dann im Grunde nicht mehr der verantwortliche Urheber meiner Handlungen bin. Sogar die Leugnung der Freiheit müßte sich selbst als rein kausalen Prozeß verstehen, falls sie sich unter den Bedingungen des totalen Determinismus überhaupt noch als Begreifen begreifen könnte, da dann auch alles Selbstverständnis nur noch die automatische Selbstbespiegelung einer Denkmaschine wäre. Die Leugnung der Freiheit wäre selbst ein kausalmechanischer Vorgang, der mit dem merkwürdigen und falschen Bewußtsein bzw. Spiegelreflex behaftet wäre, ein logisches Argument für (freie) Einsicht in eine Notwendigkeit zu sein.

Hinzu kommt, daß die Forderung eines Freiheitsbeweises als solche problematisch ist, denn wie kann ein Nichts an Bestimmtheit bewiesen werden? Wo, wenn auch nur punktuell, Unbestimmtheit ist, hört das Erkennen, nämlich als Erkennen bestimmter Strukturen und Kausalzusammenhänge, auf. Freiheit scheint daher *per definitionem* unbeweisbar zu sein. Sie ist Freiheit von der Natur, oder sie ist gar nicht – wie immer sich auch ihre Entstehung ereignet haben mag. Freiheit ist für das Denken eine Art schwarzes Loch in der Dingwelt, denn sie ist kein Ding. Zwar bleibt das Reden von Freiheit nicht selten ein Singen im Walde, aber ob nun Freiheit ein feststellbares Faktum oder nur eine denknotwendige Forderung ist, wir können nicht anders, als so zu tun, als ob wir frei seien. Die Leugnung der Freiheit müßte letztlich alles Selbstbewußtsein als falsches Bewußtsein desavouieren, nämlich das Bewußtsein als solches zu einer Maschine erklären, die sich ihrer selbst nicht als Maschine ›bewußt‹ ist (außer in dieser ›Selbsterkenntnis‹).

Das Postulat von Freiheit, also die Annahme eines sich selbst ›ursächlich‹ bestimmenden Ich, impliziert nicht die Behauptung, alles zu können oder auch nur sinnvoll wollen zu können. Auch die freieste Selbstbestimmung muß sich an Fakten und an Normen orientieren, wenn sie nicht sinnlos werden will. Insofern zeigt die Frage nach einem ›vernünftigen Gebrauch‹ der Freiheit, daß die Freiheit, gerade weil sie zu allem fähig ist, als solche noch orientierungsbedürftig, aber vermutlich auch orientierungsfähig ist. Freiheit ist zwar gewissermaßen blind, aber sie läßt sich führen, zumindest die ›Ausübung‹ der Freiheit läßt sich leiten. Mit anderen Worten, Freiheit ist, wenn sie sich im Wollen aktualisiert, und erst recht, wenn sie in Handeln übergeht, in der einen oder anderen Form regelbar. Sie kann sich selbst begrenzen und sich in irgendeiner Weise selbstbestimmt Tatsachen oder Normen unterwerfen, d. h. Freiheit ist potentiell vernünftige Freiheit, Vernunft aber das Vermögen, durch das die Handlungsmöglichkeiten erkannt und die Handlungsziele bestimmt werden.

Allerdings kann Vernunft selbst wieder auf mancherlei Weise verstanden werden, vor allem in eine theoretische (erkennende und erkenntnisleitende) und eine praktische (handelnde und handlungsbestimmende) Vernunft unterschieden werden. Als theoretische oder kognitive ist Vernunft zunächst nur Vernehmen und kann dann mit Verstand gleichgesetzt oder auch von diesem unterschieden und ihm über- oder untergeordnet werden. So oder so ist das primäre Objekt solchen hinnehmenden Auffassens die gegebene Wirklichkeit und deren unterschiedliche Strukturen. Insofern besteht die Vernunft vor allem darin, nicht zu leugnen, daß da etwas ist und daß dieses in sich – von sich aus – so oder so ist; unvernünftig ist es hingegen, einen Sachverhalt nicht sehen zu wollen. Insofern besteht die Vernunft wesentlich in der Erkenntnis und Anerkenntnis von Tatbeständen und Zusammenhängen, darüber hinaus aber auch im Vernehmen von Möglichkeiten und Notwendigkeiten. Ich käme nicht heil über die Straße, wenn ich nicht fähig wäre, Wirklichkeit, Möglichkeit und Notwendigkeit zu erkennen und zu unterscheiden. Um jedoch das gegenwärtig geistig Gegebene überschreiten zu können, auch in Richtung Vergangenheit oder Zukunft, muß Vernunft auch noch anders aktiv werden können, nämlich das nicht real Gegebene erdenken können, also ›spekulativ‹ werden können.

Nur so ist auch praktische und insbesondere moralische Vernunft möglich. In allem, was ich tue, füge ich mich nämlich vernünftigerweise nicht nur, mehr oder weniger, den gegebenen Tatsachen, sondern auch den vorhandenen Naturgesetzen – auch, ja gerade dann, wenn ich sie im Handeln anwende. Darüber hinaus kann ich mich in meinem Handeln durch Verhaltensregeln (Normen) aller Art bestimmen lassen, wozu nicht zuletzt eine klare Unterscheidung von Fakten und Normen gehört. Auch die praktische Vernunft orientiert sich an einer vorausgesetzten, in gewisser Hinsicht sogar nur ideellen Ordnung. Sie besteht wesentlich darin, die Erkenntnisse der theoretischen Vernunft auf den eigenen Willen als Anfang des Handelns beziehen zu können und sich so nicht zuletzt regelgeleitet zum Handeln zu motivieren. Vielleicht besteht das Zentrum der Vernunft sogar genau in dieser Möglichkeit, eine vorausgesetzte Ordnung (objektive Vernunft) zu vernehmen und zum Maßstab der eigenen Vernunft (subjektive Vernunft) machen zu können. Insofern gilt die praktische Vernunft mit gutem Grund immer wieder als Vernunft in *sensu eminenti*.

Vernunft ist mehr als bloßes Denken, auch mehr als das bloße Erkennen von Zweck-Mittel-Zusammenhängen – erst indem das Denken und Erkennen Tatsachen und Normen anerkennt, wird es ›vernünftig‹. Allerdings ist mit diesen Bestimmungen zunächst nur die formale Struktur von Vernunft umschrieben. Denn was nun inhaltlich jeweils Wirklichkeit, Möglichkeit und Notwendigkeit ist und welche Fakten oder Normen akzeptiert werden oder kritisch verändert werden können oder müssen – dies alles ist damit noch nicht gesagt und kann auch nicht vorab ein für allemal gesagt werden. Zwar lassen sich mancherlei Kriterien für Vernunft (z. B. logische Ordnung und lebenspraktische Nützlichkeit) aufstellen. Ob allerdings diese Kriterien vernünftig sind, kann wieder nur die auf Vernunft hörende Vernunft selbst entscheiden. Die Vernunft muß das, was ist, wahrnehmen (auch als Handlungsmotiv), d. h. sie darf sich der gegebenen Ordnung der Wirklichkeit, der Fakten wie der Normen, nicht von vornherein verweigern – auch, ja gerade dann nicht, wenn sie die Tatsachen oder Regeln durch Handeln ändern will. Aber worin die wahre oder wirkliche Ordnung besteht, das ist gerade die Frage der sich selbst immer noch suchenden Vernunft, darüber wird es immer verschiedene Auffassungen geben. Zwar kann nur die Vernunft selber bestimmen, was vernünftig ist, aber gerade hierüber ist sie immer noch mit sich selbst im Streit. Vernunft als Vernehmen des Vernünftigen ist sozusagen immer noch auf dem Wege; wahrscheinlich kann nie ein für allemal gesagt werden, was absolut vernünftig ist, d. h. Vernunft ist wesentlich geschichtlich.

Vernunft und Freiheit stehen in einem spannungsreichen Verhältnis zueinander. Freiheit scheint, wenn es sie überhaupt gibt, ein quasimetaphysisches Faktum zu sein; Vernunft scheint, wenn es sie überhaupt gibt, vor allem eine quasimoralische Norm zu sein. Freiheit ist die metaphysische Bedingung der Möglichkeit allen menschlichen Denkens und Wollens, Vernunft die moralische Bedingung der Möglichkeit richtigen Denkens und Wollens. Einerseits scheint die Vernunft der Freiheit als Kontrolle oder Regelungsinstanz vorgeordnet zu sein, andererseits scheint auch vernünftiges Denken nicht ohne innere Freiheit möglich zu sein. Freiheit bedarf der Vernunft als Regulativ, um nicht auszuarten, Vernunft der Freiheit, um wirksam zu werden; Freiheit ohne Vernunft ist blind, Vernunft ohne Freiheit ohnmächtig. Ohne Vernunft keine wahre Freiheit, ohne Freiheit keine wahre Vernunft. Allerdings sind Vernunft und Freiheit schon als Phänomene schwer zu fassen, ihr Wesen ist eher noch rätselhafter als das von Denken und Wollen und praktisch keiner Außenbetrachtung zugänglich. Aber es ist auch klar, daß jede Anthropologie, die eine echte Sonderstellung des Menschen behaupten will, vor allem jede Anthropologie in praktischer Absicht, Vernunft und Freiheit als zwei zusammengehörige Wesenszüge des Menschen betrachten muß.

Die Einheit des Ich

Denken und Wollen, Freiheit und Vernunft sind zweifellos nur die markantesten Eigenschaften des menschlichen Ich. Allerdings führt die Feststellung einer Polarität und Verknüpfung von Freiheit und Vernunft, vor allem aber die Feststellung zweier verschiedener und möglicherweise divergierender Grundvermögen, Denken und Wollen, zwangsläufig zur Frage nach der Einheit des Ich. Wie hängen diese Fähigkeiten zusammen, worin könnte die Strukturganzheit des Ich bestehen? Gibt es eine Art Kern des ich, in dem alle seine Vermögen gründen, ein Zentrum, aus dem alle seine bewußten wie unbewußten Tätigkeiten entspringen? Bei allem möglichen Widerstreit des Ich mit sich selbst scheint das Postulat einer umgreifenden und fundamentalen Einheit, gerade auch als Voraussetzung von Widerstreit, unabdingbar. Worin aber könnte z. B. der Zusammenhang zwischen theoretischer Selbstreflexion und praktischer Selbstbestimmung bestehen? Bestimmt das Denken das Wollen oder das Wollen das Denken? Oder beeinflussen sich beide wechselseitig, und wenn ja, wie und in welchen Hinsichten? Vielleicht läßt sich (deskriptiv) ein Vorrang des einen vor dem anderen feststellen, möglicherweise muß (normativ) ein Vorrang des einen vor dem anderen gefordert werden.

Einerseits gibt es die These: Der Wille muß wissen, was er will, also ist alles Wollen vom Denken abhängig, genauer gesagt, von der Erkenntnis dessen, was für erstrebenswert, d. h. gut oder richtig, gehalten wird. Der Wille wird dann als (an sich blindes) Streben nach dem Guten bzw. vermeintlich Guten verstanden – er tut, was der Verstand für gut und richtig hält; er ist eine Art Erkenntnisfolge, die bloße praktische Konsequenz des Denkens, vielleicht selbst nur praktische Vernunft. Wenn aber der Wille als solcher Wille zum Guten ist, dann ist der Mangel an wahrhaft gutem Willen letztlich nur Mangel an ›richtiger‹ Erkenntnis des wahren Guten, der böse Wille also nur fehlgeleiteter oder irrender guter Wille – der böse Wille weiß eigentlich nicht, was er tut. Wenn jeder nur das tut, was er für gut hält, und keiner freiwillig etwas Falsches, Schlechtes oder Böses tut, dann sind alle Verbrechen oder Sünden nur Irrtümer des Verstandes bzw. der Vernunft. Der Irrtum aber beruht auf einem Mangel des Denkens oder einer Trübung der Einsicht – etwa durch sinnliche Begierden, die jedoch selbst wieder als eine Art Willen, nämlich als Streben, gedacht werden können. Dann aber kann sich der Wille bzw. die Begierde anscheinend gegen bessere Einsicht wehren.

Andererseits gibt es die These: Alles Denken ist vom Wollen abhängig, denn der Wille lenkt die Erkenntnis, indem er sie (in Form von Interessen, Neigungen usw.) nicht nur veranlaßt, sondern auch leitet, behindert oder befördert. Der Wille ist der Motor des Denkens, denn er bestimmt das Denken sowohl formal, indem er es durch Aufmerksamkeit oder Konzentration auf einen Gegenstand lenkt, als auch material, indem er dem Denken die Dinge so erscheinen läßt, wie sie dem Begehren gefallen bzw. mißfallen. Alles Erkennen ist im Grunde ideologisch, ein zur Theorie sublimiertes Interesse. Daher ist das Böse auch kein Verstandesirrtum, sondern eine ursprüngliche Perversion des Willens, die durch bloße Erkenntnis nicht korrigiert werden kann, weshalb auch die moralische Besserung nicht in einem Erkenntnisschub, sondern in einer Willensumkehr besteht (woher diese immer kommen mag). Allerdings wird auch in dieser Konzeption, zumindest für die eigene Willenstheorie, die Möglichkeit einer freien Einsicht oder irgendwie geschenkten Erkenntnis vorausgesetzt.

Offensichtlich ist sowohl die rationalistische als auch die voluntaristische Interpretation des Verhältnisses von Denken und Wollen unbefriedigend. Aber so unklar das Verhältnis von Denken und Wollen auch sein mag, irgendein innerer Zusammenhang beider muß vorhanden sein. Vielleicht gibt es also jenseits von

Denken und Wollen ein Zentrum des Ich, das man durch formale Analogien erschließen könnte: Ich denke, ich will; etwas denkt in mir, etwas will in mir. So oder so handelt es sich um eine gewisse Spontaneität inneren Handelns. Ferner gehört zum Denken wie zum Wollen eine Intentionalität. Zwar ist die Denkintention theoretisch, d. h. auf bloße Betrachtung der Welt gerichtet, die Willensintention hingegen praktisch, d. h. auf Veränderung der Welt gerichtet. So oder so gibt es jedoch eine Selbsttranszendenz des Ich. Außerdem gehört zum Denken wie zum Wollen eine gewisse Reflexivität, ein Selbstbewußtsein oder eine Selbstpräsenz von Denken und Wollen. Ich bin mir mehr oder weniger dessen bewußt, daß und was ich denke oder will. Dabei ist der Selbstbezug des Denkenden als solcher theoretisch, das Ich denkt oder erkennt sich; hingegen ist der Selbstbezug des Ich im Wollen praktisch, das Ich bestimmt sich selbst im Wollen, und zwar im Wollen von etwas. In jedem Fall bleibt das Ich im Denken und Wollen bei sich. So verbinden beide Aktivitäten des Ich, wenn auch auf verschiedene Weise, Intentionalität und Reflexivität, Selbstbewußtsein und Weltbewußtsein, also Selbstpräsenz und Selbsttranszendenz. Daher könnte die formale Analogie zwischen Denken und Wollen dazu verführen, rein spekulativ aus ihnen als Oberbegriff eine formale Einheit des Ich, etwa als reflexive Intentionalität, sich selbst präsente Selbsttranszendenz oder sich selbst transzendierende Selbstpräsenz, zu konstruieren. Aber dies wären nicht nur Leerformeln, sondern auch löcherige Konstruktionen, zumal sie z. B. Erinnerung oder Einbildung als vermutlich ebenfalls konstitutive, vielleicht sogar noch fundamentalere geistige Vermögen unterschlagen würden. Kurz, es bleibt die Frage nach der Einheit, der Ganzheit und dem Grund des Ich (einschließlich der Frage nach der Einheit von Bewußtsein und Unterbewußtsein). Die Einheit des Ich scheint kaum weniger rätselhaft zu sein als die Einheit von Körper und Geist – zusammen bilden sie ein doppeltes Rätsel.

3. Ich als ich selbst

Ichsein und Selbstsein

Wie die Anthropologie den Menschen als Gattungswesen betrachtet, so die Ich-Analyse das Ich als eine Art allgemeines Ich (Bewußtsein überhaupt). Zwar geht es mir in beiden Betrachtungsweisen nicht zuletzt auch um mich selbst als individuelles und konkretes Ich, aber in den allgemeinen Theorien über den Menschen und das Ich komme ich als existierendes Ich, das speziell an sich selbst interessiert ist, gar nicht vor. Die Ichanalyse thematisiert nur die formale Ichstruktur, eine Art skelettiertes und naturalisiertes Ich als Ichschema der Spezies Mensch, um nicht zu sagen, den Ichapparat. Aber ich bin ein reales und konkretes, ein kontingentes, jetzt und hier existierendes, einmaliges und unteilbares Ich. Zwar bin ich – aus der Außenperspektive eines hypostasierten allgemeinen Ich – nur ein Einzelfall der Ichspezies, ein Ich mit einer individuellen Ichstruktur und als solches in einer individuellen Situation ein zufälliger, instabiler und vergänglicher Schnittpunkt verschiedener Determinanten. Aber aus meiner individuellen Innenperspektive ist das allgemeine Ich nur ein verallgemeinertes Ich, eigentlich eine paradoxe Abstraktion, denn ein allgemeines Ich (eine Art ›Es-Ich‹ oder ›Ich-Es‹) ist eine *contradictio in adiecto*. Auch wenn es außer mir noch andere Ichs gibt, für mich sind alle anderen Ichs etwas ganz anderes als ich für mich. Ich bin für mich nicht nur irgendein ›Einzel-Ich‹, sondern das Ich, das sich erlebt;

und die Welt, in der ich lebe, ist zugleich als erlebte Welt meine Welt. Ich bin das Ich, das ich selbst bin – ich bin für mich ich selbst. Nicht nur, weil Ich nicht gleich Ich ist, so wie ein Stein nicht wie der andere ist, sondern auch, weil nur ich für mich wirklich ich bin, nicht nur irgendein Ich, sondern sozusagen das Ich schlechthin. Mich gibt es nicht im Plural, ich bin ich und nur ich. Daher muß nicht nur zwischen dem Ich im allgemeinen und dem individuellen Ich (das als Person, Charakter oder ähnliches bestimmt werden kann), sondern darüber hinaus zwischen dem Ich, das derart als individuelles noch objektiviert werden kann, und dem Ich, das ich für mich selbst bin, dem Selbst, das an sich selbst »unendlich interessiert« ist, dem Ich als Lebensproblem, unterschieden werden – was allerdings auch schon wieder eine gewisse Objektivierung des schlechthin Subjektiven impliziert.

Wie lebe und erlebe ich mich – als dieser Mensch, als dieses Ich? Ich bin ich – für mich; d. h. ich bin ich, indem ich – als dieses Ich – ich selbst bin. Und zwar nicht nur so, als ob ich jemand sei, der sich zu etwas, in diesem Falle ›zufällig‹ auch zu sich selbst, verhält, vielmehr bin ich sozusagen mein (lebendiges) Verhältnis zu mir selbst. Ich bin mein Selbstbezug, und zwar aufgrund einer inneren Spaltung des Ich. Zu diesem Selbstverhältnis (Ich-selbst-Sein), das immer wieder verdinglicht werden kann, gehört, daß ich mir meiner selbst so oder so bewußt bin; ich erfahre, fühle, denke und kenne mich (mehr oder weniger). Aber ich stehe nicht nur in einem theoretischen oder kognitiven Verhältnis zu mir, sondern auch (grob gesprochen) in einem praktischen. Ich bin kein interesseloses Sich-selbst-Denken, d. h. ich spiegele mich nicht als unbeteiligter Zuschauer meiner selbst, ich beurteile mich auch und wirke auch auf mich ein, d. h. ich lenke mich selbst in diese oder jene Richtung. Ich bin mir meiner nicht nur reflexiv oder non-reflexiv bewußt, ich bestimme auch über mich; ich denke mich und will mich so oder so – auch wenn ich mich so, wie ich bin, vielleicht gerade nicht will. Wahrscheinlich ist sogar jede Selbstdeutung schon eine irgendwie engagierte Selbstbestimmung. Ich bin immer schon mit mir selbst engagiert, ich gehe mich etwas an, und zwar immer schon. Indem ich mich mit der Welt beschäftige, bin ich immer auch mit mir beschäftigt. Ich bin der Mittelpunkt meiner Welt, in gewisser Weise ein Kreisel, der sich, auch wenn er von außen, von den sogenannten Peitschenschlägen des Schicksals, angetrieben wird, doch immer nur um sich selbst dreht, bis er umfällt. Solange ich lebe, kann ich nichts anderes tun, als dieses mein Leben leben – ich habe mein Leben zu leben, mein Sein zu sein. Ich bin ich selbst, in der Selbstbejahung wie in der Selbstverneinung, vor aller möglichen ausdrücklichen Selbstaneignung wie in der Flucht vor mir selbst – ich bin ich selbst in aller Selbstverwirklichung wie Selbstvernichtung. Mit anderen Worten, ich bin für mich das einzige von mir erlebte und insofern sich selbst erlebende Ich: ich als ich selbst. Ich allein bin für mich absolut unverzichtbar, unumgänglich und unhintergehbar, unvergleichbar und unersetzlich, nicht nur einmalig, sondern einzig. Zeitlich und räumlich gesehen bin ich nur eine Null im All, ein Nichts, das begreift, daß es ein Nichts ist, und doch bin ich für mich gewissermaßen alles, da alles für mich ohne mich wie nichts ist.

Was aber ist dieses Ich, das ich selbst bin? Was läßt sich über mich selbst überhaupt allgemein (also schon wieder paradox) aussagen? Ist das individuelle, lebende und sich selbst erlebende Ich z. B. ein Ich mit intersubjektiv vergleichbaren Strukturen und Prozessen oder nur ein zufälliger, chaotischer Haufen von Fakten und Gedanken, Wünschen und Ängsten, Vorlieben und Neurosen? Klar ist jedenfalls, daß mit solchen Fragestellungen an die Stelle der

Probleme der formalen Ichanalyse Probleme der ›materialen‹ Existentialanalyse oder Existenzerhellung treten, daß also die bewußtseinstheoretische Egologie noch einer ›existenzphilosophischen‹ Erweiterung bedarf – die ichtheoretischen Fragen sind noch nicht die existentiell wichtigen Fragen. Es ist etwas anderes, ob ich das Denken und Wollen des Menschen im allgemeinen betrachte oder ob ich sein oder vielmehr mein Verhältnis zu Liebe und Tod, Arbeit und Hunger usw. bedenke. Allerdings kann es auch dabei – in der Philosophie – nicht um bloße autobiographische Bekenntnisse gehen, zumal das individuelle Ich als solches im allgemeinen philosophisch uninteressant ist. Und zwar schon deshalb, weil ich als ich selbst im Grunde vermutlich nicht sehr viel anders als alle anderen bin (abgesehen davon, daß ich allein für mich bin und in diesem Sinne etwas ganz anderes, nämlich einzigartig). Überall, mehr oder weniger, die gleichen Wünsche und Ängste, die gleichen Verletzungen und Hoffnungen, die gleichen Sorgen um Einsamkeit und Gemeinsamkeit, um Gegenwart und Zukunft. Insofern bleibt auch die existentielle Selbstreflexion noch auf das lebendige Ich als quasi allgemeines gerichtet, also existential, wenn man so will; d. h. ich betrachte mich als existierendes Ich und dieses Ich sozusagen als Sache. Jede Selbstanalyse ist im Grunde eine riskante Verallgemeinerung des Nicht-Allgemeinen und damit zugleich eine unangemessene Selbstobjektivierung.

Selbstsein und Kontinuität

Das reale Ich existiert nicht als absolut momentanes Ereignis, vielmehr ›verfügt‹ es, als sich selbst erlebendes Ereignis in der Zeit, über eine gewisse Kontinuität. Und so wie das Ich im allgemeinen sich selbst und seine Welt, nämlich sich in seiner Welt, kontinuierlich durch Selbstsetzung zu konstituieren scheint, so scheint sich auch das konkrete Ich (auf dieser Basis) ständig selbst zu gestalten, wenn auch meist indirekt und unbewußt, nämlich durch seine ständige Auseinandersetzung mit der Welt (nicht etwa in Form einer geplanten und verdinglichenden Transformation seiner selbst). Und diese ständige Revision meiner selbst durch mich selbst geschieht im allgemeinen so unmerklich, daß fast alles so zu bleiben scheint, wie es immer schon war. Große Revolutionen der Denkart, katastrophale Konversionen des Ich, ideologische Kehrtwendungen usw. finden relativ selten statt. Das Ich lebt im allgemeinen so, als ob es irgendwann in einer Art Urintuition eine Urwahl getroffen, nämlich einen Grundentwurf seiner selbst und seiner Welt ›entwickelt‹ habe und diesen nun nur noch ausarbeite. Selbst grundlegende Wandlungen sind oft nur eine Rückkehr.

Indem ich mich durch meine Tätigkeit in der Welt definiere oder charakterisiere, gebe ich mir sozusagen eine Kontur, eine Erscheinungsform, hinter der sich letztlich ein Mangel als Quell meiner Kreativität verbirgt. Wenn ich handle, überschreite ich die gegenwärtige Wirklichkeit, und zwar auf eine zukünftige hin; wenn ich etwas schaffe, verwirkliche ich etwas, das bisher noch nicht wirklich war. Ich bewege mich auf eine noch nicht existierende Zukunft hin, zunächst innerlich, dann auch äußerlich; ich bewege mich denkend und wollend, nicht zuletzt mit Hilfe meiner Einbildungskraft, über die mir gegebene Wirklichkeit hinaus. Ob ich mehr bewußt plane oder mehr spontan handle, irgendwie entwerfe ich das, was noch werden soll. Aber indem ich die Welt verändere, verändere ich mich selbst, jeder Weltentwurf ist auch ein Selbstentwurf (und umgekehrt). Insofern entwerfe ich mich und meine Welt ständig – der Mensch ist nicht nur ein biologisches, sondern auch ein ontologisches Mängelwesen, er erfährt sich selbst als lebendiger Mangel. Indem das Ich sich macht oder etwas aus sich zu machen versucht, dokumentiert es, daß ihm noch etwas fehlt, daß es zumindest in der jeweiligen Hinsicht für sich noch defizient ist. Zwar ist meine Selbstgestaltung ebensowenig wie die fundierende Selbstkonstitution eine echte *creatio ex nihilo,* da ich, wenn ich mich mache, immer schon bin; dennoch setzt auch die menschliche Selbstschöpfung voraus, daß etwas noch nicht gegeben ist. Denn indem ich etwas bin und etwas anderes werde, bin ich immer etwas noch nicht. Das Ich ist nicht nur ein Haus mit vielen Etagen und Kellern, eine Amöbe ohne feste Form, in vielschichtigen Verhältnissen lebend, sondern immer auch Leere (Seinsmangel) und nur deshalb auf Erfüllung aus; es ist wie ein Nichts, das etwas zu sein versucht.

Der Mensch ist, bevor er ein Werk seiner selbst werden kann, schon ein Produkt der Natur und der Geschichte. Wenn ich mich entwerfe, beginne ich nicht bei Null. Ich mache mich weder im Bewußtsein von nichts noch wirklich aus dem Nichts heraus, sondern auf der Basis dessen, was ich bereits bin, d. h. nicht nur im Ausgang von der Faktizität einer im übrigen nackten Existenz, sondern im Ausgang von einer bereits irgendwie geformten Gestalt meines Daseins, ja mehr und mehr auch im Ausgang von einer Gegebenheit, die sowohl durch meine Situation und deren Determinanten als auch durch meine eigenen früheren Entwürfe bestimmt und bedingt ist – und irgendwie habe ich auch ein erinnerndes Bewußtsein davon. Mit anderen Worten, ohne Erinnerung an das, was ich bin, also auch war, ist gar kein konkreter zukunftsgerichteter Entwurf möglich. Die Erinnerung aber ist mehr als das Gedächtnis, das als selektiver Speicher vorgestellt werden kann; in der Erinnerung wende ich mich ausdrücklich auf mich und meine Welt als gewesene oder vergangene zurück. Im Erinnern geht das Ich in sich selbst und seine erinnerte Welt zurück, es steigt sozusagen in sich selbst hinab: Ich er-innere mich. Auch dabei überschreite ich die Gegenwart, nämlich in Richtung Vergangenheit; ich kehre zu mir selbst zurück, nämlich zu dem, der ich schon war. Durch die Erinnerung halte ich mich als das, was ich war und daher jetzt bin, zusammen. Allerdings ist die Erinnerung keine bloße reproduktive Abspiegelung einer vergangenen Wirklichkeit, sie ist nicht nur von selektiven Ideen und Interessen geleitet, sondern sogar produktiv, da sie sich sogar das, was nie gewesen ist, als Gewesenes einbilden kann. Insofern ist auch die Erinnerung in gewisser Weise ein Entwurf, nämlich ein rückwärtsgewandter.

Ich schaffe mich selbst als das von mir erlebte und imaginierte konkrete Ich durch Erinnerung und Entwurf. Erinnerung und Entwurf sind zwei Tätigkeiten des Ich, die sich geradezu spiegelbildlich zueinander verhalten, sich wechselseitig bedingen und implizieren. Zwar scheinen es zunächst völlig verschiedene Tätigkeiten zu sein, die vor allem durch ihre Bewegungsrichtung verschieden sind: Im Entwurf gehe ich über mich hinaus, in der Erinnerung gehe ich in mich zurück; der Entwurf zielt auf die Zukunft, die Erinnerung auf die Vergangenheit. Aber der Entwurf setzt Erinnerung voraus, er erinnert sich sozusagen permanent – sonst würde er (wie bei totalem Gedächtnisverlust) ständig in sich zusammenbrechen. Und die Erinnerung setzt ihrerseits den Entwurf als den produktiven Prozeß des Rückgangs voraus, ja sie ist sogar selbst Entwurf eines Bildes der Vergangenheit. Ganz formal gesehen, sind Entwurf und Erinnerung also nur zwei Formen von Transzendenz, nämlich Selbsttranszendenz, und wenn das Übersteigen der Gegenwart in Richtung Zukunft Transzendenz in einem engen Sinne heißen soll, dann darf die Erinnerung als Reszendenz bezeichnet werden. Was aber hält das Ich als Lebenseinheit gegenwärtig und in jedem Augenblick zusammen? Durch welche Art von Integrationskraft oder Selbstkontrolle bin ich die gegenwärtige Kontinuität meiner selbst?

Selbstsein und Identität

Wie alles, was ist, mit sich identisch ist (wenn auch wegen der dauernden Veränderungen nur relativ identisch), so ist auch das Ich oder vielmehr ich selbst: Ich bin ich. Allerdings bin ich ein Ich nur auf der Basis einer konstitutiven Selbstverdoppelung, also einer gewissen Nichtidentität: Ich bin als Ich ich für mich. Das Postulat der Identität im emphatischen Sinn verlangt jedoch mehr als das ›naturgegebene‹ inhaltsleere Sich-selbst-gleich-Sein, also formale Konstanz oder Kontinuität in der Zeit. Es behauptet, daß zum wahren Menschsein eine so oder so bestimmte, fest umrissene Struktur gehöre, die der jeweilige Mensch als seine Persönlichkeit erkennen und anerkennen, ja sogar suchen oder realisieren müsse. Ich finde mich als ich selbst anscheinend nur in einer festen Form und insofern als Identität.

Die banale Frage nach unserer Identität, nämlich wer oder was wir sind, beantworten wir in aller Regel durch die Angabe unserer Gruppenzugehörigkeit oder Geschichte, wobei wir uns meist in Abgrenzung von anderen definieren. Sogar das Selbstverständnis, daß ich ein Mensch bin, beruht auf einer solchen Eingliederung bzw. Selbsteingliederung. Diese kann relativ naturwüchsig, aber auch stark kulturbedingt sein; immer aber sind es irgendwelche erfahrbaren Tatsachen oder vorgegebenen Normen, an denen die Identität eines Individuums festgemacht wird. Doch so selbstverständlich solche Feststellungen zu meiner Identität auch sein mögen, sie ergeben sich keineswegs ohne alles Zutun meinerseits. Selbst in den anscheinend klarsten Fällen scheint noch ein Moment von Eigeninitiative nötig zu sein – ich muß mich auch noch mit dem identifizieren, was ich ohnehin schon bin. Ich akzeptiere mich z. B. als Deutscher oder Franzose, sogar als Mann oder Frau, und sei es auch nur, weil ich das Anderssein im Grunde gar nicht bzw. nur von außen kenne. Oder aber ich liege mit mir im Widerstreit, bin – bei aller Identität – mit mir nicht ohne weiteres einig, nicht in Übereinstimmung mit mir selbst und insofern nicht wirklich mit mir identisch. Im Grunde sind die vorgegebenen Identitätsmuster fast nur Identifikationsmöglichkeiten, die ich kenne und zu denen ich mich positiv oder negativ stellen kann. Daher behalte ich vermutlich auch zu allen meinen Eigenschaften, selbst wenn sie mir quasi natürlich vorgegeben sind, eine gewisse Distanz, zumal sie im Lichte unterschiedlicher Optionen so oder so gesehen und entwickelt werden können. Selbstidentifikationen sind daher auch Selbstdefinitionen durch Selbstinterpretationen, und Selbstverständnis ist auch Selbstbestimmung.

Identität wird im allgemeinen durch ganz und gar unspektakuläre Identifikation gewonnen, aber beide können zum Problem werden. Dies geschieht vor allem dann, wenn sich mir zu viele oder nur schwer durchschaubare, sich zum Teil überschneidende, zum Teil auch kollidierende Identifikationsmöglichkeiten anbieten, also z. B. dort, wo sich bisher relativ geschlossene Gesellschaften auflösen oder aufgelöst werden, wie es vor allem in Konfliktzonen zwischen politischen und religiösen Mächten geschieht. Es kommt zu Anspruchskollisionen, die nicht selten in ausweglose persönliche Situationen führen und bittere Entscheidungen abverlangen – selbst Identitätswechsel durch Konversion sind dann nicht selten. Solche Identitätskrisen haben in den modernen, ›multikulturellen‹ Gesellschaften deutlich zugenommen, in einer globalen Gesellschaft werden sie vermutlich zum Alltag gehören – jedenfalls wenn und solange die Identitätsfrage gestellt wird. *Identität* ist daher zu einem emphatischen Begriff geworden, und es entsteht sogar die Frage nach einer eigenen, individuellen oder subjektiven Ich-Identität – jenseits aller intersubjektiven bzw. transsubjektiven Identifikationsangebote – und damit das Postulat der subjektiven Selbstidentifikation. Selbstsein wird als personale Identität verstanden.

Wer bin ich als ich selbst? Die einfachste, wenn auch inhaltsleerste Antwort scheint zu lauten: Das Ich gewinnt seine Identität durch Identifikation mit sich selbst. Was aber, wenn dieses Ich-Selbst gerade unbekannt ist? Wie kann ich mich selbst finden, wie ist Selbstfindung überhaupt möglich? Da ich immer noch etwas werden will und muß, was ich noch nicht bin, kann und muß ich mich anscheinend permanent mit irgendeiner Möglichkeit meiner selbst identifizieren, die aber vielleicht alles andere als klar gegeben ist. Dann bedeutet Identifikation Entscheidung über eine immer noch ungesicherte Möglichkeit meiner selbst, und mit dieser Entscheidung kann ich natürlich scheitern. Außerdem erkennt sich das Ich nicht allein und vielleicht sogar am allerwenigsten durch pure Introspektion, soweit es überhaupt ein ›Faktum‹ ist, eher schon durch seine Auseinandersetzung mit der Welt. Dazu gehört aber auch die ›Zufälligkeit‹ dessen, was mir in meiner Situation entgegenkommt, d. h. die Evokation meiner Möglichkeiten hängt nicht allein von mir ab – die Welt muß mir auch die Chance geben, zu sehen und zu zeigen, was in mir steckt. Die Ichentwicklung oder vielmehr Selbstwerdung geschieht nicht zuletzt durch Erfahrungen und Begegnungen, insofern ›verfüge‹ ich immer über mehrere mögliche bzw. wirkliche Ichidentitäten.

Im allgemeinen zielt die Frage nach der Ichidentität, so wie sie landläufig gestellt wird, auf die Möglichkeit oder Notwendigkeit, sich mit irgendwelchen vorgegebenen Möglichkeiten oder Notwendigkeiten, Fakten oder Normen zu identifizieren. Aber da die

Suche nach einer sogenannten eigenen Identität in das Labyrinth vieler möglicher Identitäten bzw. Identifikationsmöglichkeiten führt, ist zu befürchten, daß die reflektierte Identitätssuche immer nur von einer ›Identität‹ in die andere oder vielmehr schnurstracks in Pseudoidentitäten führt. Offensichtlich suggeriert die Aufforderung, sich mit etwas, gegebenenfalls mit einer eigenen Ichstruktur, zu identifizieren, die Möglichkeit oder sogar Notwendigkeit, das Ich, nachdem es erst einmal zum Problem geworden ist, wieder irgendwie stabilisieren zu können. Aber ich bin nicht ein für allemal so oder so ›feststellbar‹, selbst harte Fakten (z. B. meine biologische Natur oder meine Geschichte) sind immer noch interpretierbar und zumindest insofern veränderbar; das Ich läßt sich im Grunde nicht konsolidieren, denn es kann sich (unbeschadet aller Treue zu sich und anderen) selbst nicht ein für allemal auf eine bestimmte Seinsform festlegen. In der Identität des Ich mit sich selbst, die auf einer in sich gebrochenen Bewußtseins-Identität beruht, gibt es immer eine gewisse Nichtidentität, und diese ist sogar die Bedingung aller Ich-Identität bzw. Selbstidentifikation. Das Problem der Ich-Identität scheint geradezu darin zu bestehen, daß das Ich, indem es nach seiner Identität fragt, diese in Frage stellt.

Das Ich ist kein Ding, das immer und unmittelbar mit sich selbst identisch ist; seine Identität ist die eines Verhältnisses, das als solches eine Gespaltenheit oder Nichtidentität, d. h. eine Art Nichtsein in seinem innersten Sein voraussetzt; das Selbstbewußtsein ist ein Verhältnis, das nicht zuletzt ein Verhältnis zu sich selbst ist. Und so wie das Ich im allgemeinen als iteratives Verhältnis existiert, so ist auch das konkrete Selbst – auf der Basis seiner Gebrochenheit – ein instabiler Prozeß und ein sich immer noch selbst bestimmender Selbstbezug. Durch das Selbst geht ein Riß, der mir allererst ermöglicht, mich so oder so zu denken oder zu wollen. Mit anderen Worten, im Ich oder Selbst tut sich eine Art Seinsleere auf, die existentielle Instabilität des Selbst ist eine Folge der ontologischen Instabilität des Ich. Wir alle versuchen, noch etwas zu sein, weil wir irgendwie immer noch nichts sind. Aus Wirklichkeitshunger wollen wir etwas aus uns machen, etwas gelten oder haben, durch Macht oder Ruhm, Geld oder Gewalt. Lust oder Leistung, auch Abenteuer und Rebellionen sollen uns ein Selbstgefühl (›Erfüllung‹) verschaffen, und je weniger dies gelingt, desto krampfhafter, ja perverser werden die Versuche. Auf der Suche nach Sein und der Flucht vor uns selbst, nämlich der eigenen inneren Leere, versuchen wir, uns vor anderen, vor allem aber vor uns selbst wichtig zu machen; jeder will etwas sein oder zumindest etwas zu sein scheinen, notfalls durch Inszenierungen seiner selbst vor sich selbst. So ist das ich, durch sein eigenes inneres Nichtsein gehetzt, immer tätig, immer betriebsam und verliert sich so selbst, indem es, sich selbst entfremdet, an irgend etwas verfällt. Statt mit sich selbst übereinzustimmen, versucht es, mit anderen übereinzustimmen, und wird so gänzlich fremdbestimmt. Haltlos, wie es ist, läßt es sich ›unterhalten‹ und wird zur Marionette von Moden. So droht dem Ich, auch wenn es formal immer noch eine Ich-Einheit bleibt, als real-existierendes Ich der Verlust des inneren Zusammenhaltes, der Verlust der eigenen Mitte, die wirkliche innere Bodenlosigkeit; sogar die Selbstkontrolle fällt dem auseinanderfallenden Ich immer schwerer.

Weil wir unwillkürlich zwischen dem Menschen, wie er ist, und dem, wie er sein soll, unterscheiden, möchten Menschen immer wieder nach ihrem Ideal des wahren Menschen leben und meist auch andere dazu bekehren. Das Identitätsideal scheint da das allerharmloseste, weil formalste zu sein. Dennoch könnte der Forderung nach Identität auf weiten Strecken ein falsches Ideal zugrunde liegen. Der Akt der Selbstdefinition und Selbstidentifikation kann kein endgültiger Akt sein. Das Ich, das sich selbst festlegen will, verkennt sich selbst oder versucht sogar, sich selbst in seiner Rastlosigkeit zu betäuben, sich selbst zu verdrängen oder sich vor sich selbst zu verstecken. Ich mache mir ein Bild von mir selbst, weil ich mich so, wie ich bin, nicht ertrage. Was aber hat das Ich vor sich selbst zu verbergen, wenn nicht seine eigene Nichtigkeit? Warum flieht der Mensch vor sich selber, wenn nicht deshalb, weil er sich selbst, die eigene Leere, nicht aushält? Wieso bedarf es sonst überhaupt eines Mutes zu sich selbst? Jedenfalls muß es bedenklich stimmen, daß es neben der verbreiteten Ichsucht eine mindestens ebenso verbreitete Ichflucht zu geben scheint. Viele Menschen wagen es anscheinend nicht, sie selbst in ihrer Nichtigkeit zu sein – nicht nur nicht gegenüber anderen, auch nicht gegenüber sich selber.

Selbstsein und Authentizität

Jedes reale Ich ist durch seinen erlebten individuellen Selbstbezug ein Selbst. Aber natürlich kann dieses Verhältnis seinerseits wieder verschieden realisiert werden, z. B. durch Selbstflucht oder aber durch Selbstannahme (Selbstbejahung), und diese Selbstaneignung kann sogar zu einer moralischen Forderung erhoben werden. Der wahre Mensch soll – in einem emphatischen Sinne des Wortes – er selbst sein. Ich bin zwar prinzipiell oder potentiell immer ich selbst, also auch selbständig oder selbstbestimmt, aber nicht in einem prägnanten Sinne; denn ich bin nicht naturwüchsig, ohne irgendeine Selbstleistung, ›eigentlich‹ ich selbst. Allerdings tritt die Forderung, daß ich wahrhaft ich selbst sein soll oder sogar allererst ich selbst werden soll, selbst wieder in vielen Varianten auf. Die gängigsten Parolen zielen auf Selbständigkeit oder Selbstbestimmung sowie auf Selbstverwirklichung und Selbstsein im engeren Sinne des Wortes (Authentizität). Dazwischen gibt es fließende Übergänge und wechselseitige Implikationen, insbesondere zwischen den Forderungen nach Selbständigkeit und Selbstbestimmung einerseits und den Forderungen nach Selbstverwirklichung und Selbstsein andererseits, da sich beide Begriffspaare oft nur wie Tat und Resultat unterscheiden. Und natürlich gibt es auch mancherlei Illusionen über ein sogenanntes echtes oder eigentliches, unentfremdetes oder volles, unverkürztes Menschsein.

Selbstbestimmung. Das Ideal der Selbstbestimmung, das als Pflicht wie als Recht formuliert werden kann, richtet sich gegen alle als illegitim empfundene Fremdbestimmung oder Fremdbestimmtheit. Selbstbestimmung muß in aller Regel erkämpft werden, und zwar gegen die mich in meinem Selbstsein verletzende fremde Gewalt oder Gesetzlichkeit. Dabei wird die Aktion nicht selten für das Resultat genommen, also Selbstbestimmung im Sinne von Selbstbestimmtheit verstanden und so auch mit Mündigkeit oder Selbständigkeit gleichgesetzt. Außerdem wird sie mit Autonomie gleichgesetzt, obwohl das Ideal der Autonomie genaugenommen nur verlangt, daß der Mensch sich selbst sein eigenes Gesetz sei (entweder nur gattungsmäßig oder auch individuell). Bei allen diesen Selbstbestimmungsparolen wäre allerdings zu fragen, wieweit mein Mangel an Selbstbestimmung bzw. Selbstbestimmtheit selbstverschuldet oder fremdverschuldet ist. Und natürlich wäre auch zu fragen, ob totale Selbstbestimmung überhaupt eine vernünftige Forderung ist, ob ich überhaupt absolut selbstbestimmt sein kann.

Selbständigkeit. Die Forderung nach Selbständigkeit oder Eigenständigkeit ist uns so selbstverständlich, daß wir uns ihrer kaum noch bewußt sind. Durch Selbständigkeit wird das Kind zum erwachsenen Menschen, Selbständigwerden scheint ein geradezu natürlicher Prozeß zu sein. Allerdings wird Selbständigkeit nur durch Verselbständigung gewonnen, d. h. durch Beendung der Unselbständigkeit, also durch Selbstbestimmung oder Selbstbefreiung; denn die Befreiung aus der Unselbständigkeit muß letztlich eine Selbstbefreiung (Selbstemanzipation) sein, weil ich ohne Willen zur Selbständigkeit bei aller Freilassung (Emanzipation) immer unselbständig bleiben würde. Ich muß mich aus eigener Kraft auf mich selbst stellen können, Verantwortung (für mich selbst) übernehmen können oder wollen, sonst bleibe ich, auch wenn ich in die Selbständigkeit gestoßen werde, unselbständig. Daher vollzieht sich Verselbständigung nicht ohne Auseinandersetzung oder Verweigerung, d. h. nur durch Widerstand gegen Vereinnahmung, Unterdrückung usw. werde ich selbständig. Dieses Ideal der Selbständigkeit, das als Recht wie als Pflicht formuliert werden kann, kann allerdings gefährliche Formen annehmen, wenn die prinzipielle Unvermeidbarkeit von Abhängigkeit und Einbindung sowie die individuelle Kraft zur Selbständigkeit überschätzt werden; es gibt keine volle Autarkie des Individuums und erst recht nicht aller Individuen gleichermaßen.

Selbstverwirklichung. Mit diesem Ausdruck wird das Ziel des wahren Menschseins oder vielmehr der Weg dahin nur sehr formal beschrieben; der Mensch soll werden, was er ist, nämlich im Grunde oder der Möglichkeit nach schon ist. Wesenserfüllung ist eine Aufgabe, die der Mensch im Unterschied zum Tier frei übernehmen oder auch verweigern kann. Dabei kann vorausgesetzt werden, daß es eine allgemeine und normative Menschennatur gibt; dann wird Selbstverwirklichung primär als Pflicht verstanden. Demgegenüber geht das moderne Ideal von Selbstverwirklichung (Selbstfindung) mehr von den individuellen Möglichkeiten des einzelnen Menschen aus und betrachtet diese als Chance einer freien Lebensgestaltung oder auch als Erlaubnis permissiver Selbsterfahrung; dann wird Selbstverwirklichung (Selbstentfaltung, Selbstentwicklung usw.) primär als Recht verstanden: Ich soll alle meine Möglichkeiten möglichst voll ausschöpfen können. Aber natürlich wäre zu fragen, wieweit meine physischen oder metaphysischen, natürlichen und gesellschaftlichen Möglichkeiten mir als feste Möglichkeiten vorgegeben, wieweit sie erkennbar sind und ob die Aufforderung zur Selbstverwirklichung eine Aufforderung zu vernünftiger Freiheit oder nur zu Schrankenlosigkeit und Beliebigkeit ist.

Authentizität. Die Forderung nach Selbstsein im engsten Sinne des Wortes, nämlich (›naturalistisch‹ gesprochen) nach Echtheit oder Ursprünglichkeit bzw. (›existentialistisch‹ gesprochen) nach Eigentlichkeit oder Wahrhaftigkeit der eigenen Existenz, scheint das formalste aller auf Selbstsein im weiteren Sinne des Wortes gerichtete Ideal zu sein. Die emphatische Aufforderung, ich selbst zu sein, entspricht (auf der Ebene des Seins) in etwa der ebenso emphatischen Forderung, selbst zu denken (auf der Ebene des Denkens), obwohl sich der Akzent dabei meist von der Selbständigkeit zur Ursprünglichkeit (Echtheit oder Originalität) verschiebt. Der Mensch wird aufgefordert, wahrhaft er selbst zu sein, d. h. ehrlich das zu sein, was er ist; insofern ist das Ideal der Authentizität nicht nur dem der Selbständigkeit und Selbstverwirklichung, sondern auch dem der Ich-Identität verwandt. Dabei wird mit gutem Grund davon ausgegangen, daß viele Menschen, wenn nicht die allermeisten, nicht wirklich sie selbst sind, weil sie in letztlich »selbstverschuldeter Unmündigkeit« verharren oder sogar ständig auf der Flucht vor sich selbst sind. Daher gehört zum Selbstwerden eine Art Konversion, in der sich der Mensch seines Zustandes bewußt wird und diesen irgendwie überwindet, indem er sich seiner Situation, seiner Selbstenteignung, stellt, d. h. sie als

Ausgangssituation annimmt und sich so selbst übernimmt. Wenn ich ehrlich ich selbst bin, fliehe ich nicht mehr, am wenigsten vor mir selbst, sondern stehe für mich ein; ich bin wirklich ich selbst oder eigentlich ich selbst, indem ich mich mir aneigne. Aber natürlich wäre zu fragen, ob ich jederzeit aus eigener Kraft ich selbst sein wollen kann, denn natürlich gibt es mehr Versuchungen nachzugeben als Anstrengungen zu widerstehen, und selbstverständlich ist Authentizität eine Eigenschaft, die das Ich nicht ein für allemal (sozusagen durch Selbstheilung) erwerben oder besitzen könnte. Die wahre Authentizität könnte auch oder gerade in der (›wahren‹) Selbstvergessenheit liegen, die etwas anderes ist als die Verfallenheit an die Welt. Das reflexive Streben nach Authentizität, das verkrampfte Selbstseinwollen, insbesondere der technische Umgang mit sich selbst in allerlei Heilspraktiken, könnten dieser genausosehr wie das Nicht-ich-selbst-sein-Wollen im Wege stehen.

So bleibt am Ende zu fragen, ob nicht alle Ideale, die ein wahres Ich oder echtes Selbstsein proklamieren, potentiell gefährliche Ideale sind: ob sie nicht einerseits dem Menschen zuviel abfordern und ihm eine Allmacht über sich selbst vorgaukeln und ob sie das Selbstsein nicht andererseits – entgegen ihrer eigenen Intention – verdinglichen. Jede Verdinglichung des Ich muß jedoch mißlingen, da das Ich sich höchstens momentan festmachen läßt, d. h. ich mich nur begrenzt als dieses Ich identifizieren kann. Das Ich ist kein Ding, sondern Bewegung oder vielmehr Tätigkeit – solange es ist, wird es weiterdenken und weiterwollen. Es übersteigt sich und die Welt in einem fort, denn es existiert nur als Transzendenz und Selbsttranszendenz. Ich kann mich selbst nicht dingfest machen. Das Ich, jederzeit auf der Flucht vor sich selbst und auf der Jagd nach sich selbst, ist ein flüchtiges Phänomen im wahrsten Sinne des Wortes, es existiert meist als Verrat oder Selbstverrat. Die mögliche Identität des Ich scheint daher geradezu in der Annahme seiner Nicht-Identität oder vielmehr in einer immer neuen Identifikation und Deidentifikation zu liegen – es gibt keinen garantierten Selbstbesitz, das Ich scheitert an sich selbst. Dann aber könnte authentisches Selbstsein nur in der immer erneuerten Akzeptanz dieser prinzipiellen (nicht nur faktischen, sondern unaufhebbaren) Unbeständigkeit oder Gebrochenheit des Ich liegen. Das heile Ich dürfte genauso rar sein wie die heile Welt.

4. Die Zukunft des Menschen

Das Ende der Menschheit

Die Frage nach dem Menschen kann sich nicht auf das scheinbar zeitlose Wesen des Menschen oder die angeblich invariante Struktur des Ich beschränken – mein eigenes Zeitbewußtsein als dieses kontingente Ich hindert mich immer wieder, meine Zeitlichkeit und Geschichtlichkeit, meine Vergänglichkeit und Endlichkeit zu verdrängen und zu vergessen. Allerdings kommt mit der Frage nach der zeitlichen Existenz des Menschen, also der Frage nach seinem Anfang und Ende, unvermeidlich auch wieder die Außenperspektive der Anthropologie ins Spiel; an der Frage nach der Zukunft des Menschen scheitert, wie schon an der Frage nach seiner Herkunft, jeder naive Idealismus. Dabei ist die Frage nach der Zukunft des Menschen, da der Mensch nun einmal existiert, in gewisser Weise dringlicher als die nach seiner Herkunft, denn sie stellt sich ihm als existentielles Problem.

Die Frage nach dem Ende der Menschheit hat die Menschen schon früh nicht weniger bewegt als die Frage nach ihrem Anfang. In vermutlich allen Religionen finden sich neben den Schöpfungsgeschichten auch irgendwelche Weltuntergangsvorstellungen, z. B. Visionen von einem Weltbrand oder einem Weltgericht, und dabei verknüpfen sich vielfach metaphysische bzw. religiöse Vorstellungen mit moralischen Erwartungen (weshalb vor allem Heilsverkünder zunächst einmal Angst vor dem Ende schüren müssen). Aber auch wenn man sich von allen Endzeitstimmungen freihält – um sich das Ende der Menschheit vorzustellen, bedarf es heute keiner besonderen Weltuntergangsphantasie mehr. Das Bevorstehen dieses Endes, bisher eher ein religiöses Anliegen, ist zu einer beinahe wissenschaftlichen oder sogar technischen und so zu einer sehr konkreten Frage geworden, wobei vor allem zwischen kosmischen und selbstgemachten Katastrophen zu unterscheiden wäre.

Aufgrund der modernen Technik ist heute die Selbstabschaffung der gesamten Menschheit – mit Hilfe einzelner – in den Bereich des Möglichen gerückt, d. h. es ist nicht auszuschließen, daß die gesamte Menschheit schon seit längerem auf den eigenen Untergang zusteuert. Die diesbezüglichen Szenarien sind bekannt. Am harmlosesten sind noch die Schreckensvisionen, die vom Ausverkauf unserer natürlichen Ressourcen und von der schleichenden Umweltzerstörung und Selbstvergiftung ausgehen; denn dem kann vielleicht, mit etwas Verstand und durch neue Erfindungen, noch mit Erfolg entgegengesteuert werden – vielleicht ist es noch nicht zu spät. Problematischer ist schon die neue Dimension von Vernichtungspotential, das insbesondere in Form von ABC-Waffen entwickelt worden ist; denn da diese Selbstvernichtungsmöglichkeit nun einmal in der Welt ist, wird sie wohl auch nicht mehr daraus verschwinden. Damit ist der selbstverschuldete Untergang des Menschen zu einer realen Bedrohung geworden – wahrscheinlich hat sich die Menschheit längst selbst zum Tode verurteilt, nur das Hinrichtungsdatum ist noch unbekannt. Doch sind diese Formen von Selbstzerstörung nicht die einzige tödliche Gefahr für den *homo sapiens.* Die heute mögliche Manipulation der bisherigen biologischen Fundamente des Lebens wird nicht vor dem ›natürlichen‹ Menschen haltmachen, denn sie gibt dem Menschen zum ersten Mal ganz real die Möglichkeit, durch Selbstzüchtung, also durch Selbstvernichtung des alten Menschen, *causa sui* zu sein – im Endeffekt wird die Gentechnik den Gentechniker selber zu ihrem Objekt und Opfer machen. Damit ist das Ende des Menschen in seiner bisherigen Gestalt in greifbare Nähe gerückt, denn auch diese Möglichkeit der Selbstabschaffung der Menschheit, einmal in der Welt, wird kaum je wieder daraus verschwinden. Das Scheitern der Menschheit an sich selbst ist jedenfalls nicht auszuschließen, es ist sogar wahrscheinlich, da es vermutlich immer wieder irgendeinen Verrückten an den Schalthebeln der Macht geben wird. Insofern zeichnet sich schon jetzt mit statistischer Wahrscheinlichkeit die Selbstvernichtung der Menschheit ab – irgendwann werden wissenschaftlicher Ehrgeiz oder politischer Schwachsinn, Dummheit eher noch als Bosheit, zur Selbstzerstörung des Menschen führen. Die Menschheit wäre eine Fehlentwicklung der Natur gewesen, die sich selbst korrigiert hat. Ist also der Mensch nur eine *knock out mouse* im großen Weltlabor?

Nun ist zwar nicht ganz auszuschließen, daß die Menschheit die durch sie selbst heraufbeschworenen Gefahren irgendwie meistern wird, aber damit ist sie keineswegs gerettet. Es ist nämlich so gut wie sicher, daß das Ende der Gattung Mensch, wenn auch nicht bald, so doch irgendwann, auf eine ganz natürliche Art und Weise kommen wird. So ist es z. B. nicht unmöglich, daß die Natur noch einmal von sich aus neue Sprünge macht und den Menschen genetisch verändert; eine neue Art von Menschen könnte sozusagen von selbst entstehen und die jetzige ablösen, und auch dies wäre unser aller Ende, jedenfalls das Ende des uns vertrauten Menschenwesens. Vielleicht verschwindet der Mensch auch überhaupt aus der Biosphäre, so wie andere Tierarten auch aus irgendwelchen Gründen ausgestorben sind. Das endgültige Ende der Menschheit könnte aber auch erst durch planetarische Katastrophen kommen, und auch dazu gibt es genug ungemütliche Untergangsszenarien. Irgendwelche Ereignisse im fernen Weltall könnten zu biologischen Katastrophen in unserer Lebenssphäre führen und sogar – ohne absoluten Weltuntergang – alles höhere physische Leben auf der Erde vernichten. Es könnte aber auch sein, daß die Erde durch kosmische Kollisionen als solche völlig vernichtet wird – irgendwann wird das Erkalten der Sonne jedenfalls auch diesen Planeten in seiner jetzigen Gestalt zerstören. Selbst wenn es einigen Menschen gelingen sollte, die Erde kurz vor ihrem Absturz in die Unbewohnbarkeit zu verlassen und sich irgendwo im Weltall anzusiedeln und ein neues Leben zu beginnen – das Problem des Untergangs von Sternen oder Planeten würde sich überall immer wieder stellen und irgendwann die Menschheit einholen. Dies alles wird zwar – so oder so – vermutlich erst in sehr ferner Zukunft geschehen, aber was immer geschehen oder nicht geschehen mag, irgendwann wird die Menschheit mit Sicherheit aussterben, weil dieses ganze Weltsystem nicht mehr existieren wird. Was vor unvorstellbarer Zeit aus einem unvorstellbaren Aggregatzustand entstand, wird irgendwann auch wieder in einen anderen unvorstellbaren Aggregatzustand übergehen, und diese Welt, diesen ganzen Kosmos wird es nicht mehr geben – vermutlich wird am Ende das ganze bekannte Weltall wieder in sich zusammenfallen. Zwar kann man über ein erneutes Entstehen des Universums und eine Wiederkehr des Gleichen spekulieren – eine Erinnerung von Menschen an Menschen wird es jedenfalls nicht mehr geben.

Das Schicksal des Ich

Bevor die Menschheit als biologische Gattung irgendwann – unverschuldet oder selbstverschuldet – von der Erde oder mit dieser Erde verschwinden wird, könnte der Mensch schon in seiner jetzigen Gestalt, nämlich als dieses geschichtlich gewordene Menschsein, ausgestorben sein; insbesondere könnte das moderne Ich mit seinem Selbstverständnis von Selbstsein, möglicherweise durch eigene Schuld, noch vor dem Ende des Menschen ausgestorben sein. Denn der Mensch ist nicht nur ein natürliches, sondern auch ein geschichtliches Lebewesen, also, auch wenn er sich – in der jeweiligen geschichtlichen Situation – selbst bestimmen kann, wesentlich ein Produkt seiner Zeit, d. h. das konkrete geistige Ich ist wesentlich ein Kulturgeschöpf. Selbst gleichzeitig lebende Menschen oder Menschengruppen können sich wegen der Ungleichzeitigkeit ihrer Entwicklungen, der Verschiedenheit ihrer Herkunftsbedingtheit und ihrer Zukunftsentwürfe, ihrer politischen und religiösen Einstellungen usw. völlig fremd sein; um so mehr können geschichtliche Unterschiede von nur einer Generation einen fast unüberbrückbaren Mentalitätsunterschied bedeuten. Zwar scheint die formale Grundstruktur des Ich (die Einheit von Denken und Wollen, Freiheit und Vernunft usw.) seit mindestens 50 000 Jahren festzustehen; aber die geistige Gestalt des Ich hat sich zweifellos, trotz aller anthropologischen Konstanten, immer wieder erstaunlich verändert. Und so wie positive, so sind auch negative Entwicklungen möglich. Das Ich als Selbst scheint jedenfalls heute vielen Beobachtern bedroht wie nie zuvor oder wie lange nicht mehr. Noch bevor die genetische Selbstmanipulation des Menschen wirklich begonnen hat, scheint dieser sich massenhaft einer geistigen Strukturveränderung zu unterziehen, die, wenn man den Klagen darüber glaubt, in der bisherigen Geschichte beispiellos ist – der Mensch könnte sich selbst als selbständiges Ich geistig auslöschen.

Hintergrund der gegenwärtigen geistigen und gesellschaftlichen Entwicklung, die zur Abschaffung des Ich in seiner modernen Kulturgestalt, d. h. als potentiell selbstbestimmtes Individuum, führen könnte, sind die rapiden und radikalen Veränderungen in der Welt des Menschen etwa seit der Mitte des 20. Jahrhunderts. Die Welt ist ein globales Dorf mit universalen technischen Möglichkeiten geworden. Religiöse und politische Eigenheiten schleifen sich überall ab, die großen Traditionen drohen – trotz zum Teil militanter Reaktionen – leerzulaufen und nur noch als folkloristische Elemente einer multikulturellen bzw. nonkulturellen Erlebniswelt in einem Karneval der Kulturen wie in einem permanenten Kostümfest weiterzuleben. Die Vereinigung der Menschheit zu einer Menschheitsgesellschaft führt nicht nur zu einer äußerlichen Vermassung in den Ballungszentren, sondern auch zu einer innerlichen Vermassung bis in die sogenannte Privatsphäre hinein. Weltweit tragen die Menschen die gleiche Kleidung, essen das gleiche *fast food* und trinken die gleichen künstlichen Getränke, sehen mehr oder weniger die gleichen Filme und die gleichen Ereignisse im Fernsehen. Dabei ist eine Tendenz zum untersten Niveau, dem kleinsten gemeinsamen Nenner, unvermeidlich: überall die gleiche Leere und Langeweile, überall die gleichen Pseudo-Ekstasen und die gleiche Fäkalsprache, Brutalisierung durch Infantilisierung. Es wäre abenteuerlich zu glauben, daß die Veränderung der Welt, die tendenziell totale Vereinheitlichung, keine Rückwirkung auf den Menschen haben würde – Weltverlust bewirkt auch Selbstverlust. Ohne Halt in einer sinngebenden eigenen Welt flüchten die Menschen in sekundäre und virtuelle Welten, äußere und innere Kunststoffwelten und verlieren so immer mehr an Wirklichkeitsbindung und Selbständigkeit. Die modernen Massen sind wie Treibsand im Wüstenwind, und natürlich gibt es auch überall genug selbsternannte geistige, politische und religiöse Führer, die, oft selbst nur Exponenten dieser Masse, die Menschen – egoistisch oder altruistisch – zu steuern versuchen. Am Ende könnte eine globale Gesellschaft auf der Basis des Lustprinzips mit seinen rationalen Rechtfertigungen entstehen, in der das Ich nur noch durch äußerliche Disziplin, z. B. Rechtszwänge, zusammengehalten wird, während auf der anderen Seite eine totale Manipulation des Menschen mit Hilfe moderner Techniken und Medien dessen Ausbeutung und Verwaltung ermöglicht. Der Weltstaat wird eine Weltpolizei aufbauen, und eine globale Geheimpolizei könnte die Anwendung brutaler Gewalt durch vorausgreifende psychophysische Strategien überflüssig machen. Ich werde nur noch scheinbar selbst denken, wollen und handeln.

Die angedeuteten Phänomene sind bekannt und oft genug beklagt oder befürchtet worden, und natürlich gibt es auch schon die allfälligen Theorien, die den Ichverlust geradezu masochistisch begleiten und erklären, das selbstbestimmte Individuum sei immer eine Fiktion gewesen: Das Ende des Ich ist notwendig, der ich-lose Denker sieht dieser Tatsache illusionslos ins Gesicht. Dagegen wäre allerdings ganz unemphatisch zu fragen, ob hier nicht das Kind mit dem Bade ausgeschüttet wird. Waren die Menschen wirklich je anders, waren sie nicht immer willfährige Objekte der wenigen, die alle anderen zu beherrschen verstanden? Sind nicht nur die Verführungs- und Ablenkungsmöglichkeiten größer geworden? Und umgekehrt, war es dem Menschen nicht im Prinzip jederzeit möglich, sich selbst als selbstbestimmtes Subjekt zu wollen – auch wenn die Entfaltungschancen des autonomen Individuums zeitweise unterschiedlich waren? Wenn aber die ›anthropologische‹

Grundstruktur des Ich als Bedingung individuellen Selbstseins relativ unveränderlich ist, kann dann nicht auch das konkrete Ich trotz aller Manipulation immer wieder zu sich selbst zurückfinden? Wenn das Vermögen der normorientierten Selbstbestimmung, also Freiheit mitsamt der Vernunft, sie richtig zu gebrauchen, zu den ursprünglichsten Eigenschaften des Menschen gehört, wird es sich vermutlich auch bis zum Ende der Menschheit erhalten, d. h. solange es überhaupt noch Menschen gibt und nicht nur eine neue Art von menschenähnlichen Wesen. Zwar sind die Bedro-hungen und Verführungen, die den Menschen von sich und seinen Möglichkeiten, er selbst zu sein, ablenken, schon heute ins Unermeßliche gewachsen. Aber wenn das geschichtlich gewordene Ich noch vor dem Ende des Menschen aufhören würde zu existieren, so wäre dies ein selbstverschuldetes Schicksal.

Meine Zukunft

Wie und wie lange auch immer die Menschen noch weiterleben werden, wie und wie lange die Menschen noch selbständige Ichs sein werden, irgendwann wird es überhaupt keine Ichs, weil überhaupt keine Menschen mehr geben. Aber was geht mich dies alles an? Wir alle, die wir heute leben, werden das Ende der Menschheit voraussichtlich nicht erleben, weil wir dann ohnehin schon tot sein werden.

Die Menschen sterben nicht erst am Ende aller Zeiten, das individuelle Ich geht nicht erst am Ende der Geschichte zugrunde; ja ob das Ich oder der Mensch überhaupt ausstirbt, faktisch muß jeder Mensch, jedes Ich – als dieser Mensch, als dieses Ich – trotzdem und schon lange vorher sterben. So wie täglich Millionen Menschen geboren werden, so sterben täglich Millionen, und da ich irgendwann geboren wurde, werde ich auch irgendwann sterben. So ungewiß die Zukunft der Menschheit oder des Ich im allgemeinen sein mag, so gewiß ist meine eigene Zukunft, nämlich daß sie, vielleicht schon in absehbarer Zeit, endet und Vergangenheit sein wird. Auch ich werde sterben, vielleicht nicht sehr bald, aber irgendwann oder auch demnächst. Wir alle sind Todeskandidaten, die meisten wissen es nur noch nicht oder wollen es nicht wissen.

Wie kommt das konkrete Ich zu seinem Ende? Das Ende des Menschen kann jederzeit, plötzlich und unerwartet kommen – nach kurzer schwerer Krankheit, durch Unglücksfälle oder sogar durch Krieg, durch Mord und Totschlag. Aber der Tod kann auch allmählich kommen, und im Grunde beginnt er bereits mit der Geburt, auch wenn der offenbare körperliche und geistige Verfall meist erst in einem gewissen, individuell unterschiedlichen Alter voll einsetzt. Zwar scheint das Ich, wenn es erst einmal ist, sich ständig selbst weiter zu konstituieren, d. h. es setzt, denkt und will sich selbst. Aber diese Selbstkonstitution vollzieht sich – soweit erkennbar – immer auf einer biologischen Basis, nämlich in Rückbindung an einen Körper mit einem funktionierenden Gehirn. Gehirndurchblutung ist zwar nicht die zureichende, wohl aber eine unverzichtbare Bedingung der Existenz des realen *Cogito;* so selbstherrlich das Ich in seinem Denken und Wollen auch sein mag, es lebt vom Blute seines Körpers. Ob ich eines sogenannten natürlichen oder eines sogenannten unnatürlichen Todes sterbe – irgendwann ist Schluß.

Die Phänomene des Alterns lassen sich sowohl aus der Innen- wie aus der Außenperspektive beschreiben. Das Ich, das seine beste Zeit hinter sich hat, wendet sich, falls es überhaupt so lange lebt, mehr und mehr statt der Zukunft der Vergangenheit zu; da es objektiv weniger Zukunft hat, sieht es auch subjektiv immer weniger Zukunft für sich. Meine Pläne und Projekte reduzieren sich von selbst, ich erwarte nichts mehr von der Welt, und dies nicht nur aus Mangel an Phantasie – die Kraft zum physischen wie zum psychischen Zugriff läßt nach, Ich- und Weltverlust beginnen, und mit jedem sich selbst erlebenden Ich geht auch eine Welt zugrunde. An die Stelle der Lebensprobleme treten Sterbensprobleme, z. B. die Hoffnung auf einen gnädigen Tod. Meine Zeit ist jetzt fast nur noch gewesene Zeit, ich beginne mehr und mehr in meiner Vergangenheit zu leben. Aber auch die Erinnerung beginnt sich zu reduzieren, da das Gedächtnis nachläßt. Zunächst beginnt die Selbstdeutung der eigenen Geschichte zu versteinern, das ohnehin selektive Gedächtnis bekommt mehr und mehr Lücken und reduziert sich auf einen immer kleiner werdenden Kern verschütteter Jahre, ich werde senil und debil. Allmählich beginnt das Ich, sich selbst zu vergessen – ich erinnere mich meiner selbst nicht mehr, d. h. ich bin nicht mehr ich selbst. Am Ende steht das Verlöschen des Ich, das Ende des Ich als mein Ende – durch Zufall entstanden, durch Zufall zugrunde gegangen.

Dies alles hat natürlich im wesentlichen physische Ursachen. Die Ichveränderung, z. B. die Entpersonalisierung durch Gedächtnisverlust, hat ihren Grund in den normalen oder krankhaften Veränderungen des Gehirns. Zuletzt sind es vielleicht einige winzige Klümpchen Materie, die in meinem Herzen oder Hirn kollidieren – und schon existiere ich nicht mehr (jedenfalls nicht mehr in der bisherigen Form). Der Tod ist, sogar wenn ich ihn selbst ganz bewußt herbeiführe, zunächst etwas Physisches, um nicht zu sagen ein rein mechanisches Problem; auch wenn das Ich sich selbst konstituiert, es dekonstituiert sich nicht selbst durch bloßes Denken und Wollen. Oder tötet sich etwa jedes Selbstbewußtsein willentlich durch Selbstabschaffung, indem es sich nicht mehr selbst denkt? Der Tod, der mir und allen anderen zustößt, d. h.

widerfährt, ist daher ein Testfall für jeden metaphysischen Idealismus. So rätselhaft der Tod als Ende des Ich dem Ich sein mag, als biologisches Phänomen ist er unschwer durch Versagen oder Zerstörung physiologischer Funktionen zu erklären – irgendwann stellen irgendwelche Organe ihren Betrieb ein, und zwar ohne das Ich, d. h. ohne mich zu fragen. Das System Mensch degeneriert, kollabiert und beginnt als Ganzes zu verrotten, der Körper, d. h. die Biomasse Mensch, wird in den Kreislauf der Natur zurückgeführt. Damit kehrt die Selbstbetrachtung des Menschen am Ende aus der Innenperspektive des Ich notgedrungen zur physischen Außenperspektive zurück und so auch zum ungelösten Problem des Zusammenhangs beider. Allerdings wird auf diese Weise die Unbegreifllchkeit des eigenen Todes für mich als sich selbst lebendes Ich nicht geringer. So erklärlich der Tod als allgemeines biologisches Phänomen sein mag, so unbegreiflich ist er als Verschwinden des anderen Ich, wenn der andere stirbt, und so unvorstellbar ist er als das bevorstehende Ich-Ende.

Der Mensch ist vermutlich das einzige Wesen, das den Tod nicht nur bei akuter Lebensbedrohung fürchtet, sondern fast sein ganzes Leben lang von der Gewißheit des Sterbenmüssens geprägt ist, und dies, obwohl er strenggenommen seinen eigenen Tod nie wirklich erfährt. An sich erfahrbar (allerdings nicht im strengen Sinne des Wortes) ist nur der Tod anderer Menschen, und zwar in doppelter Hinsicht, als Tod der vielen unbekannten, zum Teil auch bekannten Menschen sowie als Tod eines mir existentiell verbundenen, z. B. geliebten Menschen. Täglich sterben Millionen von Menschen, ohne daß wir dies wirklich zur Kenntnis nehmen – abgesehen von einigen Ausnahmefällen, die uns, meist nur kurzfristig und oberflächlich, betroffen machen. Der Tod ist ein alltägliches Phänomen, der Tod der anderen ist im allgemeinen fast nur ein Phänomen unter anderen. Hingegen stellt uns der Tod eines geliebten Menschen, mit dem unsere eigene Existenz so oder so verbunden ist, mit voller Wucht vor die Unbegreiflichkeit des Umschlags von Sein in Nichtsein, der Verwandlung eines Ich oder vielmehr Du in ein Es, der ›Entseelung‹ eines Körpers und der ›Entrückung‹ eines Ich. Der Tod ist ein Ereignis, an dem alles Denken abprallt.

Was aber bedeutet es für mich, daß ich selbst sterben muß? Alle Menschen müssen sterben – das ist ein banales Faktum. Aber daß ich selbst sterben muß, das ist kein banales Faktum – für mich. So nahe der Tod eines anderen mir gehen mag, es ist immer der Tod eines anderen; kein Tod ist für mich wie mein Tod. Ob mein Tod mir als unausweichliche Katastrophe oder unter gewissen Umständen sogar als eine Erlösung erscheinen mag, mein Tod ist mir genauso rätselhaft, im Grunde sogar unvorstellbar wie mein Anfang, obwohl doch als Ereignis unzweifelhaft gewiß. Mein Tod ist das Ende meiner Selbstbestimmung, sogar dann, wenn ich ihn in einer letzten Selbstbestimmung, nämlich durch Selbstmord, selbst herbeiführe. Zwar kann ich versuchen, den Tod bzw. meine Todesangst in der einen oder anderen Form zu überwinden, indem ich z. B. todesverachtende Einstellungen entwickle, etwa Leben und Tod als universalen Prozeß banalisiere oder sie metaphysisch bzw. religiös in eine umfassende Weltanschauung integriere. Aber auch der immer schon vorweggenommene Abschied ist nur eine, und zwar eine vermutlich nur wenigen mögliche Form der Bewältigung des Todes bzw. der Todesangst. Keine *meditatio mortis* kann, so dringlich sie sein mag, das Problem des Todes aus der Welt schaffen. Mein Tod ist für mich, nämlich solange ich lebe, ein ›existentielles‹ Problem. Was ist hinter der Tür des Todes?

Irgendwann wird es keine Menschen, keine Ichs mehr geben, bald wird es mich nicht mehr geben. Niemand wird sich an irgend etwas erinnern, alles wird wie nicht gewesen sein. Oder gibt es ein Leben nach dem Tod? Vielleicht ist ja mit dem Tode gar nicht alles zu Ende, vielleicht gibt es so etwas wie eine Unsterblichkeit, vielleicht vermag die (möglicherweise irgendwie selbständige) Entität Ich in der einen oder anderen Form die Zerstörung ihres Körpers zu überdauern. Schließlich haben die Menschen immer wieder, in Auseinandersetzung mit ihrem bevorstehenden Ende, Vorstellungen von einem Leben nach dem Tode entwickelt, allerdings ohne zu irgendeinem allgemein zustimmungsfähigen Ergebnis zu kommen. Möglicherweise ist also das Problem Mensch weder kosmologisch noch evolutionstheoretisch, weder egologisch noch existenzphilosophisch zu lösen. Was der Mensch ist oder sein könnte, entscheidet sich vermutlich gar nicht in der Anthropologie, sondern in der Metaphysik oder gar in der Theologie (falls Metaphysik oder Theologie sinnvoll möglich, d. h. nicht nur Hirngespinste sein sollten). Jedenfalls scheint die Anthropologie nicht unbezweifelbar der Königsweg zum Verständnis des Menschen zu sein.

V.
Halbwahrheiten
Über Erkenntnistheorie

1. Die Tatsache der Erkenntnis

Erkenntnis und Erkenntnistheorie

Das Klagelied über die Mängel der menschlichen Erkenntnis ist alt: Unser Wahrnehmungs- und Denkvermögen ist unvollkommen. Nicht nur unsere individuelle Erkenntnisfähigkeit ist schwach, sondern auch das menschliche Erkenntnisvermögen als solches; wir erkennen alles nur begrenzt oder bedingt, subjektiv oder relativ. Es gibt nicht nur Erkenntnishindernisse, die aus dem Erkenntnisobjekt resultieren, sondern auch Erkenntnisbehinderungen, die im Erkenntnissubjekt selbst ihren Grund haben. Und diese menschlichen Mängel gelten meist als unverschuldet, nämlich naturgegeben, Erkenntniskraft bzw. -schwäche wird als eine Art Kapazitätsproblem betrachtet.

Woher rührt das Bewußtsein der Endlichkeit der menschlichen Erkenntnis, also das Grenzbewußtsein unseres Erkennens? Wieso machen wir überhaupt eine Unterscheidung zwischen Erkennen und Nicht-Erkennen, Wissen und Nicht-Wissen? Offenbar deshalb, weil die Erfahrung von Unwissenheit und Nichterkennenkönnen und damit von Wissen und Erkennenkönnen zu den menschlichen Grunderfahrungen gehört. Immer wieder stoße ich auf die Unwissenheit anderer Menschen (und kann mich dann meines Besserwissens freuen), aber ich bin mir auch bewußt, daß ich selbst nicht alles weiß und daß ich möglicherweise sogar mehr wissen könnte, als ich weiß. Zwar könnte ich meinen, ich sei in gewisser Weise allwissend, da das Unbekannte mir immerhin als unbekannt bekannt sei, mir also alles irgendwie, wenn auch dunkel und undeutlich, bekannt sei. Aber dies wäre ein sehr leeres Wissen, denn inhaltlich kann ich das Unbekannte gerade nicht erkennen – ich weiß nicht einmal, was mir alles unbekannt ist. Jedenfalls kann ich nicht vermeiden, zwischen Erkennen und Nicht-Erkennen, Wissen und Nicht-Wissen zu unterscheiden, gelegentlich kann ich sogar so etwas wie Erkenntnis- oder Wissensgewinn erfahren.

Außerdem erfahren wir alle immer wieder so etwas wie scheinbare Erkenntnis (Pseudowissen): an uns selbst, vor allem aber wieder an anderen. Manchmal weiß ich, aufgrund meines besseren Wissens, daß andere, die etwas zu wissen meinen, sich täuschen. Wobei ich mich allerdings auch über mein Wissen täuschen kann; denn nicht selten meine ich nur, daß andere sich täuschen, was sich dann im nachhinein als meine Täuschung erweist. Auch sehe ich mich oft genug in Dingen, in denen ich selbst unwissend bin, mit zwei oder mehr widerstreitenden Erkenntnisbehauptungen konfrontiert, von denen, falls die Wahrheit nur eine sein kann, mindestens eine Behauptung falsch sein muß oder nur teilweise wahr sein kann. Gelegentlich, wie im Falle von Sinnestäuschungen, wenn z. B. der ins Wasser gehaltene Stock gebrochen erscheint, sehe ich mich sogar mit zwei eigenen unterschiedlichen ›Erkenntnissen‹ konfrontiert, meiner Sinneswahrnehmung und meinem Verstandeswissen (auch wenn diese sich dann durch weitergehende Überlegungen versöhnen lassen). Gelegentlich kann ich sogar meine Pseudoerkenntnis als Pseudoerkenntnis durchschauen, wenn auch nur nachträglich. Vermutlich gibt es mehr Dinge, die ich nicht oder nur scheinbar weiß, als Dinge, die ich wirklich weiß.

Oder ist die Unterscheidung zwischen Wissen und Nichtwissen bzw. Wissen und scheinbarem Wissen selbst nur eine scheinbare Erkenntnis? Wie können wir eigentlich ausschließen, daß alle unsere Erkenntnis nur scheinbare Erkenntnis ist? Einerseits scheinen zwar die Erkenntnisse der Wissenschaften mit zunehmender Geschwindigkeit anzuwachsen, andererseits scheinen gewisse Grundfragen nach wie vor unbeantwortbar zu sein. Ja, es gibt sogar nicht selten den kaum faßbaren Verdacht, daß die ganze Wissenschaft an der ›wahren‹ Wirklichkeit vorbeigehe, daß sich die eigentliche Wirklichkeit dem wissenschaftlichen Zugriff prinzipiell entziehe. Es ist, als ob sich alles Erkennen nur auf vordergründige Erscheinungen bezöge, als ob die ›wahre Wirklichkeit‹, das Sein an sich, unzugänglich bliebe, kurz, als ob alle sogenannte Erkenntnis, wenn schon nicht bloße Scheinerkenntnis (Pseudoerkenntnis), so doch bloße Erscheinungserkenntnis sei. Nichts ist, was es ist oder zu sein scheint – die ganze Welt ist ein Traum oder eine Lüge. Was aber ist hinter dem Vorhang?

Aus solcher vermutlich selbst noch mangelhaften Erkenntnis der Mangelhaftigkeit unserer Erkenntnis hat sich eine weitverbreitete Erkenntnisskepsis entwickelt, die ihren philosophischen Ausdruck in der Erkenntniskritik der Erkenntnistheorie gefunden hat. Es soll erkannt werden, was Erkenntnis ist und ob es sie überhaupt bzw. in welchem Sinne es sie gibt. Daher fragt die Erkenntnistheorie z. B. nach den Quellen und Bedingungen unserer Erkenntnis und damit nach deren Grenzen und Möglichkeiten. Vor allem die Frage nach der prinzipiellen Möglichkeit des Erkennens (oder vielmehr: der Zweifel daran) gilt vielfach als besonders philosophisch. Es wird nicht nur gefragt, wie ich was unter welchen Bedingungen erkennen kann, sondern auch bezweifelt, ob ich überhaupt etwas wirklich erkennen kann. Allerdings hat die Frage nach der Erkenntnis als Selbstanfechtung der Erkenntnis, in welcher Form auch immer, ihre Tücken, vor allem wenn die Erkenntnisfähigkeit als bloßes, so oder so benutzbares Instrument aufgefaßt wird, das sich nun selbst noch auf seine eigene Tauglichkeit hin überprüfen soll, bevor seine Anwendung im Erkennen gewagt werden darf. Man möchte erkennen, ob bzw. wie und was man überhaupt erkennen kann. Damit setzt die Erkenntnistheorie (Erkenntniskritik) jedoch schon die Möglichkeit, ja sogar die Existenz von Erkenntnis voraus. Denn welchen Sinn macht es, erst erkennen zu wollen, ob man erkennen kann, bevor man sich zum Erkennen bereit erklärt bzw. nicht bereit erklärt (falls man nämlich glaubt, erkannt zu haben, daß man nicht erkennen kann). Woher soll die ›Erkenntnis‹ der Nichterkenntnis kommen können, wenn es überhaupt keine menschliche Erkenntnis gibt, d. h. wenn Erkennen nicht, zumindest im Prinzip, immer schon vorhanden ist? Auch Erkennen, das sich darauf konzentriert, die Grenzen der Erkenntnis zu untersuchen, muß von der Möglichkeit bzw. Wirklichkeit der Erkenntnis ausgehen, d. h. sich selbst irgendwie als Erkennen (von Erkenntnis bzw. Nichterkenntnis) behaupten, im Grunde sogar als ein Erkennen höherer Art. Denn die Erkenntnis z. B. der Bedingungen der wissenschaftlichen Erkenntnis ist etwas anderes und mehr als diese wissenschaftliche Erkenntnis (oder sie ist gar keine Erkenntnis). Doch kann solches Erkennen der Erkenntniskritik natürlich auch von vornherein statt mit Gründen bestritten rundweg geleugnet werden – das wäre aber keine erkennende Erkenntnistheorie mehr, sondern nur noch nichtargumentative Erkenntnisleugnung bzw. -verweigerung.

Die sogenannte Erkenntnistheorie ist keine Meta- oder Protoerkenntnis, die über die Möglichkeit aller Erkenntnis überhaupt entscheiden könnte, sondern eine reflexive, sich selbst behauptende Erkenntnis der Erkenntnis. Sie zielt auf eine Selbsterkenntnis der bereits vorhandenen Erkenntnis und ist so der Absicht nach

Erkenntnis der Bedingung der Möglichkeit von Erkenntnis und deren Grenzen. Das endliche Erkennen soll seine eigene Endlichkeit erkennen, und zwar möglichst nicht endlich. Aber die Erkenntnistheorie, die nach den Grenzen der Erkenntnis fragt, muß sich selbst auch als endliche Erkenntnis verstehen. Falls sie die von ihr angenommenen Grenzen der Erkenntnis nicht überschreiten, also Erkenntnis nicht von außen erkennen kann, steht sie vor der paradoxen Aufgabe, die von ihr behaupteten Grenzen sozusagen von innen her zu erkennen. Wie aber soll Erkennen sich selbst als endliches ergründen oder begründen können? Die Erkenntnis der Erkenntnis könnte sich leicht als besonders schwierig erweisen, obwohl oder vielmehr weil ich immer schon im Erkennen bin, weil Erkennen sich immer schon voraussetzt, also vermutlich nicht zu seinem Anfang zurückfinden kann.

Die Unleugbarkeit der Erkenntnis

Was wie eine bloße Paradoxie der Erkenntnistheorie aussehen mag, verweist auf ein Faktum und zugleich auf ein grundsätzliches Problem: Es gibt ein reflexives Selbstbewußtsein der Erkenntnis. Erkenntnis kann sich selbst nicht prinzipiell leugnen, jede prinzipielle Leugnung der Erkenntnis, die sich als Erkenntnis ausgibt, widerspricht sich selbst. Die Liste der Argumente gegen die Möglichkeit bzw. Wirklichkeit von Erkenntnis ist zwar lang, aber alle beanspruchen für sich selbst (mehr oder weniger), Erkenntnis zu sein, und sei es auch nur die paradoxe ›Erkenntnis‹, daß es keine Erkenntnis gibt (Selbsterkenntnis der Nichterkenntnis). Zwar haben Narren und Weise gesagt *Ich weiß, daß ich nichts weiß,* aber auch dies ist, rein logisch gesehen, ein Kurzschluß; denn der Satz *Ich weiß, daß ich nichts weiß* hebt sich selbst auf, wenn er die Gewißheit von Nichtwissen als Wissen kundtun will. Und auch die provokant paradoxe Fortbildung *Ich weiß, daß ich nichts weiß, und auch dieses weiß ich nicht* bleibt eine selbstwidersprüchliche Behauptung der Erkenntnis von Unwissenheit: Ich weiß, daß ich nicht weiß, ob ich etwas weiß. Kurz, mit jedem Satz, den ich ausspreche, behaupte ich eine Erkenntnis und damit die Möglichkeit von Erkenntnis überhaupt – gleich, ob ich eine eigene Meinung ausspreche oder nur eine fremde bestreite. So ergibt sich die Möglichkeit bzw. Wirklichkeit der Erkenntnis indirekt durch die Unmöglichkeit der Leugnung der Möglichkeit bzw. Wirklichkeit der Erkenntnis.

Wer Erkenntnis für möglich hält, nimmt an, daß es einen Erkennenden und etwas Erkennbares bzw. Erkanntes gibt – dies ist die ›logische‹ oder auch ›ontologische‹ Voraussetzung aller Erkenntnistheorie. Wer die These vertritt, daß alle Erkenntnis bloße Pseudoerkenntnis sei, müßte diese doppelte Voraussetzung irgendwie bestreiten: Es gibt keine Erkenntnis, weil es entweder keine Erkenntnissubjekte oder weil es keine Erkenntnisobjekte gibt oder weil es weder Erkenntnissubjekte noch Erkenntnisobjekte gibt. Aber auch solche Behauptungen widersprechen sich offensichtlich selbst. Die Behauptung, daß es keine Erkenntnis gibt, weil es nichts, weder Erkenntnissubjekte noch Erkenntnisobjekte, gibt, erledigt sich von selbst, da sie sich selbst als existente, allerdings inhaltlich falsche Erkenntnisbehauptung ausgibt. Die Behauptung, daß es keine Erkenntnis gibt, weil es zwar Erkenntnisobjekte, aber keine erkenntnisfähigen (menschlichen) Erkenntnissubjekte gibt, kann auch nicht die Erkenntnis haben, daß der Mensch bzw. ich nicht als Erkenntnissubjekt existiere und folglich nichts erkennen könne. Die Behauptung, daß es keine Erkenntnis gibt, weil es zwar Erkenntnissubjekte, aber keine Erkenntnisobjekte gibt, muß – strenggenommen – die Erkenntnis der Existenz von Erkenntnissubjekten und zugleich die Behauptung, daß außerhalb des menschlichen Bewußtseins nichts ist, als einzige Außenerkenntnis ausgeben; sie müßte sogar – ebenfalls strenggenommen – das jeweils andere Ich als etwas außerhalb meines Bewußtseins leugnen und damit das eigene Ich verabsolutieren und zugleich zum einzigen Erkenntnissubjekt und -objekt erklären. So oder so aber wird irgendeine Erkenntnis behauptet. Es kann also auch in einer radikal kritischen oder skeptischen Erkenntnistheorie nur um das problematische Verhältnis bzw. Mißverhältnis zwischen dem faktischen bzw. potentiellen Erkenntnissubjekt und Erkenntnisobjekt gehen – unter Voraussetzung eines Minimums an Erkenntnis.

Erkenntnis läßt sich mit Argumenten nicht bestreiten, ohne Erkenntnis zu beanspruchen. Wenn jemand argumentativ bestreiten will, daß er überhaupt irgend etwas erkennen könne (also nicht nur dieses oder jenes nicht), hat er sich bereits auf die Möglichkeit zu erkennen eingelassen; wenn jemand Beweise verlangt, daß er überhaupt etwas erkennen könne, muß er die Möglichkeit von Beweisen, also Erkenntnis, schon grundsätzlich anerkennen. Kurz, es ist vielleicht nicht möglich, die Möglichkeit von Erkenntnis zu erkennen, aber es ist auch unmöglich, die Unmöglichkeit bzw. Nichtexistenz von Erkenntnis zu erkennen bzw. sinnvoll zu behaupten. Zwar kann sich jemand allen Argumenten oder Beweisen, auch allen ›Evidenzen‹, verweigern, z. B. logische Widersprüche als uninteressant erklären oder angeblich alles dahingestellt sein lassen. Er kann sich sozusagen dumm stellen und immer wieder, taub für alles Zureden, behaupten, er erkenne nichts; er kann versuchen, für den Rest des Lebens in einer Erkenntnisverweigerung zu verharren, und immer nur seine Unwissenheit beteuern. Gegen solche sich selbst verdummende Erkenntnisverweigerung ist Erkenntnistheorie als solche natürlich machtlos, aber mit Infantilismus braucht sie sich auch nicht zu befassen.

Im übrigen gibt es nicht nur eine theoretische, sondern auch eine praktische Erkenntnisbehauptung; denn auf irgendeine Erkenntnis vertraut auch der mißtrauischste Skeptiker, schon weil er gar nicht allen und allem zugleich mißtrauen kann. Es wäre z. B. absurd zu behaupten, daß ich nicht weiß, ob ich tot oder lebendig bin, ob ich esse oder nicht esse. Ich erkenne selbstverständlich, falls ich mich nicht zufällig irre, den Unterschied zwischen Feuer und Wasser sowie ganz generell zwischen Sosein und Anderssein oder Sein und Nichtsein – auch wenn ich vielleicht nichts bis auf seinen letzten Grund erkenne. Es bedürfte einer großen künstlichen Anstrengung, so zu tun, als ob ich überhaupt nichts erkenne, nämlich einer permanenten Denk- und Sprachverweigerung. Denn wenn wir uns dauernd über unsere Handlungsvoraussetzungen täuschen würden, würden wir ständig mit der Wirklichkeit kollidieren – unsere bloße Existenz beweist schon, daß wir nicht nicht erkennen, sonst würden wir an jeder Ecke ins Nichts stürzen. Unsere Erkenntnis mag noch so mangelhaft sein, aber irgendeine Art von Bezug haben wir zur Wirklichkeit, und im allgemeinen reicht unsere Erkenntnis, d. h. unser ›positiver‹ Wirklichkeitsbezug, zum Leben und zur Verständigung mit anderen Menschen, ja sogar zu Wirklichkeitswissenschaften.

Die Unleugbarkeit aller Erkenntnis bedeutet nicht die Gewißheit einer bestimmten Erkenntnis, wohl aber eine erste Gewißheit hinsichtlich der Möglichkeit und Wirklichkeit, irgend etwas irgendwie erkennen zu können. Schon indem ich mir gewiß bin, nicht alles zu wissen, bin ich mir gewiß, einiges zu wissen – zumindest weiß ich, daß ich nicht alles weiß. Ich lebe nicht in der Nacht einer totalen Unkenntnis (von was auch immer). Irgend etwas ist immer irgendwie gegeben; und wenn ich erkenne, daß da etwas ist, habe ich auch schon eine erste Vorstellung davon, was da ist. Zumindest die eigene Wirklichkeit ist mir als solche gegeben, d. h. das Ich ist sich als Ich gegenwärtig, oder, wenn man so will, das Erkenntnissubjekt erkennt sich irgendwie als Erkenntnissubjekt und ist insofern Erkenntnisobjekt für sich. Ich kann mich – unter normalen Umständen – gar nicht daran hindern zu erkennen, denn irgend etwas erkenne ich immer. Erkenntnis ist eine unleugbare Tatsache. Nicht die Endlichkeit der Erkenntnis ist das Problem, sondern die erstaunliche Existenz von Erkenntnis.

Die Möglichkeit der Erkenntnis

Wenn die Existenz von Erkenntnis eine unbestreitbare Tatsache ist, dann stellt sich die Frage nach den Bedingungen der Möglichkeit von Erkenntnis. Dabei geht es nicht primär um die Frage, wie z. B. speziell wissenschaftliche Erkenntnis möglich ist, denn Erkenntnis gibt es auch vor und außerhalb aller Wissenschaft und wahrscheinlich auch noch über alle Wissenschaft hinaus. Es geht vielmehr zunächst um die ganz allgemeine und ganz grundsätzliche Frage: Wie kommt Erkenntnis als solche zustande? Allerdings scheint diese Frage eine besonders schwierige Reflexion zu verlangen: Das Erkennen soll erkennen, wie es selbst ›funktioniert‹, d. h. aufgrund welcher Bedingungen seine Existenz als Erkenntnisgeschehen oder Erkenntnistätigkeit überhaupt möglich ist.

Nun dürfte es zweckmäßig sein, die Frage über die Bedingungen der Möglichkeit der Erkenntnis von vornherein auf das menschliche Erkennen einzuschränken und dabei zunächst auf die Wahrnehmung zu richten, obwohl die Versuchung, über nicht menschliche Erkenntnis (tierische Intelligenz) zu spekulieren, groß ist; denn daß es auch außer- oder vormenschliche Erkenntnis gibt, läßt sich nicht gut leugnen. Selbst die einfachsten tierischen Lebewesen scheinen schon über irgendeine Form von ›Erkenntnis‹ zu verfügen, die in etwa der Sinneswahrnehmung des Menschen vermittels seiner Sinnesorgane entspricht. Manche Tiere vollbringen erstaunliche Wahrnehmungs- und Intelligenzleistungen, sie haben sogar Fähigkeiten zur Zielsetzung und Mittelerkenntnis, d. h. sie scheinen zu irgendeiner Art von instrumentalem Denken fähig zu sein. Dennoch kennen wir Erkenntnis in einem uns unmittelbar zugänglichen Sinn nur bei Menschen, ja, im Grunde weiß ich nur von mir selbst, was Erkenntnis ist.

Die erste Bedingung der Möglichkeit menschlicher Erkenntnis ist zweifellos eine physiologische Erkenntnisausstattung – ohne Sinnesorgane, Nerven, Gehirn usw. gibt es kein Erkennen. Dabei läßt sich, da es kein Denken zu geben scheint, dem nicht irgendwann irgendeine Wahrnehmung vorangegangen ist, ein gewisser Vorrang der Wahrnehmung im Aufbau der Erkenntnis nicht leugnen – ein Mensch, der nicht im geringsten wahrnehmungsfähig wäre, dürfte weder denk- noch lebensfähig sein. Wie solche Wahrnehmung ›technisch‹ – über Sinneszellen, Reize, Nervenbahnen, chemische Reaktionen und elektrische Impulse oder wie auch immer – funktioniert, scheint im wesentlichen bekannt zu sein; auch Denken als physiologischer Vorgang dürfte im Prinzip ähnlich vor sich gehen. Allerdings sind Wellen oder elektrische Impulse (oder dergleichen) als solche noch keine Erkenntnis, sie sind als solche weder Denken noch Wahrnehmung. Sehen z. B. ist etwas anderes als der kausale, mechanische und chemische Vorgang, in dem, wie etwa beim Photographieren, Licht Veränderungen in einem lichtempfindlichen Material erzeugt – obwohl eine ähnliche Art von ›Photographieren‹ vermutlich die physische Voraussetzung des Sehens ist. Sinnesorgane sind zwar irgendwie Sensoren, aber Sensoren sind noch keine Sinneswahrnehmung, auch ›Sinnesreize‹ als solche noch nicht. Man könnte sich daher fragen, wie sich ein Erkenntnisobjekt vermittels der Erkenntnis in einem Erkenntnissubjekt ›spiegeln‹ kann. Doch kann auch die Spiegelmetapher die Wahrnehmung nicht zureichend beschreiben, da Spiegel als solche nur ›tote‹ Geräte sind; und wenn das Bewußtsein (oder wie immer das Erkenntniszentrum im Menschen genannt werden mag) metaphorisch als ›lebendiger Spiegel‹ bezeichnet wird, dann wird das Problem nur versteckt. Spiegeln ist als solches ein mechanischer Vorgang, nämlich Reflektieren als physikalischer, nicht Erkennen als psychischer oder geistiger Vorgang.

Was also geschieht mit dem ›Eintritt‹ des Seins in das Bewußtsein? Im Erkennen zeigt sich dem Erkennenden etwas, nämlich das Erkennbare als das Erkennbare bzw. das Erkannte als das Erkannte. Im Wahrnehmen z. B. wird Wirklichkeit zur wahrgenommenen Wirklichkeit – eine Umsetzung oder Transformation, in der sich die erkannte Wirklichkeit als solche gleichsam, sozusagen durch Verinnerlichung eines Äußerlichen, zu verdoppeln scheint. Dabei wird die Wirklichkeit selbst anscheinend nicht physisch verändert, wahrscheinlich aber deren Erscheinungsbild (für mich) durch mich konstituiert oder doch mitkonstituiert. Ganz allgemein gesprochen: Sein wird zu bewußtem Sein, und zwar im sogenannten Bewußtsein (was immer dieses selbst sein mag). Dennoch dürfte auch das Modell der Repräsentation der Wirklichkeit im Bewußtsein, so wichtig es vor allem für die Erklärung des Denkens mit stellvertretenden Vorstellungen (z. B. im Erinnern) sein mag, das Faktum der Erkenntnis nur unzureichend interpretieren. Die Wahrnehmung, in der ich einer Sache ›gewahr‹ werde, repräsentiert nämlich ihren Gegenstand nicht, sie nimmt ihn als solchen wahr. Indem ich etwas wahrnehme, entdecke ich etwas für mich, d. h. in meiner Vorstellung oder für mein Bewußtsein stellt sich mir etwas, das ist, so oder so vor oder dar. Indem ich mich wahrnehmend der Außenwelt (gegebenenfalls auch dem eigenen Inneren) zuwende, entsteht zwar die ›Wirklichkeit sozusagen noch einmal in mir als wahrgenommene, aber ohne daß ich in der Wahrnehmung als solcher zwischen dem Gegenstand und meiner Vorstellung von ihm, d. h. meiner Wahrnehmung, unterscheide (anders als im Denken mit Hilfe solcher im Prinzip frei reflektierbarer, erinnerbarer und einbildbarer ›Vorstellungen‹).

Wie aber ist es überhaupt möglich, daß die Wirklichkeit vernehmbar, d. h. für einen Wahrnehmenden wahrnehmbar, ja mehr noch, für einen Denkenden denkbar sein kann? Im Erkennen zeigt sich das Sein, indem es bewußtes Sein wird, dem Bewußtsein, und zwar dem rezeptiven wie dem aktiven Bewußtsein. Sein oder Seiendes wird irgendwie für das Bewußtsein offenbar, denn, so muß man vermuten, meine ›Vorstellungen‹ können irgendwie Wirklichkeit enthalten, d.h. das Bewußtsein ist irgendwie offen oder aufnahmefähig für das Sein. Aber das Wahr-nehmen scheint die Wirklichkeit auch irgendwie von sich aus zu ergreifen, denn, so muß man vermuten, meine ›Vorstellungen‹ scheinen irgendwie die Wirklichkeit erfassen und treffen und daher irgendwie Wirklichkeit enthalten und ›bewahren‹ zu können. Wenn es – wie auch immer – echte Erkenntnis gibt, dann müssen sich in ihr Erkenntnissubjekt und Erkenntnisobjekt irgendwie begegnen, d. h. irgendwie ist mir die Wirklichkeit in meinem Erkennen zugänglich. Ob sich das Sein zeigt, wie es wirklich ist, oder ob es mir nur bedingt und begrenzt erscheint – irgendwie, wenn auch vielleicht nur bis zu einem gewissen Grade, scheinen Sein und Bewußtsein einander zu entsprechen, zumindest teilweise, d. h. mehr oder weniger ›isomorph‹, miteinander übereinzukommen oder übereinzustimmen; denn Sein kann offensichtlich mehr oder weniger zutreffend erkannt werden, und zwar nicht nur von mir, sondern auch von anderen Menschen (und nicht nur vom menschlichen, sondern auch vom tierischen ›Bewußtsein‹). Ob das Sein von sich aus auf Bewußtsein bezogen ist oder nicht, zumindest das Bewußtsein scheint irgendwie auf Sein bezogen zu sein, d. h. ihm zu entsprechen, denn es existiert vermutlich nur als Bewußtsein von Sein, und sei es auch nur als Bewußtsein des eigenen Seins. Sein kann bewußt oder ›offenbar‹ werden, Bewußtsein ist Offensein für Sein.

Man könnte – zumindest auf menschlicher Ebene – in dieser ›Übereinstimmung‹ von Bewußtsein und Sein die oberste (›transzendentale‹) Bedingung der Möglichkeit von Erkenntnis vermuten. Ja, man könnte, um sich eine solche Übereinstimmung von Sein und Bewußtsein (Wirklichkeit und Wahrnehmung bzw. Denken) zu erklären, sogar eine gewisse Identität beider, also eine Art Geiststruktur der Wirklichkeit vermuten. Allerdings wäre dies – so hingeworfen – keine Erklärung, sondern nur eine Flucht in eine Leerformel, in eine metaphysische oder gar mystische Spekulation, zumal auch noch das tierische Erkennen und damit die evolutionäre ›Adaption‹ des Erkennens an die Umwelt erklärt werden müßte. Außerdem ist die prinzipielle Erkennbarkeit der Wirklichkeit noch nicht das wirkliche Erkennen der Wirklichkeit, sondern nur dessen Voraussetzung. Unter welchen Bedingungen wird das mögliche zum wirklichen Erkennen?

2. Die Grenzen der Erkenntnis

Relative und absolute Erkenntnis

Die Unvollkommenheit der menschlichen Erkenntnis ist oft genug beklagt, aber nur selten umfassend und gründlich analysiert worden. Meist ist nur die eine oder andere Begrenztheit oder Bedingtheit in den Vordergrund gerückt worden, obwohl es zweifellos gut wäre, wenn sich der Mensch der Misere seiner Erkenntnis voll bewußt wäre – falls das menschliche Erkennen überhaupt seine ganze Unvollkommenheit erkennen kann. Einige Schwächen sind allerdings unverkennbar. So gehört die Feststellung der kontingent quantitativen Begrenztheit unserer Erkenntnis zu den allerersten Erkenntnissen über die prinzipielle wie individuelle Endlichkeit der menschlichen Erkenntnis. Der eine erkennt dies, der andere jenes; keiner erkennt das Ganze, bestenfalls einige seiner Teile, und zwar selektiv. Immerhin, so suggeriert die Theorie der Teilerkenntnisse, verfügen wir über einige echte Teilwahrheiten. Dagegen bleibt jedoch zu fragen, ob eine sachgerechte Erkenntnis von Teilen, die doch *per definitionem* Teile eines Ganzen sind, ohne die Erkenntnis dieses Ganzen überhaupt möglich ist; denn zur sinnvollen Erkenntnis eines Teils gehört offenbar die Erkenntnis seiner Bedeutung in einem Ganzen. Müßten wir also erst das absolut Ganze der Wirklichkeit erkennen, um irgendein Einzelding völlig adäquat zu erkennen? Aber das absolut Ganze kann niemand erkennen. Doch läßt sich auch umgekehrt fragen: Wie könnten wir das Ganze der Wirklichkeit, wenn nicht durch die Erkenntnis der Einzeldinge, erkennen? Damit scheint sich ein *circulus vitiosus* aufzutun. Hinzu kommt, daß das menschliche Erkennen konstitutionsbedingt partiell ist, nämlich grundsätzlich ausschnitthaft und insofern noch ganz anders prinzipiell quantitativ begrenzt ist; wir sehen und hören z. B. nur innerhalb einer bestimmten Wellenfrequenz und damit auf eine bestimmte Art und Weise. Zwar können wir uns inzwischen einige für uns natürlicherweise unzugängliche Wirklichkeitsbereiche mit Hilfe der Technik vergegenwärtigen, es bleibt jedoch die Frage, ob wir je das Ganze in den Blick bekommen werden, und sei es auch nur in den geistigen Blick, d. h. im Denken.

Ein weiteres Problem besteht darin, daß unsere Erkenntnis – im Rahmen ihrer doppelten, jeweiligen wie allgemeinen Partialität – perspektivisch und insofern verformt ausschnitthaft, also auch qualitativ beeinträchtigt ist. Zumindest für die optische Wahrnehmung im Raum, die als sinnliche Anschauung eine wesentliche Basis unserer Erkenntnis bleibt, ist die Perspektivität konstitutiv. Jedes Ding hat seine verschiedenen Seiten, d. h. es bietet verschiedene Aspekte; oder umgekehrt, unsere Sicht der Dinge ist standpunktabhängig, d. h. sie sieht immer nur eine Seite der Sache, und zwar perspektivisch verzerrt, also grundsätzlich nicht nur ausschnitthaft, sondern auch positionsbedingt verformt. Ein und dieselbe Sache wird von jedem anders gesehen, sie erscheint jedem anders, also genommen nicht als dieselbe Sache. Zwar kann man hoffen, daß sich die verschiedenen Perspektiven ergänzen und gegenseitig korrigieren, und dies funktioniert auch normalerweise (insbesondere mit Hilfe des Denkens). Aber schon bei komplexeren oder gar geistigen Gegenständen – zumal sich die Menschen hier ihrer partikularen Perspektive oft nicht mehr bewußt sind – wird es schwierig, das Ganze halbwegs identisch zu begreifen. Hinzu kommt, daß der Gegenstand der Erkenntnis oftmals nicht einfach gegenübersteht, sondern ein räumliches, zeitliches oder geistiges Ganzes ist, in dem die Erkennenden sich selbst befinden und das sie weder von außen noch von innen überblicken können. Zwar haben wir in gewisser Weise alle denselben Erkenntnisgegenstand, nämlich die Wirklichkeit im Ganzen, aber aufgrund unserer begrenzten und bedingten, nämlich standpunktabhängigen und perspektivischen Erkenntnis alle auch einen anderen Erkenntnisgegenstand.

Doch ist diese doppelte, prinzipielle und individuelle, quantitative und qualitative Beschränktheit des Erkennens vielleicht noch nicht einmal das Hauptproblem, wahrscheinlich ist unser aller

Erkennen noch durch weitere Faktoren innerhalb und außerhalb des erkennenden Subjekts bedingt. So hängt unser Erkennen nicht nur von unserem jeweiligen Standpunkt, sondern auch von den Orientierungspunkten ab, die wir in unserer Welt vorfinden.

Denn alles, was wir erkennen, ordnen wir auf Erkanntes hin und in Erkanntes ein, und zwar soweit unsere Sicht reicht, d. h. wir erkennen in einem Kontext (von Sachen) und einem Horizont (von Perspektiven). Unser Erkennen hat immer schon irgendwelche Anhalts- oder Anknüpfungspunkte, Bezugs- oder Vergleichspunkte, Fix- oder Richtpunkte. Kurz, wir sehen das Einzelding zumeist in einem strukturierten Zusammenhang, d. h. im Lichte eines Ganzen, aber das Ganze, aus dem wir erkennen, erkennen wir nicht. Darüber hinaus gibt es aber noch eine Reihe von Erkenntnisbedingungen, die nicht aus solchen sozusagen äußerlichen Erkenntnisumständen, sondern aus der inneren Struktur des Erkenntnissubjekts selbst resultieren. So wie die individuellen Varianten unseres Wahrnehmungsvermögens unsere jeweilige Weltsicht bedingen, so auch unser allgemeinmenschlicher ›Wahrnehmungsapparat‹, und so wie unser individuelles Denkvermögen, so vielleicht auch unser ›Denkapparat‹ (wenn es so etwas gibt); d. h. unsere allgemein menschliche, nicht nur unsere persönliche Konstitution bestimmt als eine von uns immer schon mitgebrachte Erkenntnisbedingung unser Wahrnehmen und zumindest insofern auch unser Denken. Wir erkennen immer nur unter den Bedingungen der Erkenntnis, die wir selbst als Menschen mitbringen, seien es Anschauungsformen, Denkkategorien oder was auch immer. Es ist daher davon auszugehen, daß es ›apriorische‹ Voraussetzungen aller Erkenntnis gibt, d. h. daß alles menschliche Erkennen nicht nur individuell (konkret), sondern auch generell (prinzipiell) subjektiv ist, und zwar nicht nur (›formal‹) subjektiv, weil es Erkenntnis eines Erkenntnissubjekts ist, sondern auch (›material‹) subjektiv, weil das Erkenntnissubjekt, der Mensch als solcher, aufgrund seiner eigenen Verfassung nur begrenzt und bedingt erkennen kann. Mit anderen Worten, unser Erkennen ist – durch uns selbst – nicht nur individuell, sondern auch prinzipiell relativ, wie immer diese apriorischen Vorbedingungen aller Erkenntnis näherhin (biologisch, psychologisch, transzendental usw.) bestimmt werden müssen und wie immer geschichtliche und natürliche Faktoren zusammenwirken mögen. Vermutlich dürfte nicht zuletzt auch die jeweilige Sprache, in der wir denken, unser Denken grundlegend mitbestimmen. Vielleicht erkennen wir also nie und nirgendwo die Wirklichkeit als solche oder an sich, d. h. die Wirklichkeit, wie sie ›in Wahrheit‹ ist.

Damit stellt sich die Frage nach einer möglichen ›objektiven‹ oder ›objektiv wahren‹ Erkenntnis. Was aber heißt *objektiv?* Zunächst könnte man Objektivität im Sinne von Intersubjektivität verstehen und diese dann in einem unterschiedlich starken bzw. schwachen Sinn. Intersubjektiv wahr im schwachen Sinn wäre etwa das, was innerhalb einer mehr oder weniger klar umrissenen Gruppe, z. B. in der heutigen Gesellschaft oder in der gegenwärtigen *scientific community,* als wahr gilt. Aber sosehr wir auch gezwungen sind, bei Streitfragen auf den Stand der Wissenschaft, also auf ›anerkannte‹ Wissenschaftler, zu rekurrieren, die auf diese Weise bestimmte Objektivität kann immer nur bedingte Objektivität sein. Außerdem ist es (unter dem Gesichtspunkt der Praktikabilität) gar nicht so einfach, die als Instanz vorausgesetzte Gruppe und die in ihr gültigen Anschauungen genau zu ermitteln, zumal die Frage nach der Anerkennung leicht in einen Begründungszirkel führen könnte. Dasselbe gilt in verstärktem Maße für den starken Begriff von Intersubjektivität, bei dem als Instanz aller Wahrheit die Menschheit proklamiert wird. Denn wer könnte schon feststellen, was alle Menschen, selbst wenn man sich auf die jetzt lebenden beschränken würde, für wahr halten? Falls man aber nur das für objektiv wahr halten will, was alle Menschen im Grunde für wahr halten könnten oder müßten, so hätte man, statt eine nachprüfbare Definition mit Hilfe eines nachprüfbaren Kriteriums zu geben, nur ein Postulat durch ein anderes ersetzt. Außerdem wäre auch dann noch zu fragen, ob nicht sogar das, was alle Menschen für wahr halten, falsch sein könnte, d. h. ob es der Wirklichkeit entspricht und in diesem Sinne objektiv oder objektiv wahr ist. Letztlich – und dies wäre im Ausgang von der Intersubjektivität der stärkste, aber wohl auch problematischste Begriff von Objektivität – könnte man nur die Erkenntnis objektiv nennen, die von allen vernünftigen Lebewesen, auch von möglichen übermenschlichen Intelligenzen, als wahr akzeptiert würde. Oder – um es noch zugespitzter und ohne Rücksicht auf das Kriterium der Intersubjektivität zu sagen – nur das, was eine absolute Intelligenz (Gott) als wahr erkennen würde, wäre wirklich objektiv erkannt.

Objektive Erkenntnis ist also strenggenommen absolute Erkenntnis, denn eine objektive Erkenntnis ist im Grunde nur eine solche Erkenntnis, die ihr Objekt durch und durch als Ganzes erkennen würde, sozusagen von allen Seiten und in allen Teilen. Sie müßte von allen Standpunkten, Richtpunkten und Horizonten unabhängig sein sowie umgekehrt ihr Objekt im Rahmen seines ganzen Kontextes, also auch mit allen seinen Voraussetzungen oder Bedingungen, erkennen können. Denn zur ›wahren‹ Erkenntnis gehört auch die Erkenntnis aller Bedingungen der Erkenntnis – nicht nur die Erkenntnis der Bedingungen, unter denen der Erkennende steht, sondern auch der Bedingungen, unter denen das steht, was erkannt werden soll. Erst eine solche Erkenntnis eines Gegenstandes bis in alle seine Bedingungen hinein wäre eine wirklich objektive Erkenntnis, nämlich eine vollkommene Einzelerkenntnis aufgrund einer vollkommenen Erkenntnis des allumfassenden Bedingungszusammenhangs, also des absolut Ganzen. Daher setzt im Grunde schon jede partikulare objektive Erkenntnis, als partikulare absolute Erkenntnis, eine Art Allwissen voraus. Objektiv erkannt ist, was in oder aus dem Absoluten absolut erkannt ist; objektive Erkenntnis ist letztlich absolute Erkenntnis, nämlich des Relativen aus dem Absoluten, das dazu allerdings selbst erst ›absolut‹ erkannt werden müßte: unbedingte Erkenntnis aller Bedingungen aus dem Unbedingten oder absolute Erkenntnis des Absoluten aus dem Absoluten. Insofern ist auch die sogenannte objektive Erkenntnis der exakten Wissenschaften nur von begrenzter und bedingter Objektivität – nicht nur, weil sie als Teilerkenntnis immer unvollkommen und immer noch verbesserbar ist, sondern auch und vor allem deshalb, weil sie innerhalb der konstitutiven Bedingungen der menschlichen Erkenntnis bleibt und nur in diesem Rahmen sowie im Rahmen ihrer Voraussetzungen und Methoden allgemeingültig ist.

Ein vollkommenes oder absolutes (›göttliches‹) Erkennen wäre im Grunde ein ganz anderes Erkennen als das unvollkommene und relative (menschliche); es ist nur im Ausgang von und im Gegenzug zur relativen Erkenntnis und auch dann nur annäherungsweise und nur in Paradoxien als Idee zu konstruieren, letztlich ist es unvergleichlich und unvorstellbar. Daher ist es im Grunde auch kein maßgebliches Ideal, zumindest kein praktikabler Maßstab, bestenfalls ein imaginierter Fluchtpunkt unseres Erkennens, dem unser Erkennen sich eigentlich nicht annähern kann – jede neue endliche Erkenntnis bleibt wie schon die alte von der unendlichen Erkenntnis unendlich weit entfernt. Auch der Versuch, sich auf den ›Standpunkt Gottes‹ zu stellen oder Gott zum Richt- und Ausgangspunkt (Prinzip) der Erkenntnis zu machen, d. h. sich zum ›absoluten Subjekt‹ zu erheben und alles in, aus oder durch Gott erkennen zu wollen, muß scheitern. Ein vom Menschen behaupteter absoluter Standpunkt ist nicht der Standpunkt des Absoluten, sondern nur ein verabsolutierter relativer Standpunkt, d. h. ein angemaßter pseudoabsoluter Standpunkt. Schon die Vorstellung einer absoluten Erkenntnis bleibt eine relative Vorstellung. Ein halbwegs konkreter, aber allgemeingültiger Maßstab für die menschliche Erkenntnis kann daher eigentlich nur die bestmögliche bzw. jetzt bestmögliche menschliche Erkenntnis sein. Aber auch diese bleibt, obwohl sie selbst, grundsätzlich gesehen, nur bedingt richtig (relativ) ist, für das faktische Erkennen des Menschen immer noch ein Ideal.

Sein und Schein

Obwohl unsere Alltagserkenntnis im allgemeinen zureichend funktioniert, kann aufgrund punktueller Täuschungserfahrungen der Verdacht entstehen, daß alle unsere sogenannte Erkenntnis mehr oder weniger Pseudoerkenntnis sei. Vielleicht ist alles das, was wir für Erkenntnis halten – grundsätzlich und für uns normalerweise gar nicht erkennbar irgendwie unwahr oder vordergründig, nämlich bloße Erscheinungserkenntnis oder sogar bloße Scheinerkenntnis, d. h. eine durch bloßen Schein getäuschte und daher selbst nur scheinbare Erkenntnis (nicht etwa eine Erkenntnis, die den Schein als Schein erkennt und insofern durchschaut). Vielleicht täuschen uns unsere Sinne nicht nur manchmal, sondern irgendwie immer, vielleicht bleibt sogar unser Denken immer bloßem Schein oder bloßen Erscheinungen verhaftet; vielleicht leben wir, ohne es zu merken, in einer allumfassenden Welt des Scheines oder der Erscheinungen. Nichts ist, was es zu sein scheint oder wie es zu sein scheint, die wahre Wirklichkeit ist im Grunde ganz anders. Die Erfahrung unserer Erkenntnismängel hat jedenfalls schon früh die Unterscheidung von echter und nur vermeintlicher Erkenntnis und damit zugleich die Unterscheidung von Sein und Schein bzw. Sein an sich und bloßer Erscheinung erzwungen.

Die These, daß alle Erkenntnis Pseudoerkenntnis sei, besagt im allgemeinen, daß alles, was wir zu erkennen glauben, nicht wirklich, sondern nur Schein ist und daß deshalb alle unsere Erkenntnis selbst nur scheinbar ist; sie nimmt Schein für Sein und ist daher selbst nur Schein von Erkenntnis. Schein wird dabei als eine Art Illusion, Halluzination oder Fiktion verstanden: entweder als eine Art Traum, d. h. als ein von mir selbst produzierter Schein, oder als eine Art Fata Morgana, d. h. als eine irgendwie von irgendwelchen Dingen ausgehende Täuschung. In diesem Fall hätte der Schein zwar eine Ursache außer mir, aber diese verbirgt sich, und zwar unter Vorspiegelung falscher Tatsachen. Schein verhält sich zu Sein wie z. B. Scheingold zu echtem Gold oder wie eine bloße Luftspiegelung zur Wirklichkeit. Nicht selten läuft die These, daß alle Erkenntnis nur scheinbare Erkenntnis sei, jedoch auf die Behauptung hinaus, daß alle sogenannte Erkenntnis nur Produktion von Schein sei, der irgendwie entweder von mir allein oder von allen Menschen erzeugt wird. Wir leben in einer von uns selbst und nur von uns selbst produzierten Welt des Scheins, die wir, ohne unsere Halluzinationen zu durchschauen, für wahre Wirklichkeit halten – die Welt ist ein Traum und unsere Welterkenntnis ebenfalls. Im Grunde ist die Behauptung, alle Erkenntnis sei Scheinerkenntnis, daher nur ein anderer Ausdruck der Behauptung, daß es keinerlei Erkenntnis gebe, und tritt folglich wie der radikale Skeptizismus in verschiedenen Varianten auf. Diese reichen theoretisch von der Leugnung allen Seins, einschließlich der Existenz des eigenen bzw.

allen menschlichen Bewußtseins, bis zur Annahme der Existenz eines, nämlich des eigenen Ich oder mehrerer Ichs und damit einer unerkennbaren Bewußtseins- und Dingpluralität, also von der These, alles sei nur Schein von nichts und niemand, bis zur These, daß das Sein für mich oder für uns durch Schein verdeckt bleibe bzw. es nichts außerhalb meines oder unseres Bewußtseins gebe außer Schein (worin auch immer das Sein des Scheins oder die Scheinwirklichkeit bestehen mögen).

Die radikalste Theorie der Pseudoerkenntnis leugnet alles Sein, auch das des menschlichen Bewußtseins: Alles ist Schein, auch wir selber bzw. ich selber; es gibt kein Sein, nur Schein. Alles ist Bild oder Traum von nichts und niemand; wie immer man sich das vorstellen mag, alles ist irgendwie nur Schein. Aber was heißt es, daß es nur Schein gibt? Schein wovon, Schein für wen? Außerdem, wie könnte das Schein-Ich den Schein-Gegenstand in einer Scheinerkenntnis ›erkennen‹ bzw. imaginieren oder sogar (wie in dieser ›Erkenntnistheorie‹ der Scheinerkenntnis) den Schein als Schein erkennen? Vor allem würde sich der Satz *Alles ist nur Schein,* wenn er in irgendeinem strengen Sinn gelten soll, selbst als Schein erledigen, denn es dürfte ihn dann in Wirklichkeit gar nicht geben. Die These der Scheinerkenntnis (Pseudoerkenntnis) muß daher zumindest das erkennende Bewußtsein des Erkenntnissubjekts, also wenn schon nicht das Wir, so doch das eigene Ich, von der eigenen These ausnehmen.

Dann bliebe die These: Außer mir existiert nichts, ich bin die einzige wahre Wirklichkeit; alles andere hat nur eine von mir erzeugte Scheinexistenz, ist pure Produktion meines Bewußtseins, das nicht Bewußtsein von Sein, sondern nur Bewußtsein von Schein ist, den es allerdings fälschlicherweise für Sein hält (außer natürlich als Selbstbewußtsein, denn dieses wäre echtes Bewußtsein von Sein, nämlich seines Seins als Bewußtsein). Ich produziere mir meine eigenen Phänomene in mir selbst und projiziere sie dann nach außen, sozusagen ins Nichts hinein; in Wirklichkeit verbleiben die Phänomene jedoch als Vorstellungen in mir selbst, wobei mein Bewußtsein zugleich Projektor und Projektionswand ist. Die Welt ist nur eine Vorstellung in meinem Kopf, und auch mein Kopf ist nur eine Vorstellung in meinem Bewußtsein; ich bin solipsistisches Bewußtsein oder reines Ich, denn auch mein Körper, meine ganze empirische Erscheinung, ist nur ein von mir (als freischwebendes Ich) erzeugter Schein. Allerdings führen solche Konstruktionen, statt die Erkenntnis zu erklären, nur zu neuen Problemen. Denn wie kommt es, daß ich, wenn ich doch ein quasiallmächtiges Bewußtsein bin, selbst nicht weiß, was ich tue, nämlich halluzinieren? Woher stammt das Gegebenheitsbewußtsein? Außerdem führt die Leugnung allen Seins und damit auch allen Bewußtseins außerhalb meines Bewußtseins unvermeidlich zu einer Selbstverabsolutierung und Selbstmystifizierung: Ich bin das Absolute, denn außer mir, d. h. außer meinem Bewußtsein ist nichts. Faktisch ist diese Selbstbehauptung eines absoluten Ich allerdings nur als Wahnvorstellung, d. h. in autistischer Abschirmung gegen alle Erfahrungen und Argumente, ja gegen die Wirklichkeit im Ganzen, durchzuhalten.

Daher tritt die Behauptung, alles sei nur Schein, meist in einer schwächeren Form auf, nämlich als die These, jeder von uns erzeuge sich im sogenannten Erkennen seine eigene Welt. Auch für diese Position ist die Welt der Dinge eine pure Fiktion, nur die einzelnen Ichs sind (woher ich das auch immer weiß) real, nämlich als Scheinproduzenten; es gibt zwar eine echte Bewußtseinspluralität, aber die Ichs existieren sozusagen nur als isolierte Fiktionsmaschinen, die nichts als Pseudoerkenntnisapparate sind. Allerdings vervielfacht auch diese Theorie die Probleme der Erkenntnis, anstatt sie zu lösen – sie muß außer dem Gegebenheitsbewußtsein und der Existenz des eigenen Ich nun auch noch die Existenz der vielen Ichs und das intersubjektive Funktionieren der vielen subjektiven Halluzinationen erklären. Woher stammen die einzelnen Ichs, worin gründen sie, oder wodurch existieren sie, wenn es kein Sein außerhalb des Bewußtseins gibt? Wie ist das gemeinsame Gegenstandsbewußtsein, d. h. das mehrfache Bewußtsein von ein und demselben Gegenstand zu erklären, und wie ist die geregelte Übereinstimmung zwischen den einzelnen Wahnwelten der Menschen zu erklären, wenn es keinen echten Erkenntnisgegenstand, kein eine Erkenntniseinheit stiftendes Objekt gibt? Zwar kann man ein höheres Gesetz bemühen, das die Übereinstimmung der verschiedenen Phänomenproduktionen regelt, die in dieser Theorie an die Stelle der Realität der geleugneten Objektwelt getreten ist; dieses metaphysische Urgesetz wäre dann allerdings auch bewußtseinstranszendent real, im Grunde sogar der einzige echte Gegenstand unserer Erkenntnis, wenn es nicht selbst unerkennbar wäre. Es wird also nicht nur eine hochspekulative Annahme gebraucht, um einerseits die alleralltäglichste Erfahrung, ja Erfahrung überhaupt, zu leugnen und sie andererseits zugleich als Phänomen erklären zu können; es wird auch eine neue Wirklichkeit eingeführt, die nicht mit dem Sein der ihrer selbst bewußten Ichs identisch ist, nämlich ein quasimetaphysisch existentes Sein oder Gesetz (um nicht zu sagen: Gott). Faktisch gibt es jedoch keinen signifikanten Grund, zwischen dem, was mir als Ding erscheint, und dem, was mir als Mensch erscheint, einen Unterschied wie zwischen Schein und Sein zu machen. Wieso ist nicht alles – außer mir – Schein? Und wenn nicht, wenn es also mehrere Erkenntnissubjekte gibt, sind dann nicht auch die Tiere, deren Welterkenntnis in wesentlichen Zügen mit der menschlichen übereinstimmen kann, Scheinproduzenten?

Wenn aber der Begriff *Schein* nicht radikal subjektiv verstanden, d.h. Schein nicht als bloße vom Ich selbst erzeugte Fiktion definiert wird, so wäre, wie etwa im Falle der Fata Morgana oder des Scheingoldes, nach einem objektiven Grund des Scheins zu fragen (ohne deshalb das Mitwirken subjektiver Selbsttäuschung zu ignorieren). Wenn Schein nicht nur nichts ist, so dürfte er die Folge von etwas sein, das dazu verleitet, diesen Schein für Sein zu halten, und zwar so, daß die Ursache der Pseudoerkenntnis in deren Gegenstand nicht unmittelbar erkennbar vorkommt, sondern gerade verborgen bleibt (wie z.B. die Droge in der von ihr bewirkten Halluzination). Meist dürfte jedoch von Schein nur in einer harmloseren Form die Rede sein, nämlich daß etwas, solange es nicht genau geprüft ist, so aussieht, als ob es etwas anderes wäre, als es in Wirklichkeit ist. Solche Scheinerkenntnis, also Täuschung durch ein Objekt, das etwas völlig anderes zu sein scheint, als es in Wirklichkeit ist, z.B. Scheingold, gibt es natürlich immer wieder. Es ist allerdings schwer vorstellbar, daß unsere ganze Erkenntnis eine solche Scheinerkenntnis ist, da wir dann wegen ständiger Wirklichkeitsverfehlung alle längst tot wären.

Sein und Erscheinung

Unsere Erkenntnis ist nicht nur begrenzt, sondern bedingt und bedingend. Wahrscheinlich sind die Dinge daher nicht so, wie sie uns erscheinen, zumindest nicht immer so, wie sie uns erscheinen. Wenn aber die Erscheinungen, mit denen wir es normalerweise zu tun haben, nicht mit der Wirklichkeit, wie sie an sich ist, identisch sind, wenn sie andererseits kein bloßer Schein sind, was sind sie dann als solche, und in welcher Beziehung stehen sie zur dahinter, darunter oder darin vermuteten Wirklichkeit? Hat die Erscheinung, d.h. das, was mir als Erkenntnisgegenstand erscheint, ihren

Grund in der Sache selbst oder in mir oder in beiden, und wie kommen dann Subjekt und Objekt zusammen?

Hypothetisch könnte man zunächst davon ausgehen, daß die Wirklichkeit im wesentlichen so ist, wie sie uns erscheint, nur in dem einen oder anderen Punkt vielleicht ein wenig anders, nämlich durch unsere allgemeinmenschlichen Erkenntnisbedingungen irgendwie leicht verformt. Der Blick durch eine Sonnenbrille z. B. läßt die Wirklichkeit weitgehend, wie sie ist; das getönte Glas ändert nur die Farbigkeit der Welt sowie die Hell- und Dunkelwerte, aber der Zugriff auf die Wirklichkeit, wie sie sich uns ohne Sonnenbrille darstellt, bleibt nahezu unbehindert. Die Hypothese, daß wir ein derartiges Erkenntnisraster mitbringen, könnte dann dahingehend verstärkt werden, daß immer mehr Aspekte der Wirklichkeit auf die subjektiven Bedingungen der Erkenntnis zurückgeführt werden, nicht nur die sogenannten sekundären Sinnesqualitäten wie Wärme und Kälte, und daß diese subjektinternen Bedingungen der Erkenntnis dann nicht nur als Auslesemechanismen, sondern auch als Produktionsbedingungen der Erkenntnis interpretiert werden. Man könnte also z. B. sagen, die allgemeine Grundstruktur der Wirklichkeit sei grundsätzlich anders als ihre Erscheinung für die Sinneswahrnehmung; elektromagnetische Schwingungen etwa seien zwar der Grund gewisser Erscheinungen, aber als solche etwas ganz anderes als die sinnlich wahrnehmbaren Erscheinungen. Vielleicht ist sogar die physikalisch erforschbare Grundstruktur der Wirklichkeit selbst noch bloße Erscheinung, vielleicht hängt sogar die Räumlichkeit oder Zeitlichkeit der Wirklichkeit ganz und gar von unserer eigenen Raum- und Zeitvorstellung ab. Die Welt bestünde dann, zumindest ihrer Form nach, wesentlich in unserer Vorstellung. Kurz, man kann sich die Menge unserer subjektiven Zutaten zur Wirklichkeit, d. h. die von uns mitgebrachten Bedingungen, die uns die Wirklichkeit nur bedingt erscheinen lassen, so vergrößert denken, daß wir fast allein den Charakter der Erscheinung der Wirklichkeit für uns bestimmen, daß also von der Wirklichkeit selbst nichts oder sozusagen nichts in die Erscheinungen eingeht. Das Sein an sich ist von grundsätzlich anderer Art als alles, was uns erscheint, und uns daher absolut unzugänglich, das Ding an sich ist im Grunde ein x. Es gibt zwar ein Sein ›hinter‹ den Erscheinungen, aber wir wissen nichts von ihm, außer vielleicht, daß es ist. Das Ding an sich verursacht oder veranlaßt zwar unsere Erscheinungen irgendwie, aber es selbst bleibt außen vor, d. h. die Wirklichkeit als solche erscheint nicht in unseren Erscheinungen, sie ist für uns nur eine uns unbekannte anonyme Mitursache unserer Erkenntnis. Wir sind es selbst, die das, was uns erscheint, konstituieren oder sogar konstruieren. Also könnte man auch noch einen Schritt weiter gehen, auf das Ding an sich verzichten und annehmen, daß wir ganz allein die Produzenten unserer Erscheinungen sind – dann wären diese allerdings nur noch (notwendiger) Schein im Sinne einer (gesetzmäßigen) Halluzination. Letztlich dürften daher alle Erscheinungstheorien auf zwei Möglichkeiten hinauslaufen: Verbirgt die Erscheinung das Ding an sich – mehr oder weniger? Oder offenbart sie es – mehr oder weniger?

(1.) *Die Erscheinung verbirgt das Sein.* Die Erkenntnis ist dem, was sie erkennen möchte, prinzipiell unangemessen, sie muß sich daher auf die Erkenntnis von Erscheinungen beschränken, die sich, wesentlich durch uns selbst verschuldet, als Erscheinungssein vor das wahre Sein stellen. Das Ding an sich ist zwar das intendierte Objekt der Erkenntnis, aber diese erreicht es nicht, weil die wahre Wirklichkeit sich dem Vermögen des Erkenntnissubjekts entzieht; unser ›Erkenntnisapparat‹ vermag von dem Sein, wie es an sich ist, nichts zu erfassen, denn zwischen Sein und Bewußtsein schiebt sich die Erscheinung, die durch das Objekt und das Subjekt, wenn auch möglicherweise nicht durch beide gleichermaßen, verursacht wird. In gewisser Weise schreibt das Bewußtsein, aufgrund der von ihm mitgebrachten Erkenntnisbedingungen, dem Sein an sich eine Art des Erscheinens vor, die diesem radikal unangemessen ist, so daß es nur völlig schief und falsch erscheinen kann; ja faktisch ist das dem Ich unbekannte Sein für das Ich wie eine weiße Wand, auf die es seine ›Erkenntnisse‹ projiziert. So entsteht die Welt der Erscheinungen, in der wir leben und erkennen können, und auch die Wissenschaft funktioniert im Bereich dieser Erscheinungen, ohne daß die Dinge an sich von ihr berührt werden. Zwar ist auch das Sein an sich in gewisser Weise für mich da, insofern ich (für mich, d. h. im Denken) die Unterscheidung zwischen Ding an sich und Erscheinung mache, aber dieses nur gedachte, nicht wirklich erkannte Ding an sich ist nur ein Grenzbegriff oder eine Denknotwendigkeit bzw. das als unerkannt Erkannte, also eine leere Vorstellung.

Allerdings führt diese Theorie zu mancherlei Problemen, und zwar je mehr die Disparität von Ding an sich und Erscheinung betont wird. Wenn Erscheinung nicht nur bloßer Schein, d. h. nicht nur Produkt meines Bewußtseins, ist, sondern einen direkten Grund in der Sache hat, d. h. wie auch immer durch das Ding an sich irgendwie mitbewirkt (verursacht oder veranlaßt) wird, so muß es erstaunen, daß – seitens des Objekts, also anders als seitens des Subjekts – sozusagen nichts aus der Ursache in die Wirkung, nämlich die Erscheinung, eingehen soll. Wie kommt dann z. B. die Vielfalt und Verknüpfung der Erscheinungen zustande? Konstruiere ich etwa selbst alle Unterschiede und Beziehungen zwischen den Dingen (während ich, falls es mehrere Ichs gibt, die Pluralität von Bewußtsein zugleich als echte Seinsverschiedenheit annehmen müßte)? Wenn aber das Ding an sich die Erscheinung auch nur im geringsten mitbedingt, also mitkonstituiert, so muß auch irgend etwas von der Sache als Ursache der Erscheinung in die Wirkung, also die Erscheinung, eingehen; bei verschiedenen Erscheinungen z. B. müssen auch verschiedene Ursachen, also im Prinzip unterscheidbare Dinge an sich, zugrunde liegen. Offensichtlich muß man also voraussetzen, daß das Sein an sich auch von sich aus Struktur hat und daß diese Struktur eine der Bedingungen der erfahrbaren Vielfalt und Verknüpfung der Erscheinungen ist. Ein in sich absolut indifferentes und ineffektives Sein an sich wäre, obwohl doch ›Grund‹ aller Erscheinungen, nicht viel mehr als eine weiße Wand, auf die wir unsere nach unseren Gesetzen geregelten Fiktionen ohne irgendeinen externen Sachgrund projizieren – die Erscheinungserkenntnis wäre letztlich nur geregelte Halluzination, also Produktion von Schein.

(2.) *In der Erscheinung erscheint das Sein.* Erscheinung ist kein bloßer Schein, sondern ist wirklich Erscheinung von etwas. Sie hat nicht die Realität des Seins an sich, aber auch nicht nur die des Scheins (der auch nicht nichts ist), sondern irgendeinen echten Sach- oder Seinsgehalt, d. h. die Wirklichkeit als solche wird irgendwie, wenn auch nur bedingt (partiell und verformt), sichtbar. Damit wäre eine grundsätzliche, wenn auch wahrscheinlich nur begrenzte Erkennbarkeit der Wirklichkeit gegeben, das Sein wäre kein als solches unzugängliches, transzendentes, sozusagen absolutes Sein für uns. Das Sein wäre eine Sache, die in der Erscheinung erscheint, und nicht nur eine verborgene Ursache bzw. Mitursache der Entstehung von Erscheinungen, die selbst in der Erscheinung nicht erscheint. Mit anderen Worten, die Erscheinung entspricht irgendwie dem Sein, sie ist das erscheinende Sein. Dann ließe sich z. B. auch die Verschiedenheit und Vielfalt der Erscheinungen erklären, nämlich unter der Voraussetzung, daß das Sein von sich aus strukturiert ist, d. h. daß es in ihm objektive Differenzen und Diversitäten, folglich auch objektive Relationen und Konnexionen gibt. Die erfahrbare Wirklichkeit ist also allem Anschein nach, trotz aller Strukturierung durch uns selbst, trotz aller Konstitution durch unser Bewußtsein, unser Denken, unsere Sprache usw., von sich aus vorstrukturiert. Die Erscheinung *a* entspricht irgendwie dem Ding an sich *a*, die Erscheinung *b* dem Ding an sich *b*; und die Erscheinung *a* kann nicht plötzlich und grundlos dem Ding an sich *b* noch die Erscheinung *b* dem Ding an sich *a* entsprechen. Zwischen Ding an sich und Erscheinung besteht irgendeine Korrelation – funktionierende Erkenntnis immer vorausgesetzt. Und nur so wäre übrigens auch eine Art Transzendentalphilosophie für Tiere sinnvoll möglich, die erklären würde, wie Mensch und Tier denselben Sachverhalt, obwohl zweifellos in unterschiedlicher Weise, relativ identisch erkennen können.

Aber natürlich bleibt auch unter der Voraussetzung irgendeines echten Seinsgehaltes der Erscheinung immer noch die Frage, was oder wieviel von dem vorausgesetzten Sein an sich wann und wie in der faktischen Erscheinung für mich erscheint bzw. erscheinen kann. Sicher scheint zunächst nur zu sein, daß nicht nichts erscheint, sondern irgend etwas irgendwie; in dem, was für mich da ist, ist etwas von sich aus irgendwie da. Dabei liegt es auf der Hand, daß das Sein an sich, indem es mir erscheint, durch die von mir gesetzten oder vielmehr mitgebrachten Bedingungen der Erkenntnis systematisch (systemisch), d. h. durch mein Erkenntnissystem bedingt, transformiert und insofern systematisch (systemisch) verzerrt wird. Die Differenz zwischen Sein und Schein sowie Sein und Erscheinung, eine Ausgangserfahrung aller Philosophie, bleibt also unaufhebbar; denn offensichtlich kennen wir nicht das Gesetz, nach dem die Wirklichkeit zur Erscheinung für Menschen wird. Daher läßt sich auch nicht wie bei einer mathematischen Projektion exakt von einer Ebene auf die andere zurückschließen. Wir haben nicht sozusagen das Ding an sich in der einen und die Erscheinung in der anderen Hand, so daß wir sie miteinander vergleichen könnten. Andererseits, wenn z. B. ein Quadrat als Quadrat erscheint, so läßt sich mit zureichender Sicherheit vermuten, daß der räumlichen Erscheinung *Quadrat* eine Art ›Quadrat an sich‹, d. h. der erscheinenden Wirklichkeit immer ein und dieselbe Struktur zugrunde liegt, die vom ›Kreis an sich‹ genauso deutlich unterschieden ist wie die Erscheinung *Quadrat* von der Erscheinung *Kreis*. So daß also die Erscheinung für die Wirklichkeit stehen kann. Die Erscheinung entspricht der Wirklichkeit, und zwar ›objektiv‹ unter den subjektiv bzw. intersubjektiv gegebenen Bedingungen; die Erscheinung ist die Wirklichkeit, nur sozusagen in einem anderen Code, der dann noch individuell, z. B. auch sprachlich, variieren kann. Allerdings ist nicht *a priori* auszuschließen, daß das Sein an sich selbst wieder in ein erscheinungsfähiges Sein und ein nicht erscheinungsfähiges Sein zerfällt, möglicherweise also in endliches (relatives) Sein an sich und unendliches (transzendentes oder absolutes) Sein an sich, d. h. alles absolute Sein wäre zwar Ansichsein, aber nicht alles Ansichsein absolutes Sein.

Was ist Wahrheit?

Die Frage *Was ist Wahrheit?* gilt als besonders philosophisch. Zwar ist sie oft nur eine rhetorische Ausflucht, dennoch formuliert sie an sich ein zentrales philosophisches Problem, die Frage nach dem ›Wesen‹ der Wahrheit. Dabei verlangt die Frage *Was ist Wahrheit?* selbst nach Wahrheit, nämlich nach Wahrheit über die Wahrheit, da die Frage nach der Wahrheit die Wahrheit nicht nur als Gegenstand der Erörterung ansehen, sondern auch als Ziel der Erörterung anstreben und insofern auch unwillkürlich deren Möglichkeit voraussetzen muß – sogar die Leugnung von Wahrheit beansprucht noch Wahrheit. Die Frage *Was ist Wahrheit?* bewegt sich also bereits im Raum möglicher Wahrheit oder vielmehr im Rahmen der Möglichkeit von Wahrheit. Aber wissen wir eigentlich, was wir mit dem Wort *wahr* meinen, d. h. was wir als *Wahrheit* suchen?

Die philosophische Erörterung der Wahrheitsfrage geht in der Regel davon aus, daß das Wort oder der Begriff *Wahrheit* in verschiedenen Bereichen und auf verschiedenen Ebenen Anwendung findet, vor allem – außer im Wahrheitsgebot der Moral – im Bereich der Erkenntnis bzw. Erkenntnisaussagen (›logischer‹ oder gnoseologischer Wahrheitsbegriff) und im Hinblick auf die Wirklichkeit (›ontologischer‹ Wahrheitsbegriff). So sagen wir z. B. *Dieses ist wahres Gold* und meinen damit, daß es richtiges oder echtes Gold sei, nämlich im Unterschied zu Falsch- oder Scheingold, d. h. daß dieses Metall hier und jetzt dem Begriff des Goldes entspricht – woher dieser auch immer kommen mag. Vorausgesetzt wird dabei immer, daß es irgendwelche Sachstrukturen gibt, die es erlauben, dieses oder jenes Metall – im Rahmen bestimmter Konventionen (Sprachen) – als Gold zu bezeichnen, und daß die Erkenntnis dieser Sachstrukturen irgendwie möglich sei; denn nur wenn es erkennbar wahres Gold gibt, also ›Seinswahrheit‹, sind auch wahre Sätze (Urteile) über wahres oder falsches Gold möglich, denen dann Wahrheit als ›Erkenntniswahrheit‹ zukommt. In diesem Sinne werden vor allem Aussagen, aber auch die ihnen zugrundeliegenden Gedanken bzw. Gedankenverbindungen als wahr bzw. unwahr bezeichnet. Erkenntnisse, die wahr oder falsch sein, d. h. wirkliche oder nur scheinbare Erkenntnisse sein können, scheinen daher der zentrale Ort möglicher Wahrheit zu sein: Erkenntnis soll wahr sein, nur ›wahre Erkenntnis‹ ist wirkliche Erkenntnis. Mit anderen Worten, Erkenntnis ermöglicht Wahrheit, und Wahrheit ist das, was die Erkenntnis zu einer (wahren) Erkenntnis macht, d. h. Wahrheit ist die Qualität von Erkenntnisbehauptungen, die diese allererst als Erkenntnisse qualifiziert.

Worin besteht die Wahrheit von Urteilen, seien sie nun ausgesprochen oder nur gedacht? Diese sind nach gängiger Überzeugung immer dann wahr, wenn das Urteil mit der vorgegebenen oder vorausgesetzten Wirklichkeit als dem gemeinten Sachverhalt übereinstimmt – wie immer man das feststellen mag. In der wahren Erkenntnis entsprechen die Gedanken oder Sätze irgendwie der Wirklichkeit, sie treffen zu oder sind sachlich ›richtig‹, weil sie sich nach der Sache richten, sich ihr sozusagen angleichen, d. h. angemessen sind. Ebenso können auch Schlüsse nicht nur logisch richtig (d. h. formal richtig oder folgerichtig), sondern auch inhaltlich wahr oder sachlich richtig sein, und zwar so, daß formale Folgerichtigkeit und inhaltliche Wahrheit zusammengehen, aber auch divergieren können. Und ähnlich dürfte es auch eine Wahrheit bzw. Unwahrheit von Begriffen geben, denn diese müssen ›wahr‹ oder richtig sein können, da sie auch falsch sein können, z. B. schon rein formal falsch oder widersinnig (wie der Unbegriff *rundes Dreieck*). Wahre Begriffe sind so etwas wie inhaltlich richtige Begriffe, d. h. Begriffe, die sich nach der in ihnen begriffenen Sache richten und einen Grund in der Sache haben oder (vom Erkenntnissubjekt her gesehen) einen bestimmten Sachverhalt erfassen oder begreifen; sie sind angemessen (sachgemäß) bzw. zutreffend, zumindest zureichend zutreffend, wenn auch im Rahmen von Konventionen, und ermöglichen so wahre Sätze. Wahre Begriffe sind die wahre Quelle wahrer Urteile, wahre Urteile die wahre Quelle wahrer Schlüsse.

Was aber ist in allen diesen Fällen Wahrheit, worin besteht eigentlich die Wahrheit als solche? Dazu gibt es viele Theorien, die alle ihrerseits Wahrheit über die Wahrheit beanspruchen. Die Korrespondenztheorie z. B. sieht Wahrheit dann gegeben, wenn – wie immer das feststellbar sein mag – Satz und Sache miteinander übereinstimmen, d. h. gedachte oder ausgesprochene Urteile mit dem vorausgesetzten Sachverhalt, auf den sie sich beziehen, übereinstimmen. Die Kohärenztheorie sieht Wahrheit dann gegeben, wenn alle Sätze über eine Sache miteinander übereinstimmen, die Konsenstheorie, wenn alle Menschen im Hinblick auf eine Sache bzw. die Sätze darüber übereinstimmen. Grundlegend dürfte jedoch die Korrespondenztheorie bleiben, denn die Übereinstimmung aller Sätze bzw. Menschen miteinander ist nur dann sachgemäß (d. h. nicht als universaler bzw. kollektiver Irrtum) möglich, wenn die Gedanken mit der Wirklichkeit übereinstimmen. Aber auch als Wahrheitskriterium sind totale Kohärenz und totaler Konsens als solche unpraktikabel, weil die von ihnen geforderte Übereinstimmung letztlich nur spekulativ unterstellt werden kann. Alle Wahrheit muß zwar mit sich selbst und daher auch mit anderen Wahrheiten übereinstimmen können – aber wann und wo ist diese Übereinstimmung wirklich erreicht? Im übrigen setzen beide Theorien unwillkürlich so etwas wie eine erkannte Wirklichkeit, d. h. eine Übereinstimmung von Denken und Sein, voraus, und zwar nicht zuletzt dann, wenn es um die Wahrheit der jeweiligen Wahrheitstheorie geht. Denn die eigene Wahrheitstheorie muß sich als wirklich wahr, d. h. mit der Wirklichkeit oder dem Wesen der Wahrheit übereinstimmend, behaupten. Insofern bietet auch die sogenannte pragmatische Wahrheitstheorie, die alle Wahrheit am Erfolg erkennen möchte und daher wahr mehr oder weniger mit *effizient* oder *nützlich* gleichsetzt, weder ein evidentes Wahrheitskriterium noch eine in sich selbst gegründete Erklärung von Wahrheit; denn es wäre nicht nur zu fragen, welche Art von Erfolg mit welchem Recht als Wahrheitskriterium gelten darf, auch der Grund der Effizienz bzw. Nützlichkeit, d.h. ob nicht aller Erfolg letztlich nur durch die Übereinstimmung von Denken und Wirklichkeit möglich wird, müßte geklärt werden.

So ›richtig‹ die Definition der Wahrheit als Übereinstimmung von Satz und Sache auch sein mag, auch sie benennt das Problem mehr, als daß sie es löst. Irgendwie muß im Erkenntnisurteil etwas von der Wirklichkeit sichtbar (offenbar) werden, d.h. soweit etwas, das bisher verborgen war, uns nun unverborgen erscheint, ist die Wirklichkeit offen zutage getreten, sozusagen ins Licht der Wahrheit. Aber inwiefern gibt es nun eine Übereinstimmung? Was genau stimmt hier womit überein, und worin stimmt was überein? Was heißt *übereinstimmen,* und wie ist Übereinstimmen möglich? Zwei Uhren können z.B. in ihrem Takt übereinstimmen, zwei Musikinstrumente in einem Akkord. Aber wie und worin könnten Denken und Sein übereinstimmen? Die Behauptung einer (wenigstens partiellen) strukturellen Übereinstimmung von Seins- und Denkstrukturen erklärt zwar bis zu einem gewissen Grade die Möglichkeit von struktureller Übereinstimmung, aber sie kann als solche nicht die Überwindung der Differenz von Sein und Bewußtsein erklären und läuft daher wie die These einer letztlichen Identität von Sein und Denken auf ein *asylum ignorantiae* hinaus. Wie kann sich Sein dem Bewußtsein zeigen, wie ist Bewußtsein von Sein prinzipiell möglich? Wie ist eine inhaltliche Angleichung des Denkens an die Wirklichkeit möglich? Wenn es überhaupt irgendwie Wahrheit gibt, dann muß sowohl die grundsätzliche, ›apriorische‹ Möglichkeit einer Übereinstimmung von Denken und Sein als auch die konkrete, inhaltliche Möglichkeit einer strukturellen Übereinstimmung gewährleistet sein. (Und natürlich müßte auch noch die Möglichkeit tierischer Erkenntnis erklärt werden.)

Wie immer es um die prinzipielle Erklärung der Möglichkeit der Erkenntnis bzw. Wahrheit bestellt sein mag – daß die menschliche Erkenntnis oder Wahrheitskompetenz begrenzt und bedingt ist, scheint ebenso unleugbar zu sein wie das Faktum der Erkenntnis oder Wahrheit, d. h. der Offenbarkeit von Wirklichkeit, woraus dann nicht selten die Frage nach ewigen Wahrheiten oder einer absoluten Wahrheit resultiert. Damit wiederholt sich die Frage nach der Möglichkeit menschlicher Erkenntnis unter dem Aspekt der Wahrheit: Welcher Wahrheit ist der Mensch fähig? Wo gibt es die reine oder ganze Wahrheit, d. h. eine absolut richtige Abbildung oder Widerspiegelung, Enthüllung oder Erkenntnis der Wirklichkeit? Wenn Wahrheit eine Qualität von Erkenntnissen ist, die diese zu ›wahren Erkenntnissen‹ macht, dann kann eine Wahrheit *ewig* genannt werden, wenn z. B. anzunehmen ist, daß sie, wie etwa der Satz $a = a$, jederzeit von jedem Erkenntnissubjekt, das begrifflich klar denken kann, bejaht werden kann. Falls aber irgendwelche Wahrheiten auch voraussetzungslos, d. h. frei von allen Bedingungen oder im Bewußtsein aller möglichen Bedingungen und insofern unbedingt, formuliert werden könnten, wären sie zugleich auch absolute Wahrheiten. Nun könnte man sich auf den Standpunkt stellen, daß nur eine absolute Wahrheit auch wirkliche Wahrheit sei. Dann wäre nur eine göttliche Erkenntnis eine wahre Erkenntnis, denn mit der Forderung nach absoluter Wahrheit wird eine Wahrheit verlangt, zu der der Mensch anscheinend nicht fähig ist. Da aber vermutlich nicht alles, was wir denken oder sagen, gleichermaßen falsch oder gleich unwahr ist, brauchen wir doch wieder einen Begriff von menschenmöglicher Wahrheit, damit wir innerhalb dieser ›relativen‹ Wahrheit sinnvolle Unterschiede machen können. Auch wenn alles, was wir erkennen können, in gewisser Weise unwahr sein sollte, so gibt es immer noch verschiedene Arten von Unwahrheit. Alle unsere Wahrheiten sind Halbwahrheiten – im schlechten, gelegentlich aber auch im guten Sinne.

3. Wie man sich irren kann

Irrtum und Wahrheit

Nicht ohne Kopfschütteln stellen wir immer wieder fest, wieviel irrige, ja geradezu irrsinnige Meinungen in der Welt verbreitet sind – um so mehr staunen wir, wenn wir einen eigenen Irrtum registrieren müssen. Wie man sich irren kann! Nicht selten kommt dann auch die Frage: Wie war es möglich, daß ich mich so irren konnte? Allerdings bleibt dies meist eine rein rhetorische Bekundung, nur selten entwickelt sich daraus eine echte Ursachenforschung oder gar die philosophische, nämlich prinzipielle Frage, wie, d. h. auf welche Art und Weise man sich irren kann, oder wann und warum, d. h. aus welchen Gründen es zum Irrtum kommt. Denn während die Frage *Was ist Wahrheit?* berühmt und berüchtigt ist, entbehrt die Frage *Was ist Unwahrheit?* allen Glanzes. Unwahrheit und Unwissenheit, Nicht-Erkenntnis bzw. Scheinerkenntnis, Irrtum oder Täuschung scheinen geradezu selbstverständlich zu sein – die Wahrheit über die Unwahrheit glauben alle schon zu kennen. Irren ist nicht nur alltäglich, sondern geradezu sprichwörtlich: Irren ist menschlich. Es irrt der Mensch, solange er lebt. Aber das nachträgliche Erstaunen darüber, wie sehr man sich irren konnte, scheint doch auf eine gewisse Problemerfahrung hinzuweisen.

Als erstes muß, auch wenn dies im laxen Sprachgebrauch meist ignoriert werden darf, zwischen dem Akt oder Geschehen des Irrtums, d. h. dem Irren *(erratio),* und dem Irrtum *(error)* als Ergebnis unterschieden werden, also zwischen dem Fehlurteil als einem Akt falschen Urteilens und dem Fehlurteil als dem falschen Urteilsinhalt (zumal falsche Sätze nicht immer eine Folge von falschen Urteilsakten sind, sondern z. B. auch Ausdruck eines Täuschungswillens sein können). Erst begehe ich einen Irrtum, dann befinde ich mich in einem Irrtum. Ich habe mich vertan, einen Fehler gemacht, einen Fehlgriff oder Mißgriff *(mistake)* getan, aber ich habe es nicht bemerkt und verkenne daher die Wahrheit immer noch. Ich vertrete eine irrige Meinung, einen Irrglauben oder eine Irrlehre; ich halte unwahre Sätze für wahr oder wahre Sätze für unwahr. So oder so verkenne ich die Wirklichkeit. Allerdings sind nicht alle Irrtümer nur Erkenntnisirrtümer. Auch Fehlentscheidungen sind in gewisser Weise Irrtümer, praktische Irrtümer, wenn man so will, die allerdings auf theoretischen Irrtümern beruhen könnten. Aber vielleicht sind die kognitiven Irrtümer ihrerseits auch schon mehr oder weniger Fehlentscheidungen.

Worin besteht das Problem des Irrtums – als Resultat, vor allem aber als Akt? Der Irrtum ist normalerweise eine Unwahrheit, die vom Irrenden selbst für eine Wahrheit gehalten wird, d. h. eine Scheinwahrheit, eine Pseudoerkenntnis, die vom Schein der Wahrheit lebt. Ich habe z. B. etwas verwechselt, und zwar ohne es zu bemerken, denn sonst hätte ich es nicht verwechselt. Die Unwahrheit des Irrtums beruht also auf einer Täuschung, und zwar auf einer sogenannten Selbsttäuschung, aber nicht auf einer bewußten, sondern auf einer ›unbewußten‹ Selbsttäuschung. Zwar scheint, soweit beim Irrtum von Täuschung die Rede ist, diese nicht vom seiner selbst bewußten Ich auszugehen – es sind, so scheint es, die Dinge, die mich täuschen. Andererseits kann ich auch sagen: Ich täusche mich. Aber wenn ich mich willentlich und wissentlich täuschen würde, dann wäre dies eigentlich kein Irrtum, sondern klarer Selbstbetrug (soweit ein solcher überhaupt möglich ist). Daher kann ich im allgemeinen nur nachträglich oder rückblickend den Irrtum als (zuvor noch unbewußte) Selbsttäuschung bezeichnen: Ich habe mich geirrt bzw. getäuscht.

Festzuhalten ist in jedem Fall, daß der Begriff des Irrtums den Begriff der Wahrheit voraussetzt, denn der Irrtum enthält eine Unwahrheit, die als solche das Gegenteil von Wahrheit, zugleich aber die Vortäuschung einer Wahrheit ist. Es gibt Wahrheit und Unwahrheit, worin diese auch immer bestehen mögen, sonst gäbe es keinen Irrtum. Wenn alles nur Irrtum wäre, dann gäbe es eigentlich keinen Irrtum im engeren Sinne des Wortes, alle Wahrheit wäre eigentlich nur Irrtum – aber dann müßte man innerhalb dieses Irrtums im weitesten Sinne zwischen dem Irrtum, den man normalerweise Wahrheit nennt, und dem Irrtum im engeren Sinne, den man normalerweise Irrtum nennt, unterscheiden. Zum Irrtum im üblichen Sinne des Wortes gibt es immer das Gegenstück einer menschenmöglichen Wahrheit (auch wenn wir sie im konkreten Fall gerade nicht kennen), der Begriff des Irrtums lebt von dem Gegenbegriff der Wahrheit. Selbst die Erkenntnis eines Irrtums als Irrtum setzt die Möglichkeit von (mehr) Wahrheit voraus und behauptet Wahrheit zumindest im Rückblick, nämlich mit Bezug auf vorhergehende Unwahrheit (wobei die neue Erkenntnis natürlich selbst wieder ein Irrtum sein kann) – alle Feststellungen über einen Irrtum oder über den Begriff des Irrtums behaupten, obwohl möglicherweise selber irrig, sich selbst als Wahrheit. Jedes Täuschungsbewußtsein impliziert ein Wahrheitsbewußtsein, jede Täuschungserkenntnis eine (zumindest vermeintliche) Wahrheitserkenntnis, der Irrtum aber ist noch etwas anderes als eine bloß unvollkommene Wahrheit, wie sie vermutlich als Rest von Wahrheit auch noch in jedem Irrtum steckt.

Wann wollen oder können wir von Irrtum sprechen, ab wann von Wahrheit? Bekanntlich gibt es nur eine Wahrheit, aber viele Irrtümer, nämlich wenn man unter Wahrheit die einzige absolut sachgerechte oder zutreffende Aussage über einen Sachverhalt versteht. Doch könnte man in Anbetracht der Schwierigkeiten, die einzig wahre Aussage zu ermitteln und ihre Vollkommenheit festzustellen, Grade der Wahrheit bzw. des Irrtums, d. h. der Unwahrheit, gelten lassen. Wir befinden uns, wie zwischen Wissen und Unwissen, immer irgendwo zwischen Irrtum (Unwahrheit als Pseudowissen) und Wahrheit (vollkommene Erkenntnis), nämlich zwischen vollständiger Wahrheit und vollständigem Irrtum. Wobei allerdings zwischen einem vollständigen Irrtum über eine bestimmte Sache und dem vollständigen Irrtum über alles und jedes, also über das ›Ganze‹, unterschieden werden muß. Etwas einzelnes kann uns völlig unbekannt sein (außer daß es unspezifisch unter der Rubrik *Unbekanntes* subsummiert ist), das Ganze aber kann uns nicht total unbekannt oder total verborgen sein. Sowenig es für uns eine absolute Wahrheit zu geben scheint, so wenig kann es einen Totalirrtum geben. Ein Mensch, der die schlechthinnige Totalerkenntnis besäße, wäre kein Mensch mehr; ein Mensch, der über alles im absoluten Irrtum wäre, müßte sofort sterben. Niemand lebt in absoluter Unwahrheit – ganz abgesehen davon, daß der Satz *Wir irren immer* sich selbst aufheben würde. Irgendwie sind wir immer schon in der Wahrheit und nur deshalb auch immer schon oder immer noch in der Unwahrheit.

Arten der Unwahrheit

Obwohl die Idee der Wahrheit unverzichtbar ist, läßt sich die faktische Herrschaft der Unwahrheit kaum leugnen – überall gibt es Unwahrheit aller Art, der Irrtum ist nur ein Ort der Unwahrheit unter anderen. In der allgemeinen Lebenspraxis dürften Lüge, Betrug, Täuschung sogar die wichtigeren Formen der existierenden Unwahrheit sein, aber auf dem Gebiet der Erkenntnis steht der Irrtum im engeren Sinne des Wortes, die Pseudoerkenntnis als sogenannte Selbsttäuschung, im Vordergrund. Allerdings dürfte es auch auf dem Gebiet des bloßen Erkenntnisirrtums noch verschiedene Arten geben, die sich nach verschiedenen Gesichtspunkten auflisten ließen. Wann und wo können wir uns irren, worüber können wir uns irren? Oder sollten wir uns besser fragen, wann, wo und worüber wir uns nicht irren können?

Die bekanntesten aller Erkenntnisirrtümer sind die sogenannten Sinnestäuschungen. Es ist jedoch fraglich, ob sie als solche mit Recht Irrtümer genannt werden dürfen. Denn ich irre mich nicht, wenn ich den Stock, der halb im Wasser liegt, als gebrochen sehe – der Irrtum besteht darin, den Stock wirklich für gebrochen zu halten. Dieser Irrtum (Irrtumsakt) ist jedoch ein Irrtum des Denkens oder Urteilens, das mit Bezug auf die Sinneswahrnehmung zu einem Fehlurteil kommt. Erst wenn ich mich wirklich versehe oder verhöre, könnte man von einem Irrtum auf der Ebene der Sinneswahrnehmung sprechen. Aber auch dann, wenn ich z. B. ein Wort falsch verstehe, wäre noch zu fragen, ob es nicht die mit der Lautwahrnehmung unmittelbar verbundene Interpretation, also ein ›Urteil‹ ist, das den Irrtum bewirkt.

Die bekannteste Art des Erkenntnisirrtums auf der Ebene des Denkens sind die sogenannten Fehlschlüsse, wie sie in der Logik erörtert werden, und zwar im Hinblick auf ihre fehlerhafte logische Struktur (nur selten auch ›psychologisch‹, d. h. als Akt). Bei diesen Trugschlüssen handelt es sich um formale Fehler, wenn wir gegen die geforderte Richtigkeit im Schließen verstoßen und so beispielsweise aus an sich wahren Prämissen durch einen Schlußfehler (z.B. eine Verwechslung) eine falsche Folgerung ziehen. Aber natürlich können auch die den Schlüssen als Prämissen zugrundeliegenden Urteile schon falsch sein, vielleicht sind Fehlurteile, insbesondere im Bereich der Werturteile, sogar häufiger als die relativ leicht durchschaubaren Fehlschlüsse. Vor allem aber können auch schon die Begriffe, auf denen unsere Urteile basieren, unwahr oder falsch sein, d.h. inadäquat oder nicht sachgerecht. Irrige Vorstellungen oder falsche Begriffe führen zu Fehlurteilen und Fehlschlüssen, irrige Ideen zu ganzen Irrlehren oder irrigen Theorien. Wie aber ist die Vermeidung falscher bzw. die Bildung ›richtiger‹ Begriffe, Urteile usw. möglich?

Grundvoraussetzung aller Scheinerkenntnis und damit aller Arten des Irrens ist die menschliche Unvollkommenheit, d.h. die Endlichkeit unserer Erkenntnis. Unser ›Erkenntnisapparat‹ zwingt uns, die Welt so zu sehen, wie sie uns erscheint, nicht wie sie an sich ist; unsere begrenzte und bedingte Erkenntnis ist insofern unvermeidlich Pseudoerkenntnis, d.h. ein notwendiges ›Irren‹, und der von uns selbst unwillkürlich erzeugte Schein ist als notwendiger Schein ein notwendiger ›Irrtum‹ (im Unterschied zum zufälligen Schein und vermeidbaren Irrtum). So wie es unzählige individuelle und kollektive Vorurteile gibt, die immer wieder zu vermeidbaren Fehlurteilen führen, so ließen sich auch mancherlei sozusagen apriorische (natürliche, konstitutionelle oder ›transzendentale‹) Vorurteile konstatieren, die zu ständigen Fehlurteilen führen und uns ein grundsätzlich falsches Weltbild, nämlich eine Welt der Erscheinungen liefern. Wir leben in einer grundsätzlichen Unwahrheit, sozusagen in einem Grundirrtum. Allerdings deckt sich dieser erweiterte Begriff von Unwahrheit bzw. Irrtum nicht mit dem, was normalerweise, nämlich im konkreten Fall, unter einem Irrtum verstanden wird. Ganz abgesehen davon, daß auch in der so insgesamt als Pseudoerkenntnis bewerteten relativen Erkenntnis noch Wahrheit als Bedingung von Unwahrheit vorhanden bzw. vorausgesetzt sein muß (sei es um die Unwahrheit der Erkenntnis im Ganzen, sei es um die Unwahrheit einer Einzelerkenntnis zu konstatieren). Es müßte also wieder zwischen zwei ganz unterschiedlichen, engeren und weiteren Irrtumsbegriffen, etwa zwischen Gattungsirrtümern und individuellen oder zwischen prinzipiellen und kontingenten Irrtümern, unterschieden werden.

Eine ganz andere Unterscheidung der Irrtumsarten als die auf das Erkenntnissubjekt bezogene Differenzierung (Sinnestäuschungen, Denkfehler usw.) könnte von den möglichen Gegenständen des Irrtums ausgehen. Die Frage, worüber ich mich irren kann, ist nämlich anscheinend am leichtesten zu beantworten: Ich kann mich im Prinzip über alles irren (wenn auch nicht über alles gleichzeitig), wahrscheinlich gibt es nichts, worüber sich nicht irgend jemand irgendwo oder irgendwann geirrt hätte. Ich kann mich über Sachen und über Menschen irren. Wahrscheinlich ist der Irrtum über einen einzelnen Menschen jedoch der schmerzhafteste, zumal er nicht selten mit einer besonders enttäuschenden Täuschung einhergeht. Dabei ist nicht selten unklar, ob ich mich in dem anderen geirrt bzw. getäuscht habe oder ob der andere mich getäuscht hat oder ob sogar beides zusammenfällt. Die enttäuschte Liebe ist daher geradezu das Musterbeispiel eines nachträglich konstatierten Irrtums: Wie konnte ich mich so irren, wie konnte ich so verblendet sein!

Am folgenreichsten für mich könnte mein Irrtum über mich selbst sein, denn auch ich selbst kann Gegenstand meines Irrtums sein, und das nicht gerade selten. Wahrscheinlich ist sogar jedes Selbstverständnis auch ein Selbstmißverständnis. Immer wieder irre ich mich über meine Fähigkeiten und Kräfte, aber auch über meine wirkliche Situation und die damit verbundenen Chancen und Zwänge. Man muß sich geradezu fragen, wie ich überhaupt die Wahrheit über mich selbst finden können soll, da ich mir doch ständig selbst entgehe. Hinzu kommt, daß ich nicht nur als Objekt meines Irrens, d. h. als möglicherweise erkennbares Ich, sondern auch als Subjekt dieses Irrens, d. h. als getäuschtes bzw. sich täuschendes Ich, in allen meinen Irrtümern selbst involviert bin. Zwar ist es nicht leicht zu begreifen, wie jemand sich selbst täuschen kann, d. h. sich sozusagen in zwei Personen spalten kann, einen Täuschenden und einen Getäuschten, ohne jederzeit zu wissen, daß er sich täuscht, dennoch ist die Tatsache der ›Selbsttäuschung‹ nicht zu leugnen. Jedesmal wenn ich (worüber auch immer) irre, irre ich mich; jedesmal wenn ich mich über etwas irre, beirre ich mich selbst oder lasse mich zumindest beirren. Und insofern ich mich selbst irre, wenn ich über etwas irre, irre ich mich auch immer über mich selbst. Ich denke, ich hätte etwas erkannt, aber dies war wieder nur ein Irrtum über mich selbst.

Ursachen des Irrtums

Die Beschreibung der verschiedenen Irrtumsarten als Irrtumsstrukturen setzt den Akt des Irrens als solchen wie selbstverständlich voraus. Die logische Analyse konzentriert sich auf den Irrtum als Formfehler, nicht auf das konkrete Irren als geistiges Geschehen; sie fragt nach der ›formalen‹ und ›objektiven‹ Struktur der Verwechslung, nicht nach dem Wesen oder Ablauf des Irrtumsvorgangs, erst recht nicht nach dem subjektiven Grund der Verwechslung. Wie aber kommt es eigentlich zu den verschiedenen Erkenntnisfehlern, den Formfehlern oder Fehlformen der Erkenntnis? Welches sind die Ursachen, Anlässe oder Auslöser des Irrens, d. h. des Irrtums als Akt? Erst mit solchen Fragen nach den tatsächlichen oder gar den grundsätzlichen Ursachen des Irrens ist das Zentrum der Irrtumsproblematik erreicht. Gibt es viele verschiedene oder ähnliche Ursachen, oder gibt es letztlich nur eine Grundursache für alles Irren? Wo wären diese vielen Ursachen oder diese eine Ursache zu suchen? Genügt es etwa, ganz allgemein auf die Endlichkeit des Menschen zu verweisen? Ganz schematisch betrachtet, könnten die Irrtumsursachen natürlich im Objekt oder im Subjekt oder in beiden liegen, d. h. die ›Schuld‹ am Irrtum kann sowohl im Ich als auch bei den Dingen als auch in beiden zugleich gesucht werden.

Die nächstliegende Reaktion dessen, der sich geirrt und dann seinen Irrtum erkannt hat, ist es, die Ursache des Irrtums in der Sache zu suchen, über die er sich geirrt hat. Der Sachverhalt war zu kompliziert oder zu konfus, um ihn auf die Schnelle oder in der gegebenen Zeit genau erkennen zu können – das Scheingold sah wirklich so aus, als ob es echtes Gold sei. In der Tat kann der jeweilige Gegenstand von sich aus reichlich Anlaß zum Irrtum bieten. Immer wieder gibt es den hartnäckigen, falschen Schein, der kaum zu durchschauen ist – die Fata Morgana ist nur das bekannteste Beispiel einer solchen sachbegründeten Illusion. Der ›objektive Schein‹ kann das Erkenntnissubjekt irritieren und zu Fehlurteilen veranlassen. Aber auch die Sprache, in der wir die Welt begreifen, kann bekanntlich zu Irrtümern verführen. Dennoch wäre es zweifellos ein Irrtum, die Ursachen des Irrens ausschließlich im Gegenstand des Irrtums zu suchen. Denn man kann Scheingold als falsches Gold erkennen, man kann in der Sprache gegen die Sprache denken; selbst die Fata Morgana ist für den besonnenen Wüstenkenner eine Beirrung, gegen die er sich mit Erfolg wehren kann. Also muß der Irrtum auch noch eine andere Ursache, nämlich auch eine Ursache in dem haben, der nicht richtig, d. h. nicht sachgerecht erkennt. Wenn ein Irrtum geschieht, der nach menschlichem Ermessen, wenn auch möglicherweise mit etwas Mühe, vermeidbar gewesen wäre, muß die Ursache des Irrtums beim Menschen gesucht, also vermutlich nach einem menschlichen Versagen, einer Schuld am Irrtum, gefragt werden. Meistens versuche ich natürlich, mich durch Schuldzuweisungen zu entschuldigen: Ich war irregeleitet, weil irgend etwas (z. B. ein Irrlicht) irreführend war. Manchmal bin ich vielleicht bereit, mir auch eine gewisse Mitschuld zu geben: Ich habe mich durch etwas beirren lassen. Doch kann ich die Schuld des Irrtums auch ganz bei mir suchen: Ich habe mich geirrt. Der Irrende hat sich, so scheint es, letztlich selber geirrt bzw. beirrt oder hat sich zumindest beirren oder irre machen lassen. Aber wer ist schon unbeirrbar?

Was sind also die Ursachen des Irrtums, die im Menschen liegen, auf welchem Fehlverhalten können Fehlurteile basieren? Auf den ersten Blick gibt es natürlich ganz unterschiedliche ›psychische‹ Irrtumsursachen. Irrtümer könnten, soweit sie nicht schon auf vorhergehenden Irrtümern, z. B. auf Vorurteilen im Sinne von Fehlurteilen, beruhen, ihren Hauptgrund in irgendeinem konkreten Erkenntnismangel haben. So könnten sie, außer auf Wahrnehmungsfehlern, z. B. auf Unkenntnis, Begriffskonfusion oder Mangel an Urteilskraft usw. beruhen, d. h. Verstandesmängel können eine große Rolle beim Irrtum spielen. Allerdings gehört auch der Mangel an Aufmerksamkeit zu den häufig genannten Irrtumsursachen: Ich habe nicht richtig aufgepaßt, z. B. nicht genau genug gemessen. Aber woraus resultiert der offenbar nicht nur intellektuelle Mangel an Aufmerksamkeit? Beim Irren kommen offensichtlich sehr schnell Gründe ins Spiel, die nicht mehr oder nicht mehr nur im Denken liegen, sondern dieses sozusagen von außen motivieren und so oder so dirigieren.

Gibt es also nicht nur verschiedene, sondern auch verschiedenartige Irrtumsursachen, z. B. solche, die auf der Ebene der Erkenntnis liegen, und solche, die außerhalb der Erkenntnis, auch außerhalb des Kreises theoretischer Interessen, nämlich auf der Ebene praktischer Einstellungen, liegen? Liegt der Grund des Irrens vielleicht in einem gestörten Zusammenspiel von Sinnlichkeit und Denken oder von Wollen und Denken, sind vielleicht sogar alle Ursachen kognitiven Fehlverhaltens im Grunde praktischer Natur? Jedenfalls gibt es allem Anschein nach nicht nur verschiedene Irrtumsformen, sondern auch verschieden motivierte Typen des Irrens, und offensichtlich liegen nicht alle Irrtumsarten auf gleicher Ebene und können daher noch hinterfragt werden. Wenn ich z. B. aus Unaufmerksamkeit irre, so kann die Unaufmerksamkeit selbst wieder sowohl im Mangel an Interesse als auch im Vorherrschen eines anderen Interesses oder auch in schlichter Müdigkeit zu suchen sein. Aber warum bin ich müde, und warum bin ich müde an eine bestimmte Aufgabe gegangen? Warum fehlt es mir hier an Interesse, warum schiebt sich da ein anderes Interesse in den Vordergrund? Und steht nicht hinter allen Interessen und allen Abwägungen noch mein freier Wille, mich so oder so zu entscheiden, oder bin ich meinen Interessen bzw. Motiven willenlos ausgeliefert, muß ich mich etwa zwangsweise übereilen und auf weiteres geordnetes Denken verzichten? Eine Hauptschwierigkeit bei der Klärung der Irrtumsursachen scheint schon darin zu bestehen, genau zwischen Ursachen und Anlässen zu unterscheiden.

Aber vielleicht sind auch solche Unterscheidungen noch zu vordergründig, vielleicht müßte noch zwischen primären und sekundären, d. h. zwischen näheren und entfernteren Ursachen unterschieden werden; vielleicht gibt es viele Anlässe oder Auslöser, aber nur ganz wenige fundamentale Irrtumsursachen. Am Ende wäre sogar zu fragen, ob es wirklich verschiedene, d. h. irreduzible Irrtumsursachen gibt oder ob diese sich auf eine einzige, letzte Irrtumsursache bzw. ein einziges, grundsätzliches Fehlverhalten zurückführen lassen. Wenn ja, worin besteht dann die immer wiederkehrende Fehlleistung, was ist die sozusagen erste Ursache eines jeden Irrtums? Man kann die Frage sogar dahingehend zuspitzen, daß nach einer Art Grund- oder Urirrtum gefragt wird, nach einem allerersten Fehlverhalten oder einer ursprünglichen Verfehlung als Ursache aller weiteren. Dann würde die Frage nach der ersten Irrtumsursache allerdings schnell in die bekannte Frage nach dem Anfang aller Übel münden, wie sie in den Religionen und Mythen der Menschheit immer schon gestellt worden ist: Der Irrtum begann mit dem Öffnen der Büchse der Pandora oder mit dem Sündenfall, also gerade mit dem Streben nach absoluter Erkenntnis; die Erkenntnis der Wahrheit wurde schon vor aller Zeit gerade durch einen irrigen oder unlauteren Willen zur Wahrheit verhindert. In der Tat dürfte die Unvollkommenheit unserer Erkenntnis im Zusammenspiel mit unserem Bedürfnis nach Erkenntnis eine wesentliche Voraussetzung allen Irrens sein. Aber die Annahme, immer schon, sozusagen durch Erbsünde, in der Irre zu sein, erklärt nicht den konkreten Irrtum – sie erklärt alles und insofern nichts.

Irrtum und Schuld

Die Frage nach den Irrtumsursachen könnte nahelegen, alles Irren quasi kausal-mechanisch aus irgendwelchen Gegebenheiten zu erklären, insbesondere wenn die Ursache des Irrtums primär im Gegenstand des Irrtums gesucht wird – der Irrtum erscheint dann als eine Art Betriebsunfall oder als unvermeidbare Fehlleistung. Dagegen wäre jedoch mit Nachdruck zu fragen, ob es nicht auch schuldhafte Irrtümer gibt, ob wir nicht, zumindest bis zu einem gewissen Grad, für alle unsere Irrtümer Verantwortung tragen und daher gegebenenfalls sogar dafür haften müssen. Hätte ich dieses oder jenes nicht erkennen können, hätte ich es nicht sehen müssen? Habe ich (z. B. als Autofahrer) fahrlässig gehandelt und bin insofern schuldig? Irgendwie scheint es sich bei jedem Irrtum auch um ein menschliches Versagen zu handeln, obwohl im Einzelfall keineswegs immer klar ist, warum unsere Erkenntniskraft, unsere Selbstkontrolle oder was auch immer versagt hat. Allerdings, wenn der Irrtum nun auf einen Mangel an Selbstdisziplin, also Moral, zurückgeführt wird, scheint aus einem Problem der Logik ein Problem der Ethik zu werden. Irren wir etwa immer aus Leichtsinn oder gar aus Mangel an gutem Willen, und zwar aus freiem Willen?

Zunächst könnte man das Problem zu entschärfen versuchen, nämlich zwischen schuldhaftem und unverschuldetem Irrtum unterscheiden (auch wenn es zwischen beiden zweifellos eine große Grauzone gibt). Wieweit ist Irrtum schuldhaft, wieweit entschuldbar, wieweit unverschuldet? Ein Text z. B. war falsch geschrieben, deshalb habe ich ihn falsch gelesen – die Irrtumsquelle lag anscheinend nicht in mir selbst. Welchen Sinn sollte es machen, in solchen und ähnlichen Fällen von Schuld zu reden, auch wenn ich die Verantwortung oder Haftung für meine Fehlleistung übernehmen muß? Andererseits hätte ich durch mehr Aufmerksamkeit, Nachforschung oder Überlegung meine Fehlleistung vielleicht vermeiden können. Und wenn ich dazu unfähig war, hätte ich nicht den Irrtum vermeiden können, indem ich die Entscheidung vermieden oder verweigert hätte und meine Inkompetenz (Unwissenheit, Unfähigkeit usw.) zugegeben hätte? War es nicht meine vermeidbare Übereilung, nämlich mein falscher Ehrgeiz, der zum Irrtum geführt hat? Möglicherweise ließen sich alle Fehler vermeiden, wenn alle Entscheidungen vermieden würden. Aber natürlich lassen sich nicht alle Entscheidungen vermeiden, ich irre sogar meistens unter Zeitdruck. Dennoch bleibt die Frage nach einer Schuld oder zumindest Mitschuld beim Irrtum.

Wieweit ist ein Irrtum unvermeidlich, d. h. zwangsläufig, wieweit vermeidbar, also schuldhaft? Offensichtlich gehören zur Möglichkeit des Irrens zwei ›subjektive‹ Rahmenbedingungen: die Endlichkeit meines Erkennens einerseits und die Freiheit meines Wollens andererseits. Ein absolutes Bewußtsein kann nicht irren, es ist allwissend; ein Stein kann nicht irren, weil er nicht einmal erkennen wollen kann. Nur der Mensch als endliches Erkenntnissubjekt, das erkennen kann und will, hat die Freiheit zu irren – Computer irren nicht, sie können nur technisch versagen. Welcher Art meine Endlichkeit auch im einzelnen sein mag, der Irrtum im üblichen engeren Sinn des Wortes ist anscheinend nicht ohne hinzukommende Freiheit zu erklären. Wenn ich trotz meiner unzureichenden Erkenntnis etwas als Erkenntnis behaupte, nehme ich ›aus freien Stücken‹ den möglichen Irrtum zumindest ›billigend‹ in Kauf. Es scheint also, daß jeder Irrtum, wenn nicht ein streng schuldhafter, so doch ein zumindest fahrlässiger Irrtum ist. Irren ist insofern ein Akt der Freiheit, wenn auch möglicherweise zum Teil unter mildernden Umständen. Wir irren nicht wirklich freiwillig, d. h. mit vollem Bewußtsein, aber auch nicht absolut zwangsläufig.

Allerdings könnten diese Überlegungen auf das Paradox hinauslaufen, daß ich den Irrtum irgendwie will, und dies scheint absurd zu sein. Wenn es so etwas wie einen gewollten Irrtum gäbe, wäre dann nicht aller Irrtum im Grunde wissentlicher und willentlicher Selbstbetrug? In der Tat sind die Grenzen zwischen Irrtum und Selbstbetrug manchmal erkennbar unklar, z. B. wenn ich mich in meiner Liebe geirrt habe. Zwar kann ich mich in dem, den ich geliebt habe, wirklich geirrt haben oder sogar von ihm wirklich getäuscht worden sein; aber es ist auch möglich, daß ich mir selbst etwas eingeredet habe, daß ich mich allzu gerne habe täuschen lassen, weil ich nicht sehen wollte, was ich im Grunde immer schon gewußt habe. Beruht also aller Irrtum letztlich auf irgendeiner Art von Selbstbetrug, Selbstverblendung oder Selbstverdummung? Nehmen wir nicht im Grunde den Irrtum immer wieder *nolens volens* in Kauf? Es scheint, daß wir, ohne wirklich irren zu wollen, im Prinzip aus freiem Willen irren.

Aber wir irren auch unvermeidlich. Unsere Erkenntnissituation ist im allgemeinen so beschaffen, daß wir mit begrenzten Erkenntniskräften in einer begrenzten Zeit erkennen wollen oder müssen. Wir können oder wollen nicht endlos warten, weil das Leben ständig neue Entscheidungen, auch Erkenntnisentscheidungen, verlangt; wir können und wollen nicht warten, weil wir auch noch andere Dinge als die gerade anstehenden tun oder haben wollen. So werden wir ›unschuldig schuldig‹, d. h. wir sind zum Irren verdammt, weil wir nicht alles, was wir wollen oder sollen, auch jederzeit leisten können. Allerdings, was uns prinzipiell halbwegs entschuldigt, unsere Endlichkeit, entschuldigt uns nicht automatisch auch im Einzelfall – immer wieder glauben wir allzuschnell und allzugern unseren angeblichen Erkenntnissen. Außerdem stellt sich immer noch die Frage, ob der Zeitdruck in einer bestimmten Erkenntnissituation objektiv eine Entscheidung erzwingt oder ob wir selbst subjektiv entscheiden, daß nun entschieden werden muß. Dann wäre es doch wieder unsere eigene Übereilung oder Selbstüberschätzung, die uns in Irrtümer stürzt. Wir wollen nicht irren, sondern erkennen; aber wir wollen schneller erkennen, als wir können, bzw. glauben leichtfertig, mehr erkannt zu haben, als wir in Wirklichkeit erkannt haben – und nicht zuletzt deshalb irren wir. So steht sich am Ende der Erkenntnis- oder Wahrheitswille selbst ständig im Weg und bringt sich gerade aufgrund seines Eifers um die erstrebten Resultate. Wir wollen glauben zu wissen, was wir in Wirklichkeit nicht zu wissen glauben können.

Irren gehört zum menschlichen Erkennen, Erkennen beginnt mit Irrtümern und endet mit Irrtümern; ohne Erkenntnis kein Irrtum, aber auch keine Erkenntnis ohne Irrtum. Ich bin kein sozusagen unbeschriebenes Blatt, wenn ich zu erkennen beginne, da ich vom ersten Augenblick an in Irrtümer verfalle; und wenn ich – möglicherweise sogar durch einen Irrtum – ende, habe ich keine Zeit mehr, meine letzten Irrtümer zu korrigieren. Irren wäre nur dann verzichtbar, wenn wir auf Erkennen verzichten könnten. Doch wir können nicht auf Erkenntnis verzichten – wir können uns, solange wir leben, nicht einmal daran hindern, etwas zu erkennen, also auch nicht daran hindern zu irren. Also können wir nur versuchen, das, was wir ohnehin tun müssen, wissentlich und willentlich, also bewußt und frei zu tun, nämlich möglichst vernünftig und im übrigen mutig und auf eigene Gefahr irren.

4. Die Praxis des Erkennens

Erkenntnistheorie und Erkenntnispraxis

Wie gewinnen wir Erkenntnisse, wie kommen wir der Wahrheit näher? Die Erkenntnistheorie geht im allgemeinen von einer Art Sparmodell der Erkenntnis aus, nämlich von einer ein- oder zweidimensionalen Beziehung zwischen einem Erkenntnissubjekt und einem Erkenntnisobjekt. Sie fragt nach den Quellen und Prinzipien, der prinzipiellen Entstehung und Geltung von Erkenntnis, besonders aber nach deren Grenzen bzw. Möglichkeiten. Wie verhalten sich Wahrnehmung und Denken zueinander, inwiefern ist

Erkenntnis *a priori* oder *a posteriori?* Das faktische Erkennen kommt darin jedoch nur skelettiert, stilisiert oder idealisiert vor, nicht als das unreine und chaotische Erkennen, das es in Wirklichkeit ist (auch wenn der wesentlich hypothetische und zirkuläre Charakter aller Erkenntnis mehr und mehr offenbar geworden ist und sogar einige praktische, z. B. gesellschaftliche Implikationen der wissenschaftlichen Arbeit, hier und da sichtbar geworden sind).

Konkretes Erkennen, so wie es sich – im Rahmen der prinzipiellen und generellen Bedingungen – wirklich ereignet, hängt von sehr vielen Umständen ab, die, wenn auch meist wieder mit einer gewissen Abstraktion, analysiert werden können. So gehören zu meiner Erkenntnissituation als erstes meine individuellen, natürlichen und geschichtlichen Erkenntnisfähigkeiten bzw. -grenzen. Ich bin nicht nur Inkorporation oder Besitzer eines allgemeinen Denk- und Wahrnehmungsapparates, d. h. austauschbarer Vertreter eines Bewußtseins überhaupt, sondern ein individuelles Ich mit so oder so begrenzten Denk- und Wahrnehmungsfähigkeiten an einem meine Erkenntnis bedingenden Standort und in einem so oder so begrenzten Erkenntnishorizont. Außerdem bin ich nur selten ein interesseloser Beobachter der Wirklichkeit, vielmehr erkenne ich durch Interessen bedingt und gestört, aber auch geleitet und gefördert. Zu den subjektiven Voraussetzungen meines konkreten Erkennens gehören ferner meine manchmal nur temporären, manchmal auch durchgängigen Mängel wie Vergeßlichkeit und Gedankenlosigkeit, Unfähigkeit wie Unwilligkeit – auch Ermüdbarkeit ist ein nicht zu unterschätzendes Erkenntnishindernis. Vor allem aber wird mein Erkennen durch eine Reihe von äußeren Umständen bestimmt, die sich weitgehend meiner Macht entziehen – Erkennen geschieht in einer Erkenntnissituation aufgrund vorgegebener Voraussetzungen und unter nie ganz übersehbaren Zwängen. Keine Erkenntnis fängt bei Null an, sie beginnt in einer konkreten Situation oder hat vielmehr, wenn sie sich ihrer bewußt wird, immer schon begonnen.

Daher sind auch die allermeisten unserer sogenannten Erkenntnisse gar nicht unsere eigenen Erkenntnisse, sondern erlernte oder sonstwie angeeignete Erkenntnisse, also *Second-hand*-Einsichten, und dies beginnt bereits mit dem Erlernen der Sprache, in deren Weltbild und Weltbewältigung ich aufwachse. So hat fast alles, was ich zur Kenntnis nehme, schon einen Namen und ist damit bereits klassifiziert und in größere Zusammenhänge eingeordnet; wie in Hör- und Sehgewohnheiten, so lebe ich auch in Denk- und Glaubensgewohnheiten. Das aber bedeutet, daß die allermeisten meiner Erkenntnisse überhaupt keine eigenständigen oder authentischen Erkenntnisse sind, oft nicht einmal sekundär (im Nach-Vollzug), sondern nur ungeprüft übernommene Meinungen oder Vorurteile, die zwar richtig bzw. begründet, aber auch falsch bzw. unbegründet sein können. Erkennen beginnt mit Lernen. Der ursprüngliche Erkenntnisgewinn durch Lernen aber ist ganz und gar bestimmt von der zunächst nur auf Autorität hin übernommenen Richtigkeit (Wahrheit) des Gelernten, und zu diesem Vorwissen, das zunächst nur aus Vorurteilen besteht, gehören auch, noch vor allem eigenen Irren, die bereits vorhandenen und von mir unvermeidlich und unbemerkt übernommenen Irrtümer. Ich stecke immer schon in Irrtümern, wenn ich selbst und eigens zu erkennen beginne. Mit anderen Worten, meine Erkenntnis basiert von Anfang an und vermutlich bis zuletzt auf vorhergehender fremder Erkenntnis bzw. Pseudoerkenntnis.

Dennoch gibt es so etwas wie Erkenntniserweiterung, im Grunde ist sogar alles Erkennen, wenn es wirklich Erkennen ist, als solches ein Erkenntnisfortschritt, nämlich Überwindung von Unkenntnis und Pseudoerkenntnis. Ich bin prinzipiell fähig, mich über meinen derzeitigen Erkenntnisstand zu erheben, mich von meinen eigenen bisherigen Ansichten zu distanzieren und zu emanzipieren, mich selbst auf neue Einsichten hin zu transzendieren. Deshalb stellt sich die Frage, wie Erkennen als Erkenntnisfortschritt in der Praxis möglich ist, wie Einsichten, Erfahrungen, Entdeckungen usw. zustande kommen, wieweit die den Erkenntnisfortschritt bestimmenden Faktoren in meiner Macht sind und wieweit nicht. Wie geschieht die Erkenntniserweiterung, insbesondere die nicht nur additive, sondern innovative Erkenntniserweiterung? Wie komme ich zu einer Erkenntnis, oder wie kommt eine Erkenntnis zu mir? Vermutlich ist Erkenntnis kein sich selbst steuernder, sozusagen selbstläufiger Prozeß, der nur durch die Objekte oder Subjekte der Erkenntnis in Gang gehalten wird. Wahrscheinlich kommen in der Erkenntnispraxis, in der es nur selten ideale Erkenntnisabläufe gibt, fast immer mehrere, auch nicht rein kognitive Faktoren zusammen, und zwar auf eine kaum entwirrbare Art und Weise. So sind es vermutlich nicht zuletzt Entscheidungen und Erleuchtungen, die den Fortgang meines Erkennens bestimmen.

Erkennen und Entscheiden

Erkennen – wie machen wir das, soweit wir es selbst machen, d. h. soweit es uns nicht nur widerfährt? Zunächst gilt es festzuhalten, daß alles Erkennen *in praxi* selektiv oder eklektisch ist, und dies nur selten vollbewußt. Vieles nehmen wir, obwohl es unmittelbar vorliegt, gar nicht erst wahr , indem wir uns bewußt oder unbewußt auf etwas konzentrieren, verlieren wir das meiste aus dem Blickfeld. Unser Gesichtsfeld ist begrenzt, und zwar nicht nur räumlich, sondern auch zeitlich – alles Erkennen steht unter einem enormen Zeitdruck. Was können wir überhaupt gründlich erkennen, d. h.

von allen Seiten wahrnehmen oder sogar zu Ende denken, nämlich bis in alle seine Zusammenhänge, in seine Voraussetzungen und Folgen? Je unüberschaubarer die Wirklichkeit, desto größer die definitive und dezisive Reduktion ihrer Komplexität im Erkennen. Unser Erkennen setzt ständig Akzente, auch Richtungsvorgaben, und diese beruhen zu einem guten Teil auf Entscheidungen.

Es gibt nicht nur Handlungsentscheidungen, sondern auch Denkentscheidungen, in gewisser Weise sogar Wahrnehmungsentscheidungen, zumal Wahrnehmen immer standortgebunden und immer mit Interpretation verknüpft ist. Zunächst gibt es natürlich die ›Vorentscheidungen‹ über die Art unserer Erkenntnis, die für uns immer schon gefallen sind, meist ohne daß wir sie je bemerken. Es ist unsere allgemeine und darin zugleich unsere individuelle ›Erkenntnisnatur‹, die uns die Welt begrenzt und bedingt, verzerrt und ausschnitthaft sehen läßt; sie wirkt wie ein Raster oder Sieb, um nicht zu sagen wie eine fehlerhafte Linse oder ein Zerrspiegel. Und diese Selektionsmechanismen sind immer schon überformt durch die kollektiven Erkenntnisvorgaben unserer ›zweiten Natur‹, d. h. durch die geschichtlich-gesellschaftlichen Bedingungen, unter denen wir erkennen. Die eigentlichen Erkenntnisentscheidungen, d. h. die (subjektiven oder individuellen) Erkenntnisentscheidungen im engeren Sinne des Wortes, fallen jedoch erst auf der Basis dieser (objektiven bzw. intersubjektiven) prinzipiellen und faktischen Vorentscheidungen. In der Erkenntnispraxis entscheiden wir nämlich fast ständig über unsere eigene Erkenntnis, über deren Stillstand oder Fortgang, deren Richtung und Richtigkeit usw. – wenn auch selten vollbewußt. Wir entscheiden z. B. ständig zwischen den Gedanken, die wir aufgreifen, und denen, die wir fallenlassen oder verwerfen (obwohl diese sich auch von sich aus wieder aufdrängen können). Diese Rolle der

Entscheidung in der Erkenntnis läßt sich auf vielen Feldern beobachten – falls man sie sehen will, d. h. falls man sich entscheidet, sie wahrzuhaben. Sie zeigt sich z. B. schon auf den von der Logik vorgezeichneten Feldern der einfachen Geistesoperationen bzw. bei deren Resultaten, vor allem auf der Ebene der Begriffe, aber auch bei Urteilen und Schlüssen.

Auf der Ebene der Begriffsbildung z. B. werden ständig Entscheidungen, weil Unterscheidungen, nötig. Unterscheiden ist manchmal einfach, nämlich immer dann, wenn etwas – im Rahmen einer relativ festen und überschaubaren Daten- oder Begriffsmenge – durch eine unstrittige und maßgebliche Bestimmtheit charakterisiert ist und klare Kriterien vorhanden sind: Ein Kreis ist kein Quadrat, *a* ist nicht *b*. Je komplexer jedoch ein Gegenstand ist und je ähnlicher er gleichzeitig einem anderen ist, desto schwieriger wird die ›Bestimmung‹ (Definition oder Determination). Zwar kann man in den exakten Wissenschaften mit Ausdauer zählen und messen, aber in größeren Zusammenhängen, vor allem im Alltag der Lebenswelt, und unter dem Zeitdruck der endlichen Lebenszeit, also in der normalen Erkenntnispraxis, enthalten die meisten Unterscheidungen auch zahlreiche Entscheidungen, da alle Phänomene unter vielen verschiedenen Gesichtspunkten betrachtet werden können. Zwar könnte man meinen, es müsse möglich sein, erst einmal die einfachen oder elementaren Begriffe klar zu definieren und dann darauf alle Erkenntnis aufzubauen, aber das Ausgrenzen von etwas, seien es Dinge oder Begriffe, aus dem Gesamtzusammenhang der Dinge oder Begriffe beruht selbst schon auf noch nicht absolut legitimierten Unterscheidungen, also auch auf Entscheidungen. Begriffe, so sagt man, entstehen durch Vergleichen von Ähnlichkeiten und Unähnlichkeiten, dann durch Abstraktion, d. h. durch Unterscheidung zwischen dem Wesentlichen und dem Unwesentlichen. Aber was – nach irgendwelchen Kriterien, die selbst wieder irgendwo hergenommen werden müssen – als wesentlich oder unwesentlich angesehen bzw. bestimmt wird, das beruht selbst bereits auf vielen Entscheidungen, auf Feststellungen z. B. hinsichtlich der Zweckmäßigkeit dieser oder jener Unterscheidung. Alle Präzisionen sind auch Dezisionen. Denn wo sollen oder wollen wir unsere Schnitte machen? Begriffe sind auch präjudizierende Zugriffe, die allermeisten unserer Begriffe sind sogar nur Notnamen. Entscheidungen aber können auch Fehlentscheidungen sein, möglicherweise ist alles Begreifen irgendwo auch ein Vergreifen.

Dieser faktische, meist ungewollte oder sogar unbewußte Dezisionismus in der Erkenntnispraxis ist deshalb so wichtig, weil er schon auf der Ebene der Begriffsbildung enorme Konsequenzen hat, und zwar nicht nur theoretische, sondern auch praktische. Nicht nur, weil die Grenzen und Verknüpfungen unserer Begriffe wesentlich unser Weltbild bestimmen, sondern auch, weil im Grunde alle Begriffe, wenn auch meist verborgen, normativ sind. Sie beanspruchen, nicht selten völlig naiv, die Dinge beim rechten Namen zu nennen: Das ist Gold, nämlich wahres Gold; das ist kein Mann, nämlich kein richtiger Mann. Der Streit um die richtigen Begriffe erfüllt daher nicht nur die Wissenschaft, sondern bestimmt auch das Leben; er reicht bis in die elementaren Grundbegriffe der politischen Weltanschauungen hinein, wo die leitenden Begriffe (z. B. Kapitalismus, Totalitarismus usw.) nicht selten negativ normative, daher auch denunziatorische Begriffsprägungen sind. Vor allem aber erfüllt er die Arena der philosophischen Reflexion, wo wesentlich um die richtigen Begriffe gestritten wird: Was ist Vernunft, was ist Freiheit? Was ist richtige Vernunft, was ist wahre Freiheit? Wer hat darüber je in voller Ruhe und in absoluter

Unparteilichkeit befinden können? Kurz, alle unsere Begriffsbildung ist nicht nur theoretisch selektiv, sondern auch praktisch dezisiv und normativ.

Erkennen läßt sich als ein Prozeß von Analysen und Synthesen, Differenzieren und Kombinieren beschreiben. Aber das Denken ist kein unparteiischer Schiedsrichter und auch kein neutraler Spielplatz. Vor allem dürften unsere letzten, alles tragenden Überzeugungen, unsere ›Grundannahmen‹, weitgehend Sache der Entscheidung sein. Grundfragen scheinen oft nur durch Grundentscheidungen beantwortbar zu sein. Wenn etwas nach gewissen Kriterien zwingend zu sein scheint, wie und wo wird über die Kriterien entschieden (soweit darüber nicht schon durch Tradition und Konvention entschieden ist)? Wann ist etwas nur moralisch gewiß, wann kann es als wirklich evident gelten? Zwar scheinen Evidenzen gerade nicht von uns abzuhängen, vielmehr von sich aus zwingend zu sein, aber wann ist etwas wirklich evident? Selbst Evidenz muß anscheinend noch durch eine Entscheidung anerkannt werden. Wie lange aber wollen, können, sollen wir warten, bis wir absolut sicher sind? Bleibt nicht bei allem Erkennen ein Rest von Unerkanntem, von nicht zwingender Evidenz, über den wir uns, mehr oder weniger freiwillig, oft mit bestem Wissen und Gewissen, gelegentlich aber auch mit schlechtem Gewissen hinwegsetzen? Es bleibt im Grunde immer ein Moment von Unsicherheit, aber die Endlichkeit des Ich angesichts der Endlosigkeit der Wirklichkeit läßt uns gar keine andere Wahl, als zu wählen. Ohne Entscheidungen wäre nämlich kein Weiterdenken möglich, und wir denken immer schon weiter, d. h. Erkenntnisfortschritt geschieht auch durch Denkentscheidungen. Unser Erkennen ist durchsetzt mit Entscheidungen, und es beruht nicht zuletzt auf Fehlentscheidungen. Nur wenn alles vorab völlig berechenbar wäre, bedürfte es keiner Entscheidung mehr. Aber dann gäbe es vermutlich auch keinen Erkenntnisfortschritt mehr.

Erkenntnis und Erleuchtung

Entscheidungen, auch Erkenntnisentscheidungen, scheinen, zumindest soweit sie bewußt sind, in unserer Macht zu stehen, jedenfalls wenn und insofern wir frei sind. Aber nicht alles Erkennen steht in unserer Macht, auch wenn die Erkenntnisfähigkeit prinzipiell vorhanden ist, denn oftmals ist Erkennen oder Entdecken auch Glückssache. Erkennen ist zwar einerseits Tätigkeit, andererseits aber ein nur zum Teil steuerbarer Prozeß. Wie oft suche und suche ich und finde nichts, manchmal hingegen suche ich überhaupt nichts und finde doch etwas – plötzlich habe ich etwas begriffen, es fällt mir wie Schuppen von den Augen, mir geht ein Licht auf. Erkennen hängt nicht selten von solchen plötzlichen ›Einsichten‹ (›Intuitionen‹) ab. Mit anderen Worten, Erkenntnis läuft nicht nur nach Plan, sie bedarf auch der hinzukommenden Erleuchtung. Erkenntnis geschieht auch, d. h. meine eigene Erkenntnis geschieht mir, auch und gerade wenn sie schöpferisch ist, wenn sich mir eine neue Welt auftut. Einsichten sind auch Erleuchtungen. Dieses Phänomen der ›Erleuchtung‹, durch die ich einen Einblick oder Durchblick gewinne, läßt sich von zwei Seiten betrachten, in einem weiteren Sinne von der Objektseite, in einem engeren Sinne von der Subjektseite her, und zwar teils statisch, teils dynamisch. Kurz, ich kann etwas im Lichte von etwas sehen, und mir kann selbst ein Licht aufgehen.

Daß zum Erkennen mehr gehört als ein Erkenntnissubjekt und ein Erkenntnisobjekt, war in gewisser Weise immer schon bekannt. Im Ausgang von der optischen Wahrnehmung wurde immer wieder auf die Notwendigkeit einer Lichtquelle verwiesen und darauf basierend eine weitreichende Geist-Licht-Metaphorik entwickelt: Irgend etwas funktioniert im geistigen Erkennen anscheinend ähnlich wie eine Lichtquelle beim Sehen, ohne ein inneres oder äußeres Licht sehen wir wahrscheinlich gar nichts (was immer da von woher leuchten mag). So kann die Feststellung, daß wir etwas im Lichte von etwas sehen, zunächst meinen, daß wir irgend etwas bisher Unerkanntes mit Hilfe von etwas erkennen, das wir bereits kennen oder erkannt haben, also daß wir irgend etwas auf etwas hin erkennen (wie auf einen Richtpunkt hin) oder irgend etwas von etwas her erkennen (z. B. aus einem Zusammenhang). Wir beziehen dann eine Tatsache auf eine andere. Darüber hinaus kann die Feststellung, daß wir irgend etwas im Lichte von etwas erkennen, auch meinen, daß wir etwas mit Hilfe von Begriffen und Ideen, Hypothesen oder Theorien erkennen, also sozusagen mit Hilfe geistiger, selbst produzierter oder vorgefundener Beleuchtungsmittel. Auf diese Weise kann dann sogar die Frage nach einer Rangordnung der Lichtquellen entstehen und damit die Frage nach einem höchstmöglichen Bezugs- oder Richtpunkt bzw. einem größtmöglichen Kontext oder Horizont, von dem alle weitere Erkenntnis abhängt. Gibt es eine Art absolute Idee, von der alle wahre Erkenntnis abhängt, und wie wird diese zur Erleuchtung? Ist etwa Gott bzw. unsere Gotteserkenntnis die Quelle all unserer Erkenntnis?

Zunächst muß jedoch eine sehr viel weniger spekulative Frage interessieren: Wie komme ich konkret zu meinen Begriffen bzw. Ideen, zu meinen Hypothesen bzw. Theorien? Was geschieht in mir, wenn sich meinem Erkennen etwas Neues auftut? Das Phänomen der Einsicht durch Erleuchtung (das Wort im banalsten Sinne genommen) läßt sich auf der Ebene des Erkenntnissubjekts unter zwei Gesichtspunkten beschreiben: als eine Tätigkeit oder ein von mir ausgehendes Geschehen, aber auch als ein über mich kommendes Geschehen oder ein Ereignis. Von mir aus gesehen, bedeutet jede wirkliche neue Erkenntnis einen Durchbruch in eine neue Dimension; jede Einsicht durchstößt sozusagen eine Wand, meine Intuition eröffnet mir eine neue Welt. Der gleiche Erkenntnisfortschritt läßt sich aber nicht selten auch als ein Geschehen beschreiben, das mir ohne mein Zutun zustößt; nicht ich habe die Erkenntnis bewußt bewirkt, sondern mir ist ein Licht aufgegangen. Ich hatte eine Eingebung, einen Einfall; ich gewinne eine Erkenntnis, d. h. ihr Gelingen war wie ein Geschenk. Meine Intuition war eine Inspiration, nun leuchtet mir etwas ein.

Zu den Hauptcharakteristika dieser fast jedermann bekannten Erleuchtung gehören ihre Plötzlichkeit und ihre Unerzwingbarkeit. Wie schon der spontane Durchbruch in eine neue Dimension, so erscheint erst recht die rezeptive Erleuchtung unvermittelt, obwohl sie zweifellos auf den vorhergehenden Erkenntnisstand bezogen ist – neue Erkenntnisse können wie ein Blitz kommen. Vor allem aber sind Erleuchtungen nicht erzwingbar, sonst wären es keine echten Erleuchtungen, das Gelingen der Erkenntnis ist immer wieder wie ein Glücksfall. Daher fehlt es auch nicht an Versuchen, Erleuchtungen irgendwie mystisch zu erklären bzw. verklären oder aber durch Techniken zu erzwingen, das Unverfügbare verfügbar zu machen. Doch ob nun irgendwelche Rituale zum Zwecke der Erleuchtung praktiziert werden, ob über Gott als die Quelle aller Erkenntnis spekuliert wird oder ob nach einem Zufallsgenerator im Gehirn gesucht wird – in jedem Fall bin ich in meinem Erkennen auch von Umständen abhängig, die normalerweise nicht in meiner Macht stehen. Erkennen ist auch etwas, das mir zustößt (›Erleiden‹) und dies nicht immer als eine beglückende Erfahrung.

VI.
Sein und Sinn
Über Metaphysik

1. Das Sein im Ganzen

Was ist Metaphysik?

Metaphysische Fragen umgibt eine merkwürdige Faszination. Irgendwie scheint es um die sogenannten ersten oder letzten Dinge zu gehen: um das Woher und Wohin von allem, was ist, um Fragen nach Gott, Welt, Seele, um die Weltordnung im Ganzen, aber auch um Leid und Tod – also um kosmologische oder theologische Fragen nach dem Wesen, Grund oder Zweck von allem einerseits sowie um anthropologische bzw. existentielle Fragen nach dem Sinn des eigenen Lebens und die Hoffnung auf Unsterblichkeit andererseits. Einmal scheint es mehr um Wirklichkeitserklärung, ein andermal mehr um Sinnprobleme zu gehen. Gleichzeitig kommen aber auch abstrakte Fragen nach Sein und Nichtsein, Einheit und Vielheit, Entstehen und Vergehen usw. ins Spiel. Worin besteht das wahre Sein, welches sind die höchsten Prinzipien allen Seins, aber auch Denkens? So oder so scheint es sich in der Metaphysik um Grund- oder Grundsatzfragen zu handeln, und solche Fragen gelten als besonders schwierig, die Antworten als rein spekulativ oder sogar unsinnig. Folglich erklären die einen die Metaphysik zur Fundamentalwissenschaft, zur Königin aller Wissenschaften überhaupt, andere sehen in ihr nur Spiegelfechtereien oder Wolkenschiebereien. Unbestreitbar ist jedenfalls, daß Überlegungen auf diesem Gebiet besonders abstrakt und kompliziert sind – schon die Fragen können schwindelerregend wirken, während die Antworten oft eher nebulös oder dunkel, wenn nicht sogar paradox klingen. Wenn also die Metaphysik das Zentrum der Philosophie sein sollte, so scheint dieses ein schwarzes Loch zu sein. Folglich geht es bei der Frage nach dem Wesen der Metaphysik zugleich um deren Existenzberechtigung.

Schon der Gegenstand der Metaphysik scheint geradezu *per definitionem* unfaßbar zu sein. Die Frage, was Metaphysik überhaupt ist, stößt nämlich auf die Tatsache, daß es sehr verschiedene Metaphysiken gibt, die sich oft nicht einmal über den Gegenstand ihres Fragens einig sind. Irgendwie scheint es zwar um allerallgemeinste Fragen, um die letzten oder auch ersten Gründe von allem oder um schlechthin universelle Prinzipien zu gehen. Aber soll nun vor allem über Sein und Nichtsein, Entstehen und Vergehen, Anfang und Ende aller Dinge nachgedacht werden oder vielleicht sogar über alles zugleich? Geht es vielleicht sogar um eine letzte Ursache alles Seienden, z. B. um einen Urstoff? Oder geht es mehr um das Seiende als Seiendes bzw. das Sein des Seienden, vielleicht sogar um »Gott und nichts als Gott«, d. h. soll die Metaphysik primär Ontologie oder primär Theologie sein? Welche Probleme sind die zentralen metaphysischen Probleme? Vermutlich ist die Frage, was Metaphysik ist bzw. was sie bisher war oder weiterhin sein könnte, selbst schon eine metaphysische Frage. Also dürfte es, da es offenbar verschiedene Arten von Metaphysik gibt, zweckmäßig sein, sich nicht von vornherein auf eine bestimmte metaphysische Fragestellung als allein maßgeblich festzulegen; denn die Metaphysik vorab auf die Betrachtung bestimmter Probleme aus bestimmten Perspektiven zu reduzieren dürfte nur aufgrund von metaphysischen Vorurteilen bzw. Vorentscheidungen möglich sein. Insbesondere dürfte es nicht ungefährlich sein, sich vorschnell in die Nacht des Absoluten hinauszuwagen, in der möglicherweise alle Katzen grau sind. Metaphysik ist zwar nicht im Sinne von Physik beweisbar, da ihre Fragen über alle Erfahrung hinausgehen, dennoch ist sie nicht ohne weiteres die Fortsetzung der Theologie mit anderen Mitteln. Zwar ist das Interesse, sich dem Alltag durch eine Flucht in die Transzendenz zu entziehen, verständlich, dennoch dürfte es ratsam sein, sich reizvolle Reisen ins Absolute vorerst zu versagen.

Was ist das Thema der »gesuchten Wissenschaft«? Am besten wäre es wohl, um nichts vorab auszuschließen, die Metaphysik zunächst formal als die Frage nach dem Ganzen zu bestimmen oder vielmehr umgekehrt das Fragen nach dem Ganzen Metaphysik zu nennen. Denn wo soll das Ganze bedacht werden, wenn nicht in der Metaphysik? Zwar hat es die Philosophie als solche immer irgendwie mit dem Ganzen zu tun, allerdings meist nur indirekt. Wenn aber das Ganze überhaupt irgendwo und irgendwie direkt zum Thema gemacht werden soll, und vielleicht sollte dies irgendwo und irgendwann geschehen, so wäre diese Erörterung des Ganzen selbst eine ›spezielle‹ Untersuchung, die man Metaphysik nennen könnte, da sich ihr alle übrigen sogenannten metaphysischen Fragen (nach dem Grund, den höchsten Prinzipien, den ersten und letzten Dingen usw.) leicht zuordnen lassen. Kurz, rein formal ist das Thema der Metaphysik das Ganze als solches (das Wort *Ganzes* oder auch *Ganzheit* im allerweitesten Sinne genommen), also das, »worüber hinaus nichts gedacht werden kann«. Metaphysik fragt, was es mit dem Ganzen auf sich hat, sie ist Totalitätstheorie. Nach dem Ganzen fragen aber heißt: letztlich alles in Frage stellen.

Natürlich kommt es auf den Namen nicht allzusehr an, weder auf den Ausdruck *Metaphysik* noch auf den Ausdruck *das Ganze*. So könnte das Ganze (aus der Sicht der vielen einzelnen Dinge) auch das Umgreifende genannt werden, da es *per definitionem* das alles zusammenfassende und zusammenhaltende, das alles in sich begreifende, selbst unumgreifbare und insofern unbegreifbare Ganze ist, unhintergehbar und unhinterfragbar. Es könnte auch (aus numerischer Perspektive) das Eine genannt werden, da das Ganze *per definitionen* nur eines, nämlich das All-Eine sein kann, wenn es nämlich wirklich das eine Ganze schlechthin ist, das als alles umfassende Einheit nichts außer sich hat und insofern einzigartig oder einzig, d. h. ohnegleichen ist. Ferner könnte das Ganze als das Ganze des Seienden (in ontologischer Perspektive), sei es mehr verbal, sei es mehr substantivisch, das Sein genannt werden, jedenfalls insofern die Ganzheit alles Seienden – ›quantitativ‹, nicht ›qualitativ‹ – deckungsgleich mit dem ganzen Sein des Seienden ist (wobei die mögliche Unterscheidung zwischen *sein* und *seiend* vorerst dahingestellt sein mag). Weshalb auch das Ganze des Seienden und das Ganze des Seins oder das Seiende im Ganzen bzw. das Sein des Ganzen usw. hier zunächst ununterschieden bleiben dürfen. Außerdem könnte das Ganze (aus der Perspektive der weltimmanenten Dinge) transzendent genannt werden, denn als Totalität übersteigt es alles einzelne Seiende, das es in sich begreift. Und nicht zuletzt könnte das Ganze mehr oder weniger emphatisch auch das Absolute genannt werden, da es als Inbegriff alles Relativen selbst kein Außerhalb mehr hat und insofern auf nichts anderes bezogen (›relativ‹) ist: Das absolut Ganze ist das Ganze als Absolutes. Allerdings haben alle diese Bestimmungen auch ihre eigenen Probleme.

Das Ganze und sein Grund

Das Ganze, nach dem die Metaphysik fragt, ist ein problematischer Begriff, fast nur ein leerer Gedanke, jedenfalls ein blasses *Abstractum.* Auf den ersten Blick scheint das Ganze nur die Summe all dessen zu sein, was existiert, also all dessen, was überhaupt irgendwie in Raum und Zeit vorkommt, oder, falls es das geben sollte, auch dessen, was außerhalb von Raum und Zeit vorkommt. Das Ganze ist insofern die Totalität alles Seienden, aller Daten oder Fakten, aller Vorkommnisse oder Ereignisse; es ist, wenn man so will, »alles, was der Fall ist«. Das Ganze als All des Seienden oder Ganzheit des Seins beinhaltet also nicht nur das sogenannte Materielle oder Materialisierbare (z. B. die Energie), sondern auch das, was möglicherweise darauf nicht reduzierbar ist, also das Seelische oder das Geistige (bzw. die Ichs als Subjekte des Bewußtseins). Und es beinhaltet außer dem Physischen und Psychischen auch die Gründe oder Ursachen von allem, kategoriale Bedingungen wie Raum und Zeit sowie die das Ganze determinierenden Prinzipien, d. h. die Gesetzlichkeit des Ganzen. Zum Ganzen gehören, wenn man vom Beispiel der einzelnen Dinge ausgeht, Sein und Gesetz, Stoff und Form.

Nun ist es aber weiterhin nötig, das Ganze nicht nur als die bloße Summe des Seienden zu denken, sondern auch als die integrale Ganzheit, in der alles als Teil inbegriffen ist. Das Ganze läßt sich nämlich, obwohl es im Ausgang vom vielen Seienden zunächst als ein irgendwie Seiendes gedacht wird, selbst nicht mehr als ein Seiendes wie anderes Seiendes denken. Es ist auch nicht ein zufälliges Sammelsurium dessen, was vorher nicht beisammen war, aber irgendwann und irgendwie zusammengekommen ist; es muß eigentlich immer schon alles enthalten oder umfaßt haben und für alle Zeiten in sich behalten. Das absolut Ganze ist die absolute, in zeitlicher oder zeitloser Folge vorgängige und fortdauernde Einheit von allem, und zwar eine allem Anschein nach in sich strukturierte Ganzheit. Wenn aber im Ganzen alles einzelne immer schon enthalten ist, so entspringt auch alles aus ihm, d. h. das Ganze ist selbst die ›Ur-Sache‹, der Inbegriff und Grund aller möglichen ›Erscheinungen‹. Dadurch erhält der Begriff des Ganzen, obwohl im Ausgang von der Menge des Seienden gewonnen (nämlich als umgreifende Einheit des vielen), eine andere, neue Dimension; er ist nicht nur (als zusammenfassender Begriff) additiv oder summativ, sondern (als ursprüngliche Einheit) integral oder originär. Das Ganze ist, wenn es mehr als die Summe seiner Teile ist, eine in sich einige Ganzheit und so eine strukturelle und sich selbst strukturierende Totalität. Allerdings wird, wenn auf diese Weise vom Ganzen ausgegangen wird, dieses nun sozusagen von ihm selbst her gesehen, während es, von den einzelnen Seienden her betrachtet, nur eine unbekannte oder offene Summe ist, nämlich eine abschließbare (endliche) oder auch unabschließbare (endlose, unendliche) Reihe oder ein bloßer Grenzbegriff.

Der Begriff des Ganzen dessen, was ist, bedarf, so abstrakt er schon sein mag, noch der Erweiterung um all das, was bereits war oder noch sein wird. Das Ganze ist strenggenommen mehr als das jetzt Wirkliche, denn das Ganze, in dem das Vergangene und das Zukünftige überhaupt nicht vorkommen würden, wäre sicher unvollständig. Insofern enthält der Begriff des Ganzen nicht nur das Wirkliche, sondern auch das Mögliche, und zwar außer dem, was jetzt möglich ist, auch das, was in der Vergangenheit möglich war oder in der Zukunft noch möglich sein wird – möglicherweise sogar das, was zwar logisch möglich ist, d. h. widerspruchsfrei denkbar ist, aber nie wirklich war oder nie wirklich sein wird, also das sozusagen Immer-nur-Mögliche (denn möglicherweise hat sogar alles Mögliche, wenn es als solches nicht nichts ist, eine eigene Art von Sein, das Sein des Möglichen). Das Ganze wäre insofern nicht nur das Reich des Wirklichen, sondern umfaßte auch noch das Reich des Möglichen (falls es ein solches gibt). Im übrigen müßte sogar das Nichts oder das Nichtsein, falls dieses überhaupt in irgendeiner Form existiert, formal gesehen ebenfalls noch zum Ganzen gerechnet werden, denn sonst wäre dieses nicht das Ganze. Mit anderen Worten, das Ganze ist nicht nur das Ganze des Seienden (einschließlich dessen, was möglich ist, war oder sein wird) bzw. das damit deckungsgleiche Ganze des Seins, das ganze Sein, sondern, genauer betrachtet, sogar das Ganze von Sein und Nichtsein – womit dann allerdings die Frage nach dem Wesen des Nichtseins oder dem Sein des Nichts aufkommen würde. Zwar sind solche Überlegungen äußerst spekulativ, aber im Hinblick auf das Ganze, wenn es denn wirklich das größte oder höchste Denkbare sein sollte, nicht von vornherein als Unsinn abzuweisen. Doch läßt sich der Begriff des Ganzen, um eine solche Ausweitung ins Unbestimmte vorerst zu vermeiden, auch beschränken, nämlich zumindest vorläufig (auf der Basis des Seins oder des Seienden im engeren Sinne des Wortes) auf das Ganze des Seins bzw. Seienden, also unter Ausschluß des sogenannten Nichts oder Nichtseins. Es wäre vielleicht sogar zweckmäßig, d. h. für das Denken einfacher, den Begriff des Ganzen zunächst auf das Sein oder Seiende im engeren Sinne des Wortes, auf das sogenannte Wirkliche, unter Ausschluß des Möglichen, also auf das gegenwärtig Wirkliche, unter Ausschluß des Vergangenen und Zukünftigen, zu beschränken.

Läßt sich dieses so formal bestimmte und begrenzte Ganze auch inhaltlich näher bestimmen, oder bleibt der Begriff des Ganzen, obwohl formal geschlossen, inhaltlich offen? Was ist das Sein im Grunde? So wie der Begriff eines Ganzen des Seienden im Ausgang von der Vielheit des realen Seienden entwickelt wird, so setzen auch alle Versuche, das umgreifende Sein irgendwie bestimmter zu denken, unvermeidlich beim sozusagen Innerweltlichen an. In diesem Sinne haben schon die ersten Philosophen (auf der Suche nach der Ur-Sache, aus der letztlich alle Dinge bestehen bzw. entstehen) nach einem ausgezeichneten Seienden Ausschau gehalten und das wahre oder ursprüngliche Sein z. B. im Feuer oder Wasser, im Geist oder in der Vernunft zu finden geglaubt, d. h. sie alle unterstellten, daß die Dinge im Grunde noch etwas anderes seien, als sie zu sein scheinen. Und so naiv diese Theorien auch gewesen sein mögen, faktisch bewegen die Fragen nach dem Urgrund oder Urstoff aller Dinge immer noch die Gemüter bis in die neuesten physikalischen Forschungen hinein. Allerdings scheinen die philosophischen Versuche, die Grundstruktur des Seins im Ganzen konkret aus einem einzelnen bekannten Seienden oder einer einzelnen bekannten Seinsform bzw. Seinsweise zu begreifen, grundsätzlich zum Scheitern verurteilt zu sein. Faktisch kann nämlich auf diese Weise immer nur ein bekanntes Sein, ein endliches Seiendes oder eine begrenzte Seinsform bzw. Seinsweise, zum wahren Sein des Ganzen erklärt werden, was dann letztlich zu vagen Analogien oder Metaphern führt.

Auch die Frage nach dem Grund des Ganzen scheint nur zu Paradoxien zu führen, ganz gleich, ob man das Wort *Grund* statisch oder dynamisch, also als Basis bzw. Fundament oder als Quellgrund bzw. Ursprung versteht. Das Ganze kann nämlich nicht auf etwas ruhen, das außerhalb seiner ist, und es kann auch nicht aus etwas entstehen, was außerhalb seiner ist oder war; denn in beiden Fällen wäre es nicht mehr das Ganze. Das Ganze ist sozusagen sein eigener Grund, d. h. das absolute Sein ist durch sich oder aus sich selbst und so zugleich Grund des vielen Seienden. Mit anderen Worten, die Basis- und die Quellmetapher sind nur unter Verlust ihres ursprünglichen Sinngehaltes benutzbar. Das Ganze als Urbedingung von allem muß die Möglichkeit, vermutlich sogar die Notwendigkeit seiner selbst, in sich enthalten, es ist seine eigene

Bedingung oder Grundbedingung, die unbedingte, sich selbst bedingende Bedingung von allem. Aber es ist, weil ohne Grund im normalen Sinne des Wortes, auch gewissermaßen grundlos und als solches das absolut Zufällige, weil für seine Existenz außer dieser Existenz kein Grund mehr denkbar ist. Das Ganze ist grundloser Grund seiner selbst, sich selbst verursachend und tragend *(causa sui, substantia sui),* in sich stehend oder ruhend, oder, wenn man so will, in sich selbst gründend, selbst grundlos – und insofern vermutlich unergründlich. Kurz, das Ganze ist das Ganze und sein Grund zugleich. Was alles eigentlich unbegreiflich ist.

Das Ganze ist strenggenommen überhaupt kein echter ›Gegenstand‹ des Denkens, da das Denken nicht außerhalb des Ganzen steht und sich nicht außerhalb des Ganzen stellen kann; der sogenannte Gegenstand der Metaphysik ist kein echter Gegenstand – nicht nur, weil er ein noch unbekannter und daher unbestimmter Gegenstand ist, sondern auch, weil er letztlich gar kein bestimmbarer oder definierbarer Gegenstand werden kann. Der Metaphysik scheint insofern ihr Thema von vornherein zu entgehen. Bleibt also das Ganze vielleicht nur ein Postulat oder eine Denknotwendigkeit? Offensichtlich ist der Begriff des absolut Ganzen, auch wenn er sehr vorsichtig und möglichst unemphatisch gebraucht wird, ein höchst problematischer ›Begriff‹, eigentlich ein Unbegriff, bestenfalls ein Grenzbegriff. Er bezeichnet keine klar bestimmbare Totalität, sondern ergibt sich eher aus einer unwillkürlichen und unvermeidlichen theoretischen Totalisierung; ihm entspricht keine bestimmte Erfahrung, er bleibt unanschaulich und unerschließbar. Andererseits ist er auch keine bloße Hypothese, denn ihm korrespondiert eine unbestimmte Erfahrung der Gegebenheit von allem und jedem, eine Art diffuse Gesamtwahrnehmung, eine Art ›Uranschauung‹ des Seins im Ganzen. Jedenfalls ist der Begriff des Ganzen unverzichtbar. Die Vorstellung vom Ganzen, die wir haben, läßt sich zwar verdrängen, dennoch bleibt sie der dunkle Hintergrund aller anderen Vorstellungen, die wir uns machen. Daher ist es nicht von vornherein sinnlos zu versuchen, das Ganze anzudenken und soweit wie möglich zu erdenken, hypothetisch oder auch aporetisch, sozusagen in metaphysischen Modellen.

Wozu Totalitätstheorien?

Das Ganze, nach dem die Metaphysik fragt, ist etwas anderes als das physikalisch erforschbare Weltall. Wenn aber der ›Gegenstand‹ der Metaphysik sich allem Begreifen zu entziehen scheint, warum sollen wir eigentlich über das ›Ganze‹ nachdenken? Es gibt eine weitverbreitete Metaphysikkritik, die erklärt, daß über das Ganze (bzw. das Sein, das Eine usw.) keine sinnvollen Aussagen möglich seien und daß dies die einzig sinnvolle Aussage über das Ganze sei – und diese Restmetaphysik wäre dann die einzig wahre Metaphysik. In der Tat scheint das Nachdenken über prinzipielle Fragen nur ausnahmsweise zu plausiblen Antworten zu führen, metaphysische Erörterungen scheinen statt zu befriedigenden Ergebnissen meist nur zu Banalitäten oder zu Paradoxien zu führen, zu wilden Spekulationen über ein ›Ur-Sein‹, ein Urfaktum bzw. Urdatum oder über einen Urfaktor. Wozu also das vergebliche Rühren in der ›Ursuppe‹? Die Frage nach dem Sinn, den Grenzen und der Möglichkeit der Metaphysik sollte jedenfalls nicht verdrängt werden.

Vielleicht bedarf es eines gewissen Mutes zur Metaphysik, denn diese ist nicht nur ein schwieriges, sondern auch ein besonders gefährliches Geschäft. Jeder Schritt in dieser Höhenluft kann unabsehbare Konsequenzen haben, das abgehobene Denken kann sehr schnell zu Wirklichkeitsverlust führen und sich in Irrtümer oder Illusionen verrennen. Die Antwort auf die Frage nach der Existenz Gottes z. B. kann lebensentscheidend sein – wie aber kann sie überhaupt, halbwegs gegründet, beantwortet werden? Gerade die scheinbare Unkontrollierbarkeit metaphysischer Spekulationen muß zu Exzessen der Imagination verleiten, selbst der Besonnenste ist nirgendwo so sehr wie hier in Gefahr, sich geistig zu verlaufen. Metaphysik ist überdies nicht selten eine Versuchung, sich selbst und seine konkrete Situation über der Frage nach dem letzten Grund des Ganzen zu vergessen, sich im Absoluten zu verlieren und dabei sich selbst und seine Möglichkeiten in dieser Welt zu versäumen. Vieles spricht also dafür, auf alle metaphysischen Spekulationen zu verzichten. Warum nicht, wenn die letzten Fragen ohnehin unbeantwortbar sind, sich auf die vorletzten oder sogar die nächstliegenden konzentrieren? Vielleicht sollte man eine prinzipielle Abstinenz vom Prinzipiellen, insbesondere einen endgültigen Abschied vom Absoluten ins Auge fassen. Aber dies ist leichter gefordert als getan.

Erstens scheinen alle Menschen *de facto* so etwas wie eine Metaphysik zu haben, denn jeder hat irgendwelche vagen Vorstellungen vom Ganzen der Wirklichkeit und seinem Platz in diesem All, auch vom Sinn oder Nichtsinn seines Lebens; irgendwie haben wir alle eine Art ›Weltanschauung‹, nämlich ein mehr oder weniger bestimmtes Allbewußtsein, das wir mehr oder weniger gut (oder vielmehr schlecht) artikulieren können. Soll nun die Bearbeitung dieses Feldes ganz und gar den Propheten und Ideologen überlassen bleiben? Die meisten Menschen reagieren zwar wegen der Schwierigkeiten metaphysischen Denkens immer wieder mit Resignation oder Resistenz, zumal sie ihre sogenannte Weltanschauung meist schon aus anderen Quellen beziehen. Aber sollen wir nicht wenigstens versuchen, so lange wie möglich vernünftig zu sein, also auch unsere Grundfragen und Grundannahmen, z. B. mit Hilfe von Denkmöglichkeiten, zu überprüfen? Außerdem, was wäre die Alternative? Wollen wir uns wirklich auf gut Glück in irgendeinen Glauben flüchten oder in irgendeine blinde Praxis stürzen – vorausgesetzt, daß wir überhaupt die Wahl hätten?

Zweitens scheinen alle Menschen so etwas wie ein metaphysisches Bedürfnis zu haben, wenn auch nicht in gleich ausgeprägtem Maße; sie möchten nämlich den Sinn des Ganzen, nicht zuletzt den des eigenen Lebens, kennen. Aber warum wollen wir unbedingt etwas über die Wirklichkeit im Ganzen wissen? Nur um die Ergebnisse der Einzelwissenschaften in einer Synthese abzurunden bzw. wissenschaftliche Grundvoraussetzungen zu klären? Aus purer Neugierde oder weil Erleuchtungen über das Absolute uns mehr als Erkenntnisse zu vermitteln scheinen, nämlich Heilsangebote? Wenn es wirklich mehr als intellektueller Ehrgeiz sein sollte, woher kommt dann das Bedürfnis, das Ganze als Ganzes erdenken zu wollen, woher das Interesse an der Erkenntnis der möglicherweise alles umgreifenden Ordnung? Es ist, als ob der Mensch immer noch seinen Platz im Ganzen suche und damit den Sinn seines Lebens durch Erkenntnis des Ganzen. Wahrscheinlich sind die Seinsfragen der Metaphysik immer auch Sinnfragen.

Metaphysische Fragen dürften also logisch wie existentiell geradezu unabweisbar sein. Irgendwann stößt jeder auf solche Grundfragen wie die nach der Weltordnung im Ganzen, dem Woher und Wohin aller Dinge, und irgendwie scheint es in solchen Fragen um den Sinn von allem zu gehen, also um den Seinsgrund als Sinngrund. Metaphysik ist nur der Versuch, das, was wir immer schon tun, bewußt zu tun, nämlich sich innerhalb des Ganzen über das Ganze und über unseren Ort im Ganzen zu orientieren. Die Fragen nach der Totalität betreffen den Menschen in seiner Individualität. Fragt sich nur: Wieviel Metaphysik braucht der Mensch? Was ist wichtig zu wissen, wo hört das Denken, wenn überhaupt, auf? Wenn Metaphysik mehr sein soll als ein privater Kreuzzug für oder gegen das Absolute, so wäre jedenfalls zu überlegen, was in metaphysischen Dingen plausibel ist, was vielleicht sogar als Minimalmetaphysik unabdingbar ist. Gibt es allgemein einsehbare, unverzichtbare und zugleich unhintergehbare Grundsätze, lassen sich trotz des fundamentalen Charakters der metaphysischen Probleme einige pragmatische und zugleich prinzipielle ›Lösungen‹ finden? Wenn nicht, so wäre es immer noch nützlich, das zweifellos Evidente bzw. Begründete oder Begründbare von luftigen Spekulationen voller Voraussetzungen und Vermutungen, also das Plausible bzw. Probable von bloßen Annahmen, unvermeidliche Paradoxien von schwachsinnigen Behauptungen und unkontrollierbaren Erleuchtungen, vielleicht sogar das Denkbare vom Undenkbaren zu unterscheiden. Es kommt darauf an, sich sehenden Auges in den Ozean der Unwägbarkeiten, in dem wir uns immer schon befinden, zu bewegen und dabei möglichst den Kopf über Wasser zu behalten. Da eine wissenschaftliche ›Weltformel‹, die alle unsere Probleme lösen würde, nicht in Sicht ist, scheint es jedenfalls sinnvoller zu sein, vernünftige Überlegungen zu versuchen, als das Denken so lange zu verschieben, bis es zu spät ist.

2. Seinsfragen

Die Evidenz des Seins

In der Metaphysik geht es um sehr prinzipielle, folglich sehr generelle und sehr abstrakte Fragen. Die grundsätzlichsten, allerallgemeinsten und daher auch abstraktesten Fragen, die sich denken lassen, sind die nach Sein oder Nichtsein. Was heißt Sein und Nichtsein? Ist überhaupt etwas oder nicht vielmehr nichts? Die Frage ist also zunächst, ob überhaupt irgend etwas ist, ob es insbesondere mich gibt und ob außer mir noch etwas anderes existiert.

(1.) *Irgend etwas ist*. Wie immer man dies ausdrücken will: Irgend etwas gibt es, irgend etwas existiert, irgend etwas ist vorhanden. Damit ist noch nichts darüber gesagt, was existiert, wo und wann, warum und wie etwas existiert, sondern nur festgestellt, daß etwas existiert. Das bedeutet umgekehrt, daß nicht überall immer nur nichts ist bzw. daß es nicht nur das Nichts oder Nichtsein gibt – das totale Nichtsein oder das absolute Nichts kann es nicht geben. Es gibt Seiendes, oder, wenn man es so tautologisch formulieren will, Sein ist.

Die ›nihilistische‹ Gegenthese, daß schlechthin nichts ist, würde sich selbst als unsinnig aufheben, da sie sich selbst theoretisch als nichtexistent, faktisch aber als existent behaupten müßte – sie widerspräche durch ihre eigene Existenz ihrer inhaltlichen Feststellung schlechthinniger Nichtexistenz. Die Aussage, daß absolut nichts existiert, ist als solche sinnlos. Aber auch die Forderung nach einem Beweis, daß es überhaupt etwas gebe, ist unsinnig; denn sie beantwortet sich selbst bzw. hat sich immer schon dadurch beantwortet, daß sie sich selbst äußert sowie das Sein, das als existent bewiesen werden soll, als Beweisgrundlage voraussetzt. Wenn also nicht überall immer nur nichts ist, so gibt es irgend etwas, also Sein oder Existieren. Diese ›ontologische‹ Grundthese ist unwiderlegbar und unleugbar, sie wird daher als unvordenkliche Voraussetzung allen Denkens von niemandem wirklich angezweifelt. Was immer sein oder existieren mag, ob es erkennbar ist oder nicht – daß überhaupt etwas ist, ist offensichtlich oder ersichtlich, also evident. Das Wirklichsein oder die Existenz von etwas ist ein

Grundtatbestand, von dem wir immer schon ausgehen, ein Urphänomen, hinter das wir nicht zurückgehen können, auch wenn diese Urevidenz oder Urgewißheit vielleicht keine Grunderfahrung im Sinne einer chronologisch ersten Erfahrung ist. Das Daßsein, also daß es überhaupt Sein oder Seiendes (Dasein) gibt, ist die absolute Basis allen Denkens, auch wenn das Sosein oder Wassein (Wesen) des Seins möglicherweise unbekannt oder sogar unerkennbar ist. Allerdings läßt sich das Sein des Seienden anscheinend nur noch paradox (unter Betonung seines verbalen Charakters) aussagen: Sein ist, d. h. Existieren existiert.

(2.) *Ich bin.* Was immer sein oder nicht sein mag, meine eigene Existenz kann ich am allerwenigsten bezweifeln und auch logisch letztlich nicht leugnen: Indem ich bezweifle, daß ich bin, setze ich mich als Zweifelnden voraus. Ich kann mich selbst letztlich nicht wegdenken, da auch in diesem Denkversuch ich es bin, der denkt, daß ich nicht bin. Dies ist allerdings kein bloßer logischer Schluß, vielmehr bin ich für mich evident existent; irgendwie bin ich mir selbst unmittelbar als seiend gegeben, mir selbst sozusagen intuitiv und präreflexiv präsent. Ich bin, was immer ich sonst sein mag, zumindest ein seiendes Bewußtsein seines eigenen Seins oder ein existierendes Selbstbewußtsein, d. h. ich als ich bin das Bewußtsein bzw. Selbstbewußtsein meines eigenen Seins.

Niemand braucht mir zu beweisen, daß ich bin, denn dessen bin ich mir immer schon selbst gewiß; aber es kann mir auch niemand beweisen, daß ich bin bzw. daß ich nicht bin, ohne mich als existent vorauszusetzen. Ebenso kann auch ich selbst mir nicht beweisen, daß ich nicht bin; denn dabei würde ich mich selbst ebenfalls als Beweisenden und als Beweisadressaten voraussetzen. Aber ich kann mir auch nicht wirklich beweisen, daß ich bin; denn wenn ich mir zu beweisen versuchte, daß ich existiere, hätte ich bereits vor allem Beweis vorausgesetzt, daß ich als Beweisender wie als Beweisadressat existiere. Allerdings brauche ich normalerweise auch nicht zu versuchen, mir meine Existenz zu beweisen – eigentlich bin ich mir meiner im Grunde immer als existent gewiß und kann mich daher auch meiner selbst normalerweise jederzeit wieder durch Reflexion vergewissern.

Ich bin, ich existiere – das ist gewiß. Aber wer oder was bin ich? Ich bin ich, d. h. als ich zunächst nur ich und nicht mehr, was immer dieses ›ich‹ sein mag. Zwar bin ich möglicherweise in irgendeiner Weise noch mehr als ein Ich, z. B. ein Körper, aber als Ich bin ich unmittelbar nur ich, und zwar für mich – dies allerdings meist nur im Sinne eines unartikulierten Selbstbewußtseins, nicht im Sinne eines permanenten *Ich denke (mich)* und erst recht nicht im Sinne einer bestimmten Selbsterkenntnis. Im Grunde kennt sich das Ich nämlich nicht wirklich oder sich selbst sogar am wenigsten, jedenfalls nicht klar und deutlich: Ich bin ich, ohne eigentlich zu wissen, wer oder was ich bin. In gewisser Weise scheine ich mir nämlich – bei aller Selbstgegebenheit – irgendwie ständig zu entgehen, und zwar schon deshalb, weil, wenn ich mich denke, das denkende und das gedachte Ich gleichsam zwei Ichs in einem sind.

(3.) *Ich bin nicht alles.* Es gibt nicht nur mich, es gibt auch anderes als mich, d. h. es gibt mehr als mich. Ich bin nicht das einzige, was ist, bzw. nicht der einzige, der ist. Mit anderen Worten, ich bin nicht das einzige Seiende oder das ganze Sein, sozusagen das All-Eine, außerhalb dessen nichts mehr ist, also nicht die absolut einzige und insofern absolute Existenz, das Absolute, Gott oder das Ganze. Kurz, es gibt ›außer mir‹ das Nicht-Ich. Ich kann mich selbst nicht einmal ohne Nicht-Ich, nämlich ohne etwas anderes, von dem ich mich unterscheide, deutlich denken – vielleicht kann ich mich sogar nicht einmal ohne ein anderes Ich, d. h. ohne ein von mir gedachtes anderes Ich, als Ich denken. Das Ich-Bewußtsein ist insofern zugleich Nicht-Ich-Bewußtsein.

Faktisch muß jedes Ich ein Nicht-Ich außerhalb seines Bewußtseins, also ›außerhalb‹ seiner selbst, anerkennen; auch ein mein Bewußtsein ›von innen‹ regelndes Gesetz, das nicht bewußt aus mir selbst käme, wäre ein Nicht-Ich. Ohne ein solches Nicht-Ich, das mich so oder so begrenzt und bestimmt, könnte ich mir auch nicht erklären, warum ich mir freiwillig unangenehme Vorstellungen mache, z. B. von Leid, das mir durch etwas außerhalb meiner zustößt. Vor allem wäre es unverständlich, warum sich das Selbstbewußtsein, wenn es denn wirklich völlig autark und autonom sein sollte, am Ende sogar sein eigenes Ende einbilden sollte. Bringt sich etwa jedes Bewußtsein selbst freiwillig um? Ist mein Tod etwa nur meine Einbildung, oder endet das Bewußtsein, also das Ich, so wie es sich selbst kennt, wirklich, d. h. als Existenz? Dann verschiebt sich jedoch das Problem unvermeidlich von der bloßen Bewußtseins- auf die Seinsebene. Trotz aller möglichen Selbstkonstitution des Selbstbewußtseins – ich habe mich nicht gemacht, und ich kann mich auch nicht, so wie ich bin, erhalten. Ich bin durch und durch abhängig von etwas, das ich nicht bin.

Irgend etwas ist, ich bin, ich bin nicht alles. Dies ist nicht nur plausibel oder probabel, sondern eigentlich selbstverständlich – drei schlichte Tatsachen, die sich als drei ontologische Grundsätze formulieren lassen, also nicht nur Postulate, Axiome oder Hypothesen darstellen. Faktisch handelt es sich weniger um bestimmte Erkenntnisse als vielmehr um erste Voraussetzungen aller Erkenntnis, an die nur zu erinnern ist und die im Grunde sogar, notfalls nach einiger Überlegung, evident sind, wenn auch auf verschiedene Weise.

Die Existenz des Nichts

Die Evidenz des Seins provoziert geradezu die Frage nach der Existenz des Nichts bzw. des Nichtseins, aber schon die Frage scheint zu Paradoxien zu führen. Sind Nichts und Nichtsein überhaupt dasselbe? Wie könnte das Nichts oder das Nichtsein, das *per definitionem* ein Nichts an Sein sein soll, überhaupt sein? Wäre das Sein eines Nichts oder Nichtseins nicht ein Widerspruch in sich? Sein ist, so oder so, aber das Nichts, so scheint es, ist nicht, denn das Nichts ist nichts.

Wie kommen wir zur Vorstellung eines Nichts oder Nichtseins von Sein? Zumindest gibt es zwei ›Erfahrungen‹, in denen so etwas wie das Nichts auftaucht und die eine Erklärung verlangen. Die eine ist die Erfahrung des Nichtseins bzw. Nichtmehrseins von etwas durch Verlust oder Zerstörung, vor allem in der Angst vor dem eigenen Tode – hier erscheint das Nichts eher unbestimmt, geradezu unfaßbar. Die andere Erfahrung ist die der Negation im Denken wie in der Sprache, durch die das Nichtsein von etwas behauptet wird – hier erscheint das Nichts eher bestimmt als das Nicht von etwas. Daher dient dieses Nicht der Negation im logischen Urteil meist als Ausgangspunkt aller Erörterungen über das Nichts, obwohl die Angst vor dem Nichtsein (Nichtmehrsein) vermutlich fundamentaler ist. Eine erste grobe Klärung könnte also zwischen dem *Nicht* in der Sprache bzw. dem Denken (logisches Nicht, verbale Negation oder wie auch immer) und dem Nichtsein oder Nichts in der Wirklichkeit (reales Nichts, ontologisches Nichtsein oder wie auch immer) unterscheiden, also zwischen dem Nicht der Verneinung, dessen wir uns anscheinend unvermeidlich in Aussagen bedienen, und dem Nichts oder Nichtsein, d. h. Nichts an Sein, das wir mit solchen Aussagen in der Wirklichkeit vermuten oder voraussetzen.

Das logische Nicht der sprachlichen Negation ist zunächst nur das Nicht einer bestimmten Negation *(Ich schlafe nicht)*. Eine solche bestimmte Negation kann in verschiedenen sprachlichen Varianten formuliert werden: in der Form der Negation eines Soseins *(Peter ist nicht Paul)*, aber auch in der Form der Negation eines Daseins *(Ein Siebenfüßler existiert nicht)*. Eine solche negative Existenzaussage oder Negation einer Aussage, die aus der Erfahrung einer bestimmten Nichtexistenz, d. h. eines bestimmten Nichtseins von etwas, resultiert, kann aber auch die Form einer relativ unbestimmten Negation annehmen *(Ich sehe nichts)*. Falls diesen Redeweisen überhaupt irgend etwas in der Wirklichkeit entspricht, also dem ›logischen‹ Nicht irgendein ›reales‹ Nichtsein (Nichts), lassen sich – rein hypothetisch – verschiedene Arten von Nichts an Sein (Nichtsein) denken. Zum einen könnte dieses Nichtsein die nicht vorhandene Existenz, also die Nichtexistenz von irgend etwas meinen, und zwar eines Soseins *(Die Blumen sind nicht frisch)*, vor allem aber eines Daseins eines bestimmten Seienden *(Mein Elternhaus existiert nicht mehr)* oder auch unbestimmt die Nichtexistenz von irgend etwas *(Hier ist nichts)*. Was allerdings nicht ausschließen würde, daß hier und jetzt irgend etwas anderes existiert, z. B. ein neues Haus oder auch nur Luft. Oder ist irgendwo wirklich nichts, nur noch das Nichts?

Offensichtlich wäre es nützlich, zwei unterschiedliche Vorstellungen bezüglich des Nichts oder Nichtseins zu unterscheiden: die eines totalen oder absoluten Nichts und die eines nur relativen, sozusagen begrenzten Nichts; denn das Wort *nichts* kann sowohl die Nichtexistenz von irgend etwas als auch die Nichtexistenz von allem meinen. Das Nichts an Sein wäre also entweder die totale Leere, das Nichts als die Abwesenheit aller möglicher Existenz und Essenz, oder die partielle Leere, das Nichts als die Abwesenheit eines mehr oder weniger bestimmten Daseins und Soseins hier und jetzt. Aber das totale oder quantitativ absolute Nichts kann es nicht geben, weil es das Sein gibt; es könnte höchstens – wenn überhaupt – eine Art regionales oder relatives Nichts geben, also eine partielle oder intermittierende, als solche aber qualitativ absolute Seinsleere. Das absolute Vakuum, das Nichts als die absolute Leere oder als Abwesenheit von allem und jedem, kann es, räumlich und metaphorisch gesprochen, höchstens inmitten von Sein oder um das Sein herum geben, also nur als relatives Nichtsein oder relativ absolutes Nichts.

Damit ist jedoch die Hauptfrage, ob das Nichts bzw. das Nichtsein, wenn auch nur begrenzt, irgendwie ist oder existiert, noch nicht beantwortet. Ist nicht *das Nichts* nur eine unberechtigte Substantivierung von *nichts,* d. h. des Wortes *nichts,* das aus *nicht etwas,* also aus der Negation von etwas, entstanden ist? Ist also das unbestimmte Nichts nur eine unberechtigte Übertreibung eines bestimmten Nichtseins, das als negative Existenzaussage in Wirklichkeit nur die Existenz eines anderen Seins meint? Wenn ich nichts sehe, sehe ich dann das Nichts? Allerdings hat die Negation des Nichts oder die Leugnung des Nichtseins auch ihre Probleme. Schon die Behauptung, daß dem Nicht der Verneinung nichts (kein Nichtsein oder Nichts) in der Wirklichkeit entspricht, behauptet selbst wieder eine Art reales Nichtsein, nämlich das Nichtsein einer Beziehung von Sprache und Wirklichkeit bzw. ein Nichtsein des Nichtseins oder Nichts außerhalb der Sprache. Kommt also das Nichts wirklich nur durch die sprachliche Verneinung (d. h. durch uns) in die Welt, oder ist eine Negation eine irgendwie sachbegründete Aussage? Wozu brauchen wir das Nichts, d. h. die unvermeidlich unbestimmte Vorstellung eines Nichtseins? Aus den Funktionen der sprachlichen Negation ergibt sich, daß wir zumindest an zwei Stellen auf die Vorstellung eines Nichts bzw. Nichtseins stoßen, nämlich bei der Erklärung des Andersseins *(A ist nicht B)* und des Anderswerdens *(Paul ist nicht mehr derselbe),* d. h. das Problem des Nichts bzw. des Nichtseins stellt sich vor allem im Zusammenhang der Probleme von Einheit und Vielheit sowie von Entstehen und Vergehen.

Zum Anderssein gehört rein phänomenal als dessen Voraussetzung die Vielheit, und es wäre zu fragen, ob diese ohne Bezugnahme auf ein reales Nichts verstanden werden kann. Wie ist Vielheit überhaupt möglich – vorausgesetzt, daß es sie wirklich gibt? In der Tat könnte man versuchen, die Existenz der Vielheit, also real und relativ selbständig existierende Einheiten, zu leugnen. Vielleicht gibt es gar keine echte Pluralität, weder echte Diversität noch echte Differenz, vielleicht ist alles, was uns als eine Entität erscheint, nur eine periphere Ausformung eines einzigen Seinskontinuums oder die vielfältige Erscheinung eines einzigen unerkennbaren Seins an sich. Allerdings wäre damit immerhin, außer der erscheinenden Vielheit der Erscheinungen, die Verschiedenheit von Sein und Seiendem oder Ding an sich und Erscheinung bzw. Schein zugegeben. Wie es also auch immer um das Problem der Einheit, der größten wie der kleinsten Einheit, stehen mag, die Existenz vieler und relativ selbständiger Einheiten, z. B. von Ichs, läßt sich kaum bestreiten. Dann aber brauchen wir, um das Sein überhaupt irgendwie bestimmt denken und im Sein irgendwie Seiendes oder unterschiedliche Seinsformen unterscheiden zu können, so etwas wie die Annahme eines realen Nichtseins. Denn wenn es das Nichts nicht gibt, nämlich als intermittierendes Nichts, dann gibt es überall nur das eine, ununterbrochene, gewissermaßen dichte oder massive Sein. Dann würden alle Körper, z. B. mein Leib und die ihn umgebende Luft, aber auch alle Ichs sowie Sein und Bewußtsein, bruchlos, weil ohne Kontur oder Grenze, ineinander übergehen.

Auch das Problem der Veränderung, also des Werdens, impliziert das Problem des Nichts, und dies nicht nur, weil Entstehen und Vergehen Vielheit und damit Differenz und Diversität voraussetzen. Anderswerden ist rein phänomenal der Übergang eines Zustandes in einen anderen, die beide als solche existieren, von denen aber immer einer noch nicht und ein anderer nicht mehr ist. Auch wenn aus etwas immer etwas anderes wird, so hat sich dabei doch irgend etwas, eine Struktur, irgendwie in Nichts aufgelöst, ist ›zugrunde‹ gegangen. Zwar könnte man versuchen, wie die Vielheit, so auch das Werden wegzuerklären – Werden ist nur Schein, im Grunde gibt es nur das eine, immergleiche Sein. Allerdings wäre damit wieder der Unterschied von Sein und Schein, und zwar von beharrlichem Sein und veränderlichem Schein, zugegeben. Ob man Werden als Transfiguration (Komposition und Dekomposition) oder als Transformation (bloße Formveränderung) oder sonstwie versteht, immer entsteht etwas, was vorher nicht vorhanden war, und immer vergeht etwas, das vorher vorhanden war. Irgendwie scheint ein Sein aus dem Nichts zu kommen oder darin zu verschwinden, auch wenn nun umgekehrt behauptet werden kann, Sein selbst sei Werden. Was ist das, was da wird? Was bedeutet das ewige Werden des Seins für uns, die wir jetzt und hier als individuell Seiendes sind? Wenn es kein Nichtsein gibt, sind wir jedenfalls prinzipiell unsterblich – wie alles andere auch.

Chaos oder Kosmos

Die Frage nach dem Verhältnis von Chaos und Kosmos kann auf das physische Universum bezogen und dann vor allem als Frage nach der Entstehung des Kosmos aus dem Chaos gestellt werden.

Dann wird das Ganze im metaphysischen Sinne (das Ganze des Denkbaren überhaupt) auf das Ganze im physikalischen Sinne (das Ganze des empirisch Gegebenen) reduziert. Kosmos bedeutet dann soviel wie dieses Universum, Chaos soviel wie ein scheinbares Durcheinander, das dennoch irgendwelchen Gesetzen gehorcht (›determiniertes Chaos‹), also eine Art geordnete Unordnung. Die Frage nach der Grundstruktur bzw. der Strukturlosigkeit des Seins im Ganzen zielt jedoch über die Frage nach der Herkunft dieser Welt, soweit sie sich möglicherweise wissenschaftlich beantworten läßt, hinaus. Es geht nicht darum, wie und warum nach welchen Gesetzen welcher ›Kosmos‹ aus welchem ›Chaos‹ entstanden ist; es geht auch nicht um das Problem eines empirisch feststellbaren Strukturwandels, sondern darum, ob im Sein überhaupt eine Ordnung herrscht oder nur ›heilloses Durcheinander‹. Ist die Wirklichkeit im Ganzen völlig geordnet oder völlig ungeordnet, oder ist sie teils geordnet, teils ungeordnet? Rein theoretisch scheint es nämlich vier Möglichkeiten zu geben. Entweder es herrscht überall und immer nur totales Chaos, oder es herrscht eine absolute Ordnung in allem und jedem – das wären die beiden stärksten Thesen. Daneben lassen sich aber auch noch zwei schwächere denken: Entweder es gibt eine Ordnung im großen und ganzen, aber mit eingesprengten Flecken von Unordnung, oder es herrscht im großen und ganzen Unordnung, aber mit eingesprengten Flecken von Ordnung. Die erste schwache Theorie wäre eine Art Schweizer-Käse-Theorie der Wirklichkeit, die zweite eine Art Theorie der Seligen Inseln.

(1.) Ursprünglich wurde die Wirklichkeit im Ganzen als Kosmos gedacht. Zwar gehören zu einer solchen totalen Ordnung oder Harmonie außer einer umgreifenden Einheit auch innere Gegensätze, aber die Differenzen im Sein, auch die Divergenzen und Diskrepanzen, bleiben sozusagen eingebunden. Das Sein als solches ist, im großen Ganzen wie im kleinsten Teil, irgendwie strukturiert, gesetzmäßig geordnet, ja sogar sinnvoll geregelt – im Grunde regelt sich das geordnete Sein oder die existierende Ordnung selbst durch ein allumfassendes Urgesetz. Existieren ist letztlich nur als geordnetes Existieren möglich, Sein ist Sein in einer Ordnung bzw. Sein von Ordnung. Für diese Auffassung spricht nicht zuletzt die Vermutung, daß die Wirklichkeit letztlich mit sich selbst übereinstimmen muß, weil sie sich, wenn sie im Konflikt, und zwar im Dauerstreit mit sich selbst wäre, unausweichlich irgendwann selbst zerstören würde bzw. längst selbst vernichtet hätte. Das Sein im Ganzen kann nicht uneins mit sich selbst sein, also ist das Sein (in) Ordnung. – Allerdings ist die so vorgestellte Universalharmonie fast zu schön, um wahr zu sein. Die Theorie einer lückenlosen Ordnung entspricht zwar dem Eindruck einer universalen kosmischen Ordnung, aber sie kollidiert mit der entgegengesetzten Erfahrung von Störfaktoren oder der Existenz von Unordnung, also muß sie alle ›Ordnungswidrigkeiten‹ als sekundär oder als bloßen Schein erklären. Die Theorie absoluter Seinsharmonie bedarf daher zu ihrer Ergänzung einer Kosmodizee (bzw. auf theologischer Ebene einer Theodizee), die auch die Disharmonie noch als Moment der Harmonie erweisen müßte.

(2.) Die Erfahrung von Unordnung kann zu der Vermutung führen, daß im Grunde überall Chaos herrscht, daß der Wirrwarr die Grundstruktur der Wirklichkeit ist. Alles geht durcheinander, die Wirklichkeit im Ganzen ist ein Tohuwabohu oder ein »trostloses Ungefähr«, das Sein liegt mit sich selbst in dauerndem Streit bzw. fällt in einem fort beziehungslos auseinander. Strenggenommen hat dieses totale Durcheinander überhaupt keine Struktur, d. h. unterliegt keinem Gesetz, nicht einmal Wahrscheinlichkeitsgesetzen; denn jedes das Chaos regelnde oder formende Gesetz würde das Chaos als solches im Grunde aufheben. Das Chaos, das selbst nur durch Zufall oder ohne zureichenden Grund existiert, ist nur wesenloses Sein in der Nacht des Nichts und von diesem kaum noch zu unterscheiden. Das Chaos ist das Absolute, das Absolute ist das Chaos. Obwohl das Chaos, wenn es als Durcheinander und nicht wörtlich als gähnende Leere, d. h. als bloßes Nichts, verstanden wird, immer noch Durcheinander von etwas wäre, also von irgend etwas, das als etwas Struktur hat – das Durcheinander des Seienden wäre also nur ein Mangel an Superstruktur des Seienden im Ganzen. – Allerdings, wenn es wirklich ein solches reines oder totales Chaos geben sollte, wäre es eigentlich ein permanentes Wunder, daß immer noch irgend etwas als etwas existiert, daß sich nicht alles längst selbst zerstört hat. Außerdem müßte die Theorie, daß es nur absolute Unordnung gibt, die Erfahrung von Ordnung erklären, und zwar entweder als bloßen Zufall oder besser noch als bloßen Schein.

(3.) Wenn weder die Existenz von Ordnung noch die Existenz von Unordnung bezweifelt wird, der Eindruck von Ordnung aber den von Unordnung überwiegt, so läßt sich dem theoretisch dadurch Rechnung tragen, daß die Kosmostheorie in einer schwachen Version formuliert wird. Dann müssen Lücken im System oder Ausfälle in der Ordnung, also regionale metaphysische Leerstellen oder metaphysische schwarze Löcher im Kosmos, zugegeben bzw. behauptet werden, wobei diese punktuellen Pannen oder interimistischen Störfälle jedoch nicht mit einem intermittierenden Nichts gleichzusetzen wären, da dieses die Struktur allererst ermöglicht. – Allerdings müßten solche ›Gesetzespausen‹ unter der Voraussetzung einer Ordnung des Ganzen mit dem Grundgesetz der Harmonie irgendwie kompatibel sein, wenn nicht sogar aus diesem erklärt werden (was schnell zur Kosmostheorie in der starken Version zurückführen könnte). Denn wie ist partielle Unordnung im Rahmen einer universalen Ordnung möglich, wie vertragen sich Kosmos-Prinzip und faktische Chaos-Ausnahme? Lassen sich in einem universalen System gleichsam abgeschottete Subsysteme denken, die faktische Nicht-Systeme sind? Hat das Universum gelegentlich ein *black out?*

(4.) Wenn weder die Existenz von Ordnung noch die Existenz von Unordnung bezweifelt wird, der Eindruck von Unordnung aber den von Ordnung überwlegt, so läßt sich dem theoretisch dadurch Rechnung tragen, daß die Chaostheorie in einer schwachen Version formuliert wird und im Ausgang von einem allgegenwärtigen Chaos punktuelle und momentane Ordnungssysteme zugegeben werden. Im Grunde ist die Wirklichkeit zwar ein einziges großes Durcheinander, aber in diesem brodelnden Eintopf gibt es einige relativ feste Einheiten oder Konglomerate, die peripher eine gewisse stabile Ordnung bilden. Diese schwimmenden Inseln im Ozean des Chaos sind zwar als kleine Welten in sich selbst nicht chaotisch, sondern mehr oder weniger geordnet, im Grunde aber sind sie nichts als Zufallsprodukte des Chaos und ohne letzten Halt; die Gesetzmäßigkeiten der Wirklichkeit, die uns als Notwendigkeiten erscheinen, sind selbst nur Zufälligkeiten. Auch der physische Kosmos, das Universum, ist selbst nur eine solche Insel im großen Durcheinander des endlosen Seinschaos, eigentlich nur eine schöne Seifenblase. Letztlich gibt es nur das strittige und sinnlose Durcheinander, den absoluten ›Unfug‹ oder ›Unsinn‹. – Allerdings kann unter der Voraussetzung eines universalen Chaos die Entstehung von Ordnung (Gesetz) aus der Unordnung (Gesetzlosigkeit) nur durch den Rückgriff auf einen Zufall erklärt werden; im Grunde muß alle Struktur (wie das ganze

Chaos) letztlich auf einen Urzufall zurückgehen, denn Strukturierung im Chaos nach irgendwelchen Gesetzen würde bereits wieder ein Urgesetz, also eine Urnotwendigkeit, voraussetzen. Selbst wenn die Entstehung der Seinsordnung bzw. Weltordnung aus der zufälligen Kollision und Kombination letzter Einheiten (›Atome‹) erklärt würde, so wäre dies keine strenge Chaostheorie, falls diese Teilchen nicht selbst wieder als strukturlos gedacht würden (was dann aber ihren Charakter und Zusammenhalt als Einheiten oder individuelle Entitäten aufheben würde).

Die Frage *Chaos oder Kosmos?* scheint, wenn sie streng metaphysisch als Frage nach der letztlichen Ordnung oder Unordnung, Gesetzmäßigkeit oder Gesetzlosigkeit, Struktur oder Strukturlosigkeit des Seins gestellt wird, in unauflösliche Probleme zu führen. Wenn alles Chaos ist und wenn das Chaos nicht nur das Nichts ist, sondern regelloses Durcheinander, wovon ist das Chaos dann eigentlich Chaos? Denn was ist das Chaos, wenn nicht Chaos von etwas, das sich im Chaos befindet und sich chaotisch verhält? Oder ist im Chaos alles in sich nochmals chaotisch, durch und durch chaotisch? Was bleibt dann aber in der totalen Strukturlosigkeit außer dem Nichts bzw. dem permanenten Wunder, daß das Ganze des Seins trotz absoluter Anarchie noch als Ganzes zusammenhält, d. h. sich nicht in nichts auflöst. Wenn jedoch die Wirklichkeit ein einziger wunderbarer Kosmos, das Sein totale Harmonie ist, wenn also alles im Grunde Ordnung ist, wovon ist diese Ordnung, wenn sie denn Ordnung von etwas ist, eigentlich Ordnung? Gibt es etwa ein sozusagen noch ungeordnetes Substrat aller Ordnung, oder ist alles selbst wieder durch und durch geordnet? Ist wirklich alle Unordnung nur Schein und Einbildung? Es scheint fast, daß die Begriffe Chaos und Kosmos, wenn man sie auf das Ganze des Seins bezieht, sich aufheben.

Das Relative und das Absolute

Das Ganze kann, so wie es das Sein oder das Eine usw. genannt wird, auch das Absolute genannt werden. Aber was heißt schon *absolut?* Das Absolute wird als Gegenteil des Relativen gedacht: *Relativ* bedeutet (ähnlich wie *relational*) zwar ursprünglich nur *bezogen* oder *bezüglich,* dann aber *bedingt* oder *abhängig,* folglich auch – mit einem deutlichen Wertakzent – *begrenzt, endlich* oder *unvollkommen. Absolut* heißt dementsprechend *losgelöst* oder *unbezogen, unabhängig* oder *unbedingt,* folglich auch – mit einem deutlichen Wertakzent – *unbegrenzt* oder *unendlich, transzendent* oder *vollkommen.* In der Metaphysik meint der Ausdruck *das Absolute* daher das alles umgreifende oder überschreitende Sein, das, im Unterschied zu allem anderen, in seiner Existenz durch nichts bedingt und daher schlechthin unabhängig ist, oder auch – mit religiösem Akzent – das höchste oder vollkommende Seiende, also soviel wie Gott, als etwas von der Welt völlig Verschiedenes. Aber läßt sich ein metaphysisches Absolutes oder vielmehr das metaphysisch Absolute überhaupt irgendwie denken? Der Begriff des Absoluten könnte sich als eine paradoxe Leerformel erweisen.

Die Existenz des Seins im Ganzen und damit des Absoluten in diesem Sinne braucht nicht lang und breit bewiesen zu werden, da sie wie die Existenz des Seins evident ist: Das Sein im Ganzen ist das absolute Sein, da es von keinem anderen Sein abhängt, vielmehr alles relative Seiende umgreift und in sich enthält. Im Vergleich zum vielen Relativen, das sowohl aufeinander als auch auf die umgreifende Ganzheit bezogen und insofern relativ ist, ist das absolut Ganze als das All-Eine etwas ganz oder ›absolut‹ anderes. Während im Reich des Relativen das eine das andere zu bedingen scheint, dürfte das Ganze als dieser ganze Bedingungszusammenhang selbst nicht mehr durch etwas anderes bedingt sein – es müßte unbedingt oder selbstbedingt und zugleich, insofern sich alles Bedingen in ihm abspielt, die oberste oder erste Bedingung von allem Sein, die Grundbedingung im wahrsten Sinne des Wortes: Das Absolute ist die sich selbst ermächtigende Macht und das sich selbst legitimierende Gesetz. So erscheinen die Widersprüche im Begriff des Ganzen auch als Paradoxien des Absoluten, und so könnte sich die Metaphysik zweifellos noch lange in oftmals überstrapazierten Metaphern ergehen. Es fragt sich nur, was durch die Formulierung solcher Paradoxien aus wechselnden Perspektiven gewonnen ist – es sei denn ein Wissen des Nichtwissens und damit ein Sinn für das Unerdenkbare.

Dennoch ist auch zu fragen, ob das sogenannte Absolute wirklich absolut absolut ist. Streng logisch gesehen, ist nämlich auch das absolut Ganze nicht in jeder Hinsicht absolut, jedenfalls nicht, wenn man darunter das absolute Sein als die Alleinheit des Seienden versteht. Es ist sogar in doppelter Hinsicht relativ bzw. relational. Erstens ist das Sein als solches, wie auch immer, auf das Nichtsein bezogen – vorausgesetzt, daß es außer dem Sein oder auch im Sein noch irgendwie Nichtsein gibt und dieses nicht zum Ganzen des Seins gezählt werden kann. Das Sein steht im Gegensatz zum Nichtsein (Nichts) und ist insofern auf dieses bezogen, jedenfalls können wir kein Sein denken, ohne das Nichtsein mitzudenken (und umgekehrt). Daher muß das absolut Ganze strenggenommen als das Ganze von Sein und Nichtsein gedacht werden. Zweitens ist das Ganze des Seins auf das Seiende innerhalb seiner selbst bezogen, also auf seine Teile, und damit auf das Relative – vorausgesetzt, daß es innerhalb des Ganzen Differenz und Diversität gibt und insofern Relatives als relativ selbständiges Seiendes. Das Ganze ist relativ auf seine Teile und insofern sozusagen relativ auf sich selbst, und zwar vermittelt durch das Viele. Doch muß diese doppelte Bestimmung den Begriff des absoluten Seins nicht aufheben, es bleibt immer noch etwas ganz anderes als das im strengen Sinn relative Seiende; im Verhältnis zu dem, was ihm immanent ist, ist es absolut transzendent.

Nun könnte man versuchen, den Begriff des Absoluten dadurch zu konkretisieren, daß man das Sein im Ganzen als *göttlich* bezeichnet oder es direkt *Gott* nennt. Damit würde die Metaphysik einen großen Schritt von der Ontologie zur Theologie tun: Das absolute Sein ist Gott, Gott ist das absolute Sein; alles ist in Gott, Gott ist in allem. Ein solcher ›Pantheismus‹ oder ›Panentheismus‹ ist, solange er nur eine *façon de parler* ist, in gewisser Weise trivial – jedenfalls unter der Voraussetzung der Gleichsetzung von Sein und Ganzem einerseits sowie Gott oder Absolutem andererseits. Daher wäre gegen eine solche Gleichsetzung des Ganzen mit Gott an sich nichts einzuwenden, die Frage ist nur, was durch eine solche Umbenennung des Ganzen in Gott gewonnen ist. Zunächst wäre nur eine Leerformel durch eine andere ersetzt, also ein Nichtwissen durch ein anderes; außerdem würden zu den allgemeinen Problemen der Metaphysik noch alle Probleme der Theologie hinzukommen, z. B. das Problem der Theodizee. Im übrigen ist das absolut Ganze als absolutes Sein kein Gott im überlieferten Sinne des Wortes, nicht nur nicht der »Gott der Propheten«, in der Regel nicht einmal der »Gott der Philosophen«; jedenfalls bliebe bei der bloßen Gleichsetzung von Gott und Ganzheit das Bedürfnis nach Zwiesprache, Erlösung usw. ungestillt. Außerdem könnte diese Art von Seinsdenken bzw. ›Gotteserfahrung‹ sehr schnell sehr gefährlich werden, nämlich immer dann, wenn sich damit die Behauptung eines besonderen Zugangs zum Absoluten verbindet und wenn dieser Absolutismus noch an gewisse Personen und Praktiken gebunden wird.

Noch spekulativer als die Gleichsetzung des Ganzen mit Gott wäre – auf dem Boden der bloßen Vernunft – die Annahme eines transzendenten Wesens, das als höchstes oder absolutes Seiendes nicht mit dem absoluten Sein als Ganzes identisch ist und das als Geist bzw. Person, also als Gott im engeren Sinne des Wortes, verstanden werden könnte. Mit anderen Worten, man könnte versuchen, mit Hilfe eines doppelten Begriffs des Absoluten – eines engeren, ontologischen und zugleich theologischen, sowie eines weiteren, rein ontologischen bzw. metaphysischen Begriffs – zwischen Gott und dem Ganzen einen Unterschied zu machen. Man könnte versuchen, Gott entweder als Seiendes noch außerhalb oder oberhalb dieses Ganzen zu denken oder auch als höchstes Seiendes innerhalb dieses Ganzen, d. h. man könnte erwägen, ob es außerhalb oder oberhalb bzw. innerhalb des umgreifenden Ganzen oder Absoluten, das in der Metaphysik erörtert wird, noch so etwas wie ein eigenständiges transzendentes Absolutes geben müsse, also ein Seiendes von ganz anderer Art als alles innerweltlich Seiende, das dann vermutlich auch der Ursprung des übrigen Seienden oder sogar handelnde Person wäre. Das wäre im Grunde die alte Unterscheidung zwischen Gott und Welt. Damit wäre zweifellos dem Bedürfnis nach einem höheren Ich oder vielmehr Du Genüge getan, und mit Gott wäre nicht nur ein extramundaner Schöpfer der Welt, sondern auch ein absoluter Sinngarant gefunden. Allerdings würden diese Denkversuche letztlich entweder den Begriff des *Ganzen* als etwas Absolutes oder den Begriff *Gott* als etwas Absolutes aufheben und auf ein nur relativ absolutes Ganzes oder einen nur relativ absoluten Gott hinführen.

3. Sinnfragen

Sinnleere und Sinnbedürfnis

Sinnleere gehört zu den meistbeklagten Übeln unserer Zeit, viele Menschen scheinen wie gelähmt durch oder auch wie gejagt von Sinnlosigkeit. Allerdings wird der vielbeklagte Sinnmangel von vielen auch ignoriert oder bestritten, zumal dann, wenn es um das eigene Leben geht. Während die einen noch in unreflektierten Sinntraditionen leben, scheinen andere die Sinnfrage schon zu verdrängen; einige scheinen immer noch oder schon wieder über einen zureichenden Sinnvorrat zu verfügen, andere scheinen ihr Sinndefizit unbewußt zu überspielen oder bewußt auszuklammern. So gibt es überall kleine und große Fluchten aus kleinen und großen Sinnkrisen. Während die einen verzweifelt nach irgendeinem höheren Sinn suchen, betäuben sich die anderen mit Schwachsinn aller Art; Familie oder Arbeit bieten Fluchtburgen genauso wie Kirchen und Sekten, privates wie politisches Krisenmanagement hält eine halbwegs sinnvolle Lebens- und Gesellschaftsordnung aufrecht. Denn wo Sinnbedarf ist, gibt es auch Sinnangebote aller Art, Sinnvermittler und selbsternannte Sinnstifter verkaufen alten und neuen Sinn bzw. Sinnsurrogate. Auch die Philosophie wird heute nicht selten als Suche nach Sinn definiert. Der Philosoph, ohnehin häufig als einsamer Sinnsucher verstanden, wird sogar zum Sinnverkünder und dabei nicht selten durch Überforderung bzw. Selbstüberschätzung zur Scharlatanerie verführt, denn die Philosophie kann – auch als Andenken gegen drohende Sinnlosigkeit – meist nur leichtfertige Sinnzerstörung verhindern. Aber wie immer man die Rolle der Philosophie als Sinnorientierungsversuch sehen mag, sie muß sich der Sinnfrage stellen.

Offensichtlich hat die oftmals unfaßbare Sinnleere kulturell wie individuell unterschiedliche Grade und Ausprägungen. Am deutlichsten scheinen die modernen Industriegesellschaften, insbesondere die Wohlstandsgesellschaften, betroffen zu sein – mitten im ›sinnlosen‹ Treiben, inmitten der Leistungs- und Konsumgesellschaft wächst ein zunächst noch verdecktes Sinnvakuum, grassiert der Sinnmangel, potenziert sich die Sehnsucht nach Sinn. Aber vermutlich aktualisiert sich hier nur ein Grundmangel des menschlichen Daseins. So haben die sinneutralen modernen Naturwissenschaften und deren Auswirkungen seit langem die Welt zunehmend sinnleer oder sinnlos, gottlos oder vernunftlos gemacht. Zugleich kann die Zunahme der Freizeit die bisher vernachlässigte Sinnfrage sichtbarer als bisher machen; die Befreiung von der elementaren Sorge um das tägliche Brot läßt auch unmittelbare Sinnselbstverständlichkeiten wie den Kampf ums Überleben zusammenbrechen. Es ist, als ob der Verlust von lebensstabilisierenden Notwendigkeiten am Ende nur die eigene innere Leere und damit die Leere von allen und allem sichtbar gemacht hätte. Gleichzeitig scheinen die Sinnansprüche ins Unermeßliche gestiegen zu sein. Die Hoffnung auf jenseitigen Sinn, die zunächst die diesseitige Sinnlosigkeit, deren Produkt sie möglicherweise selbst war, bewußt gemacht hat, hat nach ihrem Zusammenbruch ein geradezu absolutes Bedürfnis nach Sinn hinterlassen, ein Bedürfnis nach vollem Sinn sofort und für immer.

Was fehlt uns eigentlich, wenn wir alles haben? Es ist, als ob der gegenwärtige Hunger nach Sinn und ebenso die Flucht vor der Sinnlosigkeit nur die moderne Erscheinungsform eines prinzipiellen Problems sei, nämlich daß der Mensch zum Leben so etwas wie Sinn braucht und daß er den bisherigen Sinngehalt, der ihm vor allem durch die großen Religionen geboten wurde, verloren hat und bislang nicht ersetzen kann. Sinnleere und Sinnbedürfnis können sich nur aktualisieren und radikalisieren, wenn sie im Prinzip oder als Potenz bereits vorhanden sind – anscheinend können Menschen ebensowenig in einer sinnleeren Welt leben wie in einem luftleeren Raum. Tiere brauchen keinen Sinn, weil ihnen alle Lebensziele, die ihnen möglich sind, bereits fest und ohne Reflexion vorgegeben sind; die Sinnfrage hingegen geht über alle möglichen biologischen Lebensprogramme hinaus, sie stellt das gesamte Leben des Menschen in Frage, um es zugleich der Möglichkeit nach zu überhöhen. Die Sinnfrage entsteht insofern durch einen Bruch mit der Natur, sie stellt sich nicht als biologisches, sondern als metabiologisches (›metaphysisches‹) Problem. Sie ist nicht einfach eine Form sublimierter Lebenskraft oder Ausdruck von Mangel an Lebenskraft, sie ist eine Reaktion auf den ›Unfug‹ des Lebens und den ›Unfug‹ des Sterbens. Deshalb hat der Mensch sie in Mythen und Religionen immer schon zu beantworten versucht. Insofern verweist der aktuelle Sinnverlust auf einen konstitutiven Sinnmangel des Menschen, der seinerseits durch den Mangel an natürlicher Seins- oder Sinnsicherheit bedingt ist. Der Mensch ist ein sinnbedürftiges, daher sinnsuchendes und möglicherweise sinnbesitzendes Lebewesen.

Allerdings ist bisher unklar, worin die Sinnleere überhaupt besteht. Offensichtlich ist sie kein Unsinn im Sinn von Widersinn, Wahnsinn oder Irrsinn, denn diese machen in ihrer Art noch Sinn, nämlich falschen oder scheinbaren Sinn; der sinnwidrige Unsinn z. B. läßt sich durch einen mehr oder weniger deutlich erkennbaren (negativen) Bezug zum Sinn bestimmen. Die Erfahrung der Sinnlosigkeit, als relativer Mangel an Sinn oder auch als absolute Sinnleere verstanden, unterhöhlt hingegen sogar Gegensinn und Pseudosinn. Sinnlosigkeit als ein Nichts an Sinn realisiert sich als mehr oder weniger großes Sinnvakuum – auch wenn sogar die Sinnlosigkeit sich nur als Mangel an Sinn, also im Hinblick auf Sinn oder Sinnpostulate, zeigen kann. Was aber ist überhaupt Sinn, was gibt Sinn, was bewirkt oder leistet Sinn?

Der Sinn von Sinn

Der Sinn von Sinn ist alles andere als eindeutig, und diese Unklarheit des Gesuchten könnte bereits ein wichtiger Aspekt des Sinnproblems sein. Offensichtlich kann *Sinn* zunächst sowohl ein sinnliches oder geistiges Vermögen als auch den Gegenstand dieser Fähigkeit meinen. So können wir mit Hilfe unserer Sinne (Sinnesorgane) das sinnlich Wahrnehmbare erfassen, aber auch im Denken, durch Nachsinnen, geistige Sachverhalte (Sinn) verstehen. Sinn als subjektiver Sinn ist Sinn für etwas, d. h. Aufgeschlossenheit für etwas Vorgegebenes, das ebenfalls Sinn heißen kann, nämlich objektiver Sinn als ›Sache‹ oder seinshafter Sinn (auch wenn dieser ›objektive‹ Sinn nur ›subjektiv‹ erfahren werden kann). Das Sinnes- oder Sinnvermögen setzt so etwas wie einen vorhandenen, möglicherweise erkennbaren Sinn voraus, auf den es potentiell bezogen ist: Sinn ist Sinnverstehenkönnen, Sinn richtet sich auf Sinn. Aber der Sinn als das geistig Gegebene ist vieldeutig, und man könnte – auf geistiger Ebene – zumindest drei verschiedene Arten von Sinn unterscheiden: semantischen Sinn, teleologischen Sinn und metaphysischen Sinn.

(1.) *Semantischer Sinn.* In diesem Sinn von Sinn kann z. B. nach dem Sinn von Zeichen gefragt werden, insbesondere nach dem Sinn von Wörtern oder Texten, aber auch nach dem Sinn von Bildern oder – wie hier – nach dem Sinn eines Begriffs. Semantischer Sinn bedeutet soviel wie die Bedeutung von etwas oder das Verstehbare; er ist primär theoretischer oder kognitiver Sinn, d. h.

er wird erkannt und verstanden, begriffen, oft auch nur gefühlt oder erlebt. Dabei wird das sinnlich Wahrnehmbare als Ausdruck von etwas oder Zeichen für etwas, was es selbst nicht ist, verstanden, nämlich als Ausdruck von oder Zeichen für etwas anscheinend Unsinnliches. Der Sinn der Sache ist insofern das, woraufhin die Sache verstanden wird, aber auch von woher eine Sache verstanden wird. Er ist das mit einer Sache Gemeinte, die mit einer Sache verknüpfte Aussage oder die Sache selbst als Sinngebilde; der gemeinte Sinn als erkennbare Sinnstruktur ist das, was etwas bedeutet. Die Bedeutung aber, die etwas (für mich) hat, ist – nach der Bedeutung von Bedeutung – das, was etwas (mir) von sich aus bedeutet, nicht nur das, worauf ich hindeute, oder das, was ich hineindeute. Solche ›objektiven‹ Bedeutungen können allerdings deutlich oder undeutlich sein, der Sinn von etwas muß oft noch verdeutlicht oder verständlich gemacht werden, d. h. Sinn muß gedeutet, nämlich verstanden und ausgelegt werden. Dabei kann fast alles auch ›subjektiv‹ verstanden werden; wie es mit etwas Glück sinn- oder sachgemäß verstanden werden kann, so kann es auch sinnwidrig und ›ohne Sinn und Verstand‹ aufgefaßt werden.

Das Gegenstück zum semantischen Sinn ist der semantische Unsinn oder das semantisch Sinnlose, also das, was als solches nichts bedeutet oder was in sich widersinnig ist, wie beispielsweise das, was sich in sich selbst widerspricht. Sinnlos im Sinne von sinnneutral (sinnfrei) könnte man z. B. die Umrisse eines Steins nennen, auch wenn die Form vielleicht an die eines menschlichen Schädels erinnert – im Unterschied etwa zu einem Artefakt in dieser Form, der dann z. B. als Gedenkstein gedeutet werden könnte. Sinnlos im Sinne von sinnwidrig (widersinnig) könnte man beispielsweise die Vertauschung von Buchstaben in einem Wort oder den Ausdruck *viereckiges Dreieck* nennen, obwohl man natürlich noch verstehen kann, daß etwas Unverständliches vorliegt. Sinnlosigkeit im Sinne von Sinnneutralität ist nur da gegeben, wo überhaupt kein Sinn möglich ist bzw. sinnvollerweise nicht erwartet werden kann; Sinnlosigkeit im Sinne von Unsinn oder Widersinn entsteht nur da, wo überhaupt Sinn möglich ist bzw. sinnvollerweise erwartet werden kann.

(2.) *Teleologischer Sinn.* In diesem Sinn von Sinn kann – vom Problem sogenannter Naturzwecke einmal ganz abgesehen – z. B. nach der Funktion eines Maschinenteils, aber auch nach dem Ziel oder Zweck einer Handlung gefragt werden. Teleologischer Sinn ist zunächst vor allem soviel wie funktionaler Zweck, und dieser ist, obwohl der Sache quasi immanent, der Sinn von etwas für etwas; er liegt, indem er die Sache als zweckmäßig bzw. nicht zweckdienlich charakterisiert, zugleich in und außerhalb der Sache. In diesem Sinne hat dann auch und sozusagen vor allem jede (zielbezogene) Handlung einen Sinn oder Zweck, auf den sie ausgerichtet ist, sie ist, wenn man so will, teleologisch in einem engeren Sinne oder finalistisch, während die Produkte dieser Handlungen meist einen funktionalen Sinn oder technischen Zweck haben. Mit anderen Worten, der teleologische oder finalistische Sinn von Handlungen ist als solcher wesentlich bewußt und frei gesetzter praktischer Zweck.

Allerdings sind Ziel und Zweck nicht in jedem Falle dasselbe. Eine Fahrt kann ein bestimmtes Ziel ansteuern, aber dieses Fahrtziel ist nicht selbst der Zweck der Fahrt; ziel- und insofern zweckorientierte Handlungen können daher meist noch auf einen weiteren, z. B. einen normativen Zweck außerhalb ihrer selbst hin befragt werden. Eine Handlung kann ein klar erkennbares Ziel und insofern vordergründig auch einen Zweck haben, zugleich aber sinnlos oder zwecklos im Sinne eines verstehbaren, teleologisch

›sinnvollen‹ Zwecks sein. Wozu fahre ich irgendwo hin, d. h. wozu soll etwas gut sein? Da der Zweck, um dessentwillen etwas geschieht oder getan wird, im allgemeinen als etwas Gutes vorgestellt wird, bekommt der Ausdruck *Sinn* auch die Bedeutung *Nutzen* oder *Wert;* was keinen Sinn und Zweck hat, hat auch keinen Nutzen oder Wert. Aber natürlich können z. B. menschliche Handlungen durchaus zweckmäßig und doch aus der Sicht anderer (›höherer‹) Zwecke und Werte alles andere als gut sein. Alles, was ist, scheint sogar immer weiter rechtfertigungsbedürftig zu sein, scheint auf immer anderes, einen höheren Zweck, letztlich vielleicht sogar auf einen Selbstzweck, zu verweisen. Dennoch wird das unmittelbare Ziel einer Handlung im allgemeinen zunächst als ein erkennbares Gut vorgestellt und insofern auch als Wert, der als solcher angestrebt werden kann.

(3.) *Metaphysischer Sinn.* Es scheint, daß der Sinn von Sinn, so wie das Wort gebraucht wird, durch die Unterscheidung und Erläuterung eines semantischen Sinnes (verstehbare Bedeutung) und eines teleologischen Sinnes (funktionaler Zweck von Dingen, vor allem aber Handlungszweck) noch nicht voll ausgeschöpft ist. Irgendwie geht es bei der Frage nach dem Sinn nicht selten um einen sogenannten höheren Sinn, der oft gerade nicht erkennbar ist. In diesem Sinn von Sinn wird z. B. nach dem Sinn des Ganzen, nämlich dem Sinn des Lebens oder dem Sinn des Seins, gefragt. So wird z. B. nach einem Sinn angesichts des endlosen Leidens in der Welt gefragt, d. h. es wird eine Art letzte Begründung oder Rechtfertigung gesucht und damit eine Garantie gegen letztgültige Sinnlosigkeit, Vergeblichkeit und Nichtigkeit. Sinn ist so nicht nur ein verstehbarer und zweckhafter, sondern ein tragender Zusammenhang, eine grundgebende Ordnung oder ein legitimierendes Prinzip. Metaphysischer Sinn meint soviel wie Halt oder Heil, letzte Sicherheit oder endgültige Erlösung, und dieser mit allem versöhnende Sinn soll höchster Zweck, Endzweck oder Selbstzweck sein. Metaphysischer Sinn ist, wenn es ihn gibt, Sinn in sich selbst oder durch sich selbst, sozusagen Selbstsinn, der, selbst unhinterfragbar, allem anderen Sinn gibt, also letztmöglicher Sinn als Sinnhaftigkeit des Seins selbst. Sein und Sinn sind zwar als solche nicht dasselbe, aber Sinn soll existieren, d. h. Sein soll sinnvoll sein. Metaphysischer Sinn ist absoluter Sinn. In der Frage nach dem absoluten Sinn des Ganzen geht es um ein Heil, das letztlich alles gut und ganz macht – der gesuchte Sinn wird als Heilssinn gesucht.

Allerdings fragt sich, ob ein solcher letzter Sinn, der allem und jedem, z. B. auch einem verpfuschten oder vorzeitig beendeten Leben, noch einen Sinn geben würde, überhaupt existiert – vielleicht ist der absolute Sinn nur ein Phantom. Denn selbstverständlich stellt sich auch hier und gerade hier die Frage nach Unsinn oder Widersinn, der befürchtete Unsinn des Lebens wie die mögliche metaphysische Sinnlosigkeit des Seins im Ganzen ist geradezu das Hauptproblem der Sinnfrage. Allerdings wird es auf der Ebene des metaphysischen Sinnbegriffs schwierig, zwischen Sinnleere, Sinneutralität und Sinnwidrigkeit usw. zu unterscheiden. Wenn das Sein im Ganzen sinnlos, nämlich sinnfrei, ist, wenn ein stummes, vernunft- und geistloses Weltall der letzte Grund von allem ist, dann widerspricht dies dem menschlichen Sinnbedürfnis bereits so sehr, daß der sinnbedürftige Mensch diese Art von Sinnlosigkeit schon als Sinnwidrigkeit, ja letztendlich als Sinnvernichtung aufzufassen neigt. Wenn aber das Sein im Ganzen als solches sinnwidrig, widersprüchlich oder zweckwidrig in sich selbst wäre, so wäre einerseits schwer zu begreifen, daß es überhaupt noch existiert und sich nicht selbst längst vernichtet hat, andererseits auch schwer zu begreifen, wie in einem solchen Chaos ohne Sinngrund überhaupt irgendein partikularer Sinn, ja sogar Sinnwidrigkeit in irgendeinem Sinn, möglich sein sollte, da Sinnwidrigkeit normalerweise nur auf dem Hintergrund von Sinn erscheinen kann. Offensichtlich sind absoluter metaphysischer Sinn wie absolute metaphysische Sinnlosigkeit gleichermaßen, wenn auch nicht auf gleiche Weise, unvorstellbar.

Sinngebung und Sinnfindung

Woher kommt der Sinn, den wir suchen? Wie komme ich zum Sinn, wie kommt der Sinn zu mir? Die einfachste und wohl ursprünglichste Vorstellung von Sinn besagt, daß er irgendwo und irgendwie vorhanden ist und von mir gefunden werden kann oder muß: Sinn ist etwas Gegebenes, das von uns erfahren oder begriffen, aber auch verfehlt werden kann. Ein Text z. B. hat normalerweise bereits einen Sinn, ich muß ihn nur herausfinden. Natürlich kann der vorgegebene oder vorausgesetzte Sinn unklar oder vieldeutig sein, aber er ist an sich oder als solcher vorhanden; er stammt nicht von mir, sondern vom Autor des Textes, und ich kann ihn sinngemäß verstehen oder auch nicht. Auch ein von Menschen hergestelltes Ding, z. B. eine Maschine, hat normalerweise einen klar definierten Sinn, nämlich einen bestimmten Zweck; man muß ihn nur erkennen, und normalerweise ist dies auch unproblematisch. Ähnliches gilt für den Zweck von Handlungen, den teleologischen Sinn im engen Sinn des Wortes. Nur bei der Frage nach dem metaphysischen Sinn scheint eine einfache Antwort unmöglich zu sein, eine solche Art von Sinn scheint nicht leicht zu finden bzw. nicht eindeutig identifizierbar zu sein. Vielleicht beruht dieser sogenannte höhere Sinn sogar nur auf einer Sinngebung.

Allerdings kann dieses Problem auch schon bei Texten und in geringerem Umfang auch bei Instrumenten oder sonstigen Artefakten auftreten, insbesondere bei sogenannten Kunstwerken, aber auch beim Verstehen oder Nichtverstehen von fremden Handlungen. Der gefundene Sinn scheint nicht selten völlig vom Sinnverständnis oder Sinnvermögen des Sinnsuchers oder Sinnentdeckers abzuhängen; ja der Sinn scheint manchmal sogar auf einer reinen Setzung, d. h. Sinnstiftung zu beruhen. Der Sinn ist dann nicht in der Sache drin, er wird hineingesehen, d. h. ich nehme den Sinn, den ich vorzufinden glaube, im Grunde aus mir selbst; in Wirklichkeit beruht er auf einer subjektiven ›Versinnlichung‹ des objektiv Sinnlosen (wobei dieses von sich aus nicht nur sinnfrei, sondern sogar sinnwidrig sein kann). Vielleicht ist sogar aller Sinn nur von uns produzierter Sinn, da wir nun einmal mit einem – an sich sinnlosen – Bedürfnis nach Sinn ausgestattet sind. Machen wir uns also etwas vor, wenn wir einen Sinn vorzufinden glauben, entstehen alle Sinngebilde durch unsere eigene Sinnkonstruktion (Sinnprojektion)? Aber wenn aller Sinn nur inszenierter Sinn ist, dann fragt sich, wie wir allein von einem durch uns selbst gesetzten Sinn leben können.

Nun ist natürlich nicht ›sinnvoll‹ zu bestreiten, daß der Mensch ständig als Sinnproduzent tätig ist. Sinnfindung setzt Sinnvermögen voraus, und dies ist wahrscheinlich nicht nur rezeptiv oder passiv; das Rezipieren von Sinn ist als solches sinnreproduktiv und dabei, mehr oder weniger, wohl auch sinnproduktiv. In gewisser Weise ist das Erzeugen von Sinn, z. B. das Schreiben von Texten oder die Herstellung von Dingen, sogar die alltäglichste Sache der Welt – selbst theoretische oder praktische Sinnegationen sind noch Sinnsetzungsversuche. Bewußte Sinngebung ist daher sowenig zu bestreiten wie das Bewußtsein von Sinnfindung, beides setzt den Menschen als ein sinnfähiges Wesen voraus. Vielleicht gibt es sogar, z. B. beim Sinnverstehen, so etwas wie eine

Wechselwirkung von Sinnfindung und Sinngebung. Aber auch diese Wechselwirkung würde voraussetzen, daß es – außer dem sinnverstehenden oder sinnerkennenden Subjekt – immer schon so etwas wie einen vorhandenen und in diesem Sinne objektiven, objektivierbaren oder objektivierten Sinn gibt; Sinn wäre primär nicht vom jeweiligen Sinn erkennenden Menschen gestifteter Sinn, sondern vorausgesetzter, vorfindbarer Sach- oder Seinssinn, auch wenn er vielleicht nur ›subjektiv‹ erkannt werden kann. Wenn es hingegen nur Sinnsetzung und keine echte Sinnfindung gäbe, gäbe es weder Verstehen noch Mißverstehen – ich könnte z. B. den Sinn meines Lebens niemals wirklich verfehlen. Gerade große Sinnstifter verstehen sich daher als bloße Sinnvermittler, nämlich als Agenten des Absoluten.

Die Möglichkeit der Sinnerkenntnis scheint es, zumindest auf den ersten Blick, nur bei den von Menschen geschaffenen Dingen zu geben – ich verstehe ›subjektiv‹ den von anderen Menschen vorgegebenen und insofern ›objektiven‹ Sinn. Wie aber steht es mit dem Sinn in allen anderen Dingen? Hat die Natur von sich aus irgendeinen vorfindbaren Sinn, also einen Sinn in und durch sich selbst, oder ist sie, obwohl zumindest partiell funktional, nämlich gesetz- bzw. zweckmäßig geordnet, als solche im Grunde sinnlos, d. h. letztlich sinnfrei, sinnleer oder sinneutral, wenn nicht sogar (für das menschliche Sinnbedürfnis) zumindest partiell sinnwidrig? Vielleicht gibt es überhaupt keinen sozusagen vormenschlichen, außer- oder übermenschlichen Sinn – Sinn ist, so könnte es scheinen, eine rein menschliche Angelegenheit, menschliche Sinnfindung beruht überall auf einem vorgängigen menschlichen Sinnentwurf; erst der Mensch macht aus der Welt eine Sinnwelt, und zwar durch Sinngebung im Sinnlosen. Doch die Sinnfrage zielt letztlich nicht auf einen Sinn, der in meiner Macht steht, sondern auf einen vorhandenen, sozusagen entgegenkommenden Sinn, d. h. auf eine (metaphysiche) Sinnvorgabe: Die Sinnfrage beruht auf Sinnerwartung, *Sinn-Suchen* heißt *Sinn-finden-Wollen.* Wenn aller Sinn einfach nur machbar wäre, gäbe es das Problem des Sinnverlustes nicht, höchstens ein individuelles Sinnpotenzproblem. Aber Sinn als subjektives Vermögen ist rein phänomenal wesentlich ein Wahrnehmungs-, kein Produktionsvermögen – Sinn soll nicht hineingesehen, sondern herausgesehen werden. Wenn ich keinen Sinn in etwas sehe, dann befürchte ich, daß die Sache selbst keinen Sinn hat, d. h. von sich aus keinen Sinn gibt, keinen Sinn macht. Aber natürlich setzt die Entdeckung von Sinn einen Sinn dafür voraus.

Sinngebung ist immer wieder möglich, allerdings meist nur punktuell und provisorisch, d. h. weder umgreifend noch letztbegründet. Schon wenn es um den Sinn des eigenen Lebens geht, scheint bei vielen Menschen das Sinnsetzungsvermögen zu versagen. Vor allem aber ist zu bezweifeln, ob ein von mir gesetzter Sinn meines Lebens wirklich die Antwort auf die Frage nach dem Sinn meines Lebens darstellen kann, ob die Sinnsuche nicht gerade hier einen vorgezeichneten Sinn sucht. Deshalb greift die an sich völlig richtige Aufforderung, seinem Leben einen Sinn zu geben, als Antwort auf die Frage nach dem Sinn des Lebens oder dem Sinn von allem zu kurz. Ganz abgesehen davon, daß mit der Verlagerung des Problems der Sinnfindung auf die individuelle, subjektive oder intersubjektive Sinngebung die Frage nach dem Sinn des Lebens für diejenigen Menschen, die physisch oder psychisch zur Sinnstiftung nicht (noch nicht oder nicht mehr) fähig sind, nicht gelöst ist, daß also das Leben all der Menschen, die keine Möglichkeit haben, ihrem Leben einen Sinn zu geben, als absolut sinnlos verworfen wird. Der Sinn des Seins im Ganzen kann nicht gesetzt, sondern nur gefunden werden – wenn er denn vorhanden ist und gefunden werden kann.

Daß Sinn nicht beliebig gesetzt, sondern zumindest als metaphysischer Sinn vorausgesetzt werden muß, dafür ist die Sinnfrage selbst ein Beispiel. Denn worin besteht der Sinn der Sinnfrage oder Sinnsuche? Ist die Frage nach dem Sinn selbst sinnlos, d. h. sinnfrei, oder vielleicht sogar sinnwidrig? Wenn Sinn nur eine Frage der Setzung wäre, dann wäre die Sinnsuche als solche unsinnig, weil von sich aus ohne Sinn; wenn sie aber kein Unsinn ist, so hat die Sinnfrage möglicherweise in sich oder von sich aus einen Sinn, der selbst wieder gesucht oder geklärt werden kann. Oder die Frage nach dem Sinn müßte auch sich selbst noch ihren Sinn geben. Die Sinnfrage wäre an sich sinnlos, der Mensch ein Nichts an Sinn mit einem an sich sinnlosen Sinnbedürfnis in einem an sich sinnlosen Kosmos. Wenn aber die Frage nach einem letzten Sinn an sich sinnlos ist, warum sollten wir ihr dann einen Sinn geben, warum sollten wir sie dann überhaupt stellen? Die Suche nach Sinn scheint nicht umhinzukönnen, sich selbst als sinnvoll zu verstehen – oder sich selbst als an sich sinnlosen Naturzwang oder sogar sinnwidriges Sinnverlangen zu entlarven. Aber selbst wenn alle Sinnsuche nur Sinnsetzung wäre, so wäre in ihr möglicherweise doch wieder ein vorgegebener Sinn – der verborgene ›objektive‹ Sinn der Suche nach ›objektivem‹ Sinn wäre die ›subjektive‹ Sinnsetzung.

Sinnfragmente

Die Frage nach metaphysischem Sinn äußert sich vor allem in zwei eng zusammenhängenden Fragen: Was ist der Sinn des Ganzen, worin besteht der Sinn meines Lebens? Dabei soll der Sinn des Seins nach Möglichkeit auch den Sinn meiner individuellen Existenz garantieren. Der letzte Sinn der Sinnfrage zielt daher darauf ab, ob es einen unbedingten oder absoluten Sinn des Ganzen gibt und damit eine unhintergehbare Sinngarantie angesichts der eigenen, aus meiner Sicht möglicherweise sinnlosen Existenz. Die Frage nach einem letzten Sinn von allem setzt unwillkürlich voraus, daß der Mensch selbst bzw. sich selbst noch nicht der höchstmögliche Endzweck ist – der Mensch will im allgemeinen für etwas gut sein, das letztlich für sich selbst gut sein soll, d. h. seinen Sinn in etwas finden, das in sich oder aus sich sinnvoll ist. Gesucht wird ein Sinn, der, indem er dem Ganzen einen umfassenden und endgültigen Sinn gibt, auch allem einzelnen irgendeinen Sinn verleiht – ein Sinn, der alles rechtfertigt und damit das Sinnlose im Grunde aufhebt oder zu bloßem Schein herabsetzt. Wie ein solcher Sinn aussehen könnte und wie er, wenn er existieren sollte, erkannt werden könnte, ist allerdings nicht leicht auszumachen. Vielleicht verlangen wir sogar zuviel – irregeleitet durch Verheißungen und Versprechen von Heils- und Erlösungsreligionen, die selbst schon ein an sich unsinniges Verlangen zu befriedigen versuchen, es aber letztlich nur vertrösten. Vielleicht ist das sinnlose Sein des Ganzen das letzte, worüber hinaus nichts mehr gedacht werden kann. Unsere Sinnerfahrung ist jedenfalls zwiespältig. Immer wieder stoßen wir auf Sinnlosigkeit, Unsinn und Widersinn; aber immer wieder stoßen wir auch auf Sinn, Sinnvolles und Sinngebendes, ja wir stiften sogar ständig selbst erkennbaren Sinn (obwohl wir auch immer wieder Unsinn machen). Aber jeder erfahrbare Sinn ist nur punktuell und provisorisch, also relativer Sinn, wir finden immer nur Sinnfragmente, folglich nur momentane Befriedigungen unseres Sinnbedürfnisses. Die metaphysische Sinnsuche scheint jedoch auf absoluten oder unbedingten Sinn zu zielen.

Was soll das Ganze? Ist es vielleicht nur das, was es ist oder zu sein scheint, und nicht mehr? Der mögliche Sinn des Ganzen, der absolute Sinn des Seins, läßt sich jedenfalls nur in Paradoxien denken. Wenn er ein verstehbarer und zweckhafter Sinn sein sollte, so müßte er aus sich selbst verstehbar (selbstverständlich) und in sich selbst zweckhaft (selbstzwecklich) sein. Der letzte Sinn dürfte nicht als von außen zum Sein hinzukommend gedacht werden, er müßte sich aus dem Sein selbst ergeben, wobei die Seinsordnung als solche für das metaphysische Sinnbedürfnis allerdings nur die Voraussetzung von Sinn sein dürfte, weil Ordnung als solche auch sinnlos sein kann. Im Ganzen müßten Sein und Sinn sozusagen zusammenfallen. Der absolute Sinn wäre als unbedingter Sinn zugleich selbstbedingter Seinssinn, der Sinn des Seins müßte sich aus dem absoluten Sein selbst ergeben: Sinn als Seinssinn oder Sein als Sinnsein. Der absolute Sinn des Seins im Ganzen läßt sich als Selbstsinn – schon rein formal – nur noch in schwindelerregenden Formeln denken.

Absoluter Sinn ist, wenn es ihn gibt, unbegreiflich. Die Erfahrung totaler Sinnfülle würde alle Sinnprobleme endgültig positiv lösen und damit die Sinnfrage ein für allemal beantworten; die Sinnfrage dürfte nicht mehr aufbrechen können, weil das, was ist, so wie es ist, offensichtlich genug wäre. Wahrscheinlich würde soviel Sinnfülle, weil zuviel, das Menschsein sogar aufheben. Daher dürfte auch die angebliche Erfahrung absoluten Sinns (z. B. in der mystischen Ekstase) in Wirklichkeit, schon weil nur momentan, letztlich relativ sein und insofern nur relativ absoluten Sinn geben. Wie könnten wir sonst aus der absoluten Sinnfülle je wieder herausfallen? Aber natürlich läßt sich auch die totale Sinnlosigkeit von allem und jedem weder erfahren noch aufweisen (zumal Sinnlosigkeit vermutlich überhaupt nur auf dem Hintergrund möglichen Sinns erfahren werden kann). Die Erfahrung absoluter Sinnlosigkeit würde mit einem Schlage alle Sinnprobleme negativ lösen und so ebenfalls die Sinnfrage ein für allemal beantworten; denn auch dann dürfte die Sinnfrage nicht einmal mehr aufbrechen können, weil alles, was ist, offensichtlich absolut nichtig wäre. Jeder Nihilismus hat seine Grenzen – wie könnten wir sonst aus der absoluten Sinnleere jemals wieder herauskommen?

Absolute Sinnlosigkeit von allem und jedem ist genausowenig gegeben bzw. vorstellbar wie die absolute Sinnhaftigkeit von allem und jedem. Aber so wie es immer die Konfrontation mit Sinnlosigkeit gibt, so gibt es auch immer wieder partikulare Sinnerfahrungen. Es gibt Sinninseln im Sinnlosen. Wir entdecken oder stiften Sinn in diesen oder jenen Bereichen, wir finden oder setzen Sinnpunkte auch ohne allumfassenden Sinnrahmen und ohne letzte Sinngarantie. Liebe und Arbeit, Kunst und Moral können als unersetzliche Sinnstützen fungieren, jeder hat seine eigenen kleinen Glücksmomente oder Heilserfahrungen. In gewisser Weise verfügen wir alle sogar über genug Sinn, nämlich genug Sinn zum Leben; denn in der Praxis beweisen wir schon dadurch, daß wir noch leben, daß wir darin einen Sinn sehen – wie vorläufig und wie begrenzt auch immer. Ein Leben ohne irgendwelche Sinnbasen würde sehr schnell ganz von selbst aufhören, ein Selbstmord als Protest gegen die Sinnlosigkeit hingegen wäre noch eine letzte paradoxe Sinnstiftung: Lieber tot als so weiterleben! Jedes Sprechen ist noch ein Versuch von Sinnvermittlung und Sinnstiftung, wo es keinen Sinn mehr macht, hört es von selbst auf. Sogar die Verzweiflung lebt noch von Sinn und Sinnerwartung.

Und natürlich ist auch die Sinnfrage selbst ein solcher Sinnfunke, gegebenfalls sogar die letztmögliche Sinnorientierung im Sinnlosen. Denn woher taucht im Sinnlosen die Sinnfrage als die Frage nach dem Sinn des Seins (des eigenen wie des ganzen Seins) auf? Die sich selbst bejahende Sinnfrage setzt sich offensichtlich selbst als sinnvoll voraus, sie ist einer der vielen Versuche, gegen die Sinnlosigkeit anzugehen bzw. anzuleben, wenn auch ohne sich ihres eigenen vorausgesetzten Sinnes gewiß zu sein. Die Sinnfrage ist insofern als Protest gegen die Sinnlosigkeit, gegen Seins- wie gegen Sinnihilismus, selbst noch eine Sinnbehauptung. Die Sinnfrage kann sich nicht einmal selbst desavouieren, ohne sich selbst an Sinn zu messen, also ohne schon wieder Sinn vorauszusetzen. Sie ist zwar möglicherweise auch nur eine winzige Sinninsel im Meer der Sinnlosigkeit oder im Ozean des unbekannten Sinns, aber sie setzt die Möglichkeit von entgegenkommendem Sinn voraus, und sie ermächtigt sich selbst als sinnvoll.

Bleibt noch die Frage, ob sich die Sinnfrage durch Sinnverzicht lösen läßt. Ist es möglich, den Sinn des Ganzen, weil ohnehin unerkennbar, einfach dahingestellt sein zu lassen? In der Tat müssen nicht erst alle Welträtsel gelöst sein, um ein Haus zu bauen oder einen Garten zu bestellen; schon wenn ich eine Arbeit unter Ausklammerung letzter Sinngarantie zu Ende führe, setze ich einen provisorischen Sinn. Natürlich muß man auch zwischen praktischer Sinnsetzung und theoretischer Sinnsuche unterscheiden, aber wenn diese Unterscheidung nicht in Schizophrenie ausarten soll, muß die theoretische Sinnsuche die praktische Sinnsetzung in ihre Reflexion aufnehmen. Absoluter Sinnverzicht scheint dann ebenso unmöglich zu sein wie absoluter Sinngewinn oder absoluter Sinnverlust. Wenn aber Sinnverzicht letztlich unmöglich ist, dann muß sich der Wille zum Sinn selbst als unhintergehbares Sinnmoment begreifen. Die Sinnfrage zu stellen heißt nicht nur, Sinn zu suchen, sondern auch, provisorischen Sinn gefunden zu haben, zumindest Sinn durch Hoffnung auf Sinn zu haben.

4. Was darf ich hoffen?

Was heißt Hoffen?

Hoffnung wurde lange Zeit vor allem in der Psychologie und der Theologie behandelt – einerseits als seelisches Phänomen (Emotion, Affekt usw.), andererseits als Tugend, und zwar als übernatürliche Tugend (Glaube, Hoffnung, Liebe). Erst mit dem Schwinden der christlichen Glaubensgewißheit konnte die Frage *Was darf ich hoffen?* zur zentralen Frage der »Religion innerhalb der Grenzen der bloßen Vernunft« werden und Hoffnung sogar zum allgemeinen »Prinzip« avancieren. Vielleicht kann die Philosophie in der Tat nicht nur das Fürchten, sondern eine vernünftige Hoffnung lehren. Dazu bedürfte es jedoch zunächst einmal einer präzisierenden Beschreibung der Hoffnung, die zumindest drei Fragen beantworten müßte.

Was erhoffen wir? Wir können dieses oder jenes erhoffen, Wichtiges und weniger Wichtiges, Bestimmtes und weniger Bestimmtes; daher gibt es banale, aber möglicherweise auch elementare Hoffnungen, klare, aber möglicherweise auch unklare Hoffnungen. Anscheinend gibt es nichts, was nicht Gegenstand einer Hoffnung werden könnte. Dabei ist das Erhoffte in aller Regel etwas Gutes bzw. etwas, das irgendwie für gut gehalten wird, und zwar etwas, das nicht gegeben ist, in den meisten Fällen also noch zukünftig ist. (1.) Wir können zwar Gutes oder Schlechtes erwarten, aber was wir erhoffen, erscheint uns immer als gut und daher als wünschbar oder begehrenswert; wir erhoffen, was wir zumindest für besser als etwas anderes halten. Auch wenn wir einem anderen etwas Schlechtes wünschen, also z. B. hoffen, daß er einmal gründlich auf die Nase falle oder sich sogar den Hals breche, meinen wir doch, daß es in irgendeiner Weise gut sei – wenn nicht für ihn, so wenigstens für uns selbst. (2.) Das Gute, das ich mir erhoffe, fehlt noch irgendwie, sonst bräuchte ich es nicht zu erhoffen. Erst auf dem Hintergrund einer defizitären Ausgangssituation kann so etwas wie Hoffnung nötig werden, nämlich eine Hoffnung, die auf eine positive Veränderung dieser Situation gerichtet ist – und sei es auch nur die Hoffnung, daß sich das Wetter bessern wird. Hoffnung richtet sich daher in den meisten Fällen auf die Zukunft. Sie kann sich zwar verbal auch auf die Gegenwart oder die Vergangenheit beziehen *(Ich boffe, daß es dir gut geht. Ich hoffe, daß dir nichts passiert ist),* dann aber ist zumindest die erhoffte Erkenntnis, d. h. die Aufhebung meiner Ungewißheit, noch zukünftig.

Für wen erhoffen wir etwas? Es liegt nahe, daß wir primär für uns selbst etwas erhoffen, weil wir uns selbst irgend etwas wünschen. Es fragt sich allerdings, ob alle Hoffnung eindeutig ichbezogen ist. Der Satz *Ich hoffe, daß du bald wieder gesund wirst* zielt z. B. verbal eindeutig auf das Wohlergehen eines anderen, doch könnte man auch argumentieren, daß ich in Wirklichkeit mein Wohlergehen erhoffe, weil mir die Krankheit des anderen in irgendeiner Weise Kummer bereitet, daß also alle Hoffnung für den anderen nur verkappter, unreflektierter oder sogar reflektierter Egoismus sei. Doch ist das Hoffen für den anderen zumindest nicht egoistisch gemeint, jedenfalls nicht nur. Nichtsdestoweniger dürfte es in der Regel ich selbst sein, für den ich etwas erhoffe.

Wann erhoffen wir etwas? Das zukünftige Gut, das wir uns erhoffen, ist noch nicht gegeben; sein Erreichen oder Eintreffen ist noch ungewiß. Das Wirklichwerden des Erhofften ist in aller Regel sogar mit irgendwelchen Problemen verbunden, sonst bedürfte es nämlich keiner Hoffnung, es gäbe nur die mehr oder weniger sichere Erwartung. Das Erhoffte aber ist subjektiv oder objektiv ungewiß. Wenn ich gewiß wüßte, daß sich das Wetter morgen ändern wird, bräuchte ich es nicht mehr zu erhoffen; es würde genügen, es zu erwarten. Wir hoffen immer auch gegen die Gefahr des Scheiterns, insofern braucht Hoffnung eine gewisse Kraft, nämlich zur Überwindung der Furcht bzw. Verzweiflung.

Damit läßt sich auch ein weiterer Fragenkomplex, nämlich *Was geschieht eigentlich in der Hoffnung?* einer Antwort näherführen. Die Frage betrifft den aktiven und den passiven Aspekt der Hoffnung und stellt sich insofern in doppelter Form: Was tun wir, wenn wir hoffen? Was läßt uns hoffen, wenn wir hoffen?

Psychologisch betrachtet scheint die Hoffnung eine Art Gemütszustand zu sein, eine seelische Ausrichtung oder geistige Verfassung des Menschen. Rein formal ist sie vor allem durch ihre mehr oder weniger intensive Intention auf etwas bestimmt, und zwar auf etwas, das zwar erhofft, aber möglicherweise niemals sein wird. Hoffen heißt insofern: auf etwas aus sein. Hoffnung interessiert sich für das Erhoffte, engagiert sich emotional dafür und scheint insofern irgendeine Art intensiver innerer Tätigkeit zu sein. In der Hoffnung transzendiere ich mich mehr oder weniger spontan auf das Erhoffte hin, auch wenn sie (ähnlich wie Glaube und Liebe) nicht auf einem freien Entschluß im Sinne reflektierten Wollens beruht; ich kann zwar meine Hoffnung auf etwas setzen, aber wenn ich mir Hoffnungen mache, sind es meist falsche.

Was ich erhoffe, wünsche oder verlange ich auch, aber ich kann es nicht durch eigenes Handeln herbeiführen, ich kann es nur erhoffen. Zwar kann ich fast immer noch etwas tun, auch wenn ich scheinbar zur Untätigkeit verdammt bin, aber das, was wir erhoffen, steht letztlich nicht in unserer Macht. Das Erhoffte ist irgendwie unverfügbar, jedenfalls für den, der es erhofft. Was aber ist dann der Grund der Hoffnung? Wer oder was gibt oder macht uns Hoffnung, wer oder was läßt oder heißt uns hoffen? Die Frage zielt offensichtlich auf etwas, von dem unsere Hoffnung abhängt, das unsere Hoffnung ermöglicht. Dies kann gelegentlich ein Mensch sein, der uns Hoffnung gibt oder macht, z. B. ein Arzt, der uns die Hoffnung vermittelt, die er selbst anderswoher schöpft. Oder eine physikalische bzw. technische Konstellation, die (z. B. bei Unglücksfällen) Grund zur Hoffnung gibt, weil Rettung theoretisch oder praktisch noch möglich ist. Wenn aber keine kalkulierbare Chance erkennbar ist, dann kann man nur noch unbestimmt auf ein ›Wunder‹ hoffen, dann werden der Zufall, das Schicksal oder Gott zu vielzitierten Instanzen, die immer noch Hoffnung spenden können. Nicht zuletzt deshalb verläßt sich der Hoffende nicht allein auf sein Wissen, vielmehr hält er, ähnlich wie ein Glaubender, nach möglichen Hoffnungszeichen Ausschau. Wer hofft, der hofft unwillkürlich auch auf etwas, das ihm gegeben oder geschenkt wird, d. h. er hofft auf Glück oder Gnade. Die Ungewißheit, die Hoffnung nötig macht, macht sie auch möglich.

Allerdings ist die Hoffnung auf das, was ich haben oder erreichen möchte, immer auch von der Furcht begleitet, daß sich meine Hoffnungen nicht erfüllen werden. Auch die Furcht, die vielfach als Gegenstück der Hoffnung gilt, ist vor allem auf etwas Bevorstehendes gerichtet, nämlich auf ein mögliches Übel, das auf mich zukommt; und so wie sich Hoffnung und Furcht auf ein bestimmtes Gut oder Übel richten können, so gibt es auch eine unbestimmte Angst als Gegenstück zur unbestimmten Hoffnung. Aber so wie die Furcht immer noch einen Rest Hoffnung enthält (sonst wäre sie nämlich reine Verzweiflung), so bleibt auch die Hoffnung von der Furcht begleitet und bedroht (sonst wäre sie nämlich Gewißheit oder Zuversicht). Hoffnung ist insofern mit sich selbst im Streit: Hoffnung ist ein Hin und Her zwischen Ja und Nein, wobei das Ja zumindest vorläufig stärker ist als das Nein.

Faktisch leben wir immer zwischen Furcht und Hoffnung. Verzweiflung ist Verlust von Hoffnung *(de-speratio),* aber irgendwie meist auch noch Zweifel, also nicht absolute Aussichtslosigkeit als Endzustand; daher läßt sich umgekehrt Hoffnung auch als Kampf gegen die Verzweiflung verstehen. Erst am Tor der Hölle steht bekanntlich: *Lasciate ogni speranza!*

Hoffnung und Vernunft

Es gibt verschiedene Arten der Hoffnung, die man nach verschiedenen Kriterien ordnen könnte, z. B. nach ihren Gegenständen oder nach Personen und Lebensaltern. So ist z. B. die Hoffnung der Armen eine andere als die der Reichen, die Hoffnung der Jugend (auf ein glückliches Leben) eine andere als die des Alters (auf einen gnädigen Tod oder ein Leben nach dem Tod). Außerdem könnte die Hoffnung nach der Art und Weise des Hoffens unterschieden werden, z. B. in starke und schwache, bestimmte und unbestimmte, naive und reflektierte Hoffnung, was dann schnell zu einer Kritik der Hoffnung führen kann, wenn nämlich die (trügerische) Hoffnung als blind oder leer, eitel oder illusionär, verfehlt usw. bezeichnet wird. Anscheinend unterscheiden wir unwillkürlich zwischen berechtigter und unberechtigter, nämlich begründeter und unbegründeter, vernünftiger und unvernünftiger Hoffnung; anscheinend halten wir nur begründete Hoffnung für vernünftig und nur vernünftige Hoffnung für berechtigt. Was aber ist eine begründete oder vernünftige Hoffnung, wann und wo gibt es wirklich Grund zur Hoffnung?

Wenn Hoffnung als vernünftig bezeichnet wird, dann wird ihr allem Anschein nach ein Prädikat beigelegt, das ihr als solcher nicht zukommt; vernünftige Hoffnung wird als eine durch eine höhere Instanz geregelte Verhaltensweise vorgestellt, nämlich durch eine ihr an sich äußerliche Vernunft. Hoffnung kann und soll durch Vernunft bestimmt werden, denn Hoffnung und Vernunft sind zwar (ähnlich wie Liebe und Vernunft) möglicherweise verschiedenen Ursprungs, aber schließen sich anscheinend nicht grundsätzlich aus. Hoffnung wäre von Hause aus prinzipiell vernunftlos oder, da alle Regelung später als das Geregelte ist, vorvernünftig. Selbst Hoffnung auf Vernunft wäre, so betrachtet, als solche etwas Unvernünftiges, wenn sie nicht mit Vernunft geschieht, d. h. durch kognitive oder normative Vernunft bestimmt wird; Hoffnung auf Vernunft wäre, so gesehen, ein irrationales Bedürfnis nach Ratio, bestenfalls also rationalisierter Irrationalismus. Es fragt sich jedoch, ob das Verhältnis von Hoffnung und Vernunft so schon zureichend bestimmt ist. Vielleicht entsteht die Hoffnung auf Vernunft selbst schon aus der Vernunft, vielleicht ist es sogar im Prinzip vernünftig, so lange wie möglich zu hoffen. Wenn allerdings das Verhältnis von Vernunft und Hoffnung als ein äußerliches betrachtet wird, d. h. wenn die Vernunft in der vernünftigen Hoffnung nur etwas Hinzukommendes ist, bleibt immer noch das Problem, wann eine Hoffnung als vernünftig bezeichnet werden darf. Was wären die Kriterien einer möglichen Vernünftigkeit von Hoffnung? Vermutlich müssen zumindest der Gegenstand und der Grund des Hoffens der Vernunft angemessen sein, d. h. sie dürfen nicht absolut unvernünftig sein.

Der Gegenstand des Hoffens ist grundsätzlich von einer gewissen Unsicherheit umgeben, denn nur wenn etwas (für den Hoffenden) ungewiß ist, kann es Gegenstand seiner Hoffnung werden. Allerdings muß das, was ich als gut für mich erhoffe, grundsätzlich möglich sein, d. h. der Gegenstand des Hoffens muß logisch und auch real möglich sein. Nur sinnlose Hoffnung kann sich auf Unmögliches richten, sich an Unmögliches klammern – angesichts von erwiesenen Tatsachen und logischen Unmöglichkeiten ist keine vernünftige Hoffnung mehr möglich. Was aber ist wirklich möglich, wie wissen wir, was wirklich möglich ist? So stellt sich fast bei jeder Katastrophe die Frage, ob es noch Überlebende geben kann oder ob dies zwingend auszuschließen ist. Meist ist jedenfalls auch da noch Hoffnung möglich, wo (›wissenschaftlich‹ gesehen) Überleben unwahrscheinlich ist, denn offensichtlich gibt es eine große Grauzone unserer Erkenntnis, die auch der Spielraum der Hoffnung ist. Die Hoffnung kann und darf alles, was nicht als absolut unmöglich erkannt werden muß, für möglich halten, also alles, was noch irgendwie im Bereich des prinzipiell Möglichen, d. h. des grundsätzlich Denkbaren liegt.

Die Unsicherheit des menschlichen Erkennens ist der legitime und legitimierende Grund aller (mehr oder weniger) vernünftigen Hoffnung. Was gewiß ist, und das ist nicht gerade viel, brauche ich nicht zu erhoffen; nur weil etwas (noch) nicht gewiß ist, kann ich (noch) hoffen. Natürlich gibt es auf dem weiten Feld menschlicher Erkenntnisunsicherheit große Unterschiede. So kann eine Hoffnung z. B. erkennbar gut begründet sein, sie kann aber auch nach menschlichem Ermessen, d. h. ›mit an Sicherheit grenzender Wahrscheinlichkeit‹, unbegründet sein. Erkenntnis sollte zureichend begründet sein. Hoffnung hingegen kann nicht streng zureichend begründet sein, sie braucht nur relativ gut begründet zu sein, d. h. sie darf nicht ganz grundlos sein. Hoffnung muß, obwohl nicht zureichend begründet, nicht *eo ipso* unvernünftig sein.

Immerhin bleiben Hoffnungen nicht selten unerfüllt, sie können sich wie Träume zerschlagen oder wie Illusionen zerplatzen. Aber natürlich können auch immer wieder neue Hoffnungen aufkeimen. Schließlich scheint es für Hoffende geradezu typisch zu sein, sich an ›das letzte Fünkchen Hoffnung‹ zu halten, nach dem

›geringsten Hoffnungsschimmer‹ Ausschau zu halten. Hoffnung ist, wenn man trotzdem hofft: *Hope against hope.* Daher gilt Hoffnung immer wieder auch als Tugend nach Art der Tapferkeit: Man soll die Hoffnung – bis zuletzt – nicht aufgeben. Notfalls hofft sie, gegen alle sogenannte Vernunft bzw. über alle Vernunft hinaus, auf das ›Wunder‹.

Heilshoffnung

Es hofft der Mensch, solange er lebt. »Noch am Grabe pflanzt er die Hoffnung auf.« Aber worauf hoffen wir eigentlich – wissen wir eigentlich, worauf wir hoffen? Worauf darf ich hoffen – weiß ich eigentlich, worauf ich hoffen darf? Hoffnung ist ein wesentliches Metaphysikmotiv, aber gibt es so etwas wie eine Heilsbotschaft der Vernunft, die uns hoffen heißt? Da nicht wenige tot sind, bevor sie überhaupt wissen, worauf sie hoffen dürfen, müßte es eine Hoffnung sein, die auch jene noch umfaßt, die alle Hoffnung bereits zu Grabe getragen haben oder sogar selbst schon ohne Hoffnung gestorben sind.

Im allgemeinen hoffen wir auf ein bestimmtes, nämlich partikulares und als solches benennbares Gutes. Meist haben wir sogar nicht nur eine Hoffnung, sondern viele, und zwar mehr oder weniger klar artikulierte Hoffnungen neben- oder auch nacheinander; irgend etwas scheint der Mensch jedenfalls immer zu hoffen, und insofern scheint zunächst klar zu sein, worauf wir – jeweils – hoffen. Manchmal hoffen wir allerdings auch auf etwas relativ Unbestimmtes: Ich hoffe, daß alles gutgeht bzw. irgendwie besser wird. Hoffentlich fällt mir etwas ein! Der konkrete Mangel, dessen Behebung wir erhoffen, scheint manchmal klarer zu sein als das Erhoffte selbst. Aber auch dann haben wir noch irgendeine Vorstellung von dem, was wir erhoffen; eine ganz und gar unbestimmte Hoffnung scheint es nicht zu geben, selbst die unbestimmteste Hoffnung bleibt noch bis zu einem gewissen Grade durch ihre Ausgangssituation, die Mangelsituation, bestimmt. Eine leere Hoffnung scheint ein paradoxer Grenzfall zu sein. Dennoch ist nicht auszuschließen, daß der eigentliche Gegenstand unserer Hoffnung im Grunde unbestimmt bleibt, vielleicht ist sogar alle Hoffnung letztlich unbestimmt.

Merkwürdig ist nämlich, daß sich mit der Erreichung des jeweils Erhofften oder sogar Erstrebten nicht selten eine gewisse, meist unklare Enttäuschung verknüpft, und zwar um so mehr, je größer die Erwartung war. War das alles? Es scheint fast, als ob wir immer noch irgendwie mehr, vielleicht sogar zuviel erhofft haben. War der gemeinte Gegenstand unserer Hoffnung also gar nicht der wahre Gegenstand unserer Hoffnung, war unsere erfüllte Hoffung gar nicht unsere wahre Hoffnung? Jedenfalls hört das Hoffen mit dem Eintreten des Erhofften nicht auf, es wendet sich nur anderen Gegenständen zu, weil die Erfüllung unserer Hoffnung uns anscheinend noch keine letzte Befriedigung gebracht hat. Es scheint, als ob es hinter und nach all den vielen kleinen Alltagshoffnungen immer noch eine ganz große, immer noch unerfüllte Hoffnung gebe, eine geradezu grenzenlose oder unendliche, eine sozusagen absolute Hoffnung. Die meisten Menschen, so scheint es, wissen nicht nur nicht, was sie suchen, sie wissen nicht einmal, daß sie im Grunde etwas anderes suchen, als sie meinen, daß sie in jedem Genuß immer noch ein ganz anderes Glück suchen. Vielleicht gibt es – so wie man spekulativ eine Urangst und ein Urvertrauen vermuten kann – hinter allen konkreten Hoffnungen eine Art Grund- oder Urhoffnung, die ursprünglicher als alle Verzweiflung ist, eine Heilshoffnung, die zugleich Seins- und Sinnhoffnung ist. Es scheint, daß der Mensch von Natur aus ein hoffendes Wesen ist und daß seine alles überschreitende und zugleich alles tragende Hoffnung eine Art metaphysische Hoffnung ist; es scheint, daß unsere absolut fundamentale Hoffnung einem absoluten Bedürfnis entspringt. Falls es aber wirklich eine alle erhoffbaren Gegenstände überschreitende, also eine sozusagen ungegenständliche Hoffnung gibt, die von allen utopischen oder chiliastischen Heilserwartungen unterschieden werden kann, was ist dann der wahre Gegenstand dieser wahren Hoffnung, wenn nicht ein »unermeßliches Heil«? Es ist jedenfalls nicht auszuschließen, daß es, ähnlich wie es ein absolutes Bedürfnis nach Glück gibt, so auch eine daraus entspringende Hoffnung auf wahres Sein und unzerstörbaren Sinn, auf irgendeine absolute Sinn- und Seinsfülle, also eine Art Heilshoffnung aufgrund von Heilsverlangen. Aber was heißt schon absolute Seins- und Sinnfülle, auf welches Absolutum richtet sieh unsere Hoffnung? Wieviel Hoffnung braucht der Mensch? Offensichtlich hoffen wir, daß es mehr als die uns bekannte Welt gibt, daß es irgendwie weitergeht und daß es irgendwie gutgeht. Mit anderen Worten, unsere letzte Hoffnung richtet sich auf Gott und Unsterblichkeit.

Unsere Seins- und Sinnhoffnung entspringt der Angst vor dem Nichts. Die größte Barriere für unsere höchsten oder tiefsten Hoffnungen ist der Tod, also unsere Angst vor dem endgültigen Aus, der absoluten Vernichtung. Daher haben die Menschen immer schon auf irgendeine Art von Fortexistenz gehofft, auf ein sogenanntes zukünftiges Leben (und dieses, wegen ihrer Missetaten, zugleich befürchtet); sie haben sich eine Art ewige Seele zugeschrieben, die zwar irgendwann entstanden bzw. geschaffen worden sei, nun aber dauerhaft weiterexistieren könne. Wie diese Unsterblichkeit der Seele aussehen könnte, das auszumalen blieb im wesentlichen der religiösen Einbildungskraft überlassen, z. B. wenn diese sich ein Schattenreich der Toten vorzustellen versuchte oder eine Rückkehr aller Einzelseelen, sozusagen als Gedanken Gottes, in den Geist Gottes behauptete. Am weitesten verbreitet dürften heute einerseits der Glaube an eine Seelenwanderung ohne individuelle Erinnerung, andererseits der Glaube an eine persönliche Unsterblichkeit sein. Da die Seelenwanderung faktisch eine Auslöschung des jetzigen Ich bedeutet, wäre jedoch erst der Fortbestand des individuellen Ich eine Unsterblichkeit im eigentlichen Sinne des Wortes.

Worin diese Unsterblichkeit näherhin bestehen mag, es gibt immerhin einige Argumente, die für ihre Annahme sprechen, und zwar hauptsächlich moralische und metaphysische. In moralischer Hinsicht ließe sich z. B. sagen, daß die Ungerechtigkeit in dieser Welt irgendeine Kompensation verlange, auch wenn diese Kompensation nicht unmittelbar Zweck des moralischen Handelns sei und das vorausgesetzte, metaempirische Sollen als solches keine Garantie des ewigen Lebens enthalte. Außerdem scheint es zweckwidrig zu sein, daß das Leben sich in den weitaus meisten Fällen nicht vollenden kann. Welches Leben war schon so, wie es hätte sein können, wenn es eine echte Chance gehabt hätte? Steht nicht mein eigentliches Sein immer noch aus? Unsterblichkeit scheint insofern eine Art Postulat der praktischen Vernunft zu sein, und zwar aufgrund unserer unerfüllten Glücksbedürfnisse, d. h. die Seinshoffnung ist selbst schon Sinnhoffnung. Allerdings beruhen diese Argumente weitgehend auf der Annahme, daß nicht sein kann, was nicht sein darf, nämlich ungesühnte Ungerechtigkeit und endgültige Unvollendetheit, also Scheitern. Demgegenüber scheinen die metaphysischen Argumente für die Unsterblichkeit von härteren Fakten auszugehen. Das Ich oder die menschliche Seele scheint *per definitionem* eine metaempirische Entität, nämlich eine relativ selbständige Einheit zu sein, und zwar eine Einheit, die sich nicht in Teile zerlegen läßt. Wie soll das Ich, wenn es als solches Bewußtsein und Freiheit ist, materiell zugrunde gehen? Wie soll sich das Ich in nichts auflösen können? Kurz, ich bin unsterblich, weil es mich als metaempirisches Ich gibt. Allerdings setzen auch solche Argumente im Grunde genommen das voraus, was sie beweisen wollen, nämlich daß das Ich eine metaphysische Entität sei. Oder ist das ›metaphysische‹ Bedürfnis des Ich, mehr als etwas Physisches zu sein, selbst schon ein Beweis für eine ›metaphysische‹ Existenz? Damit würde sich die Hoffnung auf Unsterblichkeit auf sich selbst zu gründen versuchen – und dies könnte nur eine schwache Hoffnung ermöglichen: Wir hoffen, daß unsere Hoffnung uns nicht täuscht.

Die Hoffnung auf Unsterblichkeit macht wenig Sinn, wenn ich nicht zugleich irgendwie an einen Gott glaube; der Unsterblichkeitsgedanke postuliert geradezu den Gottesgedanken, denn Gott wäre der einzige echte Garant für meine Unsterblichkeit. Vielleicht ist er sogar der letzte, der letztlich wahre Gegenstand aller Hoffnung, wenn nämlich alle Hoffnung im Grunde Hoffnung auf Sinn ist, und zwar auf absoluten Sinn, und Gott der Urquell allen Sinns ist. Vielleicht ist unsere ganze weltübersteigende Hoffnung im Grunde eine Hoffnung auf Transzendenz, also eine Art natürliche Gottessehnsucht. Wenn Gott existiert, dürfen wir jedenfalls (sogar wider alle Vernunft) hoffen, daß alles letztlich gut ist bzw. gut wird (auch wenn wir es nicht verstehen) – dann wird sich auch mein Fall irgendwie regeln. Wenn Gott ist, dann ist es genug, daß Gott ist, denn dann können wir letztlich immer auf Gott vertrauen. Aber wenn alle Hoffnung letztlich religiöse Hoffnung ist, dann wäre es auch gut zu wissen, ob Gott ist und wer oder was Gott ist. Ist die Hoffnung auf Gott nicht selbst nur eine unbestimmte Hoffung auf etwas Unbestimmtes?

Der Ausdruck *Gott* steht für den allerunklarsten Begriff überhaupt, er bezeichnet seiner eigenen Absicht nach etwas Unbegreifliches, ist möglicherweise sogar ein Name für etwas eigentlich Unnennbares. *Gott* ist geradezu ein Kürzel für das absolut Unbekannte, sozusagen ein bloßer Problemtitel. Schon der Begriff *Gott,* wenn er nicht nur das Absolute als das Ganze des Seins oder sogar das Ganze von Sein und Nichtsein bezeichnen soll, sondern eine Art Urperson als ein absolutes, für sich existierendes Seiendes, ist rein ontologisch unklar; der gängige Gottesbegriff scheint ein bestimmtes transzendentes, d. h. nicht innerweltliches Seiendes als das höchste Seiende und darüber hinaus als das Absolute erklären zu müssen, also etwas (relativ) Absolutes im (absolut) Absoluten, nämlich im Seinsganzen, zu proklamieren. Doch ist die Frage, wer oder was Gott ist, im Grunde zweitrangig, wichtig wäre vor allem, daß er ist. Dies zu beweisen, versuchen die sogenannten Gottesbeweise, die aber, wie schon der endlose Streit darüber zeigt, nicht zwingend sind (auch wenn sie in der Selbstvergewisserung des Glaubens mit Hilfe der Vernunft eine gewisse Funktion haben können). Ein zwingender Beweis ist allerdings auch nicht zu erwarten, da dieser den Glauben überflüssig machen würde – ein bewiesener Gott ist kein geglaubter Gott.

Die Beweise für Gott und Unsterblichkeit sind schwach, die Hoffnung darauf ist rein rational nicht sehr solide begründet. Daß die natürliche Hoffnung auf Gott, wenn es sie denn gibt, keine Täuschung sein könne, ist selbst wieder eine fromme Hoffnung. Daß ich irgendwann oder sogar sehr bald nicht mehr sein werde, ist für mich unvorstellbar; aber Gott und Unsterblichkeit sind auch unvorstellbar. Wir wissen nicht, was wir hoffen dürfen, aber wir hoffen trotzdem weiter. Wir hoffen auch noch, wenn wir anscheinend nichts mehr zu erwarten haben; wenn wir nichts mehr vom

Leben zu erwarten haben, hoffen wir immer noch auf ein Wunder. Vielleicht ist unsere Hoffnung eine einzige große, sinnlose Sehnsucht. Faktisch ist es jedoch unmöglich, alle Hoffnung aufzugeben – wir hoffen, weil wir leben, und wir leben, weil wir hoffen. Und wir können nicht zuletzt deshalb hoffen, weil wir noch keine endgültige Gewißheit haben – die Endlichkeit unserer Erkenntnis, nämlich daß es mehr gibt, als wir wissen können, ist zugleich der letzte Grund unserer Hoffnung. Solange alles noch offen ist, können wir alle noch alles hoffen.

Vielleicht läßt sich von daher – sozusagen als vorläufige Moral der Metaphysik – die alte Weisheit *Bete und arbeite!* weiterdenken: Tu, was zu tun ist, und hoffe, was du hoffen kannst.